Rom und Protestantismus
Schriften des Melanchthon-Zentrums in Rom

Herausgegeben von
Fulvio Ferrario und Martin Wallraff

1

Rombilder im deutschsprachigen Protestantismus

Begegnungen mit der Stadt im »langen 19. Jahrhundert«

Herausgegeben von
Martin Wallraff, Michael Matheus
und Jörg Lauster

Unter Mitarbeit von Florian Wöller

Mohr Siebeck

Die Reihe *Rom und Protestantismus. Schriften des Melanchthon-Zentrums in Rom / Roma e il Protestantesimo. Scritti del Centro Melantone di Roma* wird gemeinsam publiziert von den Verlagen Mohr Siebeck GmbH & Co. KG (Tübingen) und Claudiana srl (Torino).

Umschlagbild: Bartolomeo Pinelli, Nächtliche Bestattung an der Cestiuspyramide (1831); Quelle: Klassik Stiftung Weimar.

ISBN 978-3-16-150861-5
ISSN 2193-2085 (Rom und Protestantismus)

Die Deutsche Nationalbibliothek verzeichnet diese Publikation in der Deutschen Nationalbibliographie; detaillierte bibliographische Daten sind im Internet über *http://dnb.d-nb.de* abrufbar.

Das Buch wurde von Gulde-Druck in Tübingen gesetzt, auf alterungsbeständiges Werkdruckpapier gedruckt und gebunden.

Inhalt

Vorwort

Rom und Protestantismus: bei dieser Junktur denkt man zunächst an die Antithese, entgegengesetzte Pole der Weltgeschichte. Indes ist das Verhältnis nicht nur von theologischen Verdikten geprägt, sondern auch von einer sehr differenzierten wechselseitigen Wahrnehmung auf ganz unterschiedlichen Ebenen. Obwohl dies für die fünf Jahrhunderte der Geschichte des Protestantismus generell gilt, kam doch etwa seit der Goethezeit in diese Wahrnehmung neues Leben und neue Bewegung. »Rom« war nicht mehr nur Chiffre und Symbol für eine abzulehnende Geisteshaltung oder Institutionsform, sondern gewann in realer Begegnung mit der Stadt selbst und seinen Bewohnern neue Tiefenschärfe. Die »Rombilder«, die sich aus dieser Begegnung ergeben, sind beides: konkrete Bilder einer konkreten Stadt – gemalte oder erinnerte Bilder – und zugleich vielschichtige Sprachbilder, Metaphern. Der vorliegende Band bewegt sich genau an dieser Schnittstelle: wo aus der realen Begegnung mit der Stadt Rom ein verarbeitetes Rombild in der Theologie, im Geistesleben, im Kunstschaffen des Protestantismus folgt.

Es bedarf einiger weiterer Worte zur Abgrenzung des Themas; diese können sich am Buchtitel orientieren. Die Festlegung auf das »lange 19. Jahrhundert« und den deutschen Sprachraum ist natürlich bis zu einem gewissen Grad willkürlich. Die Herausgeber sind sich bewusst, dass die Fragestellung auch jenseits dieser zeitlichen und kulturellen Grenzen große Relevanz hat und interessante Ergebnisse hervorzubringen vermag. Der Ausschluss dieser Bereiche ist pragmatischen Erwägungen über Umfang und Aufwand der Publikation geschuldet sowie dem Wunsch, ein möglichst hohes Maß an thematischer Geschlossenheit für (nur!) *einen* Band zu erreichen. Wir hoffen, dass das gelungen ist, auch wenn natürlich die hier vorgelegten Beiträge selbst innerhalb der gesteckten Grenzen im entferntesten nicht den Anspruch erheben können und wollen, eine vollständige Darstellung des Themas zu liefern.

In Anlehnung an die bekannte Formulierung von Eric Hobsbawm wurde das 19. Jahrhundert »lang« gefasst. Dass der Anfang in der Goethezeit liegen soll, wurde bereits gesagt. Das Ende liegt etwa in der Zeit des ersten Weltkrieges; der Band behandelt also die Welt »vor dem großen Kriege, mit dessen Beginn so vieles begann, was zu beginnen wohl kaum schon aufgehört hat,« wie Thomas Mann es in seinem Zauberberg treffend ausgedrückt hat. Tatsächlich gewinnen mit dieser Schwelle auch die Romreisen und die Romwahrnehmung eine neue Qualität. Nur ein oder zwei Beiträge in unserem Band greifen etwas über diese Grenze hinaus.

Wenn im Titel weiterhin von »Begegnungen mit der Stadt« die Rede ist, so möge das im engsten denkbaren Sinn verstanden werden. »Rombilder« können natürlich auch im quasi luftleeren Raum entstehen, also durchaus in großer Distanz zur realen Stadt. Ja, sie entstehen vorzugsweise dort: in den Köpfen nördlich der Alpen. Die deutschsprachigen Protestanten, von denen in diesem Buch die Rede ist, hatten alle solche »Rombilder« schon vor ihrer Ankunft im Kopf. Indes soll es hier darum gehen, was daraus wurde im Moment der »Erdung«, im Moment der konkreten Begegnung mit einer realen Stadt. Natürlich könnte man einen ganzen Band auch mit den »Rombildern der Daheimgebliebenen« füllen – und würde dabei kaum weniger lernen.

Die Betonung der *realen* Begegnung ist für den gewählten Untersuchungszeitraum aber auch deshalb vielversprechend, weil deutschsprachige Protestanten nicht mehr nur durchreisten: Viele blieben und prägten Aspekte des kulturellen Lebens vor Ort. Demnach werden in dem Band zwei methodische Zugänge kombiniert: zum einen ein auf Theologie und Theologen zentrierter Zugriff mit Beiträgen zu einzelnen »großen« Gestalten, die Eindrücke von Rom empfangen. Zum anderen die römische Perspektive: Künstler und Intellektuelle, aber auch einfache Leute, die in Rom verweilen und für die das protestantische Bekenntnis mehr oder minder prägend ist. Auf diese Weise wird der deutschsprachige Protestantismus in seiner ganzen Breite wahrgenommen. Die entstehenden kulturellen Interaktionen werden in unterschiedlichen Feldern und von unterschiedlichen Fachleuten untersucht, vor allem in den Bereichen Kunst, Literatur, Wissenschaft und Theologie.

Der Band geht zurück auf eine Tagung, die vom 18. bis 21. Juni 2009 in Rom stattfand. Sie wurde von zwei römischen Institutionen veranstaltet, die in gewissem Sinne selbst Teil des Themas sind: das Deutsche Historische Institut und das Melanchthon-Zentrum, das als protestantisches Zentrum für ökumenische Studien seinerseits von der Waldenserfakultät und der evangelisch-lutherischen Kirche in Italien getragen wird. Weiterhin traten das Istituto Svizzero di Roma und die Universität Marburg unterstützend hinzu.

Das Deutsche Historische Institut, dessen eigene Geschichte ins 19. Jahrhundert zurückreicht, ist allein deshalb Teil des Themas, weil zu jenen Protestanten, welche sich in der konkreten Begegnung mit der Stadt ihre eigenen Rombilder schufen, auch Mitarbeiter des Instituts zählten. Davon ist im vorliegenden Band mehrfach die Rede. Bei der Einrichtung der Historischen Station im Jahre 1888 durch Preußen in Reaktion auf die zuvor erfolgte Öffnung des Archivio Segreto Vaticano spielt der spezifische Kontext des Kulturkampfes keineswegs eine marginale Rolle. Vor allem in der ersten Phase der Institutsgeschichte galt der Zeit der Reformation besonderes Interesse. Diese anfängliche Prägung mag dazu beigetragen haben, dass die Direktion des DHI durchweg – von den wenigen Monaten der Amtszeit Aloys Schultes abgesehen – Protestanten vorbehalten blieb.

Als sich dem ersten länger amtierenden katholischen Direktor im Jahre 2002 die Möglichkeit eröffnete, ein Gebäude, das jahrzehntelang leerstehend an das DHI angrenzte, einer neuen Nutzung zuzuführen, fanden sich mit der evangelisch-lutherischen Kirche in Italien sowie dem Melanchthon-Zentrum zwei bestens geeignete Partner. Nach länger andauernden Baumaßnahmen konnten die neuen Räumlichkeiten im Herbst 2007 bezogen und die Einweihungsfeier als ökumenisches Signal gestaltet werden.

Von Anfang an wollten die künftigen Partner aber nicht nur eine gute Nachbarschaft pflegen, sondern auch Möglichkeiten der wissenschaftlichen Zusammenarbeit ausloten. Der hier dokumentierte Kongress stellt auf diesem Weg eine erste wichtige Marke dar. Im Jahr 2011 ist mit der internationalen Tagung »Luther in Rom« eine weitere Veranstaltung gefolgt, die große Beachtung gefunden hat.

Das Melanchthon-Zentrum seinerseits ist zwar jung (es ist erst etwa ein Jahrzehnt alt), doch ist es erwachsen aus einem langen Dialog des europäischen Protestantismus mit der Stadt Rom. Konkret gehen die institutionellen Wurzeln bis in die Tage des zweiten Vatikanischen Konzils zurück, doch der Dialog ist noch älter. Dabei spielen ganz unterschiedliche Figuren eine Rolle: von Bunsen bis Bonhoeffer, von Herder bis Hase. Auch von ihnen ist in diesem Buch die Rede.

Zum Schluss ist vielfach Dank abzustatten. *Inprimis* den Autoren der hier publizierten Beiträge. Sie haben sich auf das Unternehmen eingelassen und zu seinem Gelingen beigetragen: durch ihre Referate, ihre äusserst lebendigen und anregenden Diskussionsbeiträge bei der römischen Tagung und schließlich, indem sie die Resultate ihrer Arbeit in schriftlicher Form zur Verfügung gestellt haben. Großer Dank gebührt sodann dem Direktor des Istituto Svizzero, Prof. Dr. Christoph Riedweg. Er hat uns zu Beginn der Tagung in den Räumen seines herrlichen Instituts willkommen geheissen und dadurch von vorne herein eine intellektuell anregende Atmosphäre geschaffen. Die weiteren Sitzungen fanden in den Räumen des Deutschen Historischen Instituts statt – und damit in der bereits erwähnten Nachbarschaft zum Melanchthon-Zentrum. Den Mitarbeitenden beider Institutionen, die mit Vorbereitung und Durchführung der Tagung viel Mühe hatten, sei explizit und herzlich gedankt, namentlich Frau Monika Kruse (DHI). Nichts von alledem hätte stattfinden können ohne die Unterstützung der Deutschen Forschungsgemeinschaft (DFG), die Unterkunft und Reisekosten der Referierenden finanziert hat. Die administrative Abwicklung erfolgte über die Universität Marburg. Ein weiterer Zuschuss kam von der evangelisch-lutherischen Kirche in Italien. Besonderer Dank gebührt deren Dekan Holger Milkau, zugleich Präsident des Melanchthon-Zentrums.

Dass das Buch im Verlag Mohr Siebeck erscheinen kann, verdanken wir Herrn Dr. Henning Ziebritzki. Er hat das Unternehmen von Anfang an mit größtem Interesse begleitet und uns effizient die Wege geöffnet, die zur vorliegenden Publikation führten. Die kompetente Betreuung durch die Mitarbeitenden seines Hauses kam nicht nur den Herausgebern, sondern kommt auch den Lesern zugute. Ein Großteil der redaktionellen Arbeiten ist am Lehrstuhl für Kirchen- und Theologiegeschichte an der Universität Basel geleistet worden. Hier hat sich vor allem Herr Florian Wöller große Verdienste erworben, des weiteren auch Frau Lea Meier als Hilfsassistentin. In Marburg waren Frau Antje Armstroff und Herr Gregor Bloch an den Korrekturarbeiten beteiligt.

Rom und Protestantismus: mit dieser Junktur hat das Vorwort begonnen, und mit ihr möge es auch schließen. Mit dem Hinweis nämlich, dass das Buch als Band 1 einer so benannten Reihe erscheint – in

Zusammenarbeit der beiden Verlage Mohr Siebeck (Tübingen) und Claudiana (Turin). Als Mitglieder im Vorstand bzw. wissenschaftlichen Beirat des Melanchthon-Zentrums geben der erste bzw. dritte Herausgeber ihrer Hoffnung Ausdruck, dass unter dieser Überschrift noch weitere anregende Untersuchungen folgen mögen.

Martin Wallraff, Michael Matheus, Jörg Lauster

Leopold Ranke, Rom und »Die Römischen Päpste«

Ulrich Muhlack

Im vorliegenden Band soll es um deutschsprachige protestantische Romreisende des 19. Jahrhunderts gehen und um die Bedeutung, die ihre konkrete Begegnung mit der Stadt für ihr religiöses und kulturelles Selbstverständnis, ja, für neue Formen religiöser und kultureller Theoriebildung hatte, und zwar immer mit Blick auf den damaligen deutschsprachigen Protestantismus insgesamt. Der (erst 1865 geadelte) Historiker Leopold Ranke, 1795 in einem kursächsischen Städtchen geboren, seit 1825 Professor an der Universität zu Berlin, erfüllt wesentliche Voraussetzungen, um in diesem Sinne zum Untersuchungspersonal zugelassen zu werden: er war Protestant, hat einige Zeit in Rom gelebt und dort nachhaltigste Eindrücke empfangen. Freilich bietet er bei alledem eine Erscheinung eigener Art dar, so dass er wiederum aus dem Generalthema herausfällt oder jedenfalls zu dessen Modifizierung Anlass geben könnte.

Rankes Romaufenthalt stand im Zusammenhang mit einer Bibliotheks- und Archivreise, die er nur wenige Jahre nach seiner Berufung an die Berliner Universität von der preußischen Regierung bewilligt bekam; die planmäßige Förderung wissenschaftlicher Talente passte zu einer Bildungspolitik, die Preußen als führenden deutschen Kulturstaat ausweisen sollte. Die Reise begann im September 1827 und führte über Dresden und Prag zunächst nach Wien. Ein Jahr später ging es weiter nach Venedig, wo Ranke mehrere Monate blieb; er besuchte von dort aus die Sieben Gemeinden, Bassano, Vicenza, Verona, Mantua und Padua. Im Februar 1829 reiste er über Ferrara und Bologna nach Florenz. Noch vor Ende März 1829 erreichte er Rom; er verließ die Stadt erst wieder Ende April des nächsten Jahres; einzige Unterbrechung war ein kurzer Abstecher nach Neapel im Herbst 1829. Im Mai 1830 war Ranke wieder in Florenz, im August desselben Jahres wieder in Venedig; von Florenz aus erkundete er Pisa und Lucca, Pistoia und Prato, von Venedig aus nochmals Padua. Im Januar

1831 trat er die Heimreise an. Er gelangte über Brescia und Mailand nach München, und über Nürnberg und Halle ging es im März 1831 schließlich zurück nach Berlin.[1]

Die Zeit, in der Ranke sich in Rom aufhielt, war die längste, die er während seiner ganzen Reise an einem und demselben Ort zubrachte. Er hatte also reichlich Gelegenheit, sich ein Bild von Rom zu machen, und er hat sie, so gut es ging, genutzt. Er bezog eine Wohnung an der *Tor de' Specchi* am Fuße des Kapitols unweit des Marcellus-Theaters, in der vorher der Hallenser Theologe August Tholuck während seiner Zeit als preußischer Gesandtschaftsprediger logiert hatte: ein Hauptvertreter pietistischer Orthodoxie, der bald nach seiner Rückkehr im Zentrum eines spektakulären Theologenstreits stand.[2] Die Wohnung lag günstig; alles war in größerer oder geringerer Reichweite. Auf dem Wege zu seinen diversen Bibliotheksstandorten und auf langen Spaziergängen wurde ihm die Stadt vertraut. Er verkehrte nicht nur mit dem preußischen Gesandten, mit deutschen Poeten und Gelehrten und mit römischen Bibliothekaren und Archivaren, sondern lernte immer mehr auch das alltägliche Leben der Römer kennen und nahm selbst daran teil. Im Sommer genoß er »die kühlen Abende und Nächte. Bis Mitternacht ist der Korso belebt, und es ist nicht zu leugnen, daß die Römerinnen von 18 bis 25 Jahren in der Regel schön sind, – dann erscheinen sie zahlreich. Die Cafés sind bis gegen 2–3 Uhr nach Mitternacht eröffnet. Das Theater schließt oft erst halb zwei, dann speist man zu Nacht, ich natürlich nicht; ich eile zu Bett zu kommen, denn um sieben Uhr früh will ich gern in einer oder der

1 Zu Rankes Reiseroute H. F. Helmolt, Leopold Rankes Leben und Wirken. Nach den Quellen dargestellt. Mit achtzehn bisher ungedruckten Briefen Rankes, seinem Bildnis und der Stammtafel seines Geschlechts, Leipzig 1921, 37–41. Die wichtigste Quelle für die Reise sind Rankes Briefe aus dieser Zeit, die, sofern gedruckt, in der Folge nach den maßgeblichen Ausgaben zitiert werden; von der Ausgabe von W. P. Fuchs (L. v. Ranke, Das Briefwerk, Hamburg 1949), die eine im einzelnen gekürzte Auswahl von bis dahin gedruckten Briefen enthält, wird hier abgesehen; die Historische Kommission bei der Bayerischen Akademie der Wissenschaften bereitet eine historisch-kritische Gesamtausgabe der Ranke-Korrespondenz vor, die auch die Briefe an Ranke einschließen soll.

2 Ranke an Heinrich Ritter am 27. März 1829 und an Heinrich Ranke am 3. April 1829, in: L. v. Ranke, Zur eigenen Lebensgeschichte, hg. von A. Dove (= ders., Sämmtliche Werke, Bd. 53/54), Leipzig 1890, 219 f. – Zu Tholuck vgl. F. Schnabel, Deutsche Geschichte im neunzehnten Jahrhundert, Bd. 4, 3. Aufl. Freiburg 1955, bes. 387 f., 447–452. und 490.

andern Bibliothek sein,«[3] »wenn man nur nicht in das Reich einer jener tiefbusigen Schönheiten geräth,«[4] die ihm »ein Analogon der Liebe« gewährten.[5] Das ganze Jahr über war für ihn die Abfolge der kirchlichen Festtage eine besondere Attraktion: ein »religiöses Jahr,« in dem ihm »die Hauptstadt der katholischen Religion« sinnfällig vor Augen trat.[6] Höher stand ihm allerdings Rom als »die Hauptstadt der Alterthümer, der Kunst«:[7] Er konnte nicht genug schwelgen in »dem Genuss, den ich in den Sammlungen vornehmlich der antiken Kunstwerke habe, und der Rom zu dem machte, was es ist.«[8] Manchmal verzweifelte er daran, die Fülle der Galerien zu bewältigen; Rom erschien ihm dann als so unerschöpflich »wie die Welt überhaupt.«[9] Als Ranke Rom betrat, war er »nicht gerade entzückt« und »noch etwas duselig;«[10] als er »von Rom fort« war, »verfiel ich anfangs in eine Art Heimweh dahin und in Melancholie.«[11]

Das war Rankes konkrete Begegnung mit der Stadt Rom. An der Echtheit seiner Eindrücke oder Empfindungen ist nicht zu zweifeln. Nur: man sollte das alles nicht überschätzen. Was Ranke in Rom gesehen und erlebt hat, ist offenkundig alles andere als originell, sondern entspricht ziemlich genau den üblichen Erfahrungen damaliger und späterer Romfahrer. Er selbst war sich dessen bewusst: er streife »in das Gebiet aller durch Italien Reisenden;«[12] er verfahre »reise-

3 Ranke an Heinrich Ritter am 1. August 1829 (Entwurf), in: L. v. Ranke, Neue Briefe. Gesammelt und bearbeitet von B. Hoeft, hg. von H. Herzfeld, Hamburg 1949, 126.

4 Ranke an Heinrich Ritter am 1. August 1829 (Endfassung), in: Ranke, Lebensgeschichte (wie Anm. 2), 222.

5 Ranke an Heinrich Ritter am 29. März 1830, ebd., 231.

6 [L. Ranke,] Rom 1815–1823. Staatsverwaltung des Cardinals Consalvi, Historisch-politische Zeitschrift 1 (1832) 624–765, hier 717.

7 Ebd.

8 Ranke an Karl August Varnhagen von Ense am 9. Juni 1829, in: T. Wiedemann, Briefe Leopold von Ranke's an Varnhagen von Ense und Rahel aus der Zeit seines Aufenthaltes in Italien. Zur Säcularfeier von Rankes Geburt – 21. Dezember 1795, Biographische Blätter 1 (1895) 435–447, hier 441.

9 Ranke an Heinrich Ritter am 1. August 1829 (Endfassung), Ranke, Lebensgeschichte (wie Anm. 2), 221.

10 Ranke an Heinrich Ranke am 7. April 1829, ebd., 219f.

11 Ranke an Heinrich Ritter am 25. Mai 1830, ebd., 235f.

12 Ranke an Karl August Varnhagen von Ense im Dezember 1829, in: Wiedemann, Briefe (wie Anm. 8), 437.

pflichtgemäß;«[13] ja, er habe in vielem nicht »soviel getan, wie ein ganz gewöhnlicher Reisender.«[14] Jedenfalls bedeutete dieses Romerlebnis für Ranke keinen Wendepunkt in seiner intellektuellen Entwicklung. Am ehesten brachte ihn noch der Anblick der antiken Überreste auf neue Gedanken: »Man sollte hier einen Kursus der römischen Litteratur und Geschichte machen. Es ist eine wechselseitige Erläuterung des schriftlich Überlieferten, des in Monumenten Aufbehaltenen, und dessen, was noch im Leben besteht, möglich, wie wahrscheinlich an keinem anderen Ort der Welt;«[15] ganz analog ließ er sich aus Neapel vernehmen.[16] Aber das blieb ein Postulat, dem er selbst nur dann nachgekommen wäre, »wären die Alterthümer eigentlich mein Fach;«[17] sie waren es nicht. Ranke hatte in Rom anderes im Sinn. Sein eigentliches Interesse, das den größten Teil seiner Zeit beanspruchte, galt der Forschungsarbeit in den römischen Bibliotheken, die ihn »in der modernen Welt« festhielt.[18] Hier machte er Entdeckungen, die seinen wissenschaftlichen Horizont in einem vorher ungeahnten Maße erweiterten. Dieser Forschungsertrag war sein wahres Romerlebnis, hinter das die konkrete Begegnung mit der Stadt zurücktrat, und in ihm steckte zugleich ein ganz anderes Bild von Rom, dem eine ganz andere Relevanz zukam: ein Bild aus den Akten, nicht aus der Anschauung.

Zum Verständnis dieser Wende muss an den Zweck von Rankes Bibliotheks- und Archivreise erinnert werden, was wiederum einen Rückblick auf Rankes bisherige historiographische Entwicklung erfordert.[19]

13 Ranke an Heinrich Ritter am 6. November 1829, in: Ranke, Lebensgeschichte (wie Anm. 2), 223.
14 Ranke an Heinrich Ritter am 1. August 1829 (Entwurf), in: Ranke, Neue Briefe (wie Anm. 3), 125.
15 Ranke an Karl August Varnhagen von Ense am 9. Juni 1829, in: Wiedemann, Briefe (wie Anm. 8), 442.
16 Ranke an Heinrich Ritter am 6. November 1829, in: Ranke, Lebensgeschichte (wie Anm. 2), 224f.
17 Ebd., 224.
18 Ranke an Heinrich Ranke am 15. November 1829, ebd., 227.
19 Zum folgenden grundlegend: H. Oncken, Aus Rankes Frühzeit. Mit den Briefen Rankes an seinen Verleger Friedrich Perthes und anderen unbekannten Stücken seines Briefwechsels, Gotha 1922; ders., Zur inneren Entwicklung Rankes. Mit weiteren Briefen an Friedrich Perthes, in: G. Karo (Hg.), Bilder und Studien aus drei Jahrtausenden. FS Eberhard Gothein, München 1925, 197–241; E. Schulin, Rankes Erstlingswerk oder Der Beginn der kritischen

Am Anfang stand das große Projekt einer Kulturgeschichte im Zeitalter von Renaissance und Reformation. Von ihm war erstmals im März 1820 die Rede.[20] Bei der beginnenden Ausarbeitung konzentrierte sich Ranke auf die politischen Rahmenbedingungen der Epoche; das kulturgeschichtliche Interesse selbst trat zusehends in den Hintergrund. Die erste Frucht seiner Bemühungen waren die *Geschichten der romanischen und germanischen Völker von 1494 bis 1535*, von denen 1824 der erste Band erschien;[21] Ranke bot darin, am Leitfaden der durch den Einmarsch Karls VIII. ausgelösten Kämpfe um Italien, europäische Staatengeschichte bis 1514. Geplant war noch ein zweiter Band. Er sollte zugleich auf einer neuen Quellenbasis stehen. Während der Arbeit am ersten Band war Ranke nämlich die notorische Unzuverlässigkeit der bis dahin hochgeschätzten historiographischen Quellenschriftsteller klar geworden, auf die auch er sich zunächst gestützt hatte. Er entschloss sich daher, bei seinen künftigen Studien von der historiographischen Überlieferung überhaupt abzusehen und statt dessen allein die authentischen Überreste des vergangenen Lebens selbst heranzuziehen: »Gesandtschaftsberichte, ... Acten,

Geschichtsschreibung über die Neuzeit, in: ders., Traditionskritik und Rekonstruktionsversuch. Studien zur Entwicklung von Geschichtswissenschaft und historischem Denken, Göttingen 1979, 44–64; S. Baur, Versuch über die Historik des jungen Ranke, Historische Forschungen 62, Berlin 1998. – Vgl. auch U. Muhlack, Die Genese eines Historikers. Zur Autobiographie und zur Korrespondenz des jungen Ranke, in: D. Hein/K. Hildebrand/A. Schulz (Hg.), Historie und Leben. Der Historiker als Wissenschaftler und Zeitgenosse. FS L. Gall, München 2006, 21–40, hier 35 f.; ders., Die Historisierung eines Historikers. Zur neuen Gesamtausgabe des Briefwechsels von Leopold von Ranke, in: H. Neuhaus (Hg.), Erlanger Editionen. Grundlagenforschung durch Quelleneditionen: Berichte und Studien, Erlanger Studien zur Geschichte 8, Erlangen 2009, 527–546, hier 540–544. – Zur »Grundlagenforschung« gehört auch die von S. Baur begonnene Erschließung des Ranke-Nachlasses in der Staatsbibliothek Berlin.

20 Ranke an Heinrich Ranke, Ende März 1820, in: Ranke, Lebensgeschichte (wie Anm. 2), 89: »ich möchte etwas lernen vom Leben der Nationen im 15. Jahrhundert, von dem nochmaligen Aufgehen aller Keime, die das Alterthum gesäet, ... wie Kaiserthum und Papstthum gestorben, und ein neues Leben mit neuem Odem daherbläst;« dabei stehen ihm das Deutschland der Reformation und das Italien der Renaissance für zwei verschiedene Formen der Erneuerung.

21 L. Ranke, Geschichten der romanischen und germanischen Völker von 1494 bis 1535, Bd. 1, Leipzig 1824. ND der »Geschichten« samt der »Beylage« (Anm. 22) hg. von D. Ramonat, Hildesheim 2010.

Briefe;«[22] das war gleichbedeutend mit der fundamentalen Wendung von der Geschichte als Tradition zur Geschichte als Forschung, die Niebuhr in der Alten Geschichte vorgemacht hatte. Die Materialien des neuen Typs waren freilich nicht einfach verfügbar, sondern mussten in Archiven und Sammlungen aufgesucht oder überhaupt erst entdeckt werden. Als Ranke den zweiten Band der *Geschichten der romanischen und germanischen Völker* in Angriff nahm, hatte er schon eine Vorstellung davon, an welche Adressen er sich dabei zu wenden hatte. Neben Berlin und München, Wien und Paris, Zürich und Bern war ihm auch Rom ins Blickfeld gerückt,[23] und zwar durch eine Notiz von Georg Heinrich Pertz.[24]

Pertz hatte, auf der Suche nach Manuskripten für die *Monumenta Germaniae Historica*, von 1821 bis 1823 Italien bereist und über die Ergebnisse im *Archiv für ältere deutsche Geschichte* berichtet.[25] Als er die »Bibliotheken Römischer Fürsten« durchmusterte, wurde er zwar für die mittelalterliche Geschichte kaum fündig, wohl aber für die neuere, und er versäumte nicht, in seinem Bericht en passant darauf hinzuweisen. Die Bibliothek »des Senators, Fürsten Altieri« enthalte, wie er bemerkte, »eine ungemein reiche Sammlung von Instructionen, Berichten und Briefen von und nach Rom seit den letzten drei Jahrhunderten, in denen sich gewiß manche geheime Fäden der früheren Politik entdecken ließen;« er fuhr fort: »Forschungen für diese Zeit würden in Rom überhaupt sehr belohnen, wenn jemand ihnen einige Jahre ausschließend widmen wollte,« und fügte hinzu, dass »die Archive der großen Römischen Familien,« die seit Generationen an der päpstlichen Herrschaft beteiligt waren und selbst Päpste hervorgebracht hatten, »die interessantern Staatspapiere« aufbewahrten, als dies von den vatikanischen Sammlungen anzunehmen sei, die Pertz nur in Maßen

22 L. Ranke, Zur Kritik neuerer Geschichtschreiber. Eine Beylage zu desselben romanischen und germanischen Geschichten, Leipzig 1824, 176f.

23 Ranke an das Ministerium am 28. Dezember 1824, in: Ranke, Neue Briefe (wie Anm. 3), 56–59.

24 Ranke an Barthold Georg Niebuhr am 14. Dezember 1824, in: D. Gerhard, Zur Geschichte der Historischen Schule. Drei Briefe von Ranke und Heinrich Leo, Historische Zeitschrift 132 (1925) 93–105, hier 102.

25 G.H. Pertz, Italiänische Reise vom November 1821 bis August 1823, Archiv der Gesellschaft für ältere deutsche Geschichtskunde zur Beförderung einer Gesammtausgabe der Quellenschriften deutscher Geschichten des Mittelalters 5 (1824), 1–514.

hatte durchforschen dürfen.[26] Als Ranke diesen Passus las, hatte er sofort den Wunsch, die in der Bibliothek Altieri aufbewahrten »Schriften einzusehn;«[27] zunächst wollte er sich »mit dem Anfang jener Sammlung – bis zu dem Jahr 1536 – begnügen,« den er für den zweiten Band der *Geschichten* benötigte.[28] Man kann aber darüber hinaus sagen, dass in den wenigen Sätzen von Pertz das ganze wissenschaftliche Programm von Rankes späterem Romaufenthalt vorweggenommen war. Allerdings dachte Ranke damals nicht an eine Romreise; er hielt es vielmehr für möglich, dass ihm die für seine Zwecke erwünschten Teile der Sammlung Altieri wie auch andere Dokumente auf dem Postwege »verabfolgt« werden könnten, und wandte sich deshalb an die preußische Regierung,[29] natürlich ohne Erfolg.[30]

Bald freilich lief Venedig Rom den Rang ab. Wieder folgte Ranke einem Impuls von außen. Anfang 1825 fiel ihm eine Miszelle Johannes von Müllers vom Jahre 1807 in die Hände, die einen an der Königlichen Bibliothek zu Berlin archivierten Quellenbestand publik machte: »eine Menge gesandtschaftlicher Hauptberichte, Correspondenzen und andere Staatspapiere,« »alles aus der von Karl V. bis in die Mitte des siebzehnten Jahrhunderts verflossenen Zeit.«[31] Kaum hatte Ranke seine Professur in Berlin angetreten, machte er sich daran, dieses Quellennest zu heben, aus dem die berühmten venezianischen Relationen besonders hervorstachen. Der Erkenntniswert des neu entdeckten Materials versetzte ihn schon bald in weiter gespannte historiographische Ambitionen. Es war ihm nicht mehr genug, die

26 Ebd., 8 f. Über die Schwierigkeit, sich zu den Beständen der vatikanischen Bibliothek und des vatikanischen Archivs Zutritt zu verschaffen, ebd., 5–8 und 24–33.

27 Ranke an Barthold Georg Niebuhr am 14. Dezember 1824, in: Gerhard, Geschichte (wie Anm. 24), 102.

28 Ranke an das Ministerium am 28. Dezember 1824, in: Ranke, Neue Briefe (wie Anm. 3), 58.

29 Ebd., 56–59.

30 Vgl. das Ministerium an Ranke am 18. April 1825, Geheimes Staatsarchiv Preußischer Kulturbesitz, I. HA Rep. 76 Litt. R/10 Bd. I, 35–36.

31 J. v. Müller, Notiz und Auszug des ersten Theils der Informazioni politiche, eines Manuscripts auf der Königl. Bibliothek zu Berlin. 1807, in: ders., Sämmtliche Werke, Bd. 8, hg. von J. G. Müller, Tübingen 1810, 421–429, hier 422. Dazu Ranke in einer Notiz vom Jahre 1824/25, in: L. v. Ranke, Tagebücher, hg. von W. P. Fuchs (= ders., Aus Werk und Nachlaß, Bd. 1), München 1964, 237; ferner Ranke an Heinrich Ranke am 11. Juli 1825, in: Ranke, Lebensgeschichte (wie Anm. 2), 147 f.

Geschichten der romanischen und germanischen Völker fortzusetzen oder zu vollenden; diese Absicht wurde zwar noch eine Zeitlang verfolgt,[32] aber schließlich stillschweigend fallengelassen. Was Ranke jetzt vorschwebte, war ein neues Werk, das den ganzen Reichtum des neuen Quellenfundes ausschöpfen sollte: europäische Staatengeschichte im 16. und 17. Jahrhundert, »Nazion für Natzion [sic]«,[33] »über Politik und Staats- Verwaltung der europäischen Staaten in jenem Zeitraum,« d.h. sowohl über die äußeren wie die inneren Verhältnisse jedes Staates.[34] Das Werk sollte den Titel tragen: *Fürsten und Völker von Europa im sechszehnten und siebzehnten Jahrhundert*.[35] Zunächst wandte Ranke sich, gemäß der Quellenlage, dem Süden Europas zu und eröffnete die anfangs noch auf einen Band, schon bald aber auf zwei Bände berechnete Unterabteilung *Fürsten und Völker im südlichen Europa: während des sechszehnten und siebzehnten Jahrhunderts*.[36] 1827 kam, unter dem endgültigen Obertitel *Fürsten und Völker von Süd-Europa im sechszehnten und siebzehnten Jahrhundert*, der erste Band heraus; er handelte von Türken und Spaniern.[37] Der zweite Band sollte Italien gewidmet sein und »Abhandlungen ... über Venedig; den Pabst; Florenz und die kleineren Staaten« enthalten sowie »zuletzt allgemeine Betrachtung über Leben, Kunst, Literatur; und die gesammte Entwickelung;« hier machte sich neuerdings ein kulturgeschichtliches Interesse geltend.[38] Die Arbeit an diesem Band geriet aber ins Stocken. Es zeigte sich, dass die Berliner Materialien, so wertvoll sie auch waren, Lücken aufwiesen, die nur durch neues Material geschlossen werden konnten.

32 Ranke an Karl August Varnhagen von Ense am 21. Oktober 1827, in: T. Wiedemann (Hg.), Leopold von Ranke und Varnhagen von Ense. Ungedruckter Briefwechsel, Deutsche Revue über das gesamte nationale Leben der Gegenwart 20 (1895) 175–190 und 338–355, hier 179; Ranke an Karl Freiherrn von Stein zum Altenstein am 17. Januar 1828, in: Ranke, Neue Briefe (wie Anm. 3), 101.

33 Ranke an Friedrich Perthes am 7. Dezember 1825, in: Oncken, Frühzeit (wie Anm. 19), 87.

34 Ranke an Friedrich Perthes am 24. August 1825, ebd., 85.

35 Ranke an Friedrich Perthes am 2. Juli 1826, ebd., 92.

36 Briefe Rankes an Friedrich Perthes vom 2. Juli 1826 und 18 September 1826, ebd., 92 und 94.

37 L. Ranke, Fürsten und Völker von Süd-Europa im sechszehnten und siebzehnten Jahrhundert. Vornehmlich aus ungedruckten Gesandtschafts-Berichten, Bd. 1, Hamburg 1827.

38 Ranke an Friedrich Perthes im Januar 1827, in: Oncken, Frühzeit (wie Anm. 19), 100.

Dieses Material war nicht einfach zur Hand wie die Berliner Sammlung oder auch einzelne Manuskripte aus Gotha, die Ranke durch seinen Verleger Friedrich Perthes zugeschickt erhielt.[39] Ranke hatte keine Wahl und musste sich, wenn er weiterkommen wollte, zu seiner Bibliotheks- und Archivreise entschließen.

Rankes Hauptinteresse galt weiterhin den venezianischen Relationen. Er reiste zuerst nach Wien, weil dort, nach der Angliederung Venetiens an Österreich im Frieden von Campo Formio (1797), die der Erste Pariser Friede (1814) bestätigt hatte, ein Großteil des venezianischen Archivs lag. Ursprünglich war überhaupt nur an einen Aufenthalt in Wien gedacht, der allenfalls verlängert werden sollte.[40] Wirklich fand er »außerordentlich wichtige Sachen«:[41] vor allem, wie erhofft, neue venezianische Gesandtschaftsberichte, von denen er meinte, dass sie »die drei letzten Jahrhunderte ganz neu erhellen müßten.«[42] Allerdings waren auf Dauer auch hier Lücken unübersehbar. Daraus entstand der Plan, nach Italien weiterzureisen. Rankes Hauptziel war naturgemäß Venedig; dort befand sich der kleinere Teil des venezianischen Archivs, und Ranke konnte erwarten, aus ihm seine Sammlung venezianischer Relationen zu vervollständigen. Erst danach wollte er nach Florenz und vor allem nach Rom, über dessen bibliothekarische Schätze er sich seit 1824 weiter informiert hatte,[43] weiter reisen sowie auch an anderen Plätzen recherchieren.[44]

Die Dinge in Venedig liefen jedoch anders als beabsichtigt. Nach seiner Ankunft hoffte Ranke noch »auf eine bedeutende Ausbeute, wichtiger als sie mir noch jemals zu machen möglich gewesen ist.«[45] Er machte auch zunächst in der St. Marcusbibliothek wie im Archiv

39 Briefe Rankes an Friedrich Perthes vom 24. August 1825 und 7. Dezember 1825, ebd., 85–87.

40 Briefe Rankes an Karl Freiherrn von Stein zum Altenstein vom 26. Juli 1827 und 2. Oktober 1827, in: Ranke, Neue Briefe (wie Anm. 3), 95 und 99.

41 Ranke an Heinrich Ritter am 4. Oktober 1827, in: Ranke, Lebensgeschichte (wie Anm. 2), 172.

42 Ranke an Karl August Varnhagen von Ense am 9. Dezember 1827, in: Wiedemann, Ranke (wie Anm. 32), 188.

43 Ranke, Fürsten, Bd. 1 (wie Anm. 37), IX-XII.

44 Ranke an Heinrich Ritter am 14. Juni 1828, in: Ranke, Lebensgeschichte (wie Anm. 2), 202.

45 Ranke an Friedrich von Gentz am 3. November 1828, in: P. Wittichen, Briefe Rankes an Gentz, Historische Zeitschrift 93 (1904) 76–88, hier 78f.

gute Fortschritte,[46] bis er hier einen Bestand auftat, zu dem ihm der Zutritt verwehrt war. Es handelte sich um venezianische »Finalrelationen,« d.h. um Abschlussberichte abberufener Gesandter, die darin jeweils eine sehr ausführliche Bestandsaufnahme ihres ehemaligen Bestimmungslandes gaben.[47] Ranke hielt sie für schlicht entscheidend; wiederum war er auf »eine neue Geschichte der letzten Jahrhunderte« gefasst;[48] Venedig »ist der einzige Ort, wo man mit den Finalrelationen zu einiger Vollständigkeit gelangen kann.«[49] Ranke ließ alle seine schon in Wien geknüpften Beziehungen zur österreichischen Regierung spielen, um den erwünschten Zutritt zu erlangen,[50] war damit auch erfolgreich,[51] musste aber erleben, dass sich die Sache aus bürokratischer Schwerfälligkeit unabsehbar hinzog.[52] Um nicht untätig herumzusitzen, entschied er sich daher, schon jetzt, nach nur kurzer Zwischenstation in Florenz, nach Rom zu reisen und später, wenn das Hindernis beseitigt sein würde, über Florenz nach Venedig zurückzufahren.[53] Rom war insoweit, jedenfalls zu diesem Zeitpunkt, lediglich ein Ersatz für Venedig, und Ranke ließ in der ersten Zeit kaum eine Gelegenheit aus, um sein Schicksal zu beklagen und sich nach Venedig zurückzuwünschen; noch im September 1829 sehnte er sich »nach diesem Schatz in Venedig« und gedachte »baldigst nach Florenz und Venedig zurückzukehren.«[54]

Diese Stimmung schloss allerdings nicht aus, dass Ranke in Rom vom ersten Tag an seinen Quellenstudien oblag und alles sammelte, was ihm für die europäische Geschichte der frühen Neuzeit einschlä-

46 Ranke an Friedrich von Gentz am 17. Oktober 1828, in: E. Salzer, Noch ein Brief Rankes an Gentz, Historische Zeitschrift 108 (1912) 333–336, hier 335.

47 Ebd.; Ranke an Karl August Varnhagen von Ense am 18. Oktober 1828, in: Wiedemann, Briefe (wie Anm. 8), 436.

48 Ebd.

49 Ebd.

50 Ranke an Friedrich von Gentz am 17. Oktober 1828, in: Salzer, Brief (wie Anm. 46), 335 f.

51 Ranke an Bartholomäus Kopitar am 10. Januar 1829, in: Ranke, Neue Briefe (wie Anm. 3), 113.

52 Ebd.; Ranke an Karl Freiherrn von Stein zum Altenstein am 19. Januar 1829, ebd., 116.

53 Ranke an Friedrich von Gentz am 3. Februar 1829, in: Wittichen, Briefe (wie Anm. 45), 80 f.

54 Ranke an Friedrich Perthes am 29. September 1829, in: Oncken, Entwicklung (wie Anm. 19), 222 und 224; vgl. auch Ranke an Friedrich von Gentz am 18. Juli 1829, in: Wittichen, Briefe (wie Anm. 45), 83: »Sobald es möglich ist, werde ich nach Venedig zurückgehen.«

gig zu sein schien. Er bewegte sich dabei in den Bahnen, die Pertz in seinem Reisebericht von 1824 vorgezeichnet hatte. Freilich suchte er auch an die vatikanischen Sammlungen heranzukommen, sah sich aber bald vor die gleichen Schwierigkeiten gestellt, die schon Pertz zu schaffen gemacht hatten. Angelo Mai, Erster Custos der Vatikanischen Bibliothek, mit dem sich bereits Pertz hatte ins Benehmen setzen müssen,[55] war Ranke anfangs »sehr gefällig«: »es sind mir alle Erleichterungen, die ich füglich erwarten kann, dargeboten worden.«[56] Aber schon wenig später erklärte ihm »Herr Mai, daß es der Politik zuwiderlaufe, mir von den Schriften die ich verlangte, allzuviel in die Hände zu geben.«[57] Auch der Leiter des päpstlichen Archivs musste offenbar wiederholt gebeten werden, um endlich die Herausgabe einzelner Nuntiaturberichte zu versprechen.[58] Ranke war sich über den Grund seiner Zurückhaltung sehr im klaren und ist darauf in der Vorrede zur *Geschichte der Päpste* zurückgekommen: »War es aber zu erwarten, daß man einem Fremden, einem Andersgläubigen in den öffentlichen Sammlungen freie Hand lassen würde, um die Geheimnisse des Papstthums zu entdecken?«[59] Das war es um so weniger, als die Kurie, wie ihm römische Kleriker bedeuteten, vor allem befürchtete, dass andernfalls »die Schattenseite« ihrer Geschichte ins Spiel käme.[60] Ranke hielt diese Einstellung freilich für unklug: »denn keine Forschung kann etwas Schlimmeres an den Tag bringen, als die unbegründete Vermuthung annimmt, und als die Welt nun einmal für wahr hält.«[61] Außerdem beanspruchte er für sich eine »unparteiische« Gesinnung, für die es selbstverständlich war, »daß man über

55 Pertz, Italiänische Reise (wie Anm. 25), 6f.
56 Ranke an Karl Freiherrn von Stein zum Altenstein am 11. April 1829, in: Ranke, Neue Briefe (wie Anm. 3), 123.
57 Ranke an Bartholomäus Kopitar am 20. Juli 1829, in: Helmolt, Rankes Leben (wie Anm. 1), 52 f.
58 Ranke an Heinrich Ranke am 15. November 1829, in: Ranke, Lebensgeschichte (wie Anm. 2), 227.
59 L. Ranke, Die römischen Päpste, ihre Kirche und ihr Staat im sechszehnten und siebzehnten Jahrhundert, Bd. 1 (= ders., Fürsten und Völker von Süd-Europa im sechszehnten und siebzehnten Jahrhundert. Vornehmlich aus ungedruckten Gesandtschafts-Berichten, Bd. 2), Berlin 1834, X.
60 Ranke an Friedrich von Gentz am 26. April 1830, in: Wittichen, Briefe (wie Anm. 45), 85.
61 Ranke, Päpste, Bd. 1 (wie Anm. 59), XI.

der Schattenseite die Lichtseite nicht versäume hervorzuheben.«[62] Letztlich lag ihm eine moralische oder moralisierende Bilanz ganz fern; es ging ihm vielmehr allein um ein wissenschaftliches Urteil, das alle Momente berücksichtigte. Es war ihm schier unvorstellbar, dass man gegen ein solches Konzept politische Einwände haben konnte, und dennoch musste er erleben, dass man so verfuhr; derartige Erfahrungen begleiteten sein ganzes wissenschaftliches Leben und blieben diesem zutiefst unpolitischen Gelehrten, dem die politische Welt allein im Medium der historischen Kontemplation zugänglich war, unbegreiflich.

Die vatikanischen Sammlungen waren Ranke also großenteils verschlossen. Dafür öffneten sich ihm die Bibliotheken jener Nepotengeschlechter, auf die Pertz 1824 verwiesen hatte. Er arbeitete zunächst, wie das seinem ältesten Wunsch entsprach, in der Bibliothek des Fürsten Altieri, ging sodann auf die Barberina und die Bibliothek Albani und studierte schließlich in den Bibliotheken Corsini und Chigi; kleinere Sammlungen kamen hinzu.[63] Er war von vornherein »im ganzen zufrieden,«[64] ohne einstweilen seinen Funden eine gleiche Bedeutung zuzumessen wie den venezianischen.[65] Aber im Laufe der Zeit wuchs das von ihm erhobene Material unaufhörlich an, bis schließlich die bloße Quantität in eine Qualität umschlug, durch die der römische Ertrag den venezianischen bei weitem übertraf und zur eigentlichen Signatur der ganzen Forschungsreise wurde. Schon im Juli 1829, als es ihn noch mit aller Macht zurück nach Venedig zog, stellte er fest, er sei »mit seinen Excerpten und Untersuchungen allzusehr beschäftigt, als daß ich diesen Aufenthalt sofort verlassen

62 Ranke an Friedrich von Gentz am 26. April 1830, in: Wittichen, Briefe (wie Anm. 45), 85.

63 Ranke an Karl August Varnhagen von Ense am 9. Juni 1829, in: Wiedemann, Briefe (wie Anm. 8), 441; Ranke an Bartholomäus Kopitar am 20. Juli 1829, in: Helmolt, Rankes Leben (wie Anm. 1), 53; Ranke an Friedrich Perthes am 29. September 1829, in: Oncken, Entwicklung (wie Anm. 19), 222; Ranke an Karl Freiherrn von Stein zum Altenstein am 1. Oktober 1829, in: Ranke, Neue Briefe (wie Anm. 3), 127f.; Ranke an denselben am 9. März 1830, ebd. 134f.; Ranke, Päpste, Bd. 1 (wie Anm. 59), XI–XV.

64 Ranke an Heinrich Ranke am 7. April 1829, in: Ranke, Lebensgeschichte (wie Anm. 2), 219.

65 Ranke an Karl August Varnhagen von Ense am 9. Juni 1829, in: Wiedemann, Briefe (wie Anm. 8), 441: »Rom, in das ich mich zu finden Anfangs wenig Hoffnung hatte.«

könnte.«[66] Bahnbrechend wurden seine Forschungen in der Bibliothek Corsini, zu der er im November 1829 Zugang erlangte. Dort fand er »Finalrelationen zurückkehrender Nuntien,«[67] die den venezianischen gleichsam Paroli boten. Das war die endgültige Wende.

Der Ertrag von Rankes römischen Studien bestand in zweierlei: »Die Sachen sind römisch und fremd«[68] oder, wie es nach der Erschließung der »Nuntiaturberichte« in der Bibliothek Corsini hieß, »ebenso wichtig für die Kenntnis des katholischen Europa als für das Verfahren der obersten Behörde desselben.«[69] Einerseits lernte Ranke aus dem neuen Material, zusammen mit dem »Gang des römischen Governo,« den Weltherrschaftsanspruch der Päpste im Zeichen der Gegenreformation kennen: »Die Stellung des Papstthums ist grossartig, auch in neuerer Zeit. Die merkwürdigsten Dinge kommen zum Vorschein.«[70] Andererseits entrollte sich ihm von dieser Warte aus »die gesamte politische und kirchliche Entwicklung jener Zeit.«[71] In Rom liefen Fäden aus aller Welt zusammen, von Rom aus in alle Welt; von hier aus ließen sich die Verhältnisse in aller Welt überblicken: »so viele Instructionen und Berichte päpstlicher Legaten, Nunzien und Missionarien, die über die Zustände aller Welt, insonderheit der katholischen, unerwartet unterrichten, so viele andere für den ganzen Umfang der Historie, deutsche und englische so gut, wie italienische und spanische, wichtige Denkschriften.«[72] Einmal meinte er geradezu: »Die Sache der englischen Katholiken in Rücksicht der ganzen englischen Geschichte, wird man selbst in England nicht so gut studi-

66 Ranke an Friedrich von Gentz am 18. Juli 1829, in: Wittichen, Briefe (wie Anm. 45), 83.

67 Ranke an Karl Freiherrn von Stein zum Altenstein am 1. Oktober 1829, in: Ranke, Neue Briefe (wie Anm. 3), 128; vgl. auch Ranke an denselben am 9. März 1829, ebd., 134f.

68 Ranke an Karl August Varnhagen von Ense am 9. Juni 1829, in: Wiedemann, Briefe (wie Anm. 8), 441.

69 Ranke an Karl Freiherrn von Stein zum Altenstein am 9. März 1830, in: Ranke, Neue Briefe (wie Anm. 3), 135.

70 Ranke an Karl August Varnhagen von Ense am 9. Juni 1829, in: Wiedemann, Briefe (wie Anm. 8), 441.

71 Ranke an Karl Freiherrn von Stein zum Altenstein am 1. Oktober 1829, in: Ranke, Neue Briefe (wie Anm. 3), 128.

72 Ranke an Johannes Schulze am 25. März 1830, Staatsbibliothek Berlin, Slg. Autogr. Nl. Geheeb.

ren können wie hier, wohin man berichtete.«[73] Jedenfalls waren die europäischen Verhältnisse in ihrer Gesamtheit unter römischer Perspektive mit besonderer Evidenz zu erfassen. Rom lieferte den Schlüssel zum Verständnis der allgemeinen Geschichte des 16. und 17. Jahrhunderts. Rankes Schlussurteil lautete: »Überhaupt muß ich bekennen, daß ich mehr gefunden habe und zu mehr gelangt bin, als ich oder ein anderer erwartet hätte.«[74]

Ranke hat auf der Rückreise von Rom weiteres Material gesammelt. Im Mediceischen Archiv zu Florenz fand er Quellen zur »Geschichte der Medici« wie zur »Geschichte der deutschen Kriege unter Carl V.«[75] Vor allem aber wurde ihm bei seinem neuerlichen Aufenthalt in Venedig endlich der Zugang zu jenen langersehnten »Finalrelationen« gewährt, und er sparte auch jetzt nicht mit der höchsten Wertschätzung.[76] Gleichwohl behielten die römischen Papiere für Ranke ihren alles überragenden Erkenntniswert. Das hatte Konsequenzen, als er daran ging, die Erträgnisse seiner Forschungsreise historiographisch zu verarbeiten.

Schon während der Reise war Ranke bewusst geworden, dass das Ausmaß der neuen Funde im Grunde ein ganz neues historiographisches Projekt erforderlich machte: »eine universale Geschichte der neuen Jahrhunderte.«[77] Das blieb freilich einstweilen sehr vage, und bevor Ranke sich darauf einließ, gedachte er »erst die alten Untersuchungen zu Ende zu bringen.«[78] Gemeint waren die *Fürsten und Völker von Süd-Europa im sechszehnten und siebzehnten Jahrhundert*; der

73 Ranke an Karl August Varnhagen von Ense am 9. Juni 1829, in: Wiedemann, Briefe (wie Anm. 8), 441.

74 Ranke an Karl Freiherrn von Stein zum Altenstein am 9. März 1830, in: Ranke, Neue Briefe (wie Anm. 3), 135.

75 Ranke an Heinrich Ritter am 6. August 1830, in: Ranke, Lebensgeschichte (wie Anm. 2), 239.

76 Ranke an Friedrich Perthes am 12. August 1830, in: Ranke, Neue Briefe (wie Anm. 3), 138: »Der Schatz, den ich zu heben komme, ist von dem größten Belange. Schlechthin unschätzbar sind diese Relationen;« freilich fügt er hinzu: »Leider sind sie nicht vollständig.« Vgl. auch Ranke an Karl Freiherrn von Stein zum Altenstein am 21. Dezember 1830, in: M. Lenz, Geschichte der Königlichen Friedrich-Wilhelms-Universität zu Berlin, Bd. 4, Halle 1910, 468 f.; hier heißt es geradezu, »dass ich die großartigste und durchgreifendste Belehrung genossen habe, die mir in meinem Leben zuteil ward.«

77 Ranke an Friedrich Perthes am 14. Dezember 1829, in: Ranke, Neue Briefe (wie Anm. 3), 131.

78 Ebd.

erste Band, über Türken und Spanier, war 1827 erschienen; ein zweiter Band, zur italienischen Geschichte, war geplant; die Forschungsreise hatte das dazu noch fehlende Material herbeischaffen sollen. Allerdings erwies sich die Ausführung dieses Vorhabens als immer problematischer. Ranke musste sogar bekennen, dass schon der erste Band völlig überholt sei und einer gründlichen Revision und Erweiterung bedürfe.[79] Um so weniger war auf Dauer daran zu denken, den zweiten Band in dem geplanten Format herauszubringen, sosehr Ranke auch immer wieder diese Möglichkeit erwog.[80] Schon in Venedig wurde absehbar, dass ein einziger Band nicht ausreichen würde, um die Menge der neuen Quellennachrichten zu fassen; im Dezember 1829 dachte er daran, allein für die Geschichte Venedigs, die ihn seit Wien zunächst vorrangig interessierte, einen ganzen Band zu reservieren und ihm einen weiteren folgen zu lassen.[81] Das bisherige Projekt wurde aber vollends hinfällig, als Ranke in den römischen Bibliotheken immer tiefer in die Welt des frühneuzeitlichen Papsttums eindrang. Aus ihrer Anschauung erwuchs ihm noch in Rom die Idee einer großangelegten »Historie des Pontifikats«: »Mit dem Gedanken eines solchen Unternehmens, natürlich in den Grenzen der neueren Jahrhunderte, bin ich jetzt ganz angefüllt.«[82] Dieses Unternehmen musste nicht nur rein quantitativ den ursprünglichen Rahmen der *Fürsten und Völker* sprengen, sondern das ganze Konzept in Frage stellen. In den *Fürsten und Völkern* hätte der Papst als italienischer Fürst oder Potentat neben anderen stehen sollen, während Ranke seinen Blick jetzt gerade auf die universale Dimension der päpstlichen Herrschaft gerichtet hielt. Dennoch sträubte sich Ranke noch lange dagegen, das alte Konzept aufzugeben. Nach seiner Rückkehr kündigte er sogar an, »sobald als möglich an Rom zu gehen, das ich in dem zweiten Bande von Fürsten und Völkern behandeln will;«[83] damit war

79 Ebd., 130.

80 Außer dem in Anm. 78 genannten Brief sind dazu noch anzuführen: Ranke an Karl Freiherrn von Stein zum Altenstein am 17. Januar 1828, in: Ranke, Neue Briefe (wie Anm. 3), 101; Ranke an Karl August Varnhagen von Ense am 9. Juni 1829, in: Wiedemann, Briefe (wie Anm. 8), 441; Ranke an Heinrich Ritter am 6. August 1830, in: Ranke, Lebensgeschichte (wie Anm. 2), 238.

81 Ranke an Friedrich Perthes am 31. Dezember 1828, in: Oncken, Frühzeit (wie Anm. 19), 118.

82 Ranke an Friedrich von Gentz am 26 April 1830, in: Wittichen, Briefe (wie Anm. 45), 85.

83 Ranke an Christian Carl Josias von Bunsen am 28. März 1831, in: Ranke,

er wiederum am Ausgangspunkt der Reise angelangt. Tatsächlich geschah nichts dergleichen, ohne dass Ranke vorerst bereit gewesen wäre, einen anderen Weg zu gehen. In dieser Situation traf ihn im Juni 1831 der Göttinger Historiker Arnold Herrmann Ludwig Heeren, der nach der Begegnung äußerte: »Der Mann scheint mit sich selber wegen seiner künftigen literarischen Unternehmungen nicht im Reinen zu sein. Er hat nach seiner Versicherung viele Materialien gesammelt; scheint aber noch selber nicht entschlossen, was er damit anfangen soll.«[84] Rankes Unschlüssigkeit, über die er selbst schon früher wiederholt geklagt hatte,[85] war damit ziemlich gut getroffen.

Den Umschwung brachte das neue politische Erkenntnisinteresse, das Ranke im Gefolge der Julirevolution entwickelte. Bis dahin hatte er zwar politische Geschichte geschrieben oder studiert, aber ohne eine eigentliche politische Fragestellung. Ja, es hatte ihm bis dahin überhaupt an einem konkreten historischen Problem gefehlt. Er war von der Kulturgeschichte im Zeitalter von Renaissance und Reformation ausgegangen, hatte aber dieses Thema weder präzisiert noch weiterverfolgt, sondern war bei der europäischen Staatengeschichte, d. h. an der Peripherie, stehengeblieben. Danach waren es jeweils Quellenfunde, die ihm fortwährend neue Ideen eingaben. Ein klares historiographisches Konzept ließ sich so nicht gewinnen. Rankes notorische Unentschiedenheit, die ihn noch nach der Rückkehr aus Italien plagte, war die unausweichliche Folge. Erst im Zuge seiner Arbeit an der *Historisch-politischen Zeitschrift*, die er ab 1832 herausgab, bekam er sozusagen festen Boden unter die Füße. Konfrontiert mit den großen

Lebensgeschichte (wie Anm. 2), 252 f. Vgl. aber Ranke an Johannes Schulze am 25. März 1830 (wie Anm. 72): er gestehe, »daß mein ursprünglicher Plan, der allerdings blos auf eine Fortsetzung bereits angefangener Arbeiten gerichtet war, sich durch die Sache selbst, und den Fortgang des Unternehmens nicht wenig erweitert hat;« Rankes Blick reicht hier sogar noch, über die *Fürsten und Völker* hinaus, zu dem einstmals geplanten Fortsetzungsband der *Geschichten der romanischen und germanischen Völker* zurück.

84 Zitiert bei Oncken, Frühzeit (wie Anm. 19), 71.

85 Ranke an Heinrich Ritter am 9. Dezember 1827, in: Ranke, Lebensgeschichte (wie Anm. 2), 182: er sehe sich »verdammt,« »Fragmente zu schreiben;« Ranke an denselben, 20. August 1828, ebd., 208: »Aber was habe ich in der langen Zeit gemacht? Nichts, als gesammelt, unvollendete Sammlungen!«; Ranke an Heinrich Ranke am 15. November 1829, ebd., 228: »Gebe mir Gott Vollendung dieses Unternehmens und alsdann innere und äußere Ruhe, Sicherheit leitender Überzeugung und penetrirende Einsicht, daß ich diese Geschichten einmal beschreiben kann.«

ideologischen Lagern der Revolution und Reaktion, die sich seit 1830 in Europa herausbildeten und dabei universale Geltung beanspruchten, entdeckte er die konkreten Interessen der einzelnen europäischen Staaten, die er aus deren jeweiliger Geschichte zu erklären unternahm. Die Entstehung der gegenwärtigen europäischen Staatenverhältnisse, die Genese des europäischen Staatensystems, die Formierung der großen Mächte: Das wurde fortan zum Generalthema seiner Geschichtsschreibung.[86] Man kann sagen, dass er das ganze während seiner großen Forschungsreise gesammelte Material nach und nach für die Ausarbeitung dieses Themas nutzbar machte und damit seinen Forschungen ein Ziel gab. Jetzt erst war der Weg frei, um die geplante »Historie des Pontifikats« ins Werk zu setzen, und es lag nahe, dass er sie vorzog, weil er hier sofort »loslegen« konnte. Von 1834 bis 1836 erschienen in drei Bänden *Die römischen Päpste, ihre Kirche und ihr Staat im sechszehnten und siebzehnten Jahrhundert*;«[87] sie zogen die Summe aus Rankes römischen Studien, nicht ohne auch anderes auf der Reise gesammeltes Material einzubeziehen.

Ausgangspunkt des Werks war die Stellung, die das Papsttum in den europäischen Staatenverhältnissen der Gegenwart einnahm. Alles kam darauf an, die »Historie des Pontifikats« darauf zu beziehen oder von daher zu erschließen. Schon in Rom hatte Ranke gelegentlich der Frage nachgesonnen, »wie dieses heutige Rom ... zu Stande gekommen ist;«[88] aber das war nur ein flüchtiger Einfall. Jetzt, gemäß dem neuen Rankeschen Generalthema, wurde dieser Gegenwartsbezug systematisch in Ansatz gebracht. Man kann genau verfolgen, wie Ranke dazu kam, diesen Schritt zu vollziehen. Es begann mit einem Artikel, den er 1832, unter dem Eindruck der jüngsten Unruhen im Kirchenstaat, über die päpstliche Staatsverwaltung nach 1815 für die *Historisch-politische Zeitschrift* schrieb.[89] Ranke fand es darin unbefrie-

86 Vgl. dazu: U. Muhlack, Nachwort, in: L. v. Ranke, Die großen Mächte. Politisches Gespräch, hg. von U. Muhlack, Frankfurt/M. 2005, 115–139; ders., Leopold von Ranke (1795–1886), in: L. Raphael (Hg.), Klassiker der Geschichtswissenschaft, Bd. 1, München 2006, 38 -63, hier 43–56.

87 L. Ranke, Die römischen Päpste, ihre Kirche und ihr Staat im sechszehnten und siebzehnten Jahrhundert, 3 Bde. (= ders., Fürsten und Völker von Süd-Europa im sechszehnten und siebzehnten Jahrhundert. Vornehmlich aus ungedruckten Gesandtschafts-Berichten, Bd. 2–4), Berlin 1834–1836.

88 Ranke an Karl August Varnhagen von Ense am 9. Juni 1829, in: Wiedemann, Briefe (wie Anm. 8), 441.

89 [Ranke,] Rom (wie Anm. 6).

digend, sich auf die jüngste Vergangenheit zu beschränken; »das Verständniß unserer Gegenwart« gebiete vielmehr einen Rückgang auf jene Jahrhunderte, in denen sich der durch »die Vereinigung geistlicher und weltlicher Gewalt« eigentümliche »Charakter des römischen Staates« ausgebildet habe.[90] Im November 1832 tat er kund, dass er dabei sei, daraus die historiographische Konsequenz zu ziehen: »Seitdem habe ich die Staatsverwaltung des Kardinal Consalvi beschrieben: es ist ein ziemlicher Stoff gewesen; dies kommt in das Heft [der *Historisch-politischen Zeitschrift*]. Schon habe ich eine größere Unternehmung [die *Päpste*] auch begonnen.«[91] Ranke sprach hier nicht nur zum ersten Mal aus, dass er an den *Päpsten* arbeitete, sondern machte auch den engen Zusammenhang deutlich, der zwischen ihrer Konzipierung und dem Artikel in der *Historisch-politischen Zeitschrift* bestand. Die *Päpste* sollten jenes »Verständniß unserer Gegenwart« aus der Geschichte leisten, dass hier über die bloße Zeitgeschichte hinaus gefordert worden war, und zwar dadurch, dass sie den gegenwärtigen Zustand der päpstlichen Herrschaft aus ihrer Entwicklung seit dem 16. Jahrhundert herleiteten. Es war ein Zeitraum, »wo wir das Papstthum gefährdet, erschüttert, sich dennoch behaupten und befestigen, ja aufs neue ausbreiten, eine Zeitlang vordringen, endlich aber wieder einhalten, und einem abermaligen Verfalle zuneigen sehen«:[92] »Diesen Zeitraum einer erneuerten kirchlich-weltlichen Macht, ihre Verjüngung und innere Ausbildung, ihren Fortschritt und Verfall habe ich die Absicht wenigstens im Umriß darzustellen.«[93] Die römische Gegenwart erschien also als Tiefpunkt eines Prozesses, der, ausgehend von der Krise des Papsttums im Spätmittelalter, bei einem äußersten Höhepunkt einsetzte.

Ranke stellte in den *Päpsten* aber nicht nur den Entwicklungsgang dieses einen kirchlich-weltlichen Gebildes dar. Die Natur seines Gegenstandes brachte es vielmehr mit sich, dass immer alle europäischen Staaten in den Blick kamen. Solange die Päpste nach der Weltherrschaft strebten, hielten sie katholische wie protestantische Staaten in ihrem Bann;[94] als sie an Macht verloren, war das mit einer Verselb-

90 Ebd., 624.
91 Ranke an Heinrich Ranke am 30. November 1832, in: Ranke, Lebensgeschichte (wie Anm. 2), 262.
92 Ranke, Päpste (wie Anm. 87), Bd. 1, XVII.
93 Ebd., V.
94 Ebd., Bd. 2, 178: »Das Haupt dieses hierarchischen Körpers, der Papst zu

ständigung dieser Staaten gleichbedeutend.[95] Die Formierungsgeschichte der europäischen Staaten ließ sich insoweit als Funktion der neueren Geschichte des Papsttums auffassen. Rankes *Geschichte der Päpste* war mithin zugleich eine Geschichte des werdenden europäischen Staatensystems; seine späteren Werke zur deutschen, preußischen, französischen, englischen Geschichte waren gewissermaßen schon in ihr enthalten oder vorgebildet. Rankes *Römische Päpste* eröffneten damit die große Reihe seiner Staatsgeschichten. Zwar figurierten sie als die Bände 2–4 der *Fürsten und Völker von Süd-Europa im sechszehnten und siebzehnten Jahrhundert*; aber sie hatten mit diesem Konzept nichts mehr zu tun, und es ist signifikant, dass keine weiteren Bände dieses Titels herauskamen; von den übrigen seinerzeit für den zweiten Band der *Fürsten und Völker* geplanten »Abhandlungen« erschienen einzelne Bruchstücke, die Ranke teilweise schon während der Reise ausgearbeitet hatte, an anderer Stelle.[96] Mit der *Geschichte der Päpste* begann in Rankes Geschichtsschreibung eine ganz neue Epoche; sie markierte, nach langem Vorlauf, den eigentlichen Durchbruch zu seiner historiographischen Problemstellung. Rankes römische Studien haben diesen Durchbruch zwar nicht herbeigeführt, aber vorbereitet und sich sozusagen in ihm erfüllt.

Zu der Vorstellung von Rom, die in alledem steckt, bedarf es nur weniger Worte; sie ergibt sich von selbst aus der Logik des wissenschaftlichen Interesses, das Ranke mit seinen Forschungen in den römischen Bibliotheken vorangetrieben und schließlich geklärt hatte. Rom, das war für ihn der Inbegriff der geistlich-weltlichen Herrschaft des Papsttums vorzüglich in der Epoche, die Gegenstand seiner Darstellung war: der geistlichen Herrschaft über die katholische Kirche, der weltlichen über den Kirchenstaat. Die Geltung Roms in den europäischen Staatenverhältnissen, die im Mittelpunkt der *Päpste* stand, hing ab von der Geltung dieser Herrschaft, die wiederum wesentlich

Rom, bekam wieder einen nicht viel geringeren Einfluß, als er im elften und zwölften Jahrhundert besessen hatte: durch die Unternehmungen, die er aus dem religiösen Gesichtspunkt unaufhörlich in Anregung brachte, hielt er die Welt in Athem.«

95 Ebd., 576: »Hiedurch ist es geschehen, daß sich die Staaten auf beiden Seiten zu großen kirchlich politischen Individualitäten ausgebildet haben … Nur darauf kommt es an, wie jeder Staat, jedes Volk von seiner politisch religiösen Grundlage aus seine Kräfte zu entwickeln vermögen wird. Darauf beruht nunmehr die Zukunft der Welt.«

96 Dazu Oncken, Frühzeit (wie Anm. 19), 54–64.

auf dem jeweiligen Anteil des geistlichen und des weltlichen Elements beruhte. Das Rom der Gegenreformation war eine Weltpotenz durch seine geistliche Macht, die daraus Nahrung zog, dass sich damals »der Geist der abendländischen Nationen vorzugsweise mit kirchlichen Fragen beschäftigte;«[97] die weltliche hatte ihr zu dienen, »die kirchliche Stellung der Päpste« zu stützen.[98] Das Rom der Gegenwart war, als Ergebnis eines im 17. Jahrhundert einsetzenden Prozesses, von der Höhe der geistlichen Macht herabgesunken, die großenteils längst, »bis nahe an eine vollkommene Unterwerfung,« in die Verfügung der katholischen Staaten übergegangen war;[99] der Kirchenstaat war sozusagen das einzige, was ihm an realer Macht geblieben war: ein unbedeutender Kleinstaat, das bloße Objekt der Politik der großen Mächte, denen er seine Wiederherstellung nach dem Ende des Zeitalters der Französischen Revolution und Napoleons verdankte.[100]

Freilich spielt in dieser Rankeschen Vorstellung von Rom auch die Stadt Rom eine Rolle, und zwar nicht einfach als Symbol, sondern als Hauptstadt der päpstlichen Herrschaft, die nun einmal der Hauptschauplatz des Geschehens war. Man braucht nur die *Geschichte der Päpste* zu durchblättern, um das bestätigt zu finden. Die Stadt ist da immer präsent; sie bildet den Rahmen oder den Hintergrund für das Ganze. Allerdings bleibt dabei stets der Bezug zu dem übergeordneten Thema gewahrt; eine eigentliche Stadtgeschichte gibt Ranke nicht. Nur zweimal hat er sich zusammenhängend über die Entwicklung der Stadt geäußert, aber auch da im Kontext der päpstlichen Politik insgesamt. Das eine Kapitel handelt von den »Bauunternehmungen« des Papstes Sixtus V. (1585–1590);[101] das andere thematisiert »Bauwerke der Päpste« um die Mitte des 17. Jahrhunderts.[102] Wir befinden uns beide Male im Zeitalter der Gegenreformation, und Ranke will beide Male zeigen, wie die Päpste damals die Stadt nach einem architektonischen Programm umbauten, das ihren Weltherrschaftsanspruch zum Ausdruck bringen sollte. Man habe die gleiche »Idee« verfolgt, »die sich in der Kirche die Herrschaft erworben, die den

97 Ranke, Päpste (wie Anm. 87), Bd. 1, XVII.
98 Ebd., 414.
99 Ebd., Bd. 3, 219.
100 Ebd., 220.
101 Ebd., Bd. 1, 469–481.
102 Ebd., Bd. 3, 69–78.

Staat zu einem Organ der Kirche gemacht hat«:[103] »Ideen, Antriebe« der »Restauration,« »die auch in Kunst und Literatur nach der Alleinherrschaft streben.«[104] In jenen Zeiten sei zu großen Teilen »die moderne Stadt überhaupt« entstanden, »wie sie noch heute die Aufmerksamkeit des Reisenden fesselt.«[105]

An dieser Stelle kommt naturgemäß Rankes konkrete Begegnung mit der Stadt Rom ins Spiel, von der eingangs die Rede war. Sie hatte, wie gezeigt, für ihn keine konstitutive Bedeutung, aber sie lieferte ihm doch sinnliche Bausteine für jenes Geschichtswerk, in dem sein spezifisches Romerlebnis beschlossen war. Bereits in den erwähnten Artikel über die päpstliche Staatsverwaltung nach 1815 fügte er eine *Digression* über den kirchlichen Festkalender der Römer ein, die ganz aus der eigenen Anschauung heraus geschrieben war.[106] In der *Geschichte der Päpste* begegnet Selbsterlebtes oder Selbstgesehenes allenthalben. Für die beiden Kapitel über päpstliche »Bauunternehmungen« und »Bauwerke« gilt das ganz besonders; hier spricht ein Augenzeuge, der sich in den stehengebliebenen Kulissen vergangener Größe bewegt. Die ganze »Hauptstadt der Alterthümer, der Kunst,« als die Ranke die Stadt Rom vor allem kennenlernte, war für ihn eine solche Gedächtnisstätte, aus der das ursprüngliche Leben gewichen war. Andererseits beruhte gerade darauf eine universale Geltung neuer Art; an die Stelle der Kapitale des römischen Weltreiches und der päpstlichen Weltherrschaft war das Weltmuseum getreten.

Zum Schluss ist eine Bemerkung über Ranke als protestantischen Romreisenden und Geschichtsschreiber unumgänglich. Er lebte über ein Jahr in der »Hauptstadt der katholischen Religion;« die *Päpste* handelten fortwährend von religiösen oder konfessionellen Fragen. Was hat das alles für den Protestanten Ranke bedeutet? Ich begnüge mich mit einer ganz kurzen Antwort.[107]

103 Ebd., Bd. 1, 481.
104 Ebd., Bd. 3, 77.
105 Ebd., 69.
106 [Ranke,] Rom (wie Anm. 6), 716–726; Ranke spricht im Untertitel von »Erinnerungen an römische Zustände.«
107 Der einzige Autor, der sich bisher in einem eigenen Zusammenhang mit derartigen Fragen befasst hat, ist Thomas A. Brady (Ranke, Rom und die Reformation. Leopold von Rankes Entdeckung des Katholizismus, Jahrbuch des Historischen Kollegs, Jg. 1999, 43–60). Über seine These, Ranke habe in Rom die ihm »fremde« Welt der katholischen Gegenreformation entdeckt und vor diesem Hintergrund ein »eigenes« protestantisches Werk über die

Natürlich schlug Rankes Protestantismus überall durch. Als er in Rom lebte, war ihm klar, dass er die Stadt mit protestantischen Augen sah;[108] das Verhalten der misstrauischen Bibliothekare und Archivare im Vatikan konnte ihn darin nur bestärken. Als er die *Geschichte der Päpste* vorlegte, bekannte er sich in der Vorrede als »Protestant«: »ein Katholik würde die Sache ganz anders angreifen.«[109] In der Tat fiele der Nachweis nicht schwer, dass dieses Werk von einem protestantischen Autor stammt; ich kann mir umständliche Belege ersparen.[110] Das alles hat aber nicht allzu viel zu besagen und trifft jedenfalls nicht ins Zentrum. Rankes originäres Interesse stand jeder Form von konfessioneller Parteinahme oder gar Polemik strikt entgegen und war rein wissenschaftlicher Art. Das »religiöse Jahr« der Römer beobachtete er mit dem analytischen Blick eines Volkskundlers, der gerade das in protestantischer Sicht Anstößige verstehen wollte,[111] und wenn er in der *Geschichte der Päpste* von Katholiken und Protestanten handelte, waren das für ihn historische Phänomene, die jeweils möglichst genau in ihrer Eigenart zu erfassen waren und obendrein nicht um ihrer selbst willen, sondern im Lichte einer politischen Problemstellung in Betracht kamen. Sein Protestantismus blieb eine bloße Nuance und war nirgends erkenntnisleitend, allenfalls insofern erkenntnisfördernd, als er differenzierende Vergleiche ermöglichte. Es sei hinzugefügt, dass er in seiner *Deutschen Geschichte im Zeitalter der Reformation*, die seit 1839 erschien, wie in frühen und späteren Schriften nicht anders verfuhr.

Überhaupt besteht aller Anlass, den Rankeschen Protestantismus in einem sehr grundsätzlichen Sinne zu relativieren. Man behauptet seit jeher unverdrossen, Ranke sei aus einem lutherischen Pfarrhaus

Reformation geplant, mag man streiten. Zu Rankes angeblichem »Luthertum,« das endlich auf den Prüfstand gehört, vgl. klassisch W. Schultz, Der Einfluß lutherischen Geistes auf Rankes und Droysens Deutung der Geschichte, Archiv für Reformationsgeschichte 39 (1942) 108–142.

108 Vgl. [Ranke,] Rom (wie Anm. 6), 718 und 721.

109 Ranke, Päpste (wie Anm. 87), Bd. 1, XV.

110 Nur ein Beispiel: Luther »setzte sich allerdings dem einzelnen Mißbrauche entgegen; aber schon der schlechtbegründete und einseitige Widerspruch, den er fand, führte ihn Schritt für Schritt weiter; nicht lange verbarg sich ihm der Zusammenhang, in welchem jenes Unwesen mit dem gesammten Verfalle der Kirche stand. … Da Luther einer so weit von ihrem Prinzip abgekommenen Macht eben dieß mit großer Schärfe und Klarheit entgegenhielt, … so hatten seine Schriften eine unermeßliche Wirkung« (ebd., 77 f.).

111 Vgl. [Ranke,] Rom (wie Anm. 6), 718 und 721.

hervorgegangen; aber sein Vater stammte zwar aus einer lutherischen Pastorenfamilie und hatte selbst zunächst Theologie studieren wollen, war dann aber Jurist geworden, der ziemlich aufgeklärte Ansichten hatte und zu seiner Kirche ein eher konventionelles Verhältnis pflegte.[112] Ranke selbst nahm wohl anfangs ein Theologiestudium auf, brach es aber ab und wurde Philologe. Als sich sein Bruder Heinrich der pietistischen Orthodoxie zuwandte, ging Ranke zu ihm auf schärfste Distanz.[113] Was er ihm entgegensetzte, war eine Art Geschichtsreligion, die beim besten Willen nichts mit Protestantismus in einem kirchlichen oder selbst »kulturprotestantischen« Sinne zu tun hatte und im übrigen für den konkreten Ansatz seiner wissenschaftlichen Arbeit völlig unerheblich blieb. Als er in Wien das von Berliner Neidern gegen ihn ausgestreute Gerücht vernahm, er sei zum Katholizismus übergetreten, nahm er das in einem vertraulichen Brief zum Anlass, »dem Gegensatz zwischen Protestantisch und Katholisch« abzuschwören, »den ich schlechterdings für den heutigen Tag – d. i. für die Entwickelung unsres Antheils an dem allgemeinen Leben der Welt von keiner Bedeutung finde, sondern eine vergangene Sache.«[114] Aus dem Theologenstreit um Tholuck hielt er sich heraus oder vielmehr: er neigte dazu, ihn zu historisieren.[115] Die *Geschichte der Päpste* schloss mit der Vision eines überkonfessionellen Christentums; der Niedergang des Papsttums schien ihm das zu signalisieren.[116]

Nie hat sich freilich ein Historiker mit einer Prognose gründlicher geirrt. Kaum war der letzte Band der *Geschichte der Päpste* erschienen, entbrannte der Kölner Kirchenstreit, der neuerdings alle konfessionellen Leidenschaften wachrief. Ranke selbst musste erleben, dass sein Werk auf den Index der verbotenen Bücher gesetzt wurde, und sah sich von seinen ultramontanen Gegnern in die protestantische

112 Vgl. etwa Rankes Charakteristik in einem autobiographischen Diktat vom Jahre 1863, in: Ranke, Lebensgeschichte (wie Anm. 2), 6.

113 Vgl. Ranke an Heinrich Ranke am 28. Dezember 1823, ebd., 119, wo er die Bibelgläubigkeit des Bruders aufs Korn nimmt: »In allen Dingen ist Gott, dieses Ding für Gott zu halten ist Götzendienst; wie ist es nun mit dem Wort?«

114 Ranke an Bettina von Arnim am 25. April 1828, in: Helmolt, Rankes Leben (wie Anm. 1), 185.

115 Ranke an Karl August Varnhagen von Ense am 25. Mai 1830, in: Wiedemann, Briefe (wie Anm. 8), 445.

116 Ranke, Päpste (wie Anm. 87), Bd. 3, 222 f.

Ecke gedrängt.[117] Das Papsttum, das er als historische Potenz schon abgeschrieben hatte, erlebte eine unerwartete Wiederauferstehung, der auch das Ende des Kirchenstaates im Zuge des deutsch-französischen Krieges von 1870/71 zunächst nichts anhaben konnte. Ranke sah sich genötigt, bei der Neuauflage der *Päpste* von 1874 den letzten Teil völlig umzuschreiben.[118] Allerdings ließ er sich auch jetzt zu keiner konfessionellen Polemik hinreißen. Er nahm freilich »die deutsche Wissenschaft« gegen den päpstlichen Dogmatismus in Schutz, die er aber von Protestanten wie von Katholiken vertreten sah.[119] Er hatte dabei sein eigenes Verständnis von historischer Wissenschaft im Auge, das so empfindlich mit der Indexbehörde kollidiert war. Ihm entsprach, dass er auch diesmal auf eine rein historische Analyse bedacht war. Allerdings unterließ er es wohlweislich, wiederum eine Prognose zu geben. Statt einer Vision stellte er eine Frage, die die »ungehinderte Ausübung« der geistlichen Autorität des Papstes in der Zukunft betraf: »Inwiefern dieselbe unter den veränderten Umständen möglich sein werde – darauf beruht nunmehr die Gegenwart und die Zukunft.«[120]

Das war der letzte Satz in der letzten maßgeblichen Ausgabe der *Päpste*, in der die römischen Studien von 1829/30 gewissermaßen ausliefen. Nirgends war Ranke von einem protestantischen Rombild weiter entfernt.

117 Dazu U. Muhlack, Historismus und Katholizismus. Die wissenschaftsgeschichtliche Bedeutung des Indexverfahrens gegen Rankes Papstgeschichte, in: H. Wolf/D. Burkard/U. Muhlack (Hg.), Rankes »Päpste« auf dem Index. Dogma und Historie im Widerstreit, Paderborn 2003, 169–201.

118 L. v. Ranke, Die römischen Päpste in den letzten vier Jahrhunderten, 6. Aufl., 3 Bde. (= ders., Sämmtliche Werke, Bd. 37–39), Leipzig 1874. Der neue Titel kündigt die neue historiographische Perspektive an.

119 Ebd., Bd. 3, 175 und 202.

120 Ebd., 120.

Gregorovius' Geschichte der Stadt Rom und das Ende des Kirchenstaates

Arnold Esch

Dass, um Rom zu kennen, ein Leben nicht reiche, ist ein viel zitierter Satz. In noch ganz andere Dimensionen gerät, wer Rom in seiner Geschichte darstellen will. Wer hier Stadtgeschichte schreibt, der schreibt zugleich auch Weltgeschichte. Denn was ist am Ewigen Rom das Ewige? Doch nicht, dass hier einige große Ruinen immer noch nicht umgefallen sind, dass auf dem Banner immer noch SPQR steht, oder dass die Straßen immer noch ›Appia‹ oder ›Cassia‹ heißen. Sondern dass Rom, nachdem es als Haupt eines Weltreichs, das vielen Regionen Europas den Grund legte, gestürzt worden war, sich in völlig neuen Zusammenhängen abermals zum Haupt einer Welt erheben konnte, nun zum Haupt der Weltkirche. Und dass Rom so, auf andere – aber nicht weniger herrscherliche – Weise fortfuhr, Europa zu beherrschen und zu durchdringen.[1]

Gregorovius wusste, worauf er sich einließ, und dass er, der Protestant, die Papstkirche nicht einfach aus der Geschichte Roms subtrahieren könne. Ja gerade das zog ihn an – so wie viele deutsche Papsthistoriker ja gerade Protestanten gewesen sind und diese größte aller historiographischen Herausforderungen auf sich haben wirken lassen. Denn anders als sonst bei Stadtgeschichten wird hier deutlich: nicht der Historiker macht etwas aus Rom, sondern Rom macht etwas aus dem Historiker.

Zunächst zu Gregorovius als Historiker, über seinen Rang als Historiker.[2] Denn man begegnet bisweilen der Vorstellung von Gregoro-

1 Auffassungen von der Besonderheit römischer Geschichte zusammengestellt bei A. Esch, Rom als europäischer Erinnerungsort, in: Schriften der Heidelberger Akademie der Wissenschaften, Suppl. Bd. 18 (Pforzheimer Reuchlin-Preis 1955–2005), 3. Aufl. Heidelberg 2007, 376–390.

2 Zu Leben und Werk: J. Hönig, Ferdinand Gregorovius, der Geschichtsschreiber der Stadt Rom, Stuttgart 1921 (2. Aufl. 1944 ohne Briefanhang); A. Esch/J.

vius als einem Dilettanten, der mit flotter Feder und beneidenswerter Phantasie große Rom-Gemälde hinwarf. Wäre es so, müssten wir uns mit Gregorovius als Historiker nicht lange aufhalten. Tatsächlich hat er nicht »Geschichte studiert«, so wenig wie Ranke, denn im heutigen Sinn konnte man das damals noch gar nicht. Doch gaben Theologie-Studium und philosophische Dissertation seinen Forschungen eine solide Grundlage.

Aber man bemerkte mehr, dass er schreiben konnte, schreiben in allen Gattungen. Sein Hauptwerk, die *Geschichte der Stadt Rom im Mittelalter* (1856–71), bringt minutiöse Schilderungen von Ereignisabläufen im Wechsel mit großen impressionistisch wirkenden Zustandsbildern, und gerade diese haben den Leser angezogen, weil sie den Sinn für das atmosphärische Detail, die unvergleichliche topographische Kenntnis und die darstellerische Kraft aufs Schönste hervortreten ließen. Man erkannte darin den Autor der *Wanderjahre*: dass Gregorovius, um sich über Wasser zu halten, zunächst solche Reise-Artikel schrieb, bevor er den verwegenen Plan der *Geschichte* fasste, erweckte dann den Eindruck, als schriebe ein Feuilletonist Geschichte, nicht ein Historiker auch Feuilletons. Und man verkannte leicht, dass in seiner Darstellung alle verfügbaren Quellen – viele davon erst durch ihn in Archiven erschlossen – kritisch verarbeitet waren. Was wie persönliche Ausmalung wirkt (z. B. Ziegen grasend im Schutt der Engelsburg) ist immer zeitgenössischen Quellen entnommen: aber da in den spärlichen Anmerkungen nicht belegt, merkt das nur, wer die Quellen der Zeit kennt.[3] Die Mängel seiner Darstellung liegen in anderem. Dass das ›Weltwesen‹, wie er Rom bezeichnete, ihn häufig, durch Papst oder Kaiser, aus dem stadtgeschichtlichen Rahmen hinaus führte in die europäische Geschichte, hat ihn nicht selten überfordert. Vor allem aber ist es an einigen Stellen der wissende, moralisierende Ton, der in seiner Emphase manchmal schwer erträglich ist: da

Petersen (Hg.), Ferdinand Gregorovius und Italien. Eine kritische Würdigung, Tübingen 1993 mit verschiedenen Beiträgen; H.-W. Kruft/M.Völkel (Hg.), Ferdinand Gregorovius, Römische Tagebücher 1852–1889, München 1991; A. Esch, Ferdinand Gregorovius. Ewiges Rom: Stadtgeschichte als Weltgeschichte, in: D. Willoweit (Hg.), Denker, Forscher und Entdecker. Eine Geschichte der Bayerischen Akadademie der Wissenschaften in historischen Portraits, München 2009, 149–162 und 374–376.

3 Über seine Arbeitsweise und Quellenerschließung im einzelnen A. Esch, Gregorovius als Geschichtsschreiber der Stadt Rom. Sein Spätmittelalter in heutiger Sicht, in: A. Esch/J. Petersen (wie Anm. 2), 131–184.

werden ohne jede Urteilsscheu in großer Geste Gestalten und Epochen (Gregor VII. und Napoleon, Tagliacozzo und Sedan, 1527 und 1867) zusammengerückt und mit Zensuren versehen: »Nie ward frecher ...«, »Niemals zuvor ...« – und dann ist es womöglich nur ein kleines Kerlchen von Condottiere, der da durchs Tor reitet.

Aber die Neigung, durch fortwährende Rück- und Vorschau – auch auf die eigene Gegenwart – alles zu großer historisch-philosophischer Einsicht zu verweben und in der historischen Darstellung Anschauung und Reflexion miteinander zu verbinden, hat auch ihre großartigen Züge – und ist der eigentliche Gregorovius: denn der Blick auf Rom, so meinte er, mache einen »mehr zum Philosophen als hundert Winterabende hinter dem Aristoteles.«[4] Aber die nächste Generation deutscher Historiker – schon ganz vom Positivismus geprägt wie der große Paul Kehr, Direktor des Historischen Instituts in Rom – wollte an der Geschichte nicht mehr zum Philosophen werden oder gar zum Dichter. Dass für ihn »der wissenschaftliche Stoff ... nur Bedeutung als Material für die gestaltende Idee« habe,[5] hätte diese Generation nicht mehr formuliert. Man gab nun dem Faktenstudium und Urkundensammeln den Vorzug, wird sich an 1000 Jahre römischer Geschichte allerdings auch nicht mehr wagen. Doch war die Anerkennung, die Gregorovius damals auch fachwissenschaftlich fand, nicht gering: Aufnahme in die Bayerische Akademie der Wissenschaften auf Vorschlag des strengen Mediävisten Wilhelm Giesebrecht und »einstimmig mit 10 weißen Kugeln« gewählt (wie das Akademie-Protokoll vermerkt); Aufnahme in die Accademia dei Lincei gleichzeitig mit Ranke und Mommsen.[6] Das sind – unbeschadet der Kritik seitens einiger Historiker (Mommsen und Gregorovius mochten sich nicht) – deutliche Zeugnisse seines wissenschaftlichen Ansehens, das eine spätere Generation so nicht mehr wahrhaben wollte.

Fragen wir, zweitens, nach der historischen Gegenwart, die sein Rom-Bild mitgeprägt hat und für das Papsttum entscheidende Auswirkungen bringen sollte. Die große historische Stimmung, die sein

4 J. Hönig, Gregorovius (wie Anm. 2), 124: 1852 an A. Pancritius.
5 Tagebücher (wie Anm. 2), 356 (9. Juni 1875).
6 Archiv der Bayerischen Akademie der Wissenschaften, Wahlakten 1865, fol. 21v (mit dem Wortlaut des Wahlvorschlags, der auch für die Wahlen zum auswärtigen und zum ordentlichen Mitglied, 1871 bzw. 1875, galt); Archivio storico dell'Accademia Naz. dei Lincei, Tit. 4 B 1, fasc. 6 (socio corrisp. 1876), fasc. 12 prot. 35 (socio straniero 1881).

Werk durchzieht, überkommt ihn bisweilen auch im Alltag, wie seine Tagebücher zeigen – und dazu gab ihm seine Zeit reichlich Gelegenheit: 1859 Vertreibung der Österreicher aus der Lombardei (Gregorovius ist unter den Deutschrömern einer der wenigen, die dabei auf italienischer Seite stehen), 1866 Sieg der Preußen bei Königgrätz, 1870 Ende des päpstlichen Rom und zugleich deutsch-französischer Krieg (mit nationalistischen Aufwallungen, die sich bei Gregorovius aber bald wieder legten).[7] Das sind die Jahre, in denen er seine Geschichte der Stadt Rom schreibt – und vor Erregung oft nicht weiterschreiben kann. Denn das, was er da beschreibt, das päpstliche Rom, findet ja sein Ende, *während* er daran schreibt. Sein Tagebuch, das über das Fortschreiten des Werkes genaue Auskunft gibt, ist zugleich voll von kurzen erregten Notizen, die diese bange Anteilnahme an den – damals sich dramatisch beschleunigenden – Geschicken seines Vaterlandes und seiner Wahlheimat Italien zeigen: »Man kommt nicht zum Nachdenken mehr, die Tatsachen überholen jede Reflexion ... Ich bin wie im Traum.« »Ich kann nichts mehr arbeiten. Diese Gegenwart ist auch ein Stück Geschichte der Stadt.«[8]

Es ist wie ein Wettlauf zwischen geschriebener und erlebter Geschichte, der ihm bisweilen den Atem nimmt: Das Papsttum kehrt mit Martin V. definitiv nach Rom zurück – und Garibaldi nähert sich Rom auf Sichtweite; im Mai 1870 schließt er den vorletzten 7. Band ab, die Hochrenaissance ist erreicht – nur noch 4 Monate, und das päpstliche Rom wird fallen.[9] Da liegt es vor seinen Augen, unter den Fenstern seiner Via Gregoriana (die genaue Lage seines Hauses haben wir im *Catasto Gregoriano* festgestellt, um die Gedenktafel an der richtigen Stelle anzubringen): schreibend wartet er auf das Ende, Voraussetzung für die tief ersehnte Einigung Italiens, aber ohne Triumphgeschrei, ja angewidert von dem Voyeurtum der Touristen, die »aus den Fenstern ihrer Hotels den Fall Trojas und des Priamos ansehen wollen.«[10] Seine weltgeschichtlichen Stimmungen und Reflexionen

7 Deutlich vor allem in den Beiträgen »Eine Pfingstwoche in den Abruzzen« und »Lucera« der *Wanderjahre* und in seinen Zeitungsartikeln um 1870/71: J. Petersen, Ferdinand Gregorovius als Mitarbeiter der »Allgemeinen Zeitung«. Ausgewählte Textbeispiele, in: A. Esch/J. Petersen (wie Anm. 2), bes. 262–274.

8 Tagebücher (wie Anm. 2), 211 (8. Juli 1866), 238 (26. Okt. 1867).

9 Geschriebene Geschichte und erlebtes Geschehen synchronisiert: Esch, Geschichtsschreiber (wie Anm. 3), 167 f.

10 Tagebücher (wie Anm. 2), 215 (4. Nov. 1866).

erweisen sich dann oft als recht zeitgebunden und gar nicht so philosophisch, wie er selber meinte. Doch das merken erst die Nachlebenden: wie unter der Wirkung der nachdrängenden Geschichte das Relief der selbst erlebten Ereignisse allmählich flacher wird (nur müssen wir diese Einsicht auch auf uns selbst anwenden: noch wissen wir, dass wir beim Fall der Berliner Mauer »waren wie die Träumenden«).

Diese letzten Kämpfe um den Kirchenstaat haben mit unserer Frage unmittelbar zu tun, weil sie den damals wundesten Punkt des Papsttums – das *dominio temporale* – grell beleuchteten und die Reizbarkeit empfindlich erhöhten. Ein Beispiel bezogen auf Gregorovius: dass er in den *Wanderjahren* zum Palast des Kardinallegaten in Benevent bemerkt: »Schwerlich werden die vertriebenen Monsignori jemals wieder dort ihren Einzug halten«[11], ist schon einer der Gründe, weshalb der 5. Band der *Wanderjahre* (man denke: der *Wanderjahre*!) auf den Index gesetzt wird. Ja die ersten fünf Punkte des Index-Gutachtens betreffen sämtlich Bemerkungen über das Ende des *dominio temporale* (»secondo l'autore, la Santa Sede non dovrà giammai riacquistare i perduti domini«).[12] Liberale Italiener haben darüber damals nicht anders gedacht – und doch werden Gregorovius' Feststellungen (und die spürbare Genugtuung) über das definitive Ende hier zu »pungenti ironie e sarcasmi proprio degni di un Protestante.«[13]

Dabei geht es nicht darum, wie protestantisch Gregorovius war. Ein praktizierender Protestant war er ohnehin nicht, in den Akten der deutschen evangelischen Gemeinde kommt er nicht vor.[14] So mancher protestantische Intellektuelle wollte nicht unbedingt protestantischen Glaubens sein, sondern nur eben nicht katholisch. So konnte man, in einer spezifischen Mischung von Faszination und Dis-

11 Wanderjahre in Italien, mit Einführung von H.-W. Kruft, 4. Auflage, München 1986, 602.

12 A. Esch, Aus den Akten der Indexkongregation: verurteilte Schriften von Ferdinand Gregorovius, in: A. Esch/J. Petersen (wie Anm. 2), 240–252, hier 250–252, Gutachten Nr. 3.

13 Oder: »E a pagina 140 chiama la guerra franco-prussiana ›la guerra che ha dato nel mondo il colpo di grazia al guelfismo e distrutto *per sempre* il potere temporale dei Papi.‹ Lo stesso ripete a pagina 148 ove chiaramente dice: ›Ora il fondamento del dominio papale è stato tolto via; esso è caduto *per sempre* nel 1870‹« (ebd., 251).

14 A. u. D. Esch, Anfänge und Frühgeschichte der deutschen evangelischen Gemeinde in Rom 1819–1870, Quellen und Forschungen aus italienischen Archiven und Bibliotheken 75 (1995) 366–426.

tanzierung, die Papstkirche zutiefst bewundern (beides findet man sogar in kleinen Beobachtungen wie bei der Aufbahrung des Kardinals und Beinahe-Papstes Lambruschini)[15] – aber den katholischen Glauben wirklich zu verstehen, hatte man gar nicht vor.

Keine Frage, dass Gregorovius, nicht ohne Sarkasmen über Pius IX. und das ihm ergebene Volk der Gläubigen, damals die Lebenskraft des Papsttums erheblich unterschätzt hat. Eine ›Transformation der Papstkirche‹ schien ihm unmöglich:

> Sie wird noch Jahrhunderte als eine starrende Ruine, ein moralisches Kolosseum fortbestehen können, aber alle Lebenskraft und jeder zukunftzeugende Gedanke liegen jetzt weit außer der Kirche. Sie kann die Freiheit nicht in sich aufnehmen, ohne zu zerfallen. Das ganze christliche Kirchentum, auch das protestantische, ist dem Zerfall geweiht; sein Grunddogma, die Gottheit Christi, ist zerstört.[16]

Oder er wagte vorauszusagen: »Bis [Rom] eines Tages, nach Jahrhunderten, wieder der Sitz der Völker sein wird, wenn das Papsttum nicht mehr besteht, sondern seine Stelle der Präsident der europäischen Staatenunion einnimmt.« Unterschätzt wohl auch, weil ihm und anderen Zeitgenossen noch nicht vorstellbar war, dass für das Papsttum im Verlust des *Temporale* nicht nur eine Schwächung, sondern auch eine Chance liegen würde!

Über Gregorovius' Rombild zu sprechen ist in einem knappen Tagungsbeitrag kaum möglich. Alles bei ihm ist Rombild, und wie umfassend, wie begründet, wie quellengesättigt und reflektiert das seine ist, wurde hier einleitend an seinem Rang als Historiker und der Art seines Zugriffs anzudeuten versucht. Ich möchte aber wenigstens in zwei Schnitten das Profil seines Rombildes schärfer hervortreten lassen.

Was sein Rom kennzeichnet, und worin sein eigener wissenschaftlicher Beitrag besonders deutlich wird, ist, dass neben dem Rom der Päpste das Rom der Römer (um das einmal so plakativ zu unterscheiden) seinen Platz hat. Ein Rom der Römer wenig eindrucksvoll zwar – aber gerade die Spannung zwischen erhabener Rom-Idee und schäbiger römischer Wirklichkeit wird von Gregorovius spürbar erlitten, aber auch genossen, und verleiht dem Erzählton seine elegische Ein-

15 Wanderjahre (wie Anm. 11), 188 f.

16 Tagebücher (wie Anm. 2), 392 (14. Febr. 1878); folgendes Zitat: ebd., 357 (9. Juni 1875). Vgl. jedoch die Eintragungen zitiert in Anm. 39.

färbung. Zwar blieb ihm das Vatikanische Archiv verschlossen,[17] aber der römische Adel öffnete ihm seine Familienarchive.

Was er, aus intimer Kenntnis der römischen Archivalien und Chroniken, für die stadtrömische Geschichte verarbeitet hat, ist zum Teil auch heute noch zitierfähig.[18] Etwa seine Periodisierung (dass das definitive Ende der freien römischen Kommune 1398 anzusetzen ist, mit dem Anschlag Bonifaz' IX.). Oder seine Überlegungen zur Bevölkerungsgeschichte Roms: darüber ist auch die moderne Demographie kaum hinausgekommen. Wie überhaupt Demographie, *micro-history*, Alltagsgeschichte, Festkultur, *topographie réligieuse* und all das, was später eine eigene Etikettierung erhielt, als Fragestellung schon enthalten ist, aber beiläufig, dienend, und ohne den modernen Ausschließlichkeitsanspruch (›jetzt müssen wir alle mal *micro-history* machen‹). *Histoire totale* heißt bei ihm »gesamthafte Darstellung« und ist es auch. Doch fehlt das Verständnis für wirtschaftliche Zusammenhänge: die Papstfinanz begegnet bei Gregorovius eigentlich nur in der Klage, dass es sie überhaupt gibt, begegnet nur in ihren Auswüchsen und nicht in ihren Notwendigkeiten. Immer wird das Volk und sein Alltag einbezogen (bei Ranke fehle ihm das Volk, bemerkt er einmal[19]): nicht nur die Palazzi, sondern auch die gewöhnliche Wohnarchitektur, beim Kolosseum nicht nur der Bau und seine Idee (»Solange das Kolosseum steht, steht Rom ...« usw.), sondern auch die Besitzverhältnisse im Innern des Kolosseums und sogar die Ruinen-Flora auf den Sitzstufen. Das ist Rom *geschaut* – und *darüber* zum Philosophen zu werden, das sollte uns recht sein.

Ein Beispiel für die Darstellung eines Ereignisses. Nicht Kaiserkrönung Karls des Großen oder Cola di Rienzo – man nehme dafür besser etwas Kontroverses: den *Sacco di Roma*, die fürchterliche Plünderung Roms durch die Deutschen und Spanier Karls V. 1527. Wirklich ein Ereignis in *geteilter* Erinnerung: man vergleiche, zum *Sacco*,

17 Zur deutschen Papstgeschichtsschreibung vor und nach Öffnung des Vatikanischen Archivs H. Fuhrmann, Papstgeschichtsschreibung. Grundlinien und Etappen, in: A. Esch/J. Petersen (Hg.), Geschichte und Geschichtswissenschaft in der Kultur Italiens und Deutschlands, Tübingen 1989, 141–191; A. Esch, Leone XIII, l'apertura dell'Archivio Segreto Vaticano e la storiografia, in: Leone XIII e gli studi storici, a cura di C. Semeraro, Pontificio Comitato di scienze storiche, Atti e documenti 21, Città del Vaticano 2004, 20–43.

18 Das Folgende im einzelnen belegt bei Esch, Geschichtsschreiber (wie Anm. 3).

19 Tagebücher (wie Anm. 2), 224 (28. April 1867).

einmal die italienische Wikipedia, die spanische, die deutsche Wikipedia! Bei Gregorovius ein großes, schreckliches Gemälde, wie nur er es geben kann, aber: ohne Schonung der Deutschen, ohne Billigung sakrilegischer Handlungen durch die – teilweise schon lutherischen – Landsknechte, voll Mitgefühl für die Leiden der Römer.[20] Die Skrupellosigkeit auch der kaiserlichen Seite wird nicht verschwiegen (überhaupt ist das Reichs-Getöse damaliger deutscher Historiker bei Gregorovius etwas gedämpft), die Schuld wird nicht auf die Spanier abgewälzt (jedoch ihr Anteil deutlich benannt), die Schrecken eher vergrößert (auch Raffael und Michelangelo wären nicht verschont worden) als verkleinert. Stellenweise wieder sein schwer erträgliches moralisches Pathos, in dem sich seine unverhohlene Genugtuung über die Züchtigung dieses Babels verrät – aber so sahen es auch viele katholische Historiker. Wichtiger aber: man kann über dieses peinliche Ereignis nicht hinweg gleiten, der *Sacco* ist in der Geschichte der Stadt eine tiefe Epochenzäsur (bei ihm sogar stärker als in der jüngsten Forschung),[21] ja mit diesem Schreckensbild lässt Gregorovius die mehr als tausend Jahre seiner Geschichte der Stadt Rom enden.

Soviel in aller Kürze zu seiner Rom-Darstellung. Nun der zweite Profil-Schnitt. Der vorliegende Band macht die *konfessionelle* Perspektive zum Thema. Damit zu diesem Punkt Aussagekräftiges rasch und klar zutage tritt, sei das hier eng geführt auf die Frage: Was ist an Gregorovius' Werk von der anderen, der katholischen Seite, als konfessionell bestimmt, als protestantisch, als dem päpstlichen Rom nicht angemessen angesehen worden? Es geht, wie gesagt,[22] nicht so sehr darum, wie protestantisch Gregorovius war, sondern es geht um die Frage, worin sich sein päpstliches Rom *konfessionsspezifisch* von dem hier damals gültigen Rombild unterschied.

Man könnte dazu die Rezension in der *Civiltà Cattolica* heranziehen: mehr als 100 Seiten in der Zeitschrift der Jesuiten.[23] Man könnte seine Darstellung mit derjenigen von Ludwig von Pastor vergleichen,

20 F. Gregorovius, Geschichte der Stadt Rom im Mittelalter (Erstausgabe 1859–72), neu hg. von W. Kampf, Darmstadt 1953–57, Bd. 3, 576–665. Dazu vergleichend A. Esch, 6. Mai 1527. Der Sacco di Roma in geteilter Erinnerung, in: E. François/U. Puschner (Hg.), Erinnerungstage. Wendepunkte der Geschichte von der Antike bis zur Gegenwart, FS H. Schulze, München 2010, 93–109.

21 Esch, 6. Mai (wie Anm. 20), 104ff.

22 S.o. S. 29.

23 A. Forni, Der Erfolg von Gregorovius in Italien, in: A. Esch/J. Petersen (wie Anm. 2), bes. 32–34.

die ja, erstmals unter Benutzung des Vatikanischen Archivs (wie Pastor sogar in den Titel setzte), eine katholische Antwort auf Ranke und Gregorovius sein wollte, quellenreich und übrigens weniger apologetisch als man gemeinhin glaubt. Aber am klarsten – und ohne irgendwelche Rücksichten, da nur für den internen Gebrauch bestimmt – tritt die Konfrontation in den Gutachten der Indexkongregation hervor, also der Kongregation, die seit 1571 (bis 1966) zu begutachten hatte, ob ein Werk auf den *Index librorum prohibitorum* zu setzen sei. Anlässlich unserer Gregorovius-Tagung 1991 hatte ich den damaligen Präfekten der Glaubenskongregation, Kardinal Joseph Ratzinger, gebeten, im damals noch unzugänglichen Archiv der Kongregation die Gutachten über Gregorovius einsehen zu dürfen. Ich erhielt die Erlaubnis nicht nur zur Einsichtnahme,[24] sondern sogar die Möglichkeit, diese Texte im Tagungsband des Instituts erstmals zu publizieren,[25] und ich bin für dieses große Entgegenkommen – Jahre vor der offiziellen Öffnung, deren beratender Kommission anzugehören ich die Ehre hatte – sehr dankbar. Inzwischen ist das Archiv der Buchzensur, vor allem dank der Energie von Hubert Wolf, systematisch erschlossen.[26]

Gregorovius ist zwischen 1874 und 1882 mit fünfen seiner Werke auf den Index gekommen: *Geschichte der Stadt Rom im Mittelalter; Die Grabmäler der römischen Päpste; Urban der VIII. im Widerspruch zu Spanien und dem Kaiser; Athenais, Geschichte einer byzantinischen Kaiserin; Wanderjahre in Italien, Band V: Apulische Landschaften.*[27] Die Indizierung dieser Werke erfolgte erst nach der Übersetzung aus dem Deutschen: auch sonst wartete man bei deutschen Publikationen oft auf das Erscheinen in einer verständlicheren, also gefährlicheren Sprache. Die italienische Übersetzung der *Geschichte* war 1874 erst bis Band IV

24 Das Gutachten über die *Geschichte der Stadt Rom* in Zusammenfassung, die anderen im Original.

25 A. Esch, Akten (wie Anm. 12).

26 H. Wolf (Hg.), Römische Inquisition und Indexkongregation. Grundlagenforschung 1814–1917, 4 Bde., Paderborn 2005–2007 (ab 2009 auch: 1701–1813).

27 H. Wolf, Römische Inquisition (wie Anm. 26), Bd. 2, Systematisches Repertorium zur Buchzensur 1814–1917, 530 (Geschichte Roms), 600 f. (Grabmäler), 601 (Urban VIII.), 611 (Athenais), 612 (Wanderjahre); A. Esch, Akten (wie Anm. 12), 240–252.

gediehen, so dass das Werk durch den Konsultor Giuseppe Maria Granniello[28] nur bis zum 12. Jahrhundert begutachtet wurde.

Ohne weitere rahmende Bemerkungen zur Begutachtungspraxis der Kongregation konzentriere ich mich hier auf unsere Frage: Was ist, in den Augen der Indexkongregation, das Häretische, Protestantische, Nicht-Hinnehmbare an dieser *Geschichte*?

Zunächst die Frage: ist die *Geschichte Roms* denn überhaupt (für die Kongregation ein wichtiges Kriterium) ein Buch, »das explizit von der Religion handelt«? Doch, sagt der gutachtende Theologe Granniello: denn eine Geschichte Roms im Mittelalter ist zwangsläufig ein Werk von größtenteils religiösem Inhalt. Er anerkennt durchaus die wissenschaftliche Leistung, die archivalischen Forschungen, das breite Spektrum der Fragestellungen, die Lesbarkeit[29] (doch sei das Werk so dick, dass junge Menschen das kaum lesen würden). Aber: es sei die Kampfschrift eines leidenschaftlichen Liberalen gegen das Papsttum. Das Werk wolle die Geschichte Roms erzählen zu dem Zwecke, die Kirche und das Papsttum zu bekämpfen. Und das wird dann im einzelnen zu belegen versucht: Das Verhältnis von Staat und Kirche und die weltliche Gewalt der Päpste seien falsch dargestellt, die Gestalten vieler Päpste entstellt (wie am Beispiel von Gregor I., II. und VII. gezeigt wird), der Heiligenkult werde lächerlich gemacht. Tatsächlich enthalten ja auch die *Wanderjahre* Bemerkungen über Heiligenverehrung und Wallfahrten, die den gläubigen Leser befremden konnten.

Vor allem aber (und damit tritt die letzte Linie, die letzte Grenze zutage, die wir dann auch auf protestantischer Seite formulieren müssen): der protestantische Autor sehe in der Kirche eine historische – also eine menschliche, nicht eine von Gott eingesetzte – Institution, und verkenne damit das wahre Wesen der in ihrem Kern unwandelbaren, über alle Geschichte erhabenen, unzerstörbaren Kirche. Manche Argumente kommen sichtlich nicht aus dem Werk, sondern aus der Situation: Wenn die römische Stadtverwaltung heutzutage – so heißt es am Schluss – eine Papstgeschichte derart (durch Übersetzung

28 H. Wolf, Römische Inquisition (wie Anm. 26), Bd. 3, Prosopographie, 723–730.

29 Archivio della Congregazione per la Dottrina della Fede, Acta et documenta Congregationis Indicis, Protocolli 1872–75, Nr. 40. Die Gutachten zu Gregorovius in deutscher Übersetzung bei P. Godman, Die geheimen Gutachten des Vatikan. Weltliteratur auf dem Index, Wiesbaden 2006, 361–397.

und Ehrenbürgerwürde) auszeichne, dann *müsse* das eine verderbliche Papstgeschichte sein.

Allein das schon zeigt, wie vergiftet die politische Atmosphäre des Augenblicks war. Andererseits ist ein Index-Gutachten keine Rezension in den *Göttingischen Gelehrten Anzeigen* und will es auch nicht sein. In aller Regel werden einzelne Sätze zitiert, geprüft, verworfen. Man hätte als Gutachter noch kritisch anmerken können: dass Gregorovius – wie übrigens viele protestantische Historiker – schon das ganze 15. Jahrhundert, vom Schisma oder vom Konstanzer Konzil an, auf die Reformation zulaufen lässt und bereits gegen den Fluchtpunkt von Luthers Reformation sieht, ist in der Geschichtswissenschaft nicht zulässig. Das ist, was Jacob Burckhardt »retrospektive Ungeduld« genannt hat[30]: Man weiß schon, was danach gekommen ist, und rafft die dazwischen liegende (historisch sozusagen unnütz vertane) Zeit ungeduldig zusammen. Das ist verständlich, tut den Zeitgenossen aber Unrecht. Aber die Konsultatoren argumentieren nicht so.

Das Schlussurteil kann dann sehr schlicht ausfallen, wie im Fall der *Gräber der Päpste*: »Un libro che contiene manifeste eresie e maldicenze contro dei Papi. È un libro curioso che si legge volentieri. È un libro che fa molto male.«[31]

Dass Gregorovius auf solider Quellengrundlage arbeitete, war nicht notwendig Argument für einen Freispruch. Differenziertere Gutachter anderer Werke gaben aber zu, dass er viele Urteile mit historischen Quellen kaum widerlegbar begründet habe[32] (und dass man umso mehr die göttliche Vorsehung bewundern müsse, wenn die Kirche daran keinen Schaden nahm). Der gleiche Gutachter bekennt, Gregorovius belege seine Kritik an Urban VIII. mit belastenden Quellen, von denen er, der Konsultor, gehofft hätte, dass sie verloren gegangen wären!

So wurde die *Geschichte der Stadt Rom* 1874 auf den Index gesetzt. Gregorovius, der eine Verurteilung nie hatte ausschließen können (*inter fulmina* habe er gelebt, »unter Blitzen«), sah darin eine vatika-

30 J. Burckhardt, Weltgeschichtliche Betrachtungen, in: ders., Werke. Kritische Gesamtausgabe, Bd. 10, hg. von P. Ganz, München/Basel 2000, 528 (Über Glück und Unglück in der Weltgeschichte).

31 A. Esch, Akten (wie Anm. 12), 250. (»Ein Buch, das offene Häresien und üble Nachrede gegen die Päpste enthält. Ein interessantes Buch, das man gerne liest. Ein Buch, das viel Übel anrichtet.«)

32 Ebd., 244.

nische Reaktion auf Bismarcks Kulturkampf und auf die anti-vatikanische Haltung der römischen Stadtverwaltung.[33] Als er, knapp 20 Jahre zuvor, sein geplantes Werk dem Verleger Cotta antrug, hatte er noch die Bedenken beschwichtigt, der Absatz werde sich konfessionell halbieren: »Alles Tendenziöse und Konfessionelle ist vermieden ...«[34] Ganz so war es dann doch nicht.

Von den sechs ins Visier der Indexkongregation geratenen Werken ist nur eines schon in seiner deutschen Originalversion begutachtet, von einem deutschen Konsultor (Michael Haringer) beurteilt, und *nicht* verurteilt worden: die 1874 erschienene Monographie über Lucrezia Borgia, die Tochter Papst Alexanders VI.[35] Eine auf umfangreichen Archivrecherchen beruhende, noch heute lesenswerte Darstellung, die dem Bild Lucrezias endlich das anrüchig Romanhafte nahm (Wenn man heute in Verlagsprospekten über eine neue Lucrezia-Biographie liest: ›Endlich ein Buch, das Lucrezia Borgia als normale Frau darstellt‹, kann man nur sagen: das steht schon bei Gregorovius, und wahrscheinlich besser). Nur ein Satz daraus: »Die Tatsache, dass Rodrigo Borgia Papst gewesen ist, ... kann niemals die Ehrwürdigkeit der Kirche selbst zerstören, der in langer Zeit erhabensten Production des Menschengeistes.«[36] Auch das ist Gregorovius.

Die Linie, an der diese protestantischen Papsthistoriker Halt machen, ist nicht leicht zu ziehen, oder vielleicht, ganz elementar, mit diesem einen Satz: Die Papstkirche ist unvergleichlich, großartig, allmächtig – aber über mich und mein Verhältnis zu Gott hat sie keine Macht. Diesseits dieser Linie kann ich sie zutiefst bewundern, ihr mein ganzes wissenschaftliches Leben widmen (und was könnte man mehr tun), kann sie sogar vor unangemessener Kritik der eigenen, protestantischen Seite in Schutz nehmen. Und so konnte ein Index-Gutachter in einem Sondervotum zu Rankes Papstgeschichte urteilen, Ranke schreibe über das Papsttum doch weniger polemisch als viele angesehene italienische – also katholische – Historiker.[37]

33 Tagebücher (wie Anm. 2), 337.

34 J. Hönig, Gregorovius (wie Anm. 2), 220 .

35 H. Wolf, Römische Inquisition (wie Anm. 26), Bd. 3, 758.

36 F. Gregorovius, Lucrezia Borgia. Nach Urkunden und Correspondenzen ihrer eigenen Zeit, Stuttgart 1874, 265.

37 H. Wolf/D. Burkard/U. Muhlack, Rankes »Päpste« auf dem Index. Dogma

Oder der junge Pertz, der künftige *spiritus rector* der *Monumenta Germaniae Historica*: 1824 äußert er sich, nach einem ersten Eindruck des Vatikanischen Archivs, voll Bewunderung über das Papsttum, das auch »am scheinbaren Rande des Untergangs die bei den marоccanischen Heiden und in den Feldlägern der Tataren umherirrenden vereinzelten Christen nicht vergißt ... Das Bild dieser Größe wiederholt sich in den Briefen nicht nur *eines* Papstes ... Die beste Vertheidigung der Päpste ist die Enthüllung ihres Seyns.«[38] Und diesen Satz des Protestanten Pertz – »Die beste Vertheidigung der Päpste ist die Enthüllung ihres Seyns« – wird Ludwig von Pastor zum Motto seiner (auf die protestantischen Papstgeschichten antwortenden) Papstgeschichte machen! Oder eben Gregorovius, in tiefem Respekt vor der Geschichtsmächtigkeit des Papsttums: »Rom ist ein Weltknoten; es lässt sich durch protestantische Kritik nicht auffasern.«[39]

und Historie im Widerstreit, Paderborn 2003, 148 (Sondervotum Antonino De Luca).

38 G.H. Pertz, Italiänische Reise vom November 1821 bis August 1823, Archiv der Gesellschaft für ältere deutsche Geschichtskunde 5 (1824) 29.

39 Tagebücher (wie Anm. 2), 203 (31. Dez. 1865); ähnliche Eintragungen 220, 226, 256.

Ecco Montsene

Theodor Mommsen und Rom*

Stefan Rebenich

Ecco Montsene. Das hörte man, glaubt man den Erinnerungen von Johannes Haller, hinter Theodor Mommsen rufen, wenn er durch die Straßen Roms ging.[1] Auch wenn die Römer den Namen des deutschen Historikers mit den drei aufeinanderfolgenden Konsonanten im Wortinneren nicht richtig auszusprechen vermochten, waren sie sich darin einig, dass der Mann aus dem Norden die italienische Altertumskunde aus der Dunkelheit des antiquarischen Dilettantismus in das Licht der fortschrittlichen Altertumswissenschaft geführt habe. Andere hießen ihn deshalb *l'illustre maestro*[2] oder – in korrekter Aussprache – *il grande Mommsen.*[3] In Italien war Theodor Mommsen eine Berühmtheit. Sein bloßer Name soll einst sogar italienische Briganten davon abgehalten haben, den Überfallenen auszurauben.[4] Seine Beziehungen zu Land und Leuten sind bereits häufig behandelt worden.[5] Sein Rom-

* Für Hilfe bei der Abfassung des Beitrages, insbesondere der Diskussion der italienischen ›Version‹ von Mommsens Namen, danke ich Arnold Esch, Monika Kruse und Arnaldo Marcone.

1 J. Haller, Lebenserinnerungen. Gesehenes – Gehörtes – Gedachtes, Stuttgart 1960, 152.

2 L. Wickert, Drei Vorträge über Theodor Mommsen, hg. von H. Bellen, Frankfurt/M. 1970, 62.

3 A. von Zahn-Harnack, Theodor Mommsen, in: dies., Schriften und Reden 1914–1950, Tübingen 1964, 104–107, hier 106. Vgl. Richard Reitzenstein bei L. Wickert, Theodor Mommsen. Eine Biographie, 4 Bde., Frankfurt/M. 1959–1980, hier Bd. 4, 351 und 353: *il Mommsen.*

4 S. Whitman, Deutsche Erinnerungen, Stuttgart 1912, 225 f.

5 Zu Mommsens Reisen nach Italien und seinen Beziehungen zu italienischen Gelehrten vgl. jetzt F. Cassola (Hg.), Convegno sul Tema Theodor Mommsen e l'Italia, Rom 2004 sowie O. Diliberto, La biblioteca stregata. Tracce dei libri di Theodor Mommsen in Italia, 2. Aufl., Rom 2003; G. Liberati, Lettere di Mommsen a studiosi pugliesi, Quaderni di storia 8 (1978) 337–354; A. Marcone, Mommsen und die deutsch-italienischen Beziehungen, in: A. Demandt/A. Goltz/H. Schlange-Schöningen (Hg.), Theodor Mommsen. Wissenschaft und

bild hingegen hat bisher keine Aufmerksamkeit in der gelehrten Diskussion gefunden. Damit sind wir bei dem Thema des vorliegenden Beitrages, dem ich mich in vier Schritten nähern werde. Eingangs werde ich Mommsens Verbindung zu Rom biographisch und historisch verorten; ich lege dabei besonderes Gewicht auf seinen ersten Besuch in der Ewigen Stadt, dessen Eindrücke er ausführlich dokumentiert hat (1.). Dann soll am Beispiel Giovanni Battista de Rossis die Bedeutung persönlicher Kontakte für die Perzeption der Stadt analysiert werden (2.). In einem weiteren Kapitel gilt es zu untersuchen, inwiefern Mommsens Wahrnehmung der Stadt protestantisch konditioniert war (3.). Abschließend will ich die verschiedenen Rombilder, die Mommsen entwarf, rekonstruieren und nach Kontinuitäten und Diskontinuitäten in seiner (seinen) Wahrnehmung(en) von Rom fragen (4.).

Die Quellenbasis darf als gut bezeichnet werden. Nachdem im letzten Viertel des letzten Jahrhunderts Gerold und Brigitte Walser Mommsens Tagebuch seiner französisch-italienischen Reise aus den Jahren 1844/45[6] und Lothar Wickert eine Auswahl einschlägiger Äußerungen[7] veröffentlicht hatten, hat vor wenigen Jahren Marco Buo-

Politik im 19. Jahrhundert, Berlin 2005, 142–162; A. Mastino, Il viaggio di Theodor Mommsen e dei suoi collaboratori in Sardegna per il Corpus Inscriptionum Latinarum [Internetpublikation], in: http://www.dirittoestoria.it/3/TradizioneRomana/Mastino-Viaggio-di-Mommsen-in-Sardegna.htm#_ftn1, abgerufen am 5. März 2011; R.T. Ridley, In Collaboration with Theodor Mommsen: Ettore Pais and the Corpus Inscriptionum Latinarum, Klio 61 (1979) 497–506; F. Sartori, Il primo incontro di Mommsen con Francia e Italia, Paideia 32 (1977) 13–19; H. Schlange-Schöningen, Theodor Mommsen in Neapel, in: F. Cacciapuoti (Hg.), Il sogno mediterraneo. Tedeschi a Napoli al tempo di Goethe e di Leopardi, Neapel 1996, 136–148; G. Susini, »Loro costano poco i danari«. Mommsen a Bologna e nelle Romagne, Carrobbio 3 (1977) 423–433; R. Tesch, Theodor Mommsen in Pisa, Vicenza und Genua, Humanismus und Technik 19 (1975) 83–94; H. Wagner, Theodor Mommsen und Sizilien, in: Studi in onore di Cesare Sanfilippo, Bd. 1, Mailand 1982–1987, 691–711; L. Wickert, L'Illustre Maestro. Zu Theodor Mommsens 125. Geburtstag (30. 11. 1942), Deutschlands Erneuerung 26 (1942) 523–539; ders., Mommsen und Italien, in: Wickert, Vorträge (wie Anm. 2), 62–86; U. v. Wilamowitz, Theodor Mommsen [1907], in: ders., Kleine Schriften, Bd. 6, Berlin 1972, 11–17, hier 14f.

6 G. Walser/B. Walser (Hg.), Theodor Mommsen. Tagebuch der französisch-italienischen Reise (1844–45), Bern 1976; vgl. hierzu auch G. Susini, Mommsen e l'Italia. Il diario del viaggio 1844/45, Epigraphica 39 (1977) 125–129 und Wickert, Mommsen (wie Anm. 3), Bd. 2, passim.

7 Wickert, Mommsen (wie Anm. 3), Bd. 4, 266ff.

nocore die in der Bibliotheca Vaticana aufbewahrte Korrespondenz Theodor Mommsens mit italienischen Kollegen mustergültig publiziert.[8] Ich stütze mich zudem auf unveröffentlichte Dokumente aus dem Nachlass Mommsen in der Staatsbibliothek zu Berlin und im Deutschen Literaturarchiv in Marbach.

1. *Una seconda patria – oder: Mommsen und Rom*

Im April 1844 erhielt Theodor Mommsen das große dänische Reisestipendium, das ihn für zwei Jahre aller finanzieller Sorgen enthob.[9] Der 26-jährige Jurist, der im Jahr zuvor an der Universität Kiel *summa cum laude* promoviert worden war, wählte die Wissenschaft als Beruf. Sein Plan war es, in Italien eine kommentierte Neuausgabe römischer Gesetzesurkunden vorzubereiten. Angesichts der breiten inschriftlichen Überlieferung juristischer Zeugnisse richtete sich sein Interesse von Anbeginn an auf die lateinische Epigraphik. Das Projekt, von seinem Lehrer Otto Jahn angeregt, war ganz nach dem Geschmack führender Köpfe der Berliner Akademie der Wissenschaften, zu denen Mommsen durch Jahns Vermittlung Verbindung aufnehmen konnte. Dort protegierten Savigny, Lachmann und Böckh den jungen Wissenschaftler und verschafften ihm eine zusätzliche Unterstützung. Seine Exzellenz der Staatsminister Savigny legte ihm nahe, unbedingt mit Bartolomeo Borghesi zusammenzutreffen, dem damals besten Kenner lateinischer Inschriften.

Am 20. September 1844 bestieg Mommsen in Hamburg das Schiff. Drei Tage später ging er in Le Havre von Bord, um mit Postkutsche und Bahn nach Paris weiterzureisen. Ein Zufall wollte es, dass der Erste Sekretär des damals noch privat finanzierten deutschen Archä-

8 M. Buonocore (Hg.), Theodor Mommsen e gli studi sul mondo antico dalle sue lettere conservate nella Biblioteca Apostolica Vaticana, Neapel 2003; vgl. hierzu die Rez. S. Rebenich, Gnomon 81 (2009), 762–764 sowie M. Buonocore, Inediti di Theodor Mommsen nel fondo Autografi Patetta, Misellanea Bibliothecae Apostolicae Vaticanae XI, Vatikanstadt, 2004, 209–240. Antonio Cernecca verdanken wir die Edition des Briefwechsels mit dem istrischen Politiker Tomasio Luciani: A. Cernecca (Hg.), Theodor Mommsen e Tomaso Luciani. Carteggio inedito (1867–1890), Atti del Centro di Ricerche Storiche di Rovigno 32 (2002) 9–130.

9 Vgl. zum Folgenden Wickert, Mommsen (wie Anm. 3), Bd. 1, 184–198; Bd. 2, passim und S. Rebenich, Theodor Mommsen. Eine Biographie, München 2007, 43–52.

ologischen Instituts in Rom, Emil Braun, dort weilte; Mommsen sprach ihn im Medaillenkabinett der Bibliothek an, berichtete ihm von seinen epigraphischen Studien und verabredete ein Wiedersehen in Rom.

Am 8. November 1844 verließ er Paris, um gut zwei Wochen später, am 24. November, in Genua den »heiligen Boden der Natur, der Kunst, der Geschichte« zu betreten.[10] Seine ersten Ziele waren die Städte der Toskana: Pisa, Lucca, Pistoia und Florenz, wo er fast den ganzen Dezember verbrachte, um in der Laurentiana Manuskripte lateinischer Autoren zu studieren und die Briefe Ciceros zu kollationieren. Mit Reisebekanntschaften traf er sich oft in den Uffizien und wanderte im Arnotal. Kaum hatte er den weihnachtlichen Anflug von Heimweh überwunden, brach er nach Siena auf, und von dort ging die Reise weiter nach Rom. Die beschwerliche Fahrt mit der Postkutsche versüßte ihm eine reizende Florentinerin, deren »prächtige schwarze Augen« es ihm angetan hatten.[11] Am Abend des 30. Dezember traf Mommsen in der Ewigen Stadt ein. Schnurstracks ging er auf das Kapitol: »Da bin ich auf dem Capitol und höre den Wind um meinen Hügel pfeifen, wie er wohl um Romulus gepfiffen hat.«[12]

Aber nur kurz verharrte er in Ehrfurcht vor der historischen Stätte, dann ärgerte er sich über die hohen Wirtshauspreise.[13] Er meldete sich beim Archäologischen Institut auf dem Kapitol. Dort nahm man ihn gastlich auf, und das Römische Institut wurde in den nächsten Monaten zum Zentrum seiner wissenschaftlichen und sozialen Aktivitäten. Das *I(n)stituto di Correspondenza Archeologica* war 1829 durch die Initiative des Archäologen Eduard Gerhard gegründet worden.[14]

10 Walser (wie Anm. 6), 86.
11 Ebd., 125.
12 Ebd., 124.
13 Ebd., 126.
14 Zum Archäologischen Institut vgl. H.-G. Kolbe, Emil Braun und die lateinische Epigraphik, Mitteilungen des Deutschen Archäologischen Instituts (Römische Abteilung) 86 (1979) 529–543; ders. (Hg.), Wilhelm Henzen und das Institut auf dem Kapitol. Eine Auswahl seiner Briefe an Eduard Gerhard, Mainz 1984; S. L. Marchand, Down from Olympus. Archaeology and Philhellenism in Germany, 1750–1970, Princeton 1996, 54–62; A. Michaelis, Geschichte des Deutschen Archäologischen Instituts 1829–1879, Berlin 1879; L. Wickert, Beiträge zur Geschichte des Deutschen Archäologischen Instituts von 1879 bis 1929, Mainz 1979 und H. Kyrieleis, Art. Deutsches Archäologisches Institut, in: Der Neue Pauly 13, Stuttgart 1999, 749–760 mit weiterer Literatur sowie allgemein G. Maurer, Preußen am Tarpejischen Felsen.

Als Mommsen eintraf, stand es unter der Leitung von Emil Braun, eines engen Vertrauten von Gerhard, der 1837 zur Leitung der Museen nach Berlin zurückberufen worden war. Die Idee und das Konzept des Instituts überzeugten Mommsen sofort: die Organisation der internationalen Kooperation und die systematische Publikation der Denkmäler.

Mommsens Inschriftenprojekt war in Rom höchst willkommen, da das Institut in der Sammlung und Veröffentlichung inschriftlicher Zeugnisse eine wichtige Quellengrundlage für die archäologische Forschung erblickte. Olav Kellermann, der erste Epigraphiker des Instituts, hatte den weitausgreifenden Plan eines Inschriftencorpus hinterlassen, als er am 1. September 1837 an Cholera starb. Braun gewann Ende 1842 als Kellermanns Nachfolger Wilhelm Henzen.

Mommsen verwandte alle seine Energie darauf, an der Realisierung der von Kellermann projektierten Inschriftensammlung beteiligt zu werden. Die geplante Neuausgabe römischer Gesetzesurkunden sollte das Entree für ein viel ambitionierteres Vorhaben sein. Die Voraussetzungen, die Mommsen in Rom vorfand, waren nachgerade ideal: die dortigen Archäologen wussten, dass das Unternehmen nicht von einem Gelehrten allein ausgeführt werden konnte, sondern der Kooperation mehrerer Wissenschaftler bedurfte. Außerdem war Henzen, der als Institutsmitarbeiter die Inschriften betreute, *in epigraphicis* noch recht unerfahren und konnte sachkundige Unterstützung, wie sie Mommsen anbot, gut gebrauchen. Schließlich überzeugte Mommsen die Römer, weil er sich auf die Inschriften zu konzentrieren versprach. Schnell schloss Mommsen Freundschaft mit anderen *ragazzi*, d.h. mit jungen deutschen Wissenschaftlern, die ebenfalls am römischen Institut forschten. Unter den *socii Capitolini*[15] ragten neben Henzen die Bonner Heinrich Keil und Heinrich Brunn sowie der Berliner Numismatiker Julius Friedländer heraus. Zu dem Kreis gesellte sich zeitweise Mommsens Bruder Tycho.

Ein Höhepunkt der Italienreise war die Begegnung mit Bartolomeo Borghesi in der Republik San Marino.[16] Zu dem »Alten vom Ber-

Chronik eines absehbaren Sturzes. Die Geschichte des Deutschen Kapitols in Rom 1817–1918, Regensburg 2005.

15 Den Begriff verwendet Mommsen in einem Brief an Brunn vom 5.9. 1845; vgl. Wickert, Mommsen (wie Anm. 3), Bd. 2, 60.

16 Zu Bartolomeo Borghesi und der zeitgenössischen Epigraphik vgl. G. Susini (Hg.), Bartolomeo Borghesi. Scienza e libertà, Bologna 1982; zu seiner Ver-

ge« waren zuvor bereits Kellermann, Braun und Henzen gepilgert. Er war die unbestrittene Autorität in epigraphischen und numismatischen Fragen, als Forscher uneigennützig, als Lehrer hilfreich, als Persönlichkeit bestrickend. Seit der Gründung des Instituts unterhielt er enge Beziehungen zu den deutschen Gelehrten in Rom und übernahm 1841 das Sekretariat der italienischen Sektion. Unermüdlich schrieb er für den *Bullettino* oder die *Annali* und machte sich zum Fürsprecher der Inschriftenarbeit. Zweimal, 1845 und 1847, besuchte Mommsen Borghesi. Der bestärkte ihn, ein großes, auf Autopsie beruhendes Inschriftencorpus in Angriff zu nehmen und die Vorzüge dieser Methode an den Inschriften einer Region aufzuzeigen. Auf sein Anraten hin zog Mommsen kreuz und quer durch das Königreich Neapel, um noch in den kleinsten Dörfern Inschriften *in situ* zu studieren. Andererseits hatte Borghesi gezeigt, dass Inschriften und Münzen nicht nur die Lokal- und Regionalgeschichte illustrierten, sondern für die Erforschung der römischen Geschichte, insbesondere ›staatsrechtlicher‹ Zusammenhänge, von größter Bedeutung waren. Mommsen zeigte sich als gelehriger Schüler. Er revolutionierte die bisher (auch an der Berliner Akademie) geläufige Methode der Inschriftenerschließung, die die Zeugnisse häufig nicht vom Stein, sondern aus älteren Veröffentlichungen kopierte, und erkannte den gigantischen historischen Erkenntniswert einer systematischen Sammlung der auf Stein oder in Handschriften erhaltenen Inschriften. Erst Borghesi machte Mommsen zum Epigraphiker, der die Inschriftenkunde aus den Beschränkungen antiquarischer Detailforschung befreite.

Als Mommsen im Mai 1847 die Heimreise antrat, war das ursprüngliche romanistische Ziel seiner Stipendienreise, alle inschriftlich erhaltenen Gesetzesurkunden zu sammeln, dem großen Plan gewichen, ein für die Altertumsforschung grundlegendes epigraphisches Corpus der lateinischen Inschriften herauszugeben. Mommsen selbst brachte es bei seiner Ansprache zu seinem 60. Geburtstag auf den Punkt: »Der Jurist ging nach Italien – der Historiker kam zurück.«[17] Ohne Mommsens Aufenthalt am römischen Institut und ohne seinen

bindung zu Mommsen vgl. Wickert, Mommsen (wie Anm. 3), Bd. 2, 120–129 sowie ders., Mommsen und Borghesi, in: Concordia decennalis. Festschrift der Universität Köln aus Anlaß des zehnjährigen Bestehens des Deutsch-Italienischen Kulturinstituts, Köln 1941, 261–282.

17 Vgl. Wickert, Mommsen (wie Anm. 3), Bd. 2, 198.

Kontakt zu Borghesi hätte es kein *Corpus Inscriptionum Latinarum* gegeben, und ohne das *Corpus Inscriptionum Latinarum* keine differenzierte und diversifizierte Rekonstruktion der Geschichte des antiken, vor allem des kaiserzeitlichen Rom. Die Fortschritte der althistorischen Erforschung der römischen Stadtgeschichte wurden methodisch, inhaltlich und organisatorisch in Rom selbst grundgelegt. Das Bild der Hauptstadt des *Imperium Romanum* wurde nicht mehr *»amidst the ruins of the Capitol«* mit schriftstellerischer Phantasie gezeichnet,[18] sondern aus den Faszikeln des Inschriftencorpus mit Hilfe der modernen Quellenkritik entworfen. Dies hatte weitreichende Folgen: Das historiographische Narrativ verlor im Laufe des 19. Jahrhunderts seine Bedeutung, an seine Stelle traten quellengesättigte Detailuntersuchungen über Spezialprobleme, wie sie Mommsen später zum Beispiel in seinen »Römischen Forschungen«[19] vorlegte.

Die erste Italienreise begründete Mommsens Liebe zu Land und Leuten und zur italienischen Sprache, die er bald glänzend beherrschte. Italien wurde ihm in späteren Jahren zu einer zweiten Heimat, *»una seconda patria«*, wie er noch 1903 an Pasquale Villari schrieb,[20] in die er immer wieder zurückkehrte, nicht nur um Inschriften aufzunehmen, sondern auch um den ungeliebten akademischen Jubelfeiern zu entkommen. So beging Mommsen sein Goldenes Doktorjubiläum zum Missfallen mancher Berliner Kollegen am 8. November 1893 in Rom. Der Kirchenhistoriker Adolf Harnack schrieb ihm an diesem Tag: »Wir entbehren es, daß Sie nicht hier sind, und wir Ihnen nicht statt durch Worte in persona unsere freudige Theilnahme bezeugen können. Indessen daß Sie dieses Fest auf dem Capitol feiern, ist uns in Gedanken eine gewisse Entschädigung. Sollte es nicht die Marchstrasse sein, so ist das Capitol gewiß der passendste Platz. Ich denke, die alten Trümmer und Steine dort werden mit uns ein kräftiges Vivat rufen, und der Janiculus wird sich wohl veranlaßt fühlen, zum Capitol

18 Vgl. The Autobiography of Edward Gibbon, hg. von D.A. Saunders, New York 1961, 154. Zu Gibbons Historiographie und seiner Vorstellung von Rom vgl. W. Nippel, Der Historiker des Römischen Reiches, in: Edward Gibbon, Verfall und Untergang des römischen Reiches. Bis zum Ende des Reiches im Westen, hg. von W. Kumpmann, Bd. 6, München 2003, 7–114.

19 2 Bde., Berlin 1864/79; vgl. Theodor Mommsen als Schriftsteller. Ein Verzeichnis seiner Schriften von Karl Zangemeister. Im Auftrage der Königlichen Bibliothek bearbeitet und fortgesetzt von E. Jacobs. Neu bearbeitet von S. Rebenich, Hildesheim 2000, Nr. 358; 391; 806.

20 Buonocore (wie Anm. 8), 289, Nr. 166 vom 30. 1. 1903.

zu kommen. Die Heimath aber, dessen können Sie gewiß sein, feiert mit, diesseits und jenseits des Limes, wo nur immer ein Hauch des Alterthums Herz und Sinn bewegt, und sie dankt Ihnen für alles das, was Sie ihr geschenkt haben.«[21]

2. *Der fidus amicus – Mommsen und Giovanni Battista de Rossi*

Mommsen fand Mitte der vierziger Jahre über das Archäologische Institut in Rom Anschluss an die internationale Altertumsforschung. Mit Henzen widmete er sich vor allem den lateinischen Inschriften. Geschickt band man italienische Gelehrte in die Forschungen ein, um im Land die notwendige Unterstützung zu gewinnen. Herausragende Bedeutung kam Giovanni Battista de Rossi zu, den Mommsen bereits Anfang 1845 kennenlernte. Der noch junge de Rossi (1822–1894), der sich mit den christlichen Inschriften Roms befasste, war *scrittore* an der Vatikanischen Bibliothek und ermöglichte Mommsen und seinen Mitstreitern den Zugriff auf die dortigen epigraphischen Schätze.[22] Man entschloss sich, die epigraphische Hinterlassenschaft Roms aufzuteilen: Mommsen edierte die nichtchristlichen, de Rossi die christlichen *tituli*, wie Mommsen bereits in seiner Denkschrift »Über Plan und Ausführung eines Corpus inscriptionum Latinarum« vom Januar 1847 ausführte.[23] 1853 stimmte die philosophisch-historische Klasse der Berliner Akademie nach einer sehr kontroversen Sitzung und gegen das ausdrückliche Votum von August Böckh für Mommsens Corpus und wählte Mommsen, Henzen und de Rossi zu korrespondierenden Mitgliedern.[24] 1854 widmete Mommsen seine neue Sammlung der Schweizer Inschriften[25] neben Henzen und

21 S. Rebenich, Theodor Mommsen und Adolf Harnack. Wissenschaft und Politik im Berlin des ausgehenden 19. Jahrhunderts. Mit einem Anhang: Edition und Kommentierung des Briefwechsels, Berlin 1997, 638 f., Nr. 36.

22 Vgl. hierzu sowie zum Folgenden Wickert, Mommsen (wie Anm. 3), Bd. 2, 96 f.; S. Rebenich, Giovanni Battista de Rossi und Theodor Mommsen, in: R. Stupperich (Hg.), Lebendige Antike. Rezeptionen der Antike in Politik, Kunst und Wissenschaft der Neuzeit, Mannheim 1995, 173–186 und Buonocore (wie Anm. 8), 3–10 u. ö. sowie 65–270 (Nr. 11–148).

23 Vgl. A. Harnack, Geschichte der Königlich Preußischen Akademie der Wissenschaften, 3 Bde. in 4, Berlin 1900, hier Bd. 2, 523.

24 Vgl. Harnack (wie Anm. 23), Bd. 1.2, 972 und Wickert, Mommsen (wie Anm. 3), Bd. 3, 267–269.

25 Inscriptiones Confoederationis Helveticae Latinae. Edidit Th. Mommsen,

Ritschl auch de Rossi: den *sociis futuris*. Seit 1856 gaben Mommsen, Henzen und de Rossi regelmäßig Rechenschaft über ihre Arbeiten in den Monatsberichten der Akademie.[26] Die drei Gelehrten wurden nunmehr als die Direktoren des CIL angesehen.[27] Henzen und de Rossi übernahmen in der Folgezeit die Bearbeitung der stadtrömischen Inschriften, die in den ersten drei Teilbänden von CIL VI zwischen 1876 und 1886 veröffentlicht wurden.[28] Gleichzeitig wurde die von dem italienischen Gelehrten durchgeführte Sammlung und Edition der christlichen Inschriften Roms als Ergänzung des Berliner Unternehmens interpretiert.[29]

De Rossi unterstützte vorbehaltlos und unermüdlich das Inschriftenunternehmen und setzte sich für die Belange des Archäologischen Institutes ein,[30] obwohl er in Rom wegen seiner Berliner Verbindungen angeblich unter Verleumdungen zu leiden hatte.[31] Im Vorwort zum dritten, 1873 veröffentlichten Band des Corpus, der die lateinischen Inschriften der Donauprovinzen sowie des Ostens des *Imperium Romanum* umfasste, wurden seine Verdienste um das Unternehmen und seine epigraphische Könnerschaft ausdrücklich gewürdigt. Mommsen nannte ihn hier *socius laborum* und *fidus amicus*

Zürich 1854; vgl. Theodor Mommsen als Schriftsteller (wie Anm. 19), Nr. 230 sowie Wickert, Mommsen (wie Anm. 3), Bd. 3, 230.

26 Vgl. Harnack (wie Anm. 23), Bd. 1.2, 912.

27 Vgl. Hermann Useners an Hermann Diels am 1. November 1893 (H. Diels/H. Usener/E. Zeller. Briefwechsel, hg. von D. Ehlers, Bd. 1, Berlin 1992, 467): »Freilich beim CILat. gab es auch ursprünglich einen Τρικάναρος an der spitze: Mommsen, CB [*sic*] de Rossi, Henzen; der eine hat auch mit diesen mitdirectoren zu herrschen gewußt.«

28 Corpus Inscriptionum Latinarum (CIL), vol. VI: Inscriptiones urbis Romae Latinae. Pars I (1876); Pars II (1882); Pars III (1886). Auch an dem ersten Faszikel des vierten Teiles, der in seinem Todesjahr 1894 erschien, hatte de Rossi mitgearbeitet.

29 Vgl. Harnack (wie Anm. 23), Bd. 2, 523 sowie Mommsens Nachruf auf de Rossi (Th. Mommsen, Reden und Aufsätze, Berlin 1905, 462–467, hier 466): »Die Sammlung der christlichen Inschriften der Stadt Rom, welche mit dem Berliner ein Ganzes zu bilden bestimmt ist, hat er nicht abschließen können …«

30 Vgl. Mommsens Nachruf auf de Rossi aus dem Jahr 1894 (wie Anm. 29), 466: »Dem deutschen Institut in Rom ist er ein halbes Jahrhundert hindurch ein treuer Genosse und, wo es not tat, ein kräftiger Beschützer gewesen, und mit Recht schmückt seine Büste den Saal [sc. den Bibliothekssaal], in dem er so oft beredte Worte gesprochen hat.«

31 Vgl. Henzen an Gerhard am 6. Januar 1857 (Kolbe, Henzen [wie Anm. 14], 152).

und rühmte ihn als *lumen Italiae*;[32] in einem Brief aus dem Jahre 1857 schrieb er an de Rossi: »L'amicizia cammina col nostro lavoro.«[33]

Mommsen dachte und plante strategisch. Rom wurde zu dem Ort, an dem über Jahrzehnte deutsche und italienische Wissenschaftler in der epigraphischen Forschung und in anderen altertumswissenschaftlichen Unternehmungen zusammenfanden. Dabei zählten politische oder konfessionelle Überlegungen nicht, einzig das Ziel hatte man vor Augen: die Realisierung der altertumswissenschaftlichen Großprojekte durch die Integration ausländischer Gelehrter und durch den Aufbau personaler Netzwerke. Harnack sollte es später auf den Punkt bringen, als 1890 die Wahl des katholischen Kirchenhistorikers Heinrich Suso Denifle zum korrespondierenden Mitglied der Berliner Akademie zur Diskussion stand: »Wenn ich für ihn eintrete, so geschieht es unter der Voraussetzung, daß die Akademie ihre Sonne über Weiße, Schwarze und Farbige aufgehen läßt, wenn sie wirklich viel wissen und können.«[34] Die altertumswissenschaftliche Grundlagenforschung und der Berliner »Großbetrieb der Wissenschaften« mit seinen Editionen (den Inschriftencorpora, den *Monumenta Germaniae historica*, den *Fontes Iuris Romani Antejustiniani*, dem *Codex Theodosianus* und den »Griechischen Christlichen Schriftstellern«) profitierten von der Unterstützung europäischer Gelehrter. Doch wurde nur der in die exklusive Gemeinschaft internationaler Altertumsforscher aufgenommen, der – wie de Rossi – die ›moderne‹ deutsche Altertumswissenschaft propagierte, d.h. der die historisch-kritische Methode beherrschte, die Erforschung und Systematisierung der Überlieferung zur zentralen Aufgabe der historischen Disziplinen erklärte und den antiquarischen Vollständigkeitsanspruch absolut setzte.[35]

32 *CIL III, 1873, VI: »Viam autem, per quam invia bibliothecarum tandem aliquando patefacta sunt, aperuit Iohannes Baptista Rossius Italiae lumen mihique iam per annos fere triginta laborum socius et tam ineuntis aetatis quam maturae fidus amicus. Is cum in bibliotheca sua, id est in Vaticana, usu didicisset, quid subsidia ea recte et plene excussa ad nostram artem conferrent, et Italiam et Galliam Germaniam Britanniam eo consilio peragravit, ut christianorum titulorum supellectilem suam ipse expleret et perpoliret, simul autem quae ad ethnica pertinent plura longe et utiliora diligenter inspiceret et ex ordine recenseret.«*

33 Buonocore (wie Anm. 8), 111, Nr. 25 vom 7. 2. 1857.

34 Rebenich, Mommsen-Harnack (wie Anm. 21), 607, Nr. 12 vom 20. 10. 1890.

35 Vgl. S. Rebenich, Vom Nutzen und Nachteil der Großwissenschaft. Altertumswissenschaftliche Unternehmungen an der Berliner Akademie und Uni-

In Rom wohnte Mommsen auch bei späteren Besuchen als *ragazzo* im Institut auf dem Kapitol, während seine Frau, wenn sie ihn begleitete, bei Mommsens altem Freund Helbig auf dem Gianicolo unterkam.[36] Das Institut war der Ort, von dem Mommsen seine universale Mission einer modernen Altertumswissenschaft ausführte, die nach industriellem Vorbild das gesamte erhaltene Quellenmaterial der Antike mit beispiellosem Aufwand sammelte, ordnete und edierte. Die Arbeit an den akademischen Unternehmungen begründete so die Hegemonie des preußisch-deutschen Wissenschaftssystems mit seinen methodologischen und epistemologischen Grundlagen. In Rom wurden die organisatorische Internationalität und die wissenschaftliche Exklusivität der deutschen Altertumswissenschaft am *Istituto di Corrispondenza Archeologica* auf dem Kapitol inszeniert und zelebriert.

Das Institut wurde 1859 von Preußen übernommen und 1874 zu einem kaiserlich-deutschen Institut. Schon im Dezember 1844 vertraute Mommsen seinem Tagebuch an: »Ich habe es hier [sc. in Rom] gut getroffen; das Capitol wenigstens ist deutsch, was bei der italienischen Misere ein grosser Trost ist.«[37] Auch wenn katholischen Gelehrten auf dem Kapitol Zutritt in das Arcanum der deutschen Altertumsforschung gewährt wurde, wehte unter den *socii Capitolini* der Geist des Kulturprotestantismus,[38] der den Führungsanspruch protestantischer Wissenschaft auch im Zentrum der katholischen Christenheit offensiv vertrat. Dazu bedurfte es nicht der deutschen Sprache; auf sie verzichtete man gerne, um die internationale Forschergemeinde zu integrieren.

Im Zuge der forcierten Nationalisierung der europäischen Wissenschaftslandschaft ordnete Bismarck am 9. März 1885 jedoch an, die Publikationen des römischen Instituts müssten in der Regel in Deutsch verfasst sein und in den öffentlichen Sitzungen sei die deutsche Sprache an erster Stelle zu gebrauchen.[39] Zuvor waren in den Zeitschriften des Instituts die italienische, französische und latei-

versität im 19. Jahrhundert, in: A. Baertschi/C. King (Hg.), Die modernen Väter der Antike. Die Entwicklung der Altertumswissenschaften an Akademie und Universität im Berlin des 19. Jahrhunderts, Berlin 2009, 397–422.

36 Vgl. Richard Reitzenstein bei Wickert, Mommsen (wie Anm. 3), Bd. 4, 354.

37 Walser (wie Anm. 6), 126.

38 G. Hübinger, Kulturprotestantismus und Politik. Zum Verhältnis von Liberalismus und Protestantismus im wilhelminischen Deutschland, Tübingen 1994.

39 Vgl. Wickert, Beiträge (wie Anm. 14), 27 f.

nische, nicht aber die deutsche Sprache zugelassen. Mommsen quittierte die Entscheidung mit der Bemerkung, der Reichskanzler habe das Institut in Rom zerstört.[40] An seine Frau schrieb er damals: »Es ist wieder Donnerstag, liebe Marie, der vorletzte in Rom; ich komme schwerlich wieder her. Eigentlich ist der Zustand hier sehr traurig; die Zerstörung des Instituts, von der Du ja wohl gehört haben wirst, ist an sich schon schwer zu ertragen, besonders da sie so rein auf die unverständige Allwissenheit und Allweisheit des Mannes zurückgeht, der den gesunden Menschenverstand in Deutschland sämmtlich aufgefressen hat. Du solltest einmal hören, wie die Italiener, die in der Wissenschaft etwas vorstellen, über diesen Selbstmord zu Gunsten der concurrierenden Franzosen reden.«[41] Die Wissenschaft vom Altertum wurde auch in Rom im nationalen Interesse betrieben. An der Vorherrschaft der deutschen Forschung und der Notwendigkeit der deutschen Sendung zweifelte Mommsen nicht. Zwar gestand er, er liebe nicht nur Italien, wie viele seiner Landsleute, sondern auch die Italiener,[42] aber von der Überlegenheit der germanischen »Rasse« über die romanische war er auch in Rom überzeugt.[43] Nicht nur auf die deutsche Wissenschaft, sondern auch auf andere nationale Eigenheiten war Mommsen stolz: Während die Deutschen in Rom immer wieder kräftig dem Wein zusprachen,[44] glaubte Mommsen im Dreikaiserjahr 1888, »selbst zum Sichbetrinken« sei das italienische Volk zu schwach geworden.[45]

3. *Der »Scheisspöbel« – oder: Ein Protestant in Rom*

»Könnte man hier nur frey in der Bibliothek schwelgen! Es ist und bleibt sonst ein elend und jämmerlich Leben. Die ganze einheimische lebendige Welt flösst Ekel und Abscheu ein. Nichts ist mir unbegreiflicher als das Gute was man von diesem Scheisspöbel gehört hat. Die Prälatenwelt!! und die Kirche!!! Nein, wer hier sich nicht in seinem

40 Vgl. Mommsens Brief an seine Frau vom 21. Mai 1885 bei Wickert, Mommsen (wie Anm. 3), Bd. 4, 91 sowie Wickert, Beiträge (wie Anm. 14), 30–33.
41 Mommsen an seine Frau Marie am 21. 5. 1885 (Deutsches Literaturarchiv, Marbach, Nl. Mommsen); vgl. Wickert, Mommsen (wie Anm. 3), Bd. 4, 91 und Wickert, Beiträge (wie Anm. 14), 31.
42 Wickert, Vorträge (wie Anm. 2), 66.
43 Vgl. Richard Reitzenstein bei Wickert, Mommsen (wie Anm. 3), Bd. 4, 352.
44 Vgl. Wickert, Mommsen (wie Anm. 3), Bd. 2, 70f.
45 Vgl. Richard Reitzenstein bei Wickert, Mommsen (wie Anm. 3), Bd. 4, 352.

Protestantismus bis zum Ingrimm festigt, der muss bitterlich schwach in sich seyn.«[46] Das Zitat stammt nicht von Mommsen, sondern von Barthold Georg Niebuhr, der von 1816 bis 1823 Gesandter am Heiligen Stuhl war. Doch Mommsen, der Apostat aus dem schleswig-holsteinischen Pfarrhaus, nahm das katholische Rom durchaus ähnlich war. Die national-romantische Verklärung Luthers im Gefolge der Befreiungskriege hatte die protestantische Agitation gegen Rom verschärft. Trotz aller sozialer und politischer Unterschiede, die den zwei Jahre jüngeren Theodor Mommsen von dem späteren Reichskanzler Otto von Bismarck trennten, teilten beide die gleichen antikatholischen Affekte. Beifällig applaudierte Mommsen in den siebziger Jahren des 19. Jahrhunderts dem ›Kulturkampf‹ und agitierte zu Beginn des 20. Jahrhunderts gegen die Berufung des Katholiken Martin Spahn auf einen konfessionell gebundenen historischen Lehrstuhl an der Universität Straßburg.[47] An der Überlegenheit der auf den deutschen Heros Martin Luther zurückgehenden protestantischen Religion und Kultur zweifelte der Pfarrerssohn nicht einen Augenblick.

Katholische Wissenschaft galt als rückständig, da sie nicht den methodischen und inhaltlichen Erwartungen der von deutschen und protestantischen Gelehrten dominierten Altertumsforschung entsprach. Rom war deshalb aus Mommsens Perspektive ein wissenschaftliches Entwicklungsland. Schon während seines ersten Aufenthaltes in der Stadt brach er über die Publikation einer ligurischen Inschrift mit den einflussreichen jesuitischen Gelehrten Raffaele Garrucci und Giampietro Secchi einen Streit vom Zaun, der sogar in Deutschland für Aufsehen sorgte. Mommsen hatte gemeinsam mit seinen epigraphischen Gefährten in einer der Zusammenkünfte des Archäologischen Instituts die Publikation einer ligurischen Alimentarinschrift durch Garucchi[48] »entsetzlich herunter gemacht«[49] und gleichzeitig Secchi angegriffen. In seinem Tagebuch bemerkte er zu

46 Barthold Georg Niebuhr an Friedrich Carl Savigny am 21. 12. 1816; zitiert nach Barthold Georg Niebuhr, Briefe 1816–1830, hg. von E. Vischer, Bd. 1, Bern 1981, 116.

47 Vgl. Rebenich, Mommsen und Harnack (wie Anm. 21), 414–462.

48 Antichità dei Liguri Bebiani, raccolte e descritte dal P. Raffaele Garucci della Copmpagnia di Gesù, Neapel 1845. Es handelte sich um die Tabula alimentaria Ligurum Baebianorum CIL IX 1455 = Inscriptiones Latinae selectae 6509.

49 Brief Mommsens vom 15. März 1845; vgl. Theodor Mommsen – Otto Jahn. Briefwechsel 1842–1868, hg. von L. Wickert, Frankfurt/M. 1962, 16, Nr. 15.

diesem Vorkommnis: »In der Adunanz grosse Abschlachtung der Jesuiten mit vertheilten Rollen – Padre Garrucci und Padre Secchi, wozu ich nach Kräften beitrug. Es gelang, P. Secchi erst zum Einstimmen gegen seinen Kollegen zu bringen, worauf ich ihm denn mit grossem éclat den Namen des Verfassers verkündigte: Padre Raffaele Garrucci della Compagnia di Gesù. Wohl bekomm's ihm! er zitterte vor Wuth.«[50] Die Wellen schlugen hoch. Mommsen zeigte sich uneinsichtig. Wie in späteren Fehden, verachtete er seine Kontrahenten, da es sich um »Pfaffenvolk« und »Lausezeug« handelte, deren Empörung er als »lächerlichen Rumor« abtat. Es kostete das Institut viel diplomatisches Geschick, das gute Einvernehmen mit den italienischen Kollegen wiederherzustellen.[51] Der protestantische Historiker gefiel sich hingegen in der Rolle des Arminius.[52]

Die Distanz zur römischen Kirche ist allenthalben in Mommsens Selbstzeugnissen greifbar. Die katholischen Feste der Osterzeit waren dem jungen Wissenschaftler ein Graus. Nur am Ostersonntag, dem 23. März 1845, war Mommsen von dem päpstlichen Segen auf dem Petersplatz ergriffen.[53] Am Palmsonntag des Jahres 1845 ging er mit seinen Freunden »absichtlich spät« zur Zeremonie im Petersdom; dort fand er – wie andere protestantische Romreisende – alles »geschmacklos« und die Kastratenstimmen »unerträglich«. Einzig der Rückzug in die »prächtige Campagnaaussicht« rettete den Tag.[54] An Gründonnerstag, dem 20. März, entschloss sich Mommsen, »den ganzen Fremdenprozess« in St. Peter »mitdurchzumachen«, aber nur »um omnibus rationibus schimpfen zu können.« Wieder flüchtete er aus der katholischen Gegenwart am Nachmittag zunächst in die Welt der Kirchenmusik und am Abend in die Kneipe. Dort zechten sieben deutsche Altertumswissenschaftler schwer und führten sich auf, um Mommsen Notiz aus seinem Tagebuch wiederzugeben, wie »nordische Barbaren.« Ergebnis war, dass Mommsen seinen Freund Brunn nach Hause schleifen musste.[55]

Die römische Wirklichkeit, so sie katholisch war, wurde abgelehnt. Protestantische Vorurteile und Stereotypisierungen obsiegten. Die

50 Walser (wie Anm. 6), 147 (Eintrag zum 14. März 1845).
51 Vgl. Wickert, Mommsen (wie Anm. 3), Bd. 2, 97–100.
52 Vgl. Wickert, Vorträge (wie Anm. 2), 66.
53 Walser (wie Anm. 6), 151.
54 Ebd., 148.
55 Ebd., 150.

Gegenwart war vulgär und unerträglich. Als Verfechter der liberalen Fortschrittsidee empörte sich Mommsen über Schmutz und Unordnung, Müßiggang und Misswirtschaft, Armut und Aberglauben – über die ganze heillose Rückständigkeit in der Hauptstadt eines Staates, der, nur von Pfaffen und Prälaten regiert, sich obstinat den Segnungen der Moderne verschloss.[56] Man musste sich abgrenzen. Am 6. Januar 1845, dem Dreikönigstag, bemerkte Mommsen, dass ein großes Fest in Rom gefeiert wurde, »aber ich habe keine Lust nach der sixtinischen Kapelle zu laufen und den Papst fungiren zu sehen.«[57] Wie schon zu Goethes und Humboldts Zeiten[58] floh man aus der Tristesse der römischen Realität in die Landschaft der Campagna (»Campagnazauber«)[59], in Ruinenfelder oder in die Museen. Am 31. Dezember 1844, einen Tag nach seiner Ankuft, schrieb Mommsen in sein Tagebuch: »Dazu die prächtige Aussicht aus meinem Fenster: Das Forum vor mir, rechts der Tiber, die ganze Campagna, dahinter der Monte Cavo im Albanergebirg! Mir geht hier recht das Herz auf.«[60] Den Karfreitag nutzte Mommsen, um die an diesem Tage zugänglichen Museumsräume des Vatikans zu besichtigen. Am Abend feierte er Goethes Todestag im Stillen.[61]

1885 weilte Mommsen zu Forschungszwecken in Rom und arbeitete in der Vatikanischen Bibliothek. Als Papst Leo XIII. durch den Lesesaal getragen wurde, erhoben sich pflichtschuldigst alle Anwesenden, um den Heiligen Vater zu begrüßen. Nur Theodor Mommsen blieb sitzen und ignorierte den Hausherrn geflissentlich. Es kam zum Eklat. Mommsens Auftritt war ein gefundenes Fressen für die deutsche wie die italienische Presse. Selbst Friedrich Althoff zeigte sich über das »Gerede«, das die Episode hervorrief, beunruhigt und bat Mommsen um eine Klarstellung. Der erklärte die ganze Angelegenheit zu einer Zeitungsente und versicherte Althoff, er habe dem »kleinen Kaplan«, der die Geschichte in Umlauf gesetzt habe, um ihn aus dem Vatikan hinauswerfen zu lassen, einen »kleinen Fußtritt ver-

56 Vgl. F. J. Bauer, Rom im 19. und 20. Jahrhundert. Konstruktion eines Mythos, Regensburg 2009, 69.

57 Walser (wie Anm. 6), 131.

58 Vgl. A. Esch, Wege nach Rom, München 2003, 106–119.

59 Walser (wie Anm. 6), 139.

60 Ebd., 126.

61 Ebd., 150 f.

ehrt.«[62] Seiner Frau gegenüber wurde Mommsen deutlicher: »Ich lege Dir einen Brief des Kardinal-Bibliothekars[63] bei, damit Du siehst, wie hier die vornehme Geistlichkeit die Sache auffasst; Du darfst ihn aber nicht aus der Hand geben, denn durch mich darf das nicht in protestantische Zeitungen kommen. Es genügt freilich, wie die Zeiten sind, daß ein katholischer Hetzkaplan die Reverenz des Prof. Mommsen vor Seiner Heiligkeit nicht tief genug findet, um in ganz Deutschland ein Zetergeschrei gegen dieses Scheusal anzustiften. Die Zeiten haben sich eben geändert; die öffentliche Meinung behandelt die Liberalen jetzt wie vor einem Menschenalter die Conservativen; wer nicht umschlägt oder sich eclipsirt, der wird gehetzt wie ein toller Hund. Das sage ich Dir jetzt, und Du wirst mir gehorchen, auch wenn ich nicht mehr bin: auf meinem Grabe soll weder ein Bild noch ein Wort, nicht einmal mein Name stehen, denn ich will von dieser Nation ohne Rückgrat persönlich so bald wie möglich vergessen sein und betrachte es nicht als Ehre in ihrem Gedächtniß zu bleiben.«[64] Die römische Alteritätserfahrung bestärkte Mommsen in seiner »fede politica«, in seiner politischen Identität, die für ihn nicht »meno santa che la fede religiosa« war, wie er 1881 an de Rossi schrieb.[65]

4. Welches Rom? – oder: Kontinuitäten und Diskontinuitäten

Im Zentrum von Mommsens Italienerlebnis stand wie für viele Italienreisende vor und nach ihm Rom.[66] Hier empfand er tiefes Glück. Wie Goethe stellte Mommsen seine erste Reise in den Süden als seine Wiedergeburt dar. Die Gegenwart des klassischen Bodens überwältigte. Als Mommsen zweieinhalb Monate in Rom verbracht hatte,

62 Vgl. neben Haller, Lebenserinnerungen (wie Anm. 1), 50 und Wickert, Mommsen (wie Anm. 3), Bd. 4, 190 f. noch P. M. Baumgarten, Römische und andere Erinnerungen, Düsseldorf 1927, 50 f. (der diese Episode zum Anlass einer wüsten Polemik gegen den »Fanatiker« und Atheisten Mommsen nimmt) sowie G. Franke/S. Rebenich (Hg.), Der Briefwechsel zwischen Theodor Mommsen und Friedrich Althoff, München 2011, 214, Nr. 102.

63 Jean-Baptiste Pitra (1812–1889), seit 1863 Kardinal und seit 1869 Kardinal-Bibliothekar des Vatikans, war ein international ausgewiesener Kenner der Alten Kirche und der frühchristlichen Überlieferung.

64 Mommsen an seine Frau Marie am 21. 5. 1885 (Deutsches Literaturarchiv, Marbach, Nl. Mommsen); vgl. Wickert, Mommsen (wie Anm. 3), Bd. 4, 71.

65 Buonocore (wie Anm. 8), 193, Nr. 95.

66 Vgl. A. Esch/J. Petersen (Hg.), Deutsches Ottocento. Die deutsche Wahrnehmung Italiens im Risorgimento, Tübingen 2000.

schrieb er an Jahn: »Was mein eigenes Tun und Treiben anbetrifft, so brauche ich Ihnen nicht zu sagen, wie lebhaft mir das Gefühl ist hier die glücklichste Zeit meines Lebens zu verleben.«[67] Mommsen besichtigte antike und neuzeitliche Kunstschätze, den Vatikan, die Galeria Borghese, das Museum Sciarra[68] und manche katholische Kirche.[69] Mit Winckelmann und Goethe wollte der bildungsbeflissene Gelehrte »die edle Einfalt und stille Größe« der Antike in Italien finden. »Daß alle plastische Kunst, obgleich überall herrlich, doch in Rom am schönsten ist und am mächtigsten wirkt, das wissen Sie auch; ich danke meinem Schicksal, daß ich ihre schönsten Werke noch gesehen habe, ehe mir die Empfänglichkeit verloren gegangen ist.«[70]

Doch der Wissenschaftler Mommsen konnte die Romwahrnehmung der Italienschwärmer des frühen 19. Jahrhunderts nicht fortschreiben. Er näherte sich Rom durch seine Wissenschaft. Bereits 1845 trieb Mommsen in Rom philologische und epigraphische Studien, besuchte die Örtlichkeiten des antiken Rom und kümmerte sich um Fragen der antiken Topographie. Damit wurde ein Prozess der Verwissenschaftlichung der Romperzeption eingeleitet, die weitreichende Folgen hatte. Die Antike interessierte nicht mehr, wie noch bei Goethe, als ein zeitlos gültiges ästhetisches Paradigma. Die *cognitio totius antiquitatis* entzauberte auch das Rom der römischen Republik und der Kaiserzeit. Die vollständige Historisierung des Altertums brach mit der klassizistischen Entrückung und neuhumanistischen Idealisierung des antiken Rom. Mommsens moderner Realismus zerstörte in letzter Konsequenz den Mythos der Ewigen Stadt, der dem deutschen Bildungsbürger zur lieben Gewißheit geworden war. Im Laufe des 19. Jahrhunderts veränderten abertausende Inschriften das Bild der *Urbs* radikal. Mommsen selbst trug durch seine historischen Arbeiten immer stärker dazu bei, dass das alte Diktum: *Roma caput mundi regit frena orbis rotundi* außer Kraft gesetzt wurde. Die epigraphische ›Revolution‹ ermöglichte es, die Geschichte des *Impe-*

67 Zitiert nach Wickert, Mommsen (wie Anm. 3), Bd. 2, 60.

68 Walser (wie Anm. 6), 126, 128, 130, 132, 135 f. u. ö.; vgl. auch Wickert, Mommsen (wie Anm. 3), Bd. 2, 69–71.

69 Walser (wie Anm. 6), 131 f. »Unterwegs in S. Agnese und S. Costanza. Die letzte ist eine der sonderbaren runden Kirchen mit rundem Aufsatz, wie S. Stefano rotondo; das Innere ist recht schön und gar hübsch mit bacchischen Mosaiken am Plafond geschmückt. S. Agnese ist nicht schön, wenn auch merkwürdig.«

70 Zitiert nach Wickert, Mommsen (wie Anm. 3), Bd. 2, 60.

rium Romanum zu rekonstruieren. 1885 legte Mommsen den fünften Band seiner »Römischen Geschichte« vor, der die Geschichte der römischen Provinzen behandelt. Das Buch ist eine bahnbrechende Monographie zur althistorischen Regionenforschung, das auf der Grundlage der literarischen Überlieferung und der epigraphischen Denkmäler das politische, administrative, kulturelle, religiöse und sozialökonomische Profil der Provinzen in den ersten drei Jahrhunderten nach Christi Geburt rekonstruiert. Das antike Rom war nur mehr ein Gegenstand der althistorischen Forschung.

Aber Mommsens Rombild war nicht monolithisch. Es reflektiert und amalgamiert wissenschaftliche, politische und konfessionelle Diskurse, die ihrerseits wiederum durch die zeitgenössischen Entwicklungen in Italien beeinflusst waren. Die Forderung Giuseppe Mazzinis aus dem Jahr 1859, dass ohne Rom Italien nicht möglich sei, weil dort das Allerheiligste der Nation liege, unterstützte Mommsen mit althistorischen Mitteln. Der Diskurs über das antike Rom und der Diskurs über die aktuelle Nationenbildung verschmolzen. Die ersten drei Bände von Mommsens »Römischer Geschichte« konnten als die Programmschrift für eine nationale Einigung Deutschlands und Italiens gelesen werden. Die Freiheit und Einheit Italiens wurde in die spätrepublikanische Zeit verlegt. Für die italienischen Leser unterstrich Mommsen die Bestimmung Roms zur Hauptstadt. »Rom selbst aber war durch die Gunst der Geschicke und die Kraft der Bürger aus einer regsamen Handels- und Landstadt der mächtige Mittelpunkt einer blühenden Landschaft geworden.«[71] Im *Risorgimento* wurde aus dem *caput mundi* die *Capitale d'Italia*.[72] Rom als die Hauptstadt des geeinten Italien begrüßte Mommsen. Damals sprach er von dem Kosmopolitismus, der Rom kennzeichne, und dachte wohl an die Stadt im *Imperium Romanum*, die in das Gesamtreich aufgegangen war.[73]

Für die Hauptstadt des Kirchenstaates, das Zentrum der katholischen Oikoumene, hatte Mommsen kein Interesse. Während das antike Rom historisiert wurde, ethnographisierte Mommsen das zeitgenössische Rom. Ein Dominikanerpater fand in dem Tagebuch nur deshalb Erwähnung, weil er »die löbliche Gewohnheit« hatte, »sei-

71 Th. Mommsen, Römische Geschichte, Bd. 1, 9. Aufl., Leipzig 1902, 105.
72 Vgl. Bauer (wie Anm. 56), 47.
73 Ebd., 92.

nen Gästen bei der trockenen Arbeit des Kollationirens einen prächtigen Wein zu bieten.«[74] Den römischen Karneval beschrieb Mommsen – wie bereits Goethe – aus der Perspektive eines kulturell überlegenen Feldforschers, der sich zwar daran freute, dass er manchen Tag nun »in seliger Weinesstimmung« verbringen konnte und seine attraktive »Florentinerin« auf der Straße wiedertraf,[75] der aber das ganze Ereignis als »obligate Tollheit« durchschaut hatte.[76] Die Begegnung mit dem katholischen Rom warf die Frage von Identität und Alterität auf. Denn das Fremde faszinierte ihn, darüber schrieb Mommsen ausführlicher als über die antiken Ruinen. Das Ende des Karnevals wurde am 4. Februar 1845 gefeiert: »Was konnte man thun, als es nun wirklich vorbei war? Wir gingen wie melancholische Deutsche in die Kneipe, in unsere Katakomben – die schöne Dirne, mi spiace il morto Carnevale.« Schließlich: »Vorbei beim capitolinischen Ross in starker Trunkenheit.«[77] Mommsen stürzte sich in die Sinnlichkeit des katholischen Festes, um die eigene protestantisch-deutsche Identität wiederzufinden.

Protestantische und nationale Diskurse bestimmten die Wahrnehmung der Stadt Rom nachhaltig. Mommsen wollte die tausendjährige Tradition der Stadt als Zentrum der katholischen Tradition brechen und mit Hilfe der modernen Altertumswissenschaft zum wahren Rom zurückfinden. Schon Niebuhr hatte gemeint, Rom sollte gar nicht den Namen tragen, sondern vielmehr Neu-Rom heißen, denn »hier geht keine einzige Strasse in der Richtung der alten: es ist eine ganz fremdartig auf dem Theil des Bodens der alten erwachsene Vegetation, so modern und unbedeutend wie möglich, ohne Nationalität, ohne Geschichte.«[78] Das antike Rom, so lautete Mommsens Programm, sollte die politische und urbanistische Entwicklung der neuen Hauptstadt bestimmen und ihr eine neue nationale Identität auf säkularer Grundlage verleihen.

74 Walser (wie Anm. 6), 128.
75 Ebd., 136, 138.
76 So in einem Brief an Gerhard vom 6. 2. 1847; vgl. Wickert, Mommsen (wie Anm. 3), Bd. 2, 183.
77 Walser (wie Anm. 6), 144.
78 Brief an Savigny vom 17. 10. 1816; zitiert nach Niebuhr, Briefe (wie Anm. 46), 87.

In späteren Jahren idealisierte Mommsen sein erstes Romerlebnis.[79] Hierher verlegte er seine Epiphanie als Historiker und Altertumsforscher. Also erblickte er in Rom sein Leben lang einen alkyonischen Ort potentieller Emigration. Als er im August 1851 aus politischen Gründen seine Professur in Leipzig verlor, schrieb er an de Rossi, er werde seine Heimat verlassen müssen und sich definitiv in Rom niederlassen. Dort wollte er in der Gemeinschaft mit italienischen Freunden die lateinischen Inschriften studieren und die Geschichte Roms neu schreiben:[80] Die Beschäftigung mit der Alten Geschichte in Rom wurde damals zum Remedium gegen das politische Scheitern. Und wenn später der streitbare Liberale an den politischen Verhältnissen in Deutschland zu verzweifeln drohte, träumte er von einem besseren Leben in Italien. So schrieb er 1885 an seine Frau: »Oftmals tut es mir leid, daß ich nicht vor Jahren den Plan ausgeführt habe mich in Italien anzusiedeln; *gentilezza* und Toleranz sind deutsche Lehnwörter und nicht bei uns erfunden.«[81]

Mommsen zeichnete nie ein homogenes Bild der Stadt, das unterschiedliche Wahrnehmungen harmonisch integriert hätte. Emotionale Bekenntnisse, antikatholische Ausfälle, politische Akzentuierungen und historische Rekonstruktionen lassen sich nachweisen; bei ihrer Interpretation sind gattungs- und zeitspezifische Zusammenhänge zu berücksichtigen. Sein Rombild ist deutlich beeinflusst von politischen und konfessionellen Strömungen. Mommsen historisierte und rationalisierte das traditionelle Bild des antiken Rom, er glorifizierte die Hauptstadt des vereinten Italiens, und er perhorreszierte das katholische Rom. Seine protestantischen und politischen Urteile (resp. Vorurteile) stellte er nie in Frage. Seine politische und konfessionelle Romwahrnehmung ist nicht innovativ, sondern konventionell. Methodisch reflektiert und inhaltlich differenziert ist allein das Bild der antiken Stadt, das Mommsen durch die systematische Aus-

79 So bedauerte er auch, dass der ›alte‹ Karneval, den er 1845 noch erlebt hatte, in späteren Jahren nicht mehr gefeiert wurde; vgl. Wickert, Mommsen (wie Anm. 3), Bd. 2, 251 f.

80 Buonocore (wie Anm. 8), 82, Nr. 16 vom 10. 8. 1851: »Seriamente parlando, i miei affari privati probabilmente m'indurranno a lasciare la patria ed a fissarmi definitivamente a Roma, purchè io possa starvi tranquillo come spero. Sarà un piacere di leggere e studiare in compagnia le iscrizioni e di rifare i giornali – per non dir la storia – de' tempi romani, che se non saranno più interessanti di que' nostrali di oggidì, almeno saranno più innocenti.«

81 Wickert, Vorträge (wie Anm. 2), 64.

wertung vor allem inschriftlicher und literarischer Zeugnisse neu entwarf. Dieses Bild des antiken Rom ist nicht protestantisch, verdankt seine Existenz aber der historisch-kritischen Altertumsforschung, die insbesondere durch deutsche protestantische Wissenschaftler propagiert wurde. Zugleich relativierte Mommsen durch seine althistorischen Arbeiten die überragende Rolle, die Rom in der neuzeitlichen Historiographie der Alten Welt (und noch in seiner »Römischen Geschichte«) bisher innegehabt hatte. Denn die Entdeckung der Provinzen ließ die kaiserzeitliche *Urbs* in den Hintergrund treten. Der große Mommsen ließ als Historiker seine zweite Heimat im *Imperium Romanum* aufgehen.

Adolf Harnacks Romdeutungen und die Reorganisation des Preußischen Historischen Instituts

Gury Schneider-Ludorff

1. cura Romana

In seinem Brief vom 1. Februar 1903 schrieb Martin Rade an Adolf Harnack:

Lieber Freund, du weißt, ich denke in der römischen Frage sehr ruhig. Aber die Dienste, die das Zentrum unserer Regierung leistet und noch mindestens 12 Jahre leisten muß, wird uns in Preußen und im Reich viel kosten. Noch 12 Jahre! Man überschaut mit Sorge die Reihe der Kompensationsobjekte. Jetzt ist das Preußische Historische Institut dran. Ich gestehe, daß ich nicht ohne Angst sehe, daß Dein guter Name in diese Dinge verwickelt ist. Ich glaube nicht, daß Du da Unheil verhüten kannst und halte Dich für viel zu ehrlich, als daß Du gegen die diplomatischen Kräfte, die in dieser Sache spielen, aufkommen könntest. Nichts für ungut! Wer die Flotte will, muß ja auch Opfer wollen. Aber ich wünschte, Du wärest nicht dazwischen.[1]

Harnacks Antwort war eher gelassen:

Die Sorgen um das römische Institut sind nichtig. Im wissenschaftlichen Beirat sitzen neben den trefflichen Dittrich und Kehr – Lenz, Tangl und ich. Wie sollte es da fehlen! Und im Kuratorium ist Koser der Spiritus regens. Wären doch alle curae Romanae so harmlos.[2]

Adolf Harnack war 1903 Vorsitzender des wissenschaftlichen Beirates des *Königlich Preußischen Historischen Instituts* in Rom geworden. Eine harmlose *cura Romana* oder ein brisantes Politikum, wie Rade vermutete? Ein Kompensationsobjekt, das durch Zugeständnisse an die katholische Zentrumspartei den protestantischen Einfluss auf das Institut in Rom mindern würde? Rade spielte dabei auf die Zustimmung

1 M. Rade an A. Harnack am 1. 2. 1902, in: Der Briefwechsel zwischen Adolf von Harnack und Martin Rade. Theologie auf dem öffentlichen Markt, hg. von J. Jantsch, Berlin 1996, Nr. 327, S. 105.

2 Harnack an Rade am 2. 2. 1903, ebd., Nr. 328, S. 107.

des Zentrums zu den Flottenvorlagen im Reichstag an. Und damit hatte er implizit nicht nur eine politisch brisante, sondern auch eine konfessionspolitische und eine wissenschaftspolitische Dimension jener *cura Romana* angesprochen, die sich in der Reorganisation des *Preußischen Historischen Instituts* wie in einem Brennglas bündeln.

Die Geschichte der Entstehung des Instituts, das heute den Namen *Deutsches Historisches Institut* trägt, ist hinreichend erforscht.[3] Der vorliegende Beitrag nimmt hingegen besonders die Person Adolf Harnacks in den Blick. Denn an seinem Engagement im Rahmen des *Preußischen Historischen Instituts* verdichten sich idealtypisch seine unterschiedlichen Romdeutungen. Im Folgenden soll kurz auf die Gründung des Instituts eingegangen werden, um in einem weiteren Schritt die kultur-, konfessions- und wissenschaftstheoretischen Dimensionen zu verfolgen, die bei Harnack hinter der Chiffre »Rom« stehen.

2. *Die Gründung des Königlich Preußischen Historischen Instituts in Rom*

Es war Papst Leo XIII., der in den Jahren 1880/81 das Vatikanische Geheimarchiv öffnete und damit erstmals Historikern aller Länder und Konfessionen erlaubte, in diesem bisher unzugänglichen Archiv zu forschen.[4] Prompt hatten diverse Länder Forschungsinstitute in Rom gegründet, und auch in Berlin hatten Historiker dem Kultusministerium vorgeschlagen, eine »Station« am Vatikanischen Archiv zu

3 Zur Geschichte des Preußischen Historischen Instituts vgl. W. Friedensburg, Das Königlich Preußische Historische Institut in Rom in den dreizehn ersten Jahren seines Bestandes 1888–1901, Abhandlungen der Preußischen Akademie der Wissenschaften, Berlin 1903, 1–154; P. Kehr, Das Preußische Historische Institut in Rom, Internationale Monatsschrift für Wissenschaft, Kunst und Technik 8 (1913) 129–170; E. E. Stengel, Das Deutsche Historische Institut in Rom 1888–1938, Forschungen und Fortschritte 14 (1938) 401–402; W. Holtzmann, Das deutsche historische Institut in Rom, Arbeitsgemeinschaft für Forschung des Landes Nordrhein-Westfalen 46 (1955) 7–43; R. Elze/A. Esch (Hg.), Das Deutsche Historische Institut in Rom 1888–1988, Tübingen 1990; M. Schubert, Auseinandersetzung über Aufgaben und Gestalt des Preußischen Historischen Instituts in den Jahren 1900–1903, Quellen und Forschungen aus italienischen Archiven und Bibliotheken 76 (1996) 383–454.

4 Vgl. dazu und zum Folgenden Elze, Das Deutsche Historische Institut in Rom 1888–1988, in: Elze/Esch (wie Anm. 3), 1–31.

gründen.[5] Mit Unterstützung Geheimrats Friedrich Althoff, des Verantwortlichen für Hochschul- und Wissenschaftsfragen innerhalb des Kultusministeriums, gelang dann schließlich nach einigem Hin und Her im Jahr 1888 die finanzielle Sicherung des Instituts. Nach dem Statut, das u.a. von Theodor Mommsen erarbeitet worden war, sollte in der »Station« in Rom die »wissenschaftliche Erforschung deutscher Geschichte zunächst im Vatikanischen Archiv, sodann in den übrigen italienischen Archiven und Bibliotheken«[6] betrieben werden.

Das Institut hatte wissenschaftlich zunächst einer von der Preußischen Akademie der Wissenschaften gebildeten Kommission unterstanden, in rascher Folge die Berichte der päpstlichen Nuntien aus dem Deutschland der Reformation und katholischen Reform publiziert und alle »deutschen« Belange von 1378 bis zur Reformation in der vatikanischen Registerüberlieferung in einem *Repertorium Germanicum* gesammelt, alles mehr oder weniger unbeachtet von einer größeren Öffentlichkeit. Dies änderte sich schlagartig, als im Jahr 1901 der Göttinger Historiker Paul Fridolin Kehr in der Münchener Allgemeinen Zeitung eine Pressekampagne initiierte, bei der er die Konzeptionslosigkeit, die Unbekanntheit sowie die zu starke Spezialisierung der Editionsarbeit anprangerte und mit dem Vorwurf verband, das Institut sei »ausschließlich eine Publikationsstelle der preußischen Archivverwaltung für die Nuntiaturen des 16. Jahrhunderts geworden.«[7] In der Folge kam es zu einer von 600 deutschen Historikern unterzeichneten Eingabe an den Reichskanzler, die sich größten Teils der Kritik Paul Kehrs anschlossen und mit ihm die Umwandlung des Preußischen Instituts in ein Reichsinstitut forderten.

Tempo kam in die Sache, als wiederum Althoff vom Preußischen Kultusministerium, zunehmend beraten von Adolf Harnack, sich der Sache annahm. Die Idee der Umgestaltung in ein Reichsinstitut wurde fallengelassen, da es kein Kultusministerium des Deutschen Reiches als übergeordnete Behörde gab. Die Reform des Instituts wurde dagegen als notwendig angesehen.

5 Es handelte sich um Heinrich von Sybel (1817–1895), Georg Waitz (1813–1886), Wilhelm Wattenbach (1819–1895) und Julius Weizsäcker (1828–1889).

6 Elze (wie Anm. 4), 4.

7 GStA PK, I HA REp. 92 NL Kehr AV Nr. 5, Bl 244r. Abgedruckt bei Schubert (wie Anm. 3), 389.

So kam es, dass im November 1902 an die Stelle der bisherigen Kommission ein Kuratorium trat, das aus dem Generaldirektor der preußischen Staatsarchive, Reinhold Koser als Vorsitzenden, dem Vertreter des Kultusministeriums, Friedrich Schmidt und Georg Freiherr von Hertling als einem Vertreter des Außenministeriums, bestand.[8] Letzterer war Professor für Philosophie in München, 1876 Mitbegründer und langjähriger Präsident der Görres-Gesellschaft und als Zentrumsabgeordneter langjähriges Mitglied des Reichstages. Ein wissenschaftlicher Beirat sollte das Kuratorium beratend unterstützen. Ihm sollten unter dem Vorsitz Harnacks der Berliner Historiker und überzeugte Lutheraner Max Lenz, der ebenfalls Berliner Professor für mittelalterliche Geschichte Michael Tangl, Paul Kehr als Vertreter der Göttinger Gelehrtengesellschaft sowie der katholische Theologe und Zentrumsabgeordnete Franz Dittrich angehören.

Mit dieser konfessionell ausgewogenen Zusammensetzung versuchte man von Seiten der preußischen Regierung die Einwände gegenüber der bisherigen Leitung des Instituts zu entkräften, die von protestantischer wie katholischer Seite vorgebracht worden waren. Von protestantischer Seite waren Verdächtigungen einer »ultramontanen« Unterwanderung und schleichenden Katholisierung des Instituts laut geworden, die katholische Presse hatte Reformen angemahnt. Zugleich wollte man sich auch die Zufriedenheit der Zentrumspartei sichern, auf die man angewiesen war, wenn man die politischen Ziele durchsetzen wollte. Direktor des Instituts war ab Oktober 1902 der katholische Historiker Aloys Schulte. Nach dessen Berufung nach Bonn wurde 1903 Paul Kehr sein Nachfolger, der dieses Amt bis 1936 innehatte.[9]

Harnack hat zeit seines Lebens in zahlreichen ausländischen wissenschaftlichen Instituten gewirkt, das Preußische Historische Institut in Rom nahm jedoch seine besondere Aufmerksamkeit in Anspruch. Bereits im Vorfeld der Reorganisation des Instituts hatte er seinen Einfluss auf Althoff geltend gemacht und die Sache damit vo-

8 Ebd., 435–438.

9 Vgl. L. Burchardt, Gründung und Aufbau des Preußischen Historischen Instituts in Rom, Quellen und Forschungen aus italienischen Archiven und Bibliotheken 59 (1979) 334–391 und R. Elze, 100 Jahre deutsches historisches Institut in Rom, in: Deutsches Historisches Institut Rom 1888–1988. Istituto Storico Germanico, Rom 1988, 13–49.

rangetrieben. Er war es auch, der sich nach dem Weggang von Aloys Schulte nachdrücklich für Paul Kehr als Leiter des Instituts ausgesprochen hatte. Er setzte sich für dessen Belange ein und wurde in den folgenden Jahren dem Institut ein wichtiger Berater. Unter seiner Ägide wurden die Aufgaben des Instituts bedeutend erweitert, so dass, wie ursprünglich angedacht, dem Institut die wissenschaftliche Erforschung der deutschen Geschichte im vatikanischen wie in allen übrigen italienischen Archiven und Bibliotheken übertragen wurde. Harnack war oft in Rom, zum einen wegen Ankaufsfragen zum anderen wegen Fragen der Unterbringung des Instituts und nicht zuletzt wegen der Personalfragen, die gemeinsam mit dem Institutsleiter Kehr zu beraten waren.[10]

Das Interesse an Rom und dem Institut kam nicht von ungefähr. Denn bei Harnack verbinden sich mit »Rom« unterschiedliche Aspekte, die sich auch an dem Engagement für das Institut zeigen lassen.

3. Der kulturtheoretische Aspekt, oder: Das Christentum als Erbe des antiken Roms

Der kulturtheoretische Aspekt, der sich hinter der Chiffre »Rom« bei Harnack verbirgt, wird bereits in seinen frühen Schriften deutlich. Schon in seiner Dogmengeschichte hatte er bekanntlich die Geschichte des Christentums neu verortet, indem er das Christentum als Erbe des antiken römischen Reiches deutete. In seiner prominenten Vorlesung »Das Wesen des Christentums« vor Studierenden aller Fakultäten im Wintersemester 1899/1900 hat Harnack seine Deutung des Christentums als der Geschichte Roms, noch einmal in aller Kürze zusammengefasst:

> Was vom Römischen nachblieb, das rettete sich in die römische Kirche – der orthodoxe Glaube gegenüber dem arianischen, die Kultur, das Recht. Sich zum römischen Kaiser aufzuwerfen und in das leer gewordene Gehäuse des Imperiums einzuziehen, das wagten aber die Barbarenhäuptlinge nicht; sie gründeten ihre eigenen Reiche in den Provinzen. Unter diesen Umständen erschien der römische Bischof als der Hüter der Vergangenheit und als der Hort der Zukunft. Überall in den von den Barbaren occupierten Provinzen – auch in solchen, die früher ihre Selbständigkeit trotzig gegenüber Rom behauptet hatten – blickten nun Bischöfe und Laien auf ihn. Was Barbaren

10 A. v. Zahn-Harnack, Adolf von Harnack, Berlin 1936, 377–380.

und Arianer in den Provinzen an Römischem bestehen ließen – und es war nicht weniges –, wurde verkirchlicht und zugleich unter den Schutz des römischen Bischofs gestellt, des vornehmsten Römers, seit es einen Kaiser nicht mehr gab. In Rom aber saßen im fünften Jahrhundert Männer auf dem bischöflichen Stuhl, die die Zeichen der Zeit verstanden und ausnutzten. *Unter der Hand schob sich so die römische Kirche an die Stelle des römischen Weltreichs; in ihr lebte dieses Reich thatsächlich fort;* es ist nicht untergegangen, sondern hat sich nur verwandelt.[11]

Mit dieser Deutung der Verbindung von römischer Antike und Christentum stand Harnack nicht allein. Bis zu einem gewissen Grade traf er auf übereinstimmende Deutungsmuster in den Forschungen der zeitgenössischen Altertumswissenschaftler.[12] Neu und eigenwillig war allerdings die Einordnung der Christentumsgeschichte in die Universalgeschichte und umgekehrt: die Verknüpfung der römischen Kaiserzeit mit der Christentumsgeschichte, sozusagen als deren Vorspann. Auch konnte er Sokrates und Christus aufeinander beziehen und damit die christlichen Wurzeln bis in die antike Philosophie ausziehen.[13] Allerdings, und das ist sicherlich eine seiner bedeutenden Leistungen, gelang ihm hier der Konnex zwischen Kirchengeschichte und allgemeiner Geschichtswissenschaft. Im Gegensatz zu Ansätzen von Vertretern der evangelischen Kirchengeschichtsschreibung, die die *Translatio Imperii* auf die Staufer bis zu Wilhelm I. nationalprotestantisch verengten, bot Harnacks Konzept doch eine gewisse Anschlussfähigkeit an die katholische Kirchengeschichtsschreibung wie auch an die allgemeinhistorischen Forschungen. Zudem erhob er innerhalb der Theologie die Kirchengeschichte – vor allem der ersten sechs Jahrhunderte – zur Leitdisziplin.

»Rom« wurde also zur kulturtheoretischen Chiffre, die römische Antike und Christentum miteinander verschränkte und die Christentumsgeschichte als Universalgeschichte deutete. Andererseits wurde

11 A. v. Harnack, Das Wesen des Christentums, hg. von C.-D. Osthövener, [2]Tübingen 2007, 142 (kursive Hervorhebung im Original).

12 Vgl. dazu S. Rebenich, Orbis Romanus. Deutungen der römischen Geschichte im Zeitalter des Historismus, in: K. Nowak/O. G. Oexle/T. Rendtorff/K.-V. Selge (Hg.), Adolf von Harnack. Christentum, Wissenschaft und Gesellschaft, Göttingen 2003, 29–49.

13 Vgl. A. v. Harnack, Sokrates und die Alte Kirche (1900), in: ders., Reden und Aufsätze I, Gießen 1906, 27–48.

die Universalgeschichte Teil der Heilsgeschichte des Christentums. Sie wurde theologisiert.[14]

Allerdings, auch das ist festzuhalten, lebte nach Harnack das römische Weltreich in der *katholischen Kirche* weiter. Und das musste ihn spätestens vor Probleme stellen, wenn er seine Erkenntnisse über das antike Christentum für die Deutung der zeitgenössischen Konfessionskultur des 19. Jahrhundert heranzog. Die Chiffre »Rom« erhielt hier einen konfessionstheoretischen Akzent, indem sie als Metapher für den zeitgenössischen *römischen Katholizismus* gedeutet wurde.

4. Konfessionstheorie und Gegenwartsdeutung, oder: Rom als Metapher für den römischen Katholizismus des 19. Jahrhunderts

Harnack leitete in der Folge aus seinen historischen Erkenntnissen Kriterien für die Deutung der zeitgenössischen Konfessionskultur ab. Damit bekam die Romdeutung Harnacks auch einen konfessionspolitischen Impuls: Am deutlichsten wiederum zu fassen in seiner Vorlesung »Wesen des Christentums« – aber auch nachzulesen in den diversen Vorträgen, die er ebenfalls um die Jahrhundertwende hielt:

Wenn wir behaupten – und zwar noch für die Gegenwart gültig –, die römische Kirche sei das durch das Evangelium geweihte alte römische Reich, so ist das keine ›geistreiche‹ Bemerkung, sondern die Anerkennung eines geschichtlichen Thatbestandes und die zutreffendste und fruchtbarste Charakteristik dieser Kirche. Sie regiert noch immer die Völker; ihre Päpste herrschen wie Trajan und Mark Aurel; an die Stelle von Romulus und Remus sind Petrus und Paulus getreten, an die Stelle der Prokonsuln die Erzbischöfe und Bischöfe; den Legionen entsprechen die Scharen von Priestern und Mönchen, der kaiserlichen Leibwache die Jesuiten. Bis in die Details hinein, bis zu einzelnen Rechtsordnungen, ja bis zu den Gewändern lässt sich das Fortwirken des Alten Reichs und seiner Institutionen verfolgen. Das ist keine Kirche wie die evangelischen Gemeinschaften oder wie die Volkskirchen des Orients, das ist eine politische Schöpfung, so großartig wie ein Weltreich, weil die Fortsetzung des römischen Reichs. Der Papst, der sich ›König‹ nennt und ›Pontifex Maximus‹, ist der Nachfolger Cäsar's. Die Kirche, schon im 3. und

14 Vgl. dazu Rebenich (wie Anm. 12), 44–49; K. Nowak, Theologie, Philologie und Geschichte. Adolf von Harnack als Kirchenhistoriker, in: K. Nowak/O. Gerhard Oexle (Hg.), Adolf von Harnack, Theologe, Historiker, Wissenschaftspolitiker, Göttingen 2001, 189–237.

4. Jahrhundert ganz von römischem Geist erfüllt, hat das römische Reich in sich wiederhergestellt.[15]

Die Ereignisse des frühen Christentums wirken also bis in die Lebenszeit Harnacks weiter und prägen die Situation der römisch-katholischen Kirche im 19. Jahrhundert. Und so stellt Harnack weiter eine Interpretation der zeitgenössischen kirchenpolitischen Ereignisse des ersten Vatikanischen Konzils als konsequente historische Notwendigkeit vor:

Die Entwicklung, die die Kirche als irdischer Staat genommen hat, musste sie dann folgerecht bis zur absoluten Monarchie des Papstes und bis zur Unfehlbarkeit desselben führen; denn die Unfehlbarkeit bedeutet in einer irdischen Theokratie im Grunde nichts anderes als das, was die volle Souveränität in dem Weltstaate bedeutet. Daß aber die Kirche vor dieser letzten Konsequenz nicht zurückgeschreckt ist, ist ein Beweis, in welchem Maße das Heilige in ihr verweltlicht ist. ... In allem was sich hier als äußeres Kirchentum mit dem Anspruch auf göttliche Dignität darstellt, fehlt jeder Zusammenhang mit dem Evangelium. Es handelt sich nicht um Entstellungen, sondern um eine totale Verkehrung. Die Religion ist hier in eine fremde Richtung abgeirrt.[16]

Die Konfessionstheorie, die hier entworfen wird, beinhaltet eine deutliche Polemik und Abgrenzung gegenüber dem römischen Katholizismus, die in ihrer Schärfe zunächst einmal überrascht. Dann zeigt sich jedoch, dass Harnack in seinen Schriften durchaus differenziert: Er unterscheidet zwischen religiösem und politischem Katholizismus.[17] Mit letzterem meinte er zum einen die Zentrumspartei, zum anderen die mit weltlich-politischen Machtansprüchen auftretende Kurie in Rom. Der Institution des Papsttums, insbesondere der Ausprägung, die es mit dem ersten Vatikanischen Konzil und dem Unfehlbarkeitsdogma von 1870 erfahren hatte, gilt seine schärfste Ablehnung.

Dem religiösen Katholizismus dagegen, soweit in ihm das Streben nach individueller Frömmigkeit aufscheint, steht Harnack positiv gegenüber. Historisch sah er diese »innere, lebendige Frömmigkeit und

15 Harnack, Wesen des Christentums (wie Anm. 11), 142–143.

16 Ebd., 144 und 148

17 Vgl. dazu Ch. Nottmeier, Adolf von Harnack und die deutsche Politik 1890–1930. Eine biographische Studie zum Verhältnis von Protestantismus, Wissenschaft und Politik, Tübingen 2004, 313–320.

ihre Aussprache«[18] ganz von Augustin her geprägt, der zum Grundbestand des Katholizismus gehöre. Auch stand Harnack in engem Kontakt mit Vertretern des Reformkatholizismus und nahm regen Anteil an deren Schicksal.[19] Es ging ihm darum, den in Deutschland sich herausbildenden Reformkatholizismus zu unterstützen.

In der Kaisergeburtstagsrede von 1907 plädierte er beispielsweise für ein freies Christentum der Gesinnung und der Tat und verwies darauf, dass sich unter dem Einfluss Luthers und seiner Reformation auch im deutschen Katholizismus in Sachen Religion das Bewusstsein einer persönlichen Verantwortlichkeit herausgebildet habe. Hier sah Harnack eine gemeinsame Grundlage des deutschen Reform-Katholizismus und des Protestantismus. Er ließ allerdings keinen Zweifel daran, – und das betonte er auch in »Das Wesen des Christentums« – dass der Katholizismus seiner Ansicht nach eine bleibend notwendige aber durch den Protestantismus im Prinzip überwundene Stufe der christlichen Religion darstelle.[20]

Diese konfessionstheoretische Deutung Roms birgt allerdings für den Protestantismus ein Problem: Auch wenn Harnack konstatiert, dass die Geschichte der römischen Kirche bis zum 16. Jahrhundert auch die Geschichte der Protestanten sei, fragt man sich, was Rom und die Protestanten seitdem verbindet? Mit der Identifizierung der Papstkirche mit »Rom« kommt dem Protestantismus Rom faktisch abhanden. Wie aber ist der Anspruch des Protestantismus, auch Anteil am legitimen Erbe Roms über die ersten Jahrhunderte hinweg zu sein, einzuholen? Und war Rom für die kulturprotestantische Deutung wiederzugewinnen? Hier kommen die wissenschaftstheoretischen Überzeugungen Harnacks zum Tragen, die sich auch in seinem Engagement für das Institut in Rom zeigen.

18 Harnack, Wesen des Christentums (wie Anm. 11), 150.

19 So zu Ignaz Döllinger, Joseph Schnitzer, Sebastian Merkle und Albert Ehrhard. Vgl. dazu auch: M. Weitlauff, Catholica non leguntur? Adolf von Harnack und die »Katholische Geschichtsschreibung, in: Nowak/Oexle (wie Anm. 14), 240–317.

20 Harnack, Wesen des Christentums (wie Anm. 11), 151.

5. *Das Preußische Historische Institut und die kulturprotestantische Wiederaneignung Roms*

Im Jahre 1905 schrieb Harnack für die Preußischen Jahrbücher einen Aufsatz unter dem Titel *Vom Großbetrieb der Wissenschaft*.[21] Er vertrat darin die Auffassung, dass Wissenschaft letztlich immer Sache des Einzelnen sei, dass aber die wissenschaftliche Aufgabe in jedem Fall Teil einer größeren Aufgabe sei, die ein Einzelner niemals alleine bewältigen könne. Daraus ergab sich, dass wissenschaftliche Institute, aber auch die einzelnen Forscher Verbindung aufnehmen müssten zu ihren Kollegen im In- und Ausland, dass an den Hochschulen ein Austausch von Studenten und Dozenten mit dem Ausland stattfinden müsse und dass ein solches Kennenlernen anderer Lehr- und Forschungsweisen die wissenschaftliche Erkenntnis wie die Welterfahrung erhöhe.

In diesem Sinne war auch das Preußische Historische Institut ein besonderer Wissenschaftsort, an dem sich die Kontakte deutscher Forscher und Vertreter italienischer Institutionen produktiv ergeben konnten. Hier konnte die Geschichte Roms und die Geschichte der Reformationszeit erforscht werden. Und hier konnten protestantische und katholische Wissenschaftler zusammen arbeiten.

Indem Harnack als Vorsitzender des wissenschaftlichen Beirates sowohl die Aufgaben als auch die Personalbesetzungen steuerte, gelang es ihm, das Institut als Wissenschaftsort zu etablieren, der auch seinem kulturprotestantischen Wissenschaftsverständnis entsprach. Dies bezog sich auf den historisch-kritischen Wissenschaftsbegriff, den er gegen die Jesuiten profilierte und aufgrund dessen er die Forscher reform-katholischer Provenienz unterstützte. So bot gerade die Zusammenarbeit mit den katholischen Historikern und Politikern in Beirat und Kuratorium die Möglichkeit, seine konfessionspolitischen Überzeugungen auch im Institut umzusetzen und die reformkatholischen Forschungen zu unterstützen, soweit sie seinem Wissenschaftsverständnis entsprachen.

Und dann war es natürlich auch der Ort selbst. Die Stadt Rom, in der durch das Institut auch der Protestantismus wieder präsent war. Besonders deutlich wird dies an der Tatsache, dass es Adolf Harnack

21 A. Harnack, Vom Großbetrieb der Wissenschaft (1905), in: K. Nowak (Hg.), Adolf von Harnack als Zeitgenosse, Teil 2: Der Wissenschaftsorganisator und Gelehrtenpolitiker, Berlin 1996, 1009–1019.

gelang, mit Hans von Soden einen seiner exzellenten Schüler an das Institut zu holen, der dort von 1906 bis 1910 Arbeiten zum Neuen Testament und zur Geschichte der Alten Kirche verfasste.[22] Damit kam sein Anliegen zum Tragen, die Kirchengeschichte im Rahmen der Altertumswissenschaften und der allgemeinen historischen Forschung zu etablieren, was dazu führte, dass auch in den folgenden Jahren kirchenhistorische Forschungen zu Mittelalter und Neuzeit weiter betrieben wurden.

Das Engagement Harnacks am Preußischen Historischen Institut beförderte die von ihm intendierte Verbindung von Theologie und Altertumswissenschaft und von Kirchengeschichte und Allgemeiner Geschichte. Vor allem aber bedeutete es eine bürgerlich-kulturprotestantische Wiederaneignung Roms.

22 Das Empfehlungsschreiben Harnacks und der Briefwechsel mit dem Institut betreffend die Einstellung Hans von Sodens als Mitarbeiter sowie eine Liste der Publikationsprojekte 1906–1910 und darüber hinaus befindet sich in der Staatsbibliothek Berlin, Nachlass Harnack, Kasten 21, Mappe: Preußisches Historisches Institut in Rom 1903–1910. Vgl. dazu auch M. Matheus, Disziplinenvielfalt unter einem Dach. Ein Beitrag zur Wissenschaftsgeschichte des Deutsches Historischen Instituts in Rom (DHI), in: S. Ehrmann-Herfort/M. Matheus (Hg.), Von der Geheimhaltung zur internationalen und interdisziplinären Forschung. Die musikgeschichtliche Abteilung des Deutschen Historischen Instituts in Rom 1660–2010 (Bibliothek des Deutschen Historischen Instituts in Rom 123), Berlin 2010, 1–82, hier 25f.

Hans Lietzmann und die römische Kirchengeschichte

Christoph Markschies

Unser Thema kann auf zweifache Weise aufgefasst werden: *Zum einen* könnte man darunter verstehen, was der in Jena und Berlin lehrende, Rom immer wieder besuchende deutsche evangelische Kirchenhistoriker Hans Lietzmann über die römische Kirchengeschichte erforscht und gedacht hat – Fachleute ahnen, dass dies ein ziemlich umfangreicher Beitrag werden müsste, allzumal, wenn man die Ergebnisse Lietzmannscher Forschungstätigkeit aus heutiger Sicht bewerten wollte. *Zum anderen* könnte man den Freund und Kollegen der vatikanischen Bibliothekare und Präfekten Franz Ehrle und Giovanni Mercati leicht auch als einen Teil der stadtrömischen Kirchengeschichte des 20. Jahrhunderts portraitieren – aber hier beginnen trotz einer gewissen Menge an einschlägiger Sekundärliteratur[1] die Schwierig-

1 H. Lietzmann (Autobiographie), in: Die Religionswissenschaft der Gegenwart in Selbstdarstellungen, hg. von E. Stange, Bd. 2, Leipzig 1926, 77–117; ders., Antrittsrede, Sitzungsberichte der Preußischen Akademie der Wissenschaften, Philosophisch-historische Klasse 1927, LXXXIII–LXXXVI; H. Bornkamm, Hans Lietzmann und sein Werk, Rede bei der akademischen Trauerfeier in der Alten Aula der Universität Berlin am 15. Juli 1942, ZNW 41 (1942) 1–12; K. Aland, Hans Lietzmann zum Gedächtnis, Eckart 18 (1942) 246–250; ders., Hans Lietzmann und die katholischen Patristiker seiner Zeit, in: P. Granfield/ A. Jungmann (Hg.), Kyriakon, FS Joh. Quasten, Bd. 2, Münster 1970, 615–635; ders., Aus der Blütezeit der Kirchenhistorie in Berlin, Saeculum 21 (1970) 235–263; ders., Einleitung, in: K. Aland (Hg.), Glanz und Niedergang der deutschen Universität. 50 Jahre deutscher Wissenschaftsgeschichte in Briefen von und an Hans Lietzmann (1892–1942), mit einer einführenden Darstellung von K. Aland, Berlin 1979, 1–155; W. Eltester, Der Beitrag der Geschichte zur Theologie. Hans Lietzmanns Lebenswerk, ThLZ 68 (1943) 1–10; G. Rodenwaldt, Sitzungsbericht der Archäologischen Gesellschaft zu Berlin, Sitzung am 30. Juni 1942, Jahrbuch des Deutschen Archäologischen Instituts 57 (1942) 507–512; K. Scholder, Die Mittwochs-Gesellschaft, Protokolle aus dem geistigen Deutschland 1932 bis 1944, Berlin 1982, 85–87, 378; W. Kinzig, Hans Lietzmann (1875–1942), in: R. Schmidt-Rost/St. Bitter/M. Dutzmann (Hg.), Theologie als Vermittlung. Bonner evangelische Theologen des 19. Jahrhun-

keiten: Hans Lietzmanns Nachlass galt bis auf umfangreiche Teile seiner Korrespondenz, die Kurt Aland vor Zeiten unter dem etwas irreführenden Titel »Glanz und Niedergang der deutschen Universität« teilweise edierte, als verschollen. Der restliche Nachlass wurde nach dem allzu frühen Tode Lietzmanns im Jahr 1942 in die Kommission für spätantike Religionsgeschichte der Preußischen Akademie der Wissenschaften gebracht, offenbar sofort nach Ankunft gemeinsam mit Beständen der Preußischen Staatsbibliothek in diverse Verlagerungstransporte gegeben und erlitt insofern das bedauerliche Schicksal vieler verlagerter Bestände aus dem gemeinsam genutzten Gebäude Unter den Linden: Er verschwand spurlos, und zu der Zeit, als ich als vierter Nachfolger Lietzmanns die Leitung der Berliner Kirchenväterkommission übernahm, gab es nurmehr Gerüchte über Verbleib beziehungsweise Vernichtung des Nachlasses, der neben den wissenschaftlichen Papieren, Handexemplaren und Sonderdrucken eigener Werke auch die Bibliothek umfasste. Erst im Zuge der Vorbereitung meines Beitrags gelang es, einen Teil dieses Berliner Nachlasses – nämlich rund 28 Kisten – in den Beständen der Handschriftenabteilung der Staatsbibliothek zu Berlin wiederzuentdecken;[2] er

derts im Porträt, Arbeiten zur Theologiegeschichte 6, Rheinbach 2003, 220–231.

2 Bei der Leiterin der Handschriftensammlung der Staatsbibliothek zu Berlin – Preußischer Kulturbesitz (SBBPK), Frau Dr. Weber, möchte ich mich sehr herzlich für freundliche Auskünfte und Recherchen bedanken. Gleiches gilt für Mitarbeiter meines Lehrstuhls und der einst von Lietzmann geleiteten Arbeitsstelle »Griechische Christliche Schriftsteller« der Berlin-Brandenburgischen Akademie der Wissenschaften, insbesondere Marietheres Döhler. – Frau Weber rekonstruiert die Geschichte der Kisten folgendermaßen: »Die Kisten befanden sich unter den Nachlässen der Preußischen Staatsbibliothek, die zusammen mit umfangreichen Druckschriftenbeständen 1942 in das sächsische, unweit von Meißen gelegene Dorf Gauernitz verbracht worden waren. Im dortigen Schloss, das den Fürsten von Schönburg-Waldenburg gehörte, zur Zeit der Auslagerung aber unbewohnt war, wurden zwei Güterwagenladungen kostbarer Drucke, Flugschriften, Zeitungen, Handschriften, Karten und Musikalien untergebracht. Die Auswahl der nach Gauernitz verbrachten Bestände entsprach der von der Bibliothek verfolgten Taktik, alle Auslagerungsorte möglichst gemischt zu bestücken. So wollte man dem Totalverlust einer ganzen Signaturengruppe vorbeugen. Nachdem Gauernitz und das Schloss kampflos der Roten Armee übergeben worden waren, müssen die dort liegenden Bestände der Preußischen Staatsbibliothek wohl in die damalige Lenin-Bibliothek nach Moskau abtransportiert worden sein. Dort wurden sie sachgerecht gelagert, teilweise sogar katalogisiert (z. B. der Nachlass Adelbert von Chamissos).«

war gemeinsam mit deren Beständen (darunter dem Nachlass von Theodor Mommsen) 1958 aus der Sowjetunion zurückgegeben worden und wohl in Kenntnis seiner Provenienz niemals akzessioniert oder katalogisiert worden.[3] Insofern entging er auch der Aufmerksamkeit vieler kluger Kollegen, die sich in den vergangenen 60 Jahren mit Hans Lietzmann beschäftigt haben. Für eine ausführliche Auswertung der Bestände war nach der zufälligen Auffindung bislang leider nicht genügend Zeit.[4] Aber ich habe mich aufgrund dieses bewegenden Fundes dazu entschlossen, meinen Beitrag als biographischen Durchgang durch das Leben Lietzmanns anzulegen und von daher seine Beiträge zur römischen Kirchengeschichte der Antike und des Frühmittelalters zu beleuchten, diese fachspezifischen Partien allerdings immer wieder durch unveröffentlichte biographische Überlieferungen aus dem in Münster aufbewahrten Teilnachlass der Briefe und weitere Stücke aus dem neu aufgefundenen Berliner Teilnachlass zu kontextualisieren.

Da Lietzmann in der ersten Hälfte seines Lebens vor allem philologisch und editorisch tätig war, wird es zunächst um Handschriften und Bibliotheken gehen und erst in einem zweiten Teil dann auch um Beiträge zur Geschichte des römischen Christentums, die Lietzmann teilweise in Rom, jedenfalls über Rom verfasste. Lietzmann hat nicht mehr – wie Mommsen, der väterliche Freund seines Vorgängers Harnack – mit durchaus hegemonialer Wirkung deutsche Wissenschaft nach Rom exportiert, sondern mit hochgelehrten vatikanischen Wis-

3 Im Bericht über die Auswertung der Rücktransporte durch die Handschriftenabteilung ist der Nachlass Lietzmann nicht erwähnt: Jahresbericht der DSB [Deutsche Staatsbibliothek Berlin] 1958, Berlin 1960, 73. »Auch die Vollständigkeit der zurückgegebenen Nachlässe ist wegen abweichender Zählungen (Kästen, Nummern, Mappen) nicht mit letzter Sicherheit zu bestätigen. Warum gerade dieses Material zurückgegeben wurde, ist nicht bekannt.« (Angaben von Frau Weber, s. vorige Anm.).

4 Der Teilnachlass enthält eine größere Zahl von Handschriftenphotographien, dazu Vorarbeiten für die Katalogisierung der Katenenhandschriften mit ausführlichen Handschriftenbeschreibungen, ein (wohl unvollständiges) Manuskript der nach dem Vorbild der »Inscriptiones Latinae Christianae Veteres« (ILCV) von Ernst Diehl (1874–1947) und Lietzmann geplanten Edition der griechischen christlichen Inschriften, Editionsproben für Apollinaris, Eusebius und Origenes, drei Inschriftenabklatsche ohne jede Inventarnummer, Hermann Useners Handexemplar der Editionen, die als zweiter Teil seines »Weihnachtsfestes« erscheinen sollten, und eine italienische Zeitung aus dem Jahr 1924.

senschaftlern sozusagen »auf Augenhöhe«, ohne nationale oder konfessionelle Vorbehalte, kommuniziert, interagiert und in wissenschaftlichen Großprojekten zusammengearbeitet. Aber eben auch nur mit diesen: Lietzmanns Rom besteht aus einer Handvoll von Gelehrten und einer Handvoll magistraler Ausgrabungen. Dazu nun im Detail.

Hans Lietzmann wurde am 2. März 1875 in Düsseldorf geboren. Seine ersten Kontakte mit der Stadt Rom, insbesondere mit den Bibliotheken der Stadt, datieren auf die Zeit nach der Lizentiatenpromotion am 28. November 1896. Bereits vor dem Abschluss seiner Lizentiaten-Arbeit, die einem neutestamentlichen Thema gewidmet war (nämlich der Frage, ob Jesus sich als Menschensohn bezeichnet hat),[5] hatte sich Lietzmann an eine neue Aufgabe für den nächsten akademischen Qualifikationsschritt gemacht: Er begann im Sommer 1896 Fragmente des spätantiken Exegeten und Theologen Apollinaris von Laodicea zu sammeln, um eine entsprechende Preisaufgabe der Göttinger Akademie der Wissenschaften zu lösen (übrigens mit Erfolg; der Preis wurde ihm am 6. Mai 1899 zugesprochen).[6] Lietzmann finanzierte das Projekt, für das ausgedehnte Reisen zu Handschriftensammlungen notwendig waren, durch Kollationsarbeiten für eine von ihm zunehmend als problematisch empfundene große kritische Ausgabe des Neuen Testamentes, an der der Berliner Pfarrer und außerordentliche Professor Hermann Freiherr von Soden (1852–1914) arbeitete. Bei diesen Recherchen in Paris entdeckte Lietzmann die Bedeutung der Katenen, also der byzantinischen Kettenkommentare der biblischen Bücher, die in kleinen Abschnitten Fragmente sonst verlorener spätantiker christlicher Bibelkommentierung enthalten, und schrieb (gemeinsam mit seinem verehrten Lehrer, dem Philologen Hermann Usener) 1897 eine kleine Broschüre zum Thema, in der er erstmals seinen Plan einer vollständigen Publikation ganzer Katenentraditionen (und nicht nur der darin vorhandenen Rosinen besonders wichtiger Fragmente) entfaltete.[7] Die Arbeit an diesem Material war es, die Lietzmann nach Rom brachte; von daher erklärt sich

5 H. Lietzmann, Der Menschensohn. Ein Beitrag zur neutestamentlichen Theologie, Tübingen 1896.

6 H. Lietzmann, Apollinaris von Laodicea und seine Schule. Texte und Untersuchungen, Hildesheim 1970 (= Tübingen 1904).

7 H. Lietzmann, Catenen. Mitteilungen über ihre Geschichte und handschriftliche Überlieferung, Freiburg 1897.

sein römischer Bekanntenkreis, der praktisch ausschließlich aus Handschriftenbibliothekaren bestand, wie wir gleich sehen werden. Lietzmann war nämlich bei der Arbeit an Pariser Handschriften gleich deutlich geworden, dass bislang keine präzise Katalogisierung und Typisierung des Materials vorlag; eine Riesenaufgabe, der er sich gemeinsam mit seinem Freund Georg Karo (1872–1963) unterzog. Im Juli 1901 legte er als Ergebnis seiner Recherchen den bis heute unüberholten Katalog der Gesamtüberlieferung des Katenenmaterials vor, der im folgenden Jahr gedruckt wurde.[8] Aus dem Vorwort geht hervor, dass die römischen Bibliotheken, die neben Paris die wichtigsten Katenenhandschriften besitzen, zu einem größeren Teil von Lietzmanns Freund Karo, der seit der im selben Jahr 1896 erfolgten Bonner Promotion in Rom lebte und damals noch eher philologisch als archäologisch arbeitete, untersucht und aufgenommen worden waren, während sich Lietzmann auf den Rest, Mailand und Venedig, konzentriert hatte.[9] In seinem *Bericht über Catalogisierung der Catenenhandschriften* aus dem Jahre 1900, dessen Originalmanuskript sich im neu aufgefundenen Berliner Teilnachlass befindet,[10] finden sich weitere Details: »Die Turiner Handschriften konnten infolge des freundlichen Entgegenkommens der italienischen Behörden auf der Biblioteca Vittorio Emanuele zu Rom eingesehen werden«. Ein zufällig im Berliner Teilnachlass erhaltener Brief zeigt, dass freilich beispielsweise auch Lietzmanns Bonner Studienkollege und Mitprivatdozent Ludwig Deubner (1877–1946) beim Kollationieren der Katenenhandschriften half.[11] Lietzmann selbst besuchte die *Vaticana* erstmals im Frühling 1899, und sie wurde, wie er 1921 im Vorwort seiner Ausgabe des *Sacramentarium Gregorianum* schreibt, ihm in den folgenden Jahren »eine vertraute Heimstätte mannigfaltiger Forschung«[12]. In jenem Vorwort nennt er auch dankbar seine römischen Kontaktper-

8 G. Karo/H. Lietzmann, Catenarum Graecarum Catalogus, Göttingen 1902.

9 Ebd., 1.

10 Unter dem Titel »Bericht über die mit Unterstützung der K(öniglichen) G(esellschaft) d(er) W(issenschaften) vorgenommene Catalogisierung der Catenenhandschrift, von H. Lietzmann«, S. 1 – Da der Nachlass derzeit erst geordnet und signiert wird, kann ich gegenwärtig keine detaillierten Angaben machen.

11 Brief Deubners an Lietzmann vom 11. 3. 1901.

12 H. Lietzmann (Hg.), Das Sacramentarium Gregorianum nach dem Aachener Urexemplar, mit Registern von H. Bornkamm, LWQF 3, [3]Münster 1967 (=1921), VIII.

sonen, es sind fast dieselben, die sich auch schon im Göttinger Bericht des Jahres 1900 finden, in dem es heißt: »Bei der Aufnahme des Vaticanischen Catenenbestandes bewies uns der Präfect Herr P.F. Ehrle jedes nur denkbare Entgegenkommen, auch Herrn Dr. Giovanni Mercati sind wir für viele freundliche Hilfe zu lebhaftem Danke verpflichtet.« 1920 kam zu Ehrle und Mercati noch Achille Ratti dazu, der zur Jahrhundertwende noch nicht an der *Vaticana* arbeitete. Lietzmanns Beziehungen zu allen diesen drei Gelehrten, die sich um die Reorganisation der *Vaticana* als moderne Forschungsbibliothek für Handschriften große Verdienste erworben haben, lohnen einige ausführlichere Bemerkungen. Mit anderen Römern – seien es Deutschrömer vom *Campo Santo* oder Italiener von den Universitäten – korrespondierte Lietzmann nicht bzw. präziser: Falls er mit ihnen korrespondiert haben sollte, hielt er die Briefwechsel nicht für aufhebenswert.

Zuerst einige Bemerkungen zu dem schwäbischen Jesuiten Franz Ehrle (1845–1934), seit 1890 im *Congresso direttivo*, dem Verwaltungsrat, seit 1895 *Primo Custode* und ab 1910 bis 1914 Präfekt der Bibliothek, 1922 zum Kardinal erhoben.[13] Ehrle ist Lietzmanns Edition des *Sacramentarium Gregorianum* gewidmet; drei Jahre später beteiligt sich Lietzmann auch an der Festschrift für den Kardinal mit einem Beitrag zum nämlichen Sakramentar.[14] Ehrle pflegte als Präfekt der von ihm vollkommen reorganisierten *Vaticana* die Aufsicht im Lesesaal zu führen und Besucher nicht nur willkommen zu heißen, sondern auch nach ihren wissenschaftlichen Plänen zu fragen;[15] mit Lietzmann hat er eine ganze Anzahl bislang unveröffentlichter Briefe gewechselt, zwei sind in Rom, drei Dutzend in Münster erhalten.

13 K. Christ, Kardinal Franz Ehrle, Leipzig 1935; R.M. Huber, Francis Cardinal Ehrle, S.J., 1845–1934: in memoriam, Catholic Historical Review 20 (1934) 175–184, sowie C.M. Grafinger, Franz Ehrle, in: J. Card. Mejía/Chr. Grafinger/B. Jatta (Hg.), I Cardinali Bibliotecari di Santa Romana Chiesa. La Quadreria nella Biblioteca Apostolica Vaticana, Documenti e Riproduzioni 7, Città del Vaticano 2006, 317–319.

14 H. Lietzmann, Handschriftliches zur Rekonstruktion des Sacramentarium Gregorianum, in: Miscellanea Francesco Ehrle, Bd. 2, Biblioteca Apostolica Vaticana, Studi e testi 38, Rom 1924, 141–158 = ders., Kleine Schriften, Bd. 3. Studien zur Liturgie- und Symbolgeschichte, zur Wissenschaftsgeschichte, TU 74, Berlin 1962, 121–137. – Wilamowitz lehnte die Beteiligung aus prinzipiellen Gründen ab: Brief Nr. 479 vom 19. 9. 1922 an Lietzmann, in: Aland, Glanz und Niedergang (wie Anm. 1), 458.

15 Christ (wie Anm. 13), 24.

Viele behandeln rein technische Fragen der Beauftragung von Druckereien oder der Druckeinrichtung, Tafelnummerierungen und Abbildungsbeschreibungen, Titelblattgestaltungen – persönliche Züge sind eher selten und tauchen, wenn überhaupt, nur in der Schlusszeile der Briefe auf. Ein wunderschöner, knapper Brief aus dem Jahre 1932 enthält sie freilich, er lautet: »Il Cardinale Ehrle antwortet auf Ihre [sc. Lietzmanns] gütige Nachfrage bezüglich seines Befindens, wie gewöhnlich auf Schwäbisch: pessimamente und auf christlich: so wie Gott will; immer noch geplagt von Asthma und Star.«[16] Schon am 13. 7. 1912 wünschte man sich »nervenverstärkende Ferien;«[17] von Krankheiten der Mitarbeiter wird auch gelegentlich berichtet. Und am 7. 5. 1915 teilt Ehrle mit, dass er in Rom ausharren werde, »auch wenn die Neutralität aufhören sollte,« weilt dann aber doch bis 1919 in München und korrespondiert von dort mit Lietzmann (erstmals in Sütterlinschrift). Dessen Engagement in der Krankenpflege billigt Ehrle als Versuch, »Ihr großes Wollen und Können im Dienst des Vaterlands zu betätigen.«[18] Wie sehr er trotz aller schon von der Hierarchie her gebotenen Distanz Ehrle verehrte, machen seine Nachrufe in zwei Tageszeitungen deutlich, die er nach Ehrles Tod am 31. März 1934 schrieb.[19] In seinem erwähnten Vorwort von 1921 nennt Lietzmann dann auch Achille Ratti (1857–1939) – seit 1888 an der *Ambrosiana*, 1911 an der *Vaticana* und von 1914 bis 1918 als Präfekt Ehrles Nachfolger, 1921 zum Kardinal ernannt, bekannter unter seinem Pontifikalnamen Pius XI. – und (wie schon im Jahr 1900) vor allem Giovanni Mercati (1866–1957)[20] – seit 1893 an der *Ambrosiana* und ab 1898 an der *Vaticana*, 1918 Pro-Präfekt und 1919 als Präfekt Ehrles und Rattis Nachfolger. Mercati wurde 1936 zum Kardinal ernannt.

Nun zu Ratti: Achille Ratti förderte offenkundig auch Lietzmanns wissenschaftliche Aktivitäten energisch; mitten im Krieg brachte er

16 Aland, Hans Lietzmann und die katholischen Patristiker (wie Anm. 1), 621.

17 Ehrle an Lietzmann, 13. 7. 1912, Nachlass Münster.

18 Brief Ehrle an Lietzmann, 29. 10. 1915, in: Aland, Glanz und Niedergang (wie Anm. 1), 354, Nr. 327.

19 Nachrufe in der DAZ und im Stuttgarter Neuen Tageblatt (Schriftenverzeichnis, in: Kleine Schriften 3 [wie Anm. 14], 375–405, hier 399, Nr. 389 und 390).

20 E. Tisserant, Giovanni Mercati 1866–1957. Commemorazione tenuta nella seduta a classi riunite dell' 11 Maggio 1963, Accademia Nazionale dei Lincei 63, Rom 1963 sowie P. Vian, Giovanni Mercati, in: Mejía/Grafinger/Jatta (wie Anm. 13), 323–325.

ihm in seinem Diplomatengepäck Photographien jenes *Vaticanus Ottobonianus* 313 aus Rom mit, der wichtigsten Handschrift für die Edition des *Sacramentarium Gregorianum*;[21] 1923 stellte er (auf Vermittlung Mercatis) Lietzmann 5000 Lire zur Verfügung, so dass die *Inscriptiones Latinae Christianae Veteres* seines Freundes Ernst Diehl (1874–1947) zu erscheinen beginnen konnten, was im Vorwort des ersten Bandes auch ganz direkt angesprochen wird.[22] Lietzmann bedankt sich in einem äußerst höflichen Schreiben an den »Heiligen Vater« und erwähnt auch andere Gelegenheiten, bei denen der Papst »der durch die wirtschaftliche Not unsres Vaterlandes schwer bedrängten deutschen Wissenschaft Ihren erhabenen Beistand geliehen« haben, und dankt für die Friedensinitiative des Papstes.[23] Ratti und Mercati bescheinigt Lietzmann im Vorwort der Ausgabe des Sakramentars, dass beide Herren »in allen Phasen des Weltkrieges die ihnen anvertraute Schatzkammer der Wissenschaft in einem durch völkische Gegensätze und Leidenschaften nicht berührten Geist verwaltet« haben. »Alle meine vielfachen Anfragen und Bitten um Lichtbilder wurden – unter freundlicher Vermittelung der päpstlichen Nuntiatur in München – bereitwilligst beantwortet und Kopien mit gewohnter Liberalität übersandt.«[24]

Nach Ratti nun abschließend zu Giovanni Mercati. Lietzmann kam mit Mercati erstmals an der Mailänder *Ambrosiana* in den Jahren 1897 und 1898 in Kontakt, also kurz bevor Mercati 1898 an die *Vaticana* wechselte. Ein Brief an den Göttinger Kirchenhistoriker Georg Nathanael Bonwetsch (1848–1925) vom 11. März 1898 macht deutlich, dass Mercati und Lietzmann schon in Mailand entdeckten, dass sie im Blick auf die Katenen Ähnliches vorhatten: Kein Herauspicken der Rosinen, sondern eine vollständige Aufhellung der Traditionen und umfassende Edition des Materials.[25] Offenbar wurde schon im Früh-

21 Dazu die Briefe Nr. 320 und 322 vom 25. 7. 1915 und 23. 8. 1915 in: Aland, Glanz und Niedergang (wie Anm. 1), 350 f. – Vgl. auch N. Vian, Achille Ratti bibliotecario, in: ders., Figure della Vaticana e altri scritti. Uomini, libri e biblioteche, a cura di P. Vian, Studi e testi 424, Città del Vaticano 2005, 127–134.

22 ILCV 1, Berlin 1925, VIII.

23 Lietzmann an Pius XI. (Achille Ratti) vom 20. Juli 1923, in: Aland, Glanz und Niedergang (wie Anm. 1), 469 (Mercati habe vermittelt).

24 Lietzmann (wie Anm. 12), VII f.

25 Lietzmann an Bonwetsch vom 11. 3. 1898, Brief Nr. 22, in: Aland, Glanz und Niedergang (wie Anm. 1), 172 f. – Für die Korrespondenz zwischen Mercati

jahr 1898 deutlich, dass die beiden Bundesgenossen auch einen gemeinsamen Widerpart hatten, der überzeugt werden musste: Weite Teile der Berliner Kirchenväterkommission, deren Leiter Harnack und sein Kritiker Wilamowitz-Moellendorff hielten Gesamtinventar wie Edition des Materials im Grunde für überflüssig, Wendland (und wahrscheinlich auch Diels) votierten mit Lietzmann und Mercati. Laut Protokollbuch der Kirchenväterkommission wurde das Problem in Berlin erstmals im Februar des Jahres 1898 verhandelt, und Harnack hielt als Ergebnis fest:

> Auf die von Göttingen aus gestellte Frage, ob wir eine umfassende Catenen-Forschung unternehmen werden, soll geantwortet werden, daß ... wir aber ex professo eine Durcharbeitung der gesammten Catenen-Überlieferung nicht beabsichtigen.[26]

Auf Antrag von Bonwetsch übernahm daraufhin die damalige Königliche Gesellschaft der Wissenschaften zu Göttingen die Finanzierung und ermöglichte so die Reisen, die zur Fertigstellung des Katenenkataloges führten. 1902, nach Abschluss seines Kataloges, hatte Lietzmann, wie ebenfalls aus dem Berliner Protokollbuch hervorgeht, der Kirchenväterkommission vorgeschlagen, »ihn an der Herausgabe der Psalmen-Commentare des Orig. u. Euseb. zu betheiligen.« Harnack referiert als Ergebnis der Diskussion der Kommission unter Datum vom 12. April 1902:

> Es soll ihm (sc. Lietzmann) geantwortet werden, daß wir zwar nicht die Catenen im Allg., wohl aber die Psalmen-Catenen aufzuarbeiten wünschen, daß Hr. Mercati die Psalmen-Commentare für uns übernommen hat, daß er sich mit diesem in Verbindung setzen u. uns nähere Vorschläge machen solle.[27]

1903 beschloss die Kirchenväterkommission per Rundlauf, für Origenes und Eusebius *alle* notwendigen Texttypen in den »Texten und Untersuchungen« drucken zu lassen, auch wenn dabei eine gewisse Menge doppelt oder sehr eng verwandt wiedergegeben werden müsste. Harnack formulierte als vermittelnde Position den Rat, sich »auf

und Lietzmann vgl. nun: Carteggi del Card. Giovanni Mercati, Bd. 1 1889–1936, a cura di P. Vian, Studi e testi 413, Città del Vaticano 2003.

26 A. v. Harnack, Protokollbuch der Kirchenväter-Kommission der Preußischen Akademie der Wissenschaften 1897–1928, hg. von S. Rebenich, Berlin 2000, 115.

27 Ebd., 124. Der Brief als Nr. 67, in: Aland, Glanz und Niedergang (wie Anm. 1), 198.

das wirklich Notwendige zu beschränken.«[28] Bereits 1904 forderte Lietzmann brieflich von Berlin eine »ständige Subvention« seiner Katenenstudien und erhielt sie für zunächst drei Jahre bewilligt.[29] 1908 war Lietzmann dann zu der Ansicht gekommen,

daß eine Edition aller wichtigen Katenen, wie sie mir damals erforderlich schien, ein Ding der Unmöglichkeit ist ... Deshalb schlage ich vor, in der Berliner Königl. Bibliothek eine Zentrale zu schaffen, welche alle als wichtig bereits erkannten Handschriften vollständig in Brominphotographie umfaßt.[30]

Am 11. 6. 1925 beantragten (in *dieser* Reihenfolge) Werner Jaeger, Ulrich von Wilamowitz-Moellendorff, Eduard Norden und Karl Holl Mercatis Wahl zum korrespondierenden Mitglied der Preußischen Akademie der Wissenschaften (das Protokoll nennt auch noch Harnack als Antragsteller, der eigentliche Zuwahlvorschlag noch Stutz und Wilcken), in der folgenden Sitzung der Klasse vom 16. 7. 1925 wurde er bei 24 weißen und einer schwarzen Kugel mit großer Mehrheit zugewählt, und das Plenum der Akademie bestätigte die Wahl am 5. 11. 1925 mit 42 weißen gegen 2 schwarze Kugeln.[31] Lietzmann konnte dem Vorschlag schlecht beitreten, da er – obwohl er nach einer langen und glücklichen Phase in Jena seit 1905 einem zweiten Ruf nach Berlin schon 1923 gefolgt war – erst im Mai 1927 in die Preußische Akademie der Wissenschaften gewählt worden war (und auch erst im Jahr darauf in die Kirchenväterkommission der Akademie aufgenommen wurde). Im Zuwahlvorschlag der Berliner Kollegen heißt

28 Abschrift eines Rundlaufs für Lietzmann, Nr. 88, in: Aland, Glanz und Niedergang (wie Anm. 1), 207–209.

29 Harnack, Protokollbuch (wie Anm. 27), 131.

30 Lietzmann an Harnack vom 12. April 1908, Brief Nr. 169, in: Aland, Glanz und Niedergang (wie Anm. 1), 261 f. – Lietzmann nennt als Proben für Genesis Typ III Barterin, 569; Proverbien Typ III 1802; Hist. Vat. 749; Propheten Ottob. 452; Lukas (Nicetas) Vat. 1611; Römer-2. Korinther Vat. 762. »Die Psalmenkatenen habe ich noch zurückgestellt, um mit Mercati, der verreist war, den Plan zu besprechen.« Lietzmann entwickelt hier auch schon den Plan, Promotionsthemen aus dem Material zu vergeben. Mit Brief Nr. 171 (in: Aland, Glanz und Niedergang [wie Anm. 19], 265) stimmt Harnack zu, lehnt aber die Kooperation mit der Bibliothek ab.

31 Archiv der BBAW. Historische Abteilung, Abschnitt II, Akten der Preußischen Akademie der Wissenschaften 1812–1945, Personalia/Mitglieder II–III, 141, S. 190 (Brief Jaeger) und S. 191 (Protokollauszug Lüders) bzw. S. 191 f. (Protokollauszug Planck); vgl. auch [Mercati], Carteggi (wie Anm. 25), 359, Nr. 5207 (Brief Sekretar G. Roethe an Mercati vom 6. 11. 1925).

es über Mercati: »Jeder fast, der auf der Handschriftenabteilung der Vaticana gearbeitet hat, ist dem unermüdlichen Gelehrten für seine stete Hilfsbereitschaft zu bleibendem Dank verpflichtet und hat von seiner ungewöhnlichen, in jahrzehntelangem Dienst an der größten Handschriftenbibliothek der Welt erworbenen paläographischen und literarhistorischen Sachkunde vielfachen Nutzen gezogen. Sie versagt auch dem nicht ihre Hilfe, der sie aus der Ferne immer wieder in Anspruch nimmt.«[32]

Arbeiteten beide Gelehrte aber tatsächlich so eng, wie Harnack dachte, an der Edition der Psalmenkommentare des Origenes und Eusebius zusammen? Offenkundig nicht, denn wir sitzen in Berlin in der Arbeitsstelle »Griechische Christliche Schriftsteller« der vormals Preußischen und nun Berlin-Brandenburgischen Akademie der Wissenschaften nach jahrzehntelanger Unterbrechung immer noch und wieder an der Herausgabe dieser beiden bedeutenden exegetischen Werke der Antike. Wie eng arbeiteten Mercati und Lietzmann also zusammen? Ich kann an dieser Stelle nun nicht die rund 70 in Münster erhaltenen Briefe und Karten Mercatis ausführlich besprechen und schon gar nicht die 54 Karten und Briefe Lietzmanns, die die *Vaticana* aufbewahrt und die sich über die Jahre 1898 bis 1936 erstrecken (die Korrespondenz der folgenden Jahre ist noch nicht inventarisiert) – Lietzmann hatte, wie sein zeitweiliger Hilfsassistent Kurt Aland berichtete, die Angewohnheit, am Ende des Jahres an Korrespondenz wegzuwerfen, was erledigt war, und so bleiben nur die Briefe erhalten, die als klassische Gelehrtenkorrespondenz eine Bedeutung für die gemeinsamen Projekte, insbesondere die geplanten Katenen-editionen hatten.[33] Im allerersten Brief vom März 1898 lässt Mercati Lietzmanns Mutter grüßen, die ihren Sohn gern auf den Reisen begleitete und – der mündlichen Berliner und Münsteraner Überlieferung nach – in den Vorräumen der vatikanischen Bibliothek (Frauen waren noch nicht zugelassen) beim Kollationieren half; eine für Lietzmann äußerst wichtige Dienstleistung seiner Mutter, die allerdings damals durchaus auch öffentlichen Spott von prominenten Kollegen erregte.[34] Details waren 2009 nicht herauszubekommen, da die Besucherbücher der *Vaticana* auch für ihren Präfekten nicht zugänglich

32 Ebd., S. 192.
33 Aland, Hans Lietzmann und die katholischen Patristiker (wie Anm. 1), 616; vgl. den Index in: [Mercati], Carteggi (wie Anm. 25), 642.
34 Ebenso ein Brief vom 10. Juli 1902, Nr. 72, in: Aland, Glanz und Niedergang

waren, wie mir Monsignore Pasini brieflich am 26. 5. mitteilte. Im Teilnachlass der Briefe in Münster finden sich übrigens neben den 67 Briefen Giovanni Mercatis auch noch sieben seines Bruders Silvio Giuseppe Mercati, der an der staatlichen römischen Universität tätig war und Lietzmann unter anderem im Jahre 1911 ein Heft mit Ephräm-Übersetzungen für die »Kleinen Texte für Vorlesungen und Übungen« anbot.[35]

In den Jahren nach Abschluss des Katenenkataloges, als Mitarbeiter an Mercatis Projekt der Edition der Psalmenkommentare des Origenes und seines Enkelschülers Eusebius, bestand ein nicht unwichtiger Teil der stadtrömischen Aktivitäten Lietzmanns aus Aufträgen für Photographien von Handschriften der Vatikanischen Bibliothek – jenen Photographien, die bislang zu weiten Teilen verschollen schienen und nun in den erwähnten 28 Kisten der Berliner Staatsbibliothek wieder aufgetaucht sind. Die Tatsache, dass Lietzmann das moderne Medium der Photographie so entschlossen nutzte, erklärt freilich auch, dass er sich lange Aufenthalte in Rom selbst zunehmend sparen konnte, zumal es ihm offenbar 1908 gelang, den größten Teil der benötigten Handschriften photographieren zu lassen. In Lietzmanns Handexemplar des Katenenkataloges, das sich glücklicherweise als Restbestand seiner Bibliothek in der Berliner Kirchenväterkommission erhalten hat, findet sich beispielsweise eine Rechnung des Photographen Pompeo Sansaini, Roma, Via Corsi 45 vom 11. April 1908 über 6994 Lire für fast 1700 Seiten, auf der, wenn mich nicht alles täuscht, Harnack mit zierlicher Schrift eine Umrechnung vermerkt hat: »5600 Mark« – die Berliner Kirchenväterkommission hatte im Jahre 1908 zum nämlichen Zweck 6000 Mark für drei Jahre bewilligt, je zur Hälfte aus Mitteln der Hermann-und-Elise-geborene Heckmann-Wentzel-Stiftung und aus eigenen Mitteln der Kommission.[36] Die Anfertigung solcher Photographien war offenbar alles andere als selbstverständlich. Am 3. 2. 1913 bat Ehrle Lietzmann, seine Bestellungen noch einmal zu schreiben, da die erste Karte verloren gegan-

(wie Anm. 1), 201; vgl. [Mercati], Carteggi (wie Anm. 25), 45, Nr. 704 sowie ebd., 87, Nr. 1404 (Karten vom 27. 4. 1898 und 18. 7. 1902).

35 Brief S. G. Mercati an Lietzmann vom »1. Febbraio 1911«, Nachlass Münster.

36 Harnack (wie Anm. 26), 139. Zugehörig ist Brief Nr. 169 an Harnack vom 12. 4. 1908, in: Aland, Glanz und Niedergang (wie Anm. 1), 261.

gen sei.[37] Aber es gab noch ganz andere Probleme: In Lietzmanns Korrespondenz im Münsteraner Teilnachlass findet sich eine Mahnung Franz Ehrles an Lietzmann vom 2. Dezember 1909, dafür Sorge zu tragen, »daß die Herren, welche die Photographien zur Grundlage von ganzen Veröffentlichungen machen, der Verwaltung der Vatikanischen Bibliothek den schuldigen Dank darbringen«. Andernfalls müsse er Lietzmann darauf aufmerksam machen, »daß Sie sich selbst u. anderen Gelehrten, die sich in Ihrer Lage befinden, ja mir selbst Schwierigkeiten bereiten. ... Wie Ihnen wohl bekannt sein wird, ist man an den italienischen Bibliotheken den Weiß-Schwarz-Photographien nicht günstig gesinnt u. in Folge dessen habe ich selbst zuweilen in dieser Richtung zu kämpfen. Bei dieser Sachlage wirkt es ungünstig, wenn die Gewährung besagter Photographien als etwas Selbstverständliches behandelt wird.«[38] Und fast wie bestellt wirkt es dann, wenn im zweiten (und letzten) Band von Lietzmanns *Catenenstudien*, einer Reihe, in der seine Doktoranden Inventare einzelner Katenenhandschriften publizieren sollten, der Herausgeber erklärt, dass es »die gütige Erlaubnis des Präfekten der Vaticana, Herrn P. Franz Ehrle S.J.« war, »der kein Bedenken getragen hat, die photographische Reproduktion ganzer Handschriften zu gestatten, und dem wir auch an dieser Stelle geziemenden Dank sagen.«[39]

Die enge Zusammenarbeit bei der Publikation der Katenen führte auf ein neues Projekt. In seiner Autobiographie für das Sammelwerk *Die Religionswissenschaft der Gegenwart in Selbstdarstellungen* aus dem Jahre 1926 gedenkt Lietzmann seiner römischen Besuche erst relativ spät in seinem Erzählduktus, nämlich erst anlässlich der Publikation seiner *Specimina Codicum Graecorum Vaticanorum*, eines bis heute unentbehrlichen Abbildungswerkes ausgewählter Handschriften zu paläographischen und kodikologischen Zwecken. Dessen Tafeln hatte er gemeinsam mit dem vatikanischen Bibliothekskustos Pio Franchi de Cavalieri (1869–1960) 1910 veröffentlicht;[40] im Zusammenhang die-

37 Karte Ehrle an Lietzmann, Nachlass Münster; vgl. auch C. Caraffa, Einleitung, in: dies. (Hg.), Fotografie als Instrument und Medium der Kunstgeschichte, Berlin 2009, 7–26.

38 Brief Ehrle an Lietzmann vom 2. 12. 1909, Nachlass Münster.

39 O. Hoppmann, Die Catene des Vaticanus Gr. 1802 zu den Proverbien, in: H. Lietzmann (Hg.), Catenenstudien 2, Leipzig 1912, III.

40 Vgl. dazu Ehrle an Lietzmann am 13. 2. 1910, Brief Nr. 199, in: Aland, Glanz und Niedergang (wie Anm. 1), 281 und ebenso Brief Nr. 224 vom 6. 1. 1911,

ser Publikation nennt Lietzmann in seiner Autobiographie dankbar die Namen von Franz Ehrle und Giovanni Mercati und dankt für deren freundliche Unterstützung.[41] Entsprechend richtet Ehrle in einem unveröffentlichten Brief an Lietzmann vom 26. 2. 1911 auch Grüße von Franchi de Cavalieri und Mercati aus.[42] Die Durchmusterung der vatikanischen Bibliothek, zunächst für die Katalogisierung der Katenenhandschriften, dann für die *Specimina codicum*, warf natürlich mancherlei Nebenfrüchte ab, beispielsweise die Edition sahidischer Bruchstücke der Gregorios- und Kyrillosliturgie aus einem Borgianus (Cod. Borg. Copt. 109, fasc. 100).[43]

Seitdem Lietzmann in Berlin zunehmend in die wissenschaftsorganisatorischen Pflichten eintrat, die ihm sein Lehrstuhlvorgänger Harnack durchaus nicht immer ohne kleine Differenzen überließ und die ihm nach Harnacks Tod 1930 quasi automatisch zufielen, weitete sich auch der Horizont von Lietzmanns römischen Kontakten. Unter Datum vom 5. März 1939 machte er sich gegenüber Mercati so beispielsweise zum Anwalt von Interessen anderer (nämlich zum Anwalt seines zeitweiligen Berliner Kollegen Friedrich Klingner und von dessen Horazausgabe in der *Bibliotheca Teubneriana*). In diesem Brief schrieb er:

> Gern würde ich gerade in diesem Jahr nach Rom kommen und Ihnen nach so langer Zeit des Fernbleibens wieder die Hand drücken: es sind jetzt 40 Jahre verflossen, seit ich zum ersten Mal den Vatikan betrat und Sie an der Seite des unvergeßlichen Cardinals Ehrle fand. Und ich behalte in treuem und dankbarem Gedächtnis, was ich für meine wissenschaftliche Entwickelung der Biblioteca Vaticana verdanke.[44]

Nun blieb, wie eingangs angedeutet, Lietzmann nicht nur jener überaus pünktliche und präzise Philologe aus der Schule Hermann Use-

ebd., 295; vgl. auch N. Vian, Ricordo di Pio Franchi de' Cavalieri, in: ders., Figure (wie Anm. 21), 235–242.

41 H. Lietzmann, Hans Lietzmann, in: ders., Kleine Schriften 3 (wie Anm. 14), 331–368, hier 359.

42 Nachlass Münster.

43 H. Lietzmann, Sahidische Bruchstücke der Gregorios- und Kyrillosliturgie, Oriens Christianus NS 9 (1920) 1–19 = ders., Kleine Schriften 3 (wie Anm. 14), 99–120.

44 Aland, Hans Lietzmann und die katholischen Patristiker (wie Anm. 1), 620. Im Nachlass in Münster ist auch die Antwort, die im Auftrag Kardinal Mercatis angefertigt wurde: Man will sich kümmern (A. M. Albaredo an H. Lietzmann, 11. 3. 1939).

ners, sondern pflegte zunehmend auch seine archäologischen und historischen Interessen. Man kann fast von zwei Phasen in seinem Leben sprechen. Auch in dieser Phase seiner Lebensarbeit spielte Rom eine schlechterdings zentrale Rolle: »Jedoch hat Rom«, so schreibt er 1926 in seiner Autobiographie für das Sammelwerk *Die Religionswissenschaft der Gegenwart in Selbstdarstellungen*,

> immer den stärksten Zauber auf mich ausgeübt, und der Beschäftigung mit der Urgeschichte des christlichen Rom verdanken zwei Arbeiten ihre Entstehung. Die Untersuchung der ältesten Verfassung der römischen Gemeinde nötigte mich zu einer zusammenfassenden Studie über die älteste Kirchenverfassung überhaupt, in der ich in knapper Form das gesamte Material zu verwerten bestrebt war ... Die zweite Studie betraf die Frage nach der Anwesenheit und dem Märtyrertod des Petrus und des Paulus in Rom ... Ich habe die Liturgie der römischen Petrus- und Paulus-Feste auf ihre historischen Grundlagen untersucht und zugleich den archäologisch erreichbaren Tatbestand der drei traditionellen Grabstätten der Apostel, in der Peterskirche, in der Paulskirche und in S. Sebastiano nachgeprüft, um durch Kombination beider Methoden eine positive Antwort zu gewinnen. Und ich glaube in der Tat, eine Wahrscheinlichkeit zugunsten der alten römischen Tradition herausgearbeitet zu haben. Da ich bei dieser Arbeit auf wenig begangene Pfade geriet, fiel manche Frucht nebenbei ab: über die römische Papstchronologie des 3. Jahrhunderts, die älteste Geschichte des Epiphanienfestes in Rom, die Entwicklung des römischen Festkalenders, das Alter des Meßkanons, die Begleitfeste der Weihnacht. Noch manches andere habe ich in dem Buche behandelt und mich dabei besonders gefreut, an die von Hermann Usener gesponnenen Fäden anknüpfen zu können.[45]

In der Tat enthält der große Aufsatz *Zur altchristlichen Verfassungsgeschichte*, der 1914 publiziert wurde, einen langen Abschnitt über die Verfassung der stadtrömischen Synagogengemeinde und wertet ausführlich römische Inschriften aus.[46] Auch die erwähnte große als Synthese von archäologischer, liturgiewissenschaftlicher und kirchenhistorischer Forschung tief beeindruckende Monographie *Petrus und Paulus in Rom* (1915) und die bereits mehrfach erwähnte Rekonstruktion des *Sacramentarium Gregorianum* (1921) entstanden in Jena. Während Ehrle in seinem Dankschreiben für die Monographie über Pe-

45 H. Lietzmann, Hans Lietzmann, Kleine Schriften 3 (wie Anm. 14), 361 f.

46 H. Lietzmann, Zur altchristlichen Verfassungsgeschichte, Zeitschrift für wissenschaftliche Theologie 55 (1914) 97–153 = ders., Kleine Schriften, Bd. 1. Studien zur spätantiken Religionsgeschichte, hg. von K. Aland, TU 67, Berlin 1958, 141–185, insbesondere 127–132 = 165–169.

trus und Paulus explizit auf Lietzmanns Ergebnisse Bezug nimmt – »Ihr Resultat überraschte mich nicht, da ich ja sicher war, daß Sie das reiche Material mit der Voraussetzungslosigkeit prüfen würden, die nach der Beschaffenheit des Quellenmaterials zu diesem Verdikt führen mußte«[47] –, teilt Ratti kühl mit, dass er die Exemplare auf Bibliothek, Franchi, Mercati und Styger verteilt habe, und dankt herzlich, mehr nicht.[48] 1927 erschien eine zweite Auflage des Buches über »Petrus und Paulus«, weil Lietzmann bei Besuchen in den Ausgrabungen unter S. Sebastiano im Jahre 1924 feststellte, dass er den ganzen Befund nochmals durcharbeiten müsse. Auf Fürsprache seines Freundes und Kustos der *Vaticana*, Pio Franchi de Cavalieri, durfte er gemeinsam mit dem Archäologen Armin von Gerkan (1884–1969), der ein Schwiegersohn des Greifswalder christlichen Archäologen und Kirchenhistorikers Victor Schultze (1851–1937) war und 1924 zweiter Direktor des Deutschen Archäologischen Instituts in Rom wurde (Lietzmann war seit 1921 Mitglied der Zentraldirektion), den Befund nochmals aufnehmen – das Vorwort schließt mit der Bemerkung, es sei notwendig, »nun auch in beiden Apostelbasiliken unter Anwendung aller modernen Methoden zu graben.«[49] Mindestens die ganz neuen Ausgrabungen unter St. Paul vor den Mauern hat Lietzmann ganz sicher nicht mehr persönlich zur Kenntnis nehmen können; wieweit er die Ausgrabungen unter St. Peter noch wirklich verfolgen konnte, entzieht sich gegenwärtig noch meiner Kenntnis. Allerdings meine ich, den Romaufenthalt von 1924 etwas exakter datieren zu können: Im frisch aufgefundenen Berliner Teilnachlass findet sich, vollkommen isoliert und ohne weitere Kontexte, eine Ausgabe der italienischen Tageszeitung *Il Piccolo* vom 16./17. 10. 1924, in der über neue archäologische Ausgrabungen und Inschriftenfunde in Rom berichtet wird.[50] In einen solchen Zusammenhang gehört auch ein Vortrag, den Lietzmann 1922/1923 an der Bibliothek Warburg über den »unterirdischen Kultraum von Porta Maggiore in Rom«[51] hielt, und spätere

47 Ehrle an Lietzmann am 30. 11. 1915, Brief Nr. 336, in: Aland, Glanz und Niedergang (wie Anm. 1), 362 f.
48 Ratti an Lietzmann am 3. 12. 1915, Brief Nr. 337, ebd., 363.
49 H. Lietzmann, Petrus und Paulus in Rom. Liturgische und archäologische Untersuchungen, AKG 1, ²Berlin 1927, IV.
50 Divagazioni archeologiche von Cesare Ruberti (Jahrgang 13, Nr. 247, S. 3).
51 H. Lietzmann, Der unterirdische Kultraum von Porta Maggiore in Rom, in: Kleine Schriften 1 (wie Anm. 46), 470–474.

Aufsätze, die auf Besuche in Rom in den dreißiger Jahren zurückgehen,[52] wie ein Beitrag über einen Stein mit Apisstier aus der Novatianuskatakombe und zur Märtyrerin aus der Praetextatkatakombe. Eines der letzten erhaltenen Schreiben Lietzmanns an Mercati bittet um Gipskopien gnostischer Gemmen: »Ich will hier in meinem Institut eine Sammlung gnostischer Gemmen in Gips anlegen und sie vielleicht durch einen besonders begabten Schüler bearbeiten lassen.«[53] Abschließend muss noch gesagt werden, dass zu den die römische Kirchengeschichte bis auf den heutigen Tag erhellenden Beiträgen Lietzmanns natürlich auch seine *Symbolstudien* und andere Arbeiten zur Geschichte von Glaubensbekenntnis und Taufsymbol gehören, *sit venia verbo*.[54]

Lietzmanns Rom waren für viele Jahre das Magazin der vatikanischen Bibliothek und ihr Handschriftensaal, seine Kontakte beschränkten sich auf Präfekten und Kustoden der Apostolica Vaticana. Erst mit 40 Jahren – mit seinem opus magnum *Petrus und Paulus in Rom* – wendete er sich auch archäologisch und literarisch der Überlieferung der Stadt selbst zu. Mit den zwei Bibliothekaren Ehrle und Mercati arbeitete Lietzmann lange und auf Augenhöhe zusammen – er achtete deren Kompetenz und diese die seine, ohne dass die Konfessionsdifferenz eine Rolle spielte. Lietzmann war Protestant und schrieb eine protestantische Kirchengeschichte, über deren Abfassung er starb (man wüsste gern, was Mercati darüber dachte!) – in Rom war er aber wohl vor allem ein Editor und als solcher hoch geachtet. Ein *protestantisches* Rombild hat dieser engagierte Protestant nicht (mehr) vorgelegt.

52 Ankündigung eines Besuches im Oktober 1931: Lietzmann an Mercati am 28. 3. 1931, Brief Nr. 730, in: Aland, Glanz und Niedergang (wie Anm. 1), 649 f. und [Mercati], Carteggi (wie Anm. 25), 517, Nr. 7232.

53 Lietzmann an Mercati am 25. 6. 1932, in: Aland, Glanz und Niedergang (wie Anm. 1), 710; vgl. [Mercati], Carteggi (wie Anm. 25), 502, Nr. 7040.

54 H. Lietzmann, Kleine Schriften 3 (wie Anm. 14); daraus separat: ders., Symbolstudien I-XIV, Libelli 136, Darmstadt 1966 (= ebd. 1962).

Von Rom kuriert – in Neapel genesen

Herders andere Italienreise

Markus Buntfuß

Als Johann Gottfried Herder (1744–1803) im Jahr 1788 knapp zwei Monate nach Goethes Rückkehr zu seiner ganz anderen italienischen Reise aufbricht, ist er im Vergleich zu dem wiedergeborenen Italienfahrer Goethe zwar in mancherlei Hinsicht schlecht gerüstet, aber keineswegs unvorbereitet. Denn erst im Jahr zuvor (1787) war der dritte Teil seiner *Ideen zur Philosophie der Geschichte der Menschheit* (1784–1791) erschienen, in deren Zusammenhang er sich intensiv mit Italien beschäftigt hatte, genauer mit der italienischen und insbesondere der römischen Geschichte. Im 14. Buch seiner *Ideen* zeichnet der Vater der modernen Kulturgeschichtsschreibung ein Italien- und Rombild, das ihm bei seiner Reise dorthin als heuristische Landkarte dient. Rom war deshalb für Herder von Anfang an nicht nur ein ästhetisches, noch weniger ein touristisches, sondern vor allem ein geschichtliches und politisches Phänomen, dem er durchaus illusionslos und kritisch gegenüberstand. Konfessionstypologisch reiht sich Herders Italienwahrnehmung und -darstellung damit ganz in den durch Martin Luther begründeten kritisch-protestantischen Bildtypus ein. Herders Rombild ist somit nicht nur das Ergebnis einer gescheiterten Italienreise, die auf unglückliche Umstände zurückzuführen ist, sondern vor allem auch das Resultat einer Begegnung des protestantischen Intellektuellen mit der Vergangenheit und Gegenwart der alten Welthauptstadt. Gleichwohl stand Herders Italienprojekt auch unter einem unglücklichen Stern.

1. Eine Reise »wie ich meinem Feinde nicht wünsche« – die äußeren Reiseumstände

Zu den näheren Umständen, die seine Reise von Anfang an belastet und im weiteren Verlauf, wie er selbst mehrfach schreibt, »verdorben«[1] haben, ein paar Informationen. Zwar befand sich Herder in bester Gesellschaft, als er seine Italienreise in einer persönlichen Lebenskrise antrat. Nicht anders waren auch Johann Wolfgang von Goethe[2], Karl Philipp Moritz[3] und Johann Gottfried Seume[4] in das Sehnsuchtsland südlich der Alpen aufgebrochen, um dort an Leib und Seele zu genesen. Trotzdem drückten Herder neben der Unzufriedenheit und der Überlastung in seinen kirchlichen Ämtern zwei besonders harte Schicksalsschläge in der ersten Jahreshälfte 1788. Zum einen der tragische Tod seines jüngsten, erst vier Monate alten, Sohnes Alfred im April sowie der überraschende Tod seines alten Freundes und Mentors Johann Georg Hamann im Juni. Der in der Weimarer Gesellschaft nie wirklich heimisch gewordene Herder schreibt über diesen plötzlichen Verlust an Luise von Diede: »Abermals ein großes Band meines Lebens zerrissen; u. allmählich wird's immer einsamer um mich her« (IR, 21). Hinzu kamen Spannungen in der Ehe der Herders und diverse Querelen mit dem Herzog. Es musste dem Ehepaar Herder deshalb als günstige Fügung erscheinen, als im April des Jahres ein Brief von Johann Friedrich Hugo von Dalberg (1752–1812), Domherr zu Speyer, Trier und Worms, sowie Musikschriftsteller und Komponist eintraf, in dem er Herder einlud, ihn als gebildeter Gesellschafter auf eine Reise nach Italien zu begleiten. Herder war reif für eine berufliche und familiäre Auszeit und so erläutert er seinen Entschluss, mit Dalberg nach Italien zu gehen, an seinen Freund Christian Gottlob Heyne mit den Worten: »Reisen mußte ich, wenn es auch auf den Walfischfang gewesen wäre, u. da diese Gelegenheit u. Anerbietung kam, sah ich sie als einen Wink des Schicksals an, den ich nicht ausschlagen durfte« (IR, 12).

Am 6. August 1788 schließlich bricht der damals 44-jährige Herder zu seiner unverhofften aber mit hoffnungsfrohen Erwartungen verbundenen Italienreise auf. Zunächst reist Herder allein von Weimar über Gotha durch Franken, wo es ihm ausnehmend gut gefällt. Einzig

1 Johann Gottfried Herder, Italienische Reise. Briefe und Tagebuchaufzeichnungen 1788–1789, hg. von A. Meier/H. Hollmer, München 1988 (im Folgenden abgekürzt als IR), 212, 270.

2 Italienische Reise (1786–88, publ. u. d. T. »Auch ich in Arkadien« Stuttgart 1816/17; 1829).

3 Reisen eines Deutschen in Italien in den Jahren 1786 bis 1788 (publ. Berlin 1792–93).

4 Spaziergang nach Syrakus im Jahre 1802 (publ. Leipzig 1803–11).

die Initiation in den fränkischen Katholizismus Bambergs lässt ihn schaudern: »Der Katholizismus ist ein abscheulich Ding, so fett, wohlbeleibt, etabliert, rund, behäglich, daß einem angst u. bange wird. ... Ich glaube, ich sterbe vor Gemälden, Pfaffen u. Katholizismus« (IR, 36). Schon frühzeitig aktiviert Herder auf seiner Reise typisch protestantische Ressentiments gegenüber dem Katholizismus und – was erstaunlicher ist – auch gegenüber der Kunst, zumindest der mit dem Katholizismus in kulturgeschichtlicher Verbindung stehenden Malerei. Keine wirklich günstigen Einstellungen, um sich in Rom wohl zu fühlen. Andere Erfahrungen macht Herder im protestantischen Ansbach, wo man seinem Eindruck zufolge »bequemer, ungezwungener, natürlicher ist, u. lebet« (IR, 60). In Augsburg schließlich, das für Herder »die heiterste Stadt ist, die ich in Deutschland gesehen habe« (IR, 65) trifft er mit seiner Reisegesellschaft zusammen.

Erst kurz vor Abreise hatte Herder erfahren, dass sich zusätzlich noch Dalbergs Geliebte, die frisch verwitwete Sophia Friederike von Seckendorff (1755–1820) der Reisegruppe angeschlossen bzw. aufgedrungen hat, deren Anteil an Herders steigender Verstimmung ab Augsburg maßgeblich war. Denn nicht nur, dass die Seckendorff die Gesellschaft Dalbergs fast ausschließlich für sich beansprucht und Herder das Gefühl gibt, als fünftes Rad am Wagen mitzufahren.[5] Darüber hinaus belastet sie das Reisebudget durch ihren Anspruch auf einen mondänen Lebenswandel, was Dalberg in Bezug auf sich und Herder zu rigiden Sparmaßnahmen zwingt. Der feinfühlige Herder sieht sich deshalb schon bald veranlasst, die Reisekosten für seine Person selbst zu tragen, obwohl dies nicht nur gegen die Abmachung, sondern in Herders familiärer und finanzieller Situation auch unzumutbar war. Außerdem scheint die gnädige Frau so gut wie kein Interesse an den Sehenswürdigkeiten und Bildungsschätzen der Reise gehabt zu haben, denn sie behindert alle Gelegenheiten zu Besichtigungen durch permanente Unpässlichkeiten.

Angesichts der neuen Situation muss sich Herder bereits in Bozen eingestehen: »daß alle die schönen Ideen, mit dem guten, wirklich guten Dalberg zu reisen, so gut als ein leerer Traum gewesen« (IR, 75 f.) sind. Ausgiebig beklagt Herder sich in einem Brief an seine Frau

5 »Die gnädige Fr. hat die Impertinenz, uns als lästig zu fühlen, da sie im Grunde unsre Reise verdirbt« (IR, 76).

Caroline über die unwürdige Situation, in die er geraten ist und resümiert: »So kommt auch in den besten Plan ein Querstrich, u. wodurch? Durch unzeitige Nachgiebigkeit u. durch ein Weib« (IR, 77). Ganz anders freilich sieht der in Italien erotisch erweckte Goethe in einem Brief an Herder die pikante *ménage à trois* im Reisewagen: »Da hast du nun gar noch ein zierlich Weibchen im Wagen« (IR, 95) ulkt er nichts ahnend. Herder dagegen kommt in Verona zu dem Schluss, dass »eine Reise mit einer Frau gleich die unvernünftigste Sache ist, die sich denken läßt« (IR, 87). Und als die Reisegesellschaft am 19. September ihr vorläufiges Ziel erreicht hat und in Rom angekommen ist, schreibt Herder an Caroline: »Wäre es auf mich angekommen, so wäre ich eine Poststation hinter Augsb. aus dem Wagen gesprungen, u. hätte gesagt: fahrt zum T – Nun habe ich eine Reise getan, wie ich meinem Feinde nicht wünsche« (IR, 154). Zunächst bezieht man nur getrennte Quartiere und Herder nimmt eine 2-Zimmer-Wohnung mit einer Kammer für seinen Diener in der Strada Condotti, neben dem berühmten Caffè Greco. Im November dann kommt es zum endgültigen Bruch und Herder trennt sich mit einer, wie er findet, unzureichenden Abfindung von Dalberg und seiner Mätresse, um sich der Reisegesellschaft der zeitgleich in Rom weilenden Weimarer Herzoginmutter Anna Amalia (1739–1807) anzuschließen. Mit ihr unternimmt Herder Anfang Januar 1789 auch die für den Gesamtverlauf seiner Fahrt entscheidende Weiterreise nach Neapel, um schließlich ab dem 20. Februar erneut für drei Monate bis zum 14. Mai 1789 in Rom zu verweilen. Die lang ersehnte Heimreise führt ihn schließlich allein über Ferrara, Florenz und Venedig sowie Padua, Verona, Parma und Mailand zurück nach Deutschland, wo er am 9. Juli 1789 nach elf Monaten als glücklich ›Entronnener‹ wieder in Weimar eintrifft. Bevor ich zu Herders Eindrücken und Beschreibungen von Italien, Rom und Neapel komme, ein Wort über die Form, in der seine Reise dokumentiert ist.

2. *»Bloß für dich geschrieben« – eine Reise in Briefen*

Anders als von Goethe, Moritz und Seume etwa gibt es von Herder keine literarisch ausgearbeitete und veröffentlichte *Italienische Reise*, sondern neben einem ganz knappen Reisejournal[6] für den Eigenge-

6 Abgedruckt in IR, 560ff.

brauch nur seine regelmäßigen Briefe an seine Frau und seine Kinder, einige wenige Freunde und Bekannte – am wenigsten an Goethe! – sowie an die herzogliche Herrschaft in Weimar. Mehrere Gründe sind dafür zu nennen. Der entscheidende ist sicher, dass es Herder anders als Goethe nur ansatzweise gelungen ist, die Erfahrungen seiner Reise entweder zum Anlass einer autobiographischen Selbstverständigung oder auch nur einer aussagekräftigen Reisebeschreibung zu machen. Erschwerend hinzu kommt, dass sich Herder einem hohen Erwartungsdruck ausgesetzt sah, wie er nach Goethes Vorlage die Reise erleben, was er sehen und wie er das Erlebte und Gesehene zu einem Gesamteindruck verdichten würde. In dem Maße jedoch, wie ihm die Reise als Selbsterfahrung und als Bildungserlebnis zunehmend misslang, sah er sich außerstande, bedeutsame Beobachtungen zu machen und gelungene Beschreibungen zu liefern. Was ihn schließlich als Kultur- und Ideengeschichtler wirklich an Rom interessierte, nämlich die eigentümliche Gemengelage und historische Schichtung der alten Welthauptstadt, sowie die Fragen nach ihrer Entstehung und Wirkung, überfordert ihn vor Ort und ist erst in seine späteren Schriften, insbesondere in die *Briefe zu Beförderung der Humanität* (1793–97) eingegangen. In Rom selbst jedoch sieht sich Herder einer unübersehbaren Fülle an Eindrücken gegenüber. In einem Brief an die Herzogin Luise vom 28. Oktober heißt es deshalb resignierend:

> Das älteste, alte, mittlere, u. neue Rom tritt nicht nur mit *seinen* Gegenständen in wilder, bunter, dissonanter, oft fataler Verwirrung vor die Seele; sondern indem es Ideen weckt, woher denn dies alles geworden? Woher es gekommen? Wohin u. wozu es gewirkt habe? So erliegt mein armer Kopf ganz u. gar, so daß ich Gefahr laufe, aus Rom unwissender zu gehen, als ich hineinkam.[7]

Aus den genannten Gründen also kann sich Herder insgesamt nur zu einigen wenigen eingehenden Beschreibungen und Deutungen seiner Reiseeindrücke durchringen, die er außerdem in den Briefen an seine Kinder versteckt, damit niemand auf die Idee kommt, es handle sich dabei um Auskünfte an die gelehrte Welt oder das gebildete Publikum. Fünf Jahre nach seiner Rückkehr dann hat Herder seinem Freund Karl August Böttiger einmal selbst erklärt, warum es keine Italienreise aus seiner Feder geben wird:

7 IR, 195. Vgl. auch den Brief an Knebel in: IR, 272 f.

Um eine schöne, wenigstens gern gelesene Reise schreiben zu können, muß man auf der Reise selbst grade so wohl und behaglich gewesen sein, um seine Individualität zur Hälfte vergessen und zur Hälfte mit Allem, was man niederschrieb, verweben zu können … Ich habe mich nie ganz behaglich in Italien gefunden; daher werde ich es auch mir nie einfallen lassen, eine Reise über Italien zu schreiben.[8]

Nun aber dazu, was Herder tatsächlich über Italien im Allgemeinen und über Rom und Neapel im Besonderen geschrieben hat. Es sind, wie gesagt, keine wohl durchdachten und ausgearbeiteten Reflexionen, sondern flüchtige und hingeworfene Bemerkungen, so wie sie ihm in den Briefen an seine Lieben aus der Feder flossen.

3. *»Ich bin nicht G[oethe]«*

Eines der stärksten Motive in Herders Italienwahrnehmung und -aneignung ist die Abgrenzung von seinem Vorgänger, der die Reise seines Freundes aus der Ferne mit einer ambivalenten Mischung aus wirklicher Anteilnahme und eifersüchtiger »Platzhirsch-Attitüde«[9] begleitet. Bereits den Reiseverlauf der unglücklichen Dreier-Gesellschaft kommentiert Goethe vom heimischen Schreibtisch aus: »Ihr habt Tadel verdient, daß ihr bis Ancona so schnell, Lob, daß ihr von daher die merkwürdigen Sachen mit Ruhe und einigem stillen Genuß angeschaut habt« (IR, 153), schreibt er am 10. Oktober aus Weimar. Und erst recht in Rom scheint der längst abgereiste Goethe noch überall präsent zu sein. Wo Herder auch hinkommt, Goethe war schon da und hatte seine Spuren hinterlassen. So ist das erste, was Herder noch am Abend seiner Ankunft in Rom sieht, die eben fertig gestellte Büste Goethes von Trippel.[10] Hinzu kommt, dass Herder von Goethe in Rom mit einem hintersinnigen Brief wie von einem allgegenwärtigen Hausherrn begrüßt wird: »Sei mir herzlich in Rom gegrüßt und an jeder Stelle, die du betreten wirst. Keine merkwürdige wirst du betreten, in der ich nicht deiner gedacht hätte« (IR, 153). Wen Herder in Rom auch kennen lernt, alle schwärmen von

8 IR, 623.

9 W. Frick: Was hatte ich mit Rom zu tun? Was Rom mit mir? J. G. Herder in der alten Hauptstadt der Welt (1788/89), in: P. Chiarini/W. Hinderer (Hg.), Rom-Europa: Treffpunkt der Kulturen: 1780–1820, Würzburg 2005, 135–172, hier 145.

10 IR, 140.

Goethe.[11] Angesichts dieser offensiv beanspruchten Deutungshoheit über Italien und Rom sieht sich Herder in seinen eigenen, ungleich mühsameren Annäherungsbemühungen von Anfang an eingeschränkt und bevormundet. Mit zunehmender Gereiztheit verwahrt er sich deshalb gegen Goethes Ratschläge. So schreibt er im Brief vom 4. November an Caroline:

Liebes Weib, die Regeln aus Göthe's Munde schmecken mir nicht. Was sollen die Tadeleien, die Korrektionen, wo uns ja das Schicksal selbst scharf gnug korrigieret ... Wie Göthe hier gelebt hat, habe ich Dir schon geschrieben, kann, mag u. will ich nicht leben ... Also spart jetzt Eure Weisheit, liebe Leute, gebt mir Rat wie Ihr wollet; tadelt aber nicht, u. philosophiert nicht, weil das letzte, weiß Gott, auf nichts passet. Göthe spricht über Rom, wie ein Kind, u. hat auch wie ein Kind, freilich mit aller *Eigenheit*, hier gelebet; deshalb ers denn auch so sehr preiset. Ich bin nicht G., ich habe auf *meinem* Lebensweg nie nach seinen Maximen handeln können; also kann ichs auch in Rom nicht. Ich nehme aber, so viel ich kann, meine Vernunft zusammen, um so würdig, u. gut zu handeln, als sich unter einer gegebnen Reihe von Umständen handeln lässt.[12]

Vor diesem Hintergrund erklärt sich auch der erstaunliche Umstand, dass Herder drei Monate lang keine einzige Zeile an Goethe schreibt. Schon der Gedanke an seinen Vorgänger führt bei Herder zu einer regelrechten Schreibhemmung. So heißt es etwa fünf Tage nach der Ankunft in Rom: »Die Zeit ist vorüber, u. ich kann an Göthe nicht schreiben« (IR, 133). Wieder eine Woche später, am 1. Oktober vermeldet Herder an seine Frau: »Nachmittag schrieb ich an Göthe den Anfang eines Br., den ich wahrscheinlich nicht fortschicken werde« (IR, 141). Und schließlich noch einmal fast vier Wochen später am 28. Oktober ebenfalls an Caroline: »Grüße G[oethe]; ich werde an ihn schreiben, sobald ich kann u. etwas für ihn zu schreiben weiß« (IR, 188). Nach einem Vierteljahr endlich kann Herder sich zu seinem ersten Brief an Goethe durchringen, denn nun hat er tatsächlich etwas zu berichten, was zudem ein erhellendes Licht auf die unterschiedliche Italien- und Romerfahrung der beiden Weimarer Klassiker wirft. Denn Herder schwärmt vor allem von den Statuen, die ihm sein »liebstes u. wahres Heiligtum sind« (IR, 252). Dagegen vermeldet er von den Gemäldegalerien: »Sie jagen mich immer zu meinen geliebten Statuen zurück, von denen ich schon sogar träume« (IR, 153). In

11 »Alles liebt u. bewundert ihn, was ihn hier gekannt hat« (IR, 133).
12 IR, 208f.

diesen knappen Bemerkungen spiegelt sich die unterschiedliche ästhetische Grundorientierung wieder, mit der sich beide Italienfahrer der römischen Kunstwelt angenähert haben. War der Optiker Goethe in Rom vor allem für die gemalte Sinnlichkeit entbrannt, so erwärmte sich der Haptiker Herder dort für die »gemeißelte Sinnlichkeit«.[13]

4. *»Eine höhere Gestalt als die unsre kennen wir nicht« – Die Plastik im Gepäck*

Während es für Goethe vor allem die Malerei war, die ihn faszinierte, versinkt Herder in einer tage- und wochenlangen Meditation vor den antiken Statuen. Und während Goethe in den Gemälden seine Beschäftigung mit dem menschlichen Augensinn und der Farbenlehre vertiefte, sah sich Herder in Rom vor den Statuen in seiner ästhesiologischen Konzeption des Tastsinns als des elementaren Organs der menschlichen Welt- und Selbsterschließung bestätigt. Theoretisch erarbeitet hatte sich Herder diese grundstürzende »Umkehr der Sinneshierarchie«[14] in seiner zwanzig Jahre zuvor konzipierten und 1778 zum ersten mal veröffentlichten *Plastik.*[15] In Aufnahme von Winckelmanns Statuenbeschreibungen sowie seiner eigenen Entdeckung der Hieroglyphe als dem schöpfungstheologischen Leitmodell in der *Älteste[n] Urkunde des Menschengeschlechts* (1774/76) kulminieren die Studien zur *Plastik* in der programmatischen Formel: »leibhafte Wahrheit« (FA 4, 324).[16] Dabei konzipiert Herder die Wahrnehmung des menschlichen Körpers als ästhetische Ursprungserfahrung, die sich in der ästhetischen Erfahrung der Skulptur wiederholt: »Wir tre-

13 H. Pfotenhauer, Gemeißelte Sinnlichkeit. Herders Anthropologie des Plastischen und die Spannungen darin, in: ders., Um 1800. Konfigurationen der Literatur, Kunstliteratur und Ästhetik, Tübingen 1991, 79–102.

14 U. Zeuch, Umkehr der Sinneshierarchie. Herder und die Aufwertung des Tastsinns seit der frühen Neuzeit, Tübingen 2000.

15 Zur Entstehungsgeschichte: Johann Gottfried Herder, Werke in zehn Bänden, hg. von G. Arnold/M. Bollacher u. a., Frankfurt/M. 1985–2000, (abgekürzt als FA) Bd. 4, 997 ff.

16 Ralph Häfner hat in seiner materialreichen Studie (Johann Gottfried Herders Kulturentstehungslehre. Studien zu den Quellen und zur Methode seines Geschichtsdenkens, Hamburg 1995) darauf hingewiesen, dass sich Herder dabei auch von der bei Morelly in seiner *Physique de la Beauté ou pouvoir naturel de ses charmes* (Amsterdam, Brüssel 1748, Reprint Genf 1971) durchgeführten »Description allégorique du corps humain« (ebd., 55–60) inspirieren ließ.

ten an eine Bildsäule, wie in ein heiliges Dunkel, als ob wir jetzt erst den *simpelsten Begriff* und *Bedeutung der Form*, eines *Menschlichen Körpers*, uns ertasten müßten« (FA 4, 282). Dabei hebt Herder den besonderen Präsenzcharakter sowohl des Tastsinns wie der Skulptur hervor und betont den darstellungstheoretischen Zusammenhang zwischen Körperlichkeit und Präsenz in Bezug auf die »heilige Kraftvolle Form« (FA 4, 282) der plastisch modellierten menschlichen Gestalt.

Mit den Thesen seiner *Plastik*, die er auch mit sich führt,[17] befasst sich Herder in Rom aufs Neue und nach drei Wochen vor Ort schreibt er an Caroline: »Meine Plastik kommt mir ganz wieder; wahrscheinlich wird sie das erste sein, was ich aus- u. umarbeiten werde. Doch sage davon nichts an Göthe« (IR, 152). Die Bedingungen für eine erneute Beschäftigung mit dem Tastsinn und der Skulptur sind günstig. So bietet sich Herder die Gelegenheit, an einer nächtlichen Führung im Vatikanischen Museum teilzunehmen, bei der die Statuen durch eine Fackel erhellt werden, deren Schein bei wechselnden Stellungen auch immer neue Ansichten auf die Kunstwerke ermöglicht. Über diese Art der ästhetischen Erlebnispädagogik schreibt Herder einen der wenigen thematischen Briefe an seinen zweitältesten Sohn August, in dem es z. B. über einen Herkules heißt: »Seine Muskeln, seine weite Brust, sein schöner Rücken, seine tapfern Beine sind bis zum leben« (IR, 191). Herder empfindet dabei schmerzlich seine Unfähigkeit zum Zeichnen, denn mit Worten lasse sich der plastische Eindruck vor den Statuen nicht angemessen beschreiben. »Wenn ich zeichnen könnte, dünkte ich mich in dieser hohen Göttergesellschaft noch einmal so viel; nun gehe ich wie ein Stummer umher, der nicht reden kann« (IR, 193).

Herder beschließt diesen Brief mit einer beiläufigen Bemerkung, die gleichwohl auf das Zentrum seiner Kunst- und Religionsphilosophie verweist. Er resümiert seinen nächtlichen Aufenthalt zwischen den Statuen mit den schlichten Worten: »Unter Göttern gewinnt man die Menschen lieber; man lernt, was in menschlichen Formen u. Charakteren alles verborgen sei, u. wird gar rein u. vornehm, wenn man unter diesen Anschauungen lebet« (IR, 193). In einem Brief an seinen Freund Karl Ludwig von Knebel erläutert Herder diese Andeutung genauer: »Ich studiere, so oft ich kann, täglich 3. Stunden an diesen Gestalten der alten Welt, u. betrachte sie als einen Kodex der

17 IR, 617.

Humanität in den reinsten, ausgesuchtsten, harmonischen Formen« (IR, 272). Diese sporadischen, aber weit reichenden Äußerungen deuten daraufhin, dass der in der Korrespondenz vorläufig aufscheinende Ertrag von Herders Italienreise genau diejenige Humanitätskonzeption sein wird, die er nach seiner Rückkehr in den *Briefe[n] zu Beförderung der Humanität* (1793–97) schriftlich ausarbeiten und publizieren wird. Denn dort heißt es im 63. Brief der sechsten Sammlung (1795) unter dem Titel »Wie die Griechische Kunst eine Schule der Humanität sei«:

Wahre Religion also ist ein kindlicher Gottesdienst eine Nachahmung des Höchsten und Schönsten im menschlichen Bilde, mithin die innigste Zufriedenheit, die wirksamste Güte und Menschenliebe. Und so siehet man auch, warum in allen Religionen der Erde mehr oder minder Menschenähnlichkeit Gottes habe stattfinden müssen, entweder daß man den Menschen zu Gott erhob oder den Vater der Welt zum Menschengebilde hinabzog. Eine höhere Gestalt als die unsre kennen wir nicht, und was den Menschen rühren und menschlich machen soll, muß menschlich gedacht und empfunden sein ... Nichts hat unsre Gestalt und Natur so sehr veredelt als die Religion; bloß und allein, weil sie sie auf ihre reinste Bestimmung zurückführte.[18]

Herders reifer Humanitätskonzeption zufolge ist die Darstellung des Göttlichen in menschlicher Gestalt, die er unter anderem in Rom studiert hat, sowohl kunst- als auch religionstheoretisch die einzig adäquate Form der Darstellung des Unendlichen im Endlichen.

5. Ein »Grabmal des Altertums« – Herder in der ewigen Stadt

Trotz seiner ergiebigen Studien in den römischen Statuensälen kann sich Herder mit der Stadt immer weniger anfreunden. Je länger er in ihr verweilt, desto ungnädiger fällt sein Urteil aus. Im auffälligen Kontrast zu den Skulpturen, in denen für Herder das Leben pulsiert, bedient er sich zur Charakterisierung der ewigen Stadt einer Metaphorik des Todes und des Grabes. Rom sei ein »Grabmal des Altertums« (IR, 267). Das alte Rom kommt ihm »wie ein Mausoleum vor« (IR, 384). Besonders drastisch schreibt Herder nach seinem Aufenthalt in Neapel an Caroline: »Seit gestern sind wir wieder in Rom; und statt des hellen, ewig beweglichen Meers stehn stille, dunkle Zypressen mir vor den Augen, an denen sich kein Wipfelchen regt. Alles ist stumm u. tot um uns her ... Diese Nacht habe ich fast von nichts ge-

18 FA 4, 162 f.

träumt, als daß ich in einem Grabe schliefe« (IR, 348). Und kurz vor der Heimreise dann: »Gottlob, daß wieder 8. Tage in dem traurigen Rom vorüber sind! Ich kann der Hauptstadt der Welt keinen Geschmack abgewinnen ... Rom ist mir ein totes Meer u. die Blasen, die darauf emporsteigen, um bald zu zerknallen, sind für mich nicht erfreulich« (IR, 368).

Ganz konkret leidet Herder unter dem römischen Klima, entweder dem schwül drückenden oder dem nasskalten Wetter und in den Räumlichkeiten, die darauf nicht eingerichtet sind, weil sie sich nicht beheizen lassen. Aber auch an dem katholisch klerikalen Klima in Rom findet der Superintendent aus Weimar wenig Gefallen. So notiert er in seinem Weihnachtsbrief an Caroline: »Es ist ein altes Rom für mich, u. die große Zerimonie des Papsts am Weihnachtsfeste hat mich nicht im mindesten gerühret« (IR, 291). Und als sich angesichts des nahenden Osterfestes die Frage stellt, ob er in der Karwoche nach Florenz gehen soll, obwohl ihm dann in Rom »das Spektakel der H. Woche und des Osterfests auch geraubt wird«, tröstet er sich lakonisch:

Was tuts? Ich habe an Weihnachten gnug, u. eine Woche h[eilige] Kastratenmusik mehr oder minder wird mir auch nicht der größeste Verlust sein. Im Grunde sind dies alles für mich Pfützen aus einem toten Meer, so sehr sich auch G[oethe] den Mund aufreißt, ihre Süßigkeiten zu loben.[19]

Doch klimatische Empfindlichkeiten und konfessionelle Ressentiments erklären noch nicht die letale Semantik in Herders Polemik. Um ihren Sachgehalt verstehen zu können, muss man sie, wie eingangs angedeutet, vor dem Hintergrund von Herders kulturgeschichtlichen Studien über Italien und Rom im dritten Teil seiner *Ideen zur Philosophie der Geschichte der Menschheit* lesen. Dort zeichnet Herder ein höchst ambivalentes Bild der römischen Geschichte. Denn »von Rom aus ergoß sich wie eine wachsende Flut das Verderben über die Staaten« (FA 6, 575) und trotzdem »ist dies Rom der steile, fürchterliche Übergang zur ganzen Kultur Europa's worden« (FA 6, 575). »Wir gehen also auf dem blutbetrieften Boden der Römischen Pracht zugleich wie in einem Heiligtum klassischer Gelehrsamkeit und alter überbliebner Kunstwerke umher, wo uns bei jedem Schritt ein neuer Gegenstand an versunkne Schätze einer alten nie wiederkehrenden Weltherrlichkeit erinnert« (FA 6, 576). Der »Kriegsstaat« (FA 6, 586) Rom

19 IR, 359.

ist also nicht durch schöpferische Originalität, sondern durch Unterwerfung und Raub zu demjenigen Ort geworden, an dem die alte Kunst vergangener Kulturen gesammelt und aufbewahrt wurde. Blicke man auf diesen »Steinhaufen der Römischen Pracht« so wird man ihn nach Herders Urteil »vielleicht als die höchste Summe menschlicher Gewalt und Größe anstaunen, aber auch als eine Tyrannen- und Mördergrube des Menschengeschlechts verabscheuen lernen« (FA 6, 620). In den *Ideen* entwickelt Herder seine kulturkritische Sicht auf die römische Geschichte, die das Sehnsuchtsziel bildungsbeflissener Wallfahrt zum »größten Mausoleum, das uns Europa u. die Geschichte darbeut« (IR, 546) macht. Vor diesem Hintergrund erhellt schließlich auch, was Herder in den Kunstwerken, die sich ihm so fruchtbar erschlossen und auf sein Humanitätskonzept gestoßen haben, eigentlich gesucht hat. Es war nämlich weder Italien noch Rom, sondern das durch die »Welt-Überwinderin« beerbte Griechenland, das er in den Skulpturen gesucht und zumindest teilweise auch gefunden hat. Die Griechenlandsehnsucht ist deshalb auch ein wesentlicher Grund für Herders Lobgesänge auf das freie Neapel am Meer.

6. *»Ich danke Gott für Neapel« – Herders Wiedergeburt durch Parthenope*

Am 6. Januar 1789 meldet Herder an seine Frau: »Ich bin glücklich in Neapel ... Vom drückenden Rom befreit fühle ich mich wie einen ganz andern Menschen, wiedergeboren an Leib u. Seele. ... hier ist eine Welt die Gott gemacht hat, Gesundheit, Ruhe u. Leben« (IR, 300). Ganz bewusst greift Herder den ihm von Goethe und Caroline mit auf den Weg gegebenen Topos von der Wiedergeburt auf, um damit seinen Aufenthalt in Neapel zu deuten. In dem frischen Seeklima und der freien Natur sowie angesichts des grandiosen Blicks über den Golf von Neapel fühlt sich Herder an seine Seereise aus Jugendjahren erinnert und erfährt endlich auch seine persönliche Verjüngungskur:

> Ich bin gerade in dieser Seeluft, wie ich war, als ich die Meere durchstrich, u. hoffe bloß durch Neapel gesund u. gestärkt zurückzukehren. Hier ists nicht möglich, daß Jemanden ein Wölkchen auf die Stirn kommen, oder lange darauf weilen sollte; man gibt's der Luft u. den Winden ... Rom ist eine Mördergrube gegen diesen Ort.[20]

20 IR, 308.

Was die Kunstschätze Roms nicht geschafft haben, gelingt der neapolitanischen Landschaft, zu der Herder geradezu eine innere Seelenverwandtschaft entdeckt: »O wie ist die Natur hier groß u. schön. Ich glaube, meine Seele ist von hier nach den Nordländern herübergeflogen; hier, wenn ich hier meine Heimat hätte, wiegte sie sich wie ein Vogel auf den Zweigen« (IR, 311).

Aber es ist natürlich nicht nur das Klima, durch das sich Herder in eine ganz andere Atmosphäre versetzt fühlt, sondern auch die im Genius loci gespeicherte Erinnerung an die klassische griechische Kultur. Immer wieder bedient sich Herder deshalb in seinen Briefen aus Neapel literarischer Anklänge an die griechische Mythologie und verwendet zur Bezeichnung der Stadt den alten Namen Parthenope, also jener Sirene, die sich aus Trauer darüber, dass sie Odysseus nicht gewinnen konnte, ins Meer stürzte und an der Küste Süditaliens angeschwemmt wurde, wo griechische Einwanderer der Legende zufolge die Stadt Neapel gründeten. In einem Gedicht mit dem Titel *Parthenope. Ein Seegemählde bei Neapel* verklärt Herder seinen Aufenthalt mit einer Vision, in der ihm Parthenope erscheint und ihn in das Geheimnis der liebenden Schöpferin Natur einweiht:

Sie sang: »Was rings dir deine Blicke zeigen,
Was alldurchwallend die Natur bewegt,
Was droben dort in jenem heilgen Schweigen
Des Aethers, drunten sich im Staube regt,
Und in der Welle spielt, und in den Zweigen
Der Fichte rauscht, und dir im Herzen schlägt,
Und dir im Auge, jetzt von Thränen trübe,
Jetzt freudentrunken himmlisch glänzt, ist – Liebe.

Nur Liebe war die Schöpferinn der Wesen,
Und ward der Liebgebohrnen Lehrerinn.
Willst du den Sinn des großen Buches lesen,
Das vor dir liegt; sie ist die Seele drinn.
Und will dein Geist, und soll dein Herz genesen,
So folge treu der hohen Führerinn;
Wer außer ihr, der Mutter alles Lebens,
Natur und Wahrheit suchet, sucht vergebens.[21]

21 Zuerst publiziert in: F. Schiller, Musen-Almanach für das Jahr 1796, 124–130.

7. *Herders Italienreise – ein Missverständnis?*

Will man Herders Italienreise und sein Rombild auf einen abschließenden Nenner bringen, dann könnte man vielleicht am ehesten von einem großen Missverständnis sprechen. Denn allem Anschein nach suchte Herder in Italien nicht so sehr die Kunst, als vielmehr die Natur, nicht so sehr das Ideal, als das menschliche Leben und damit klassizistischer Leitvorstellung entsprechend nicht so sehr Italien, als vielmehr Griechenland! Eine unscheinbare Bemerkung in einem Brief an die Herzogin Luise scheint diese Deutung zu bestätigen. Gesetzt den Fall er könnte die Reise noch einmal mit »Lust, Geld u. Gesundheit« unternehmen, bekennt Herder: »In Rom u. selbst in Neapel würde ich nicht bleiben; ich würde mich nach Sicilien hinsehnen« (IR, 384). Denn Sizilien war spätestens seit der 1771 erschienenen *Reise durch Sicilien und Großgriechenland* des Winckelmann-Schülers Johann Hermann Baron von Riedesel der Ort, wo die klassische griechische Kultur noch am besten erlebt werden konnte. Auch das hätte Herder von Goethe erfahren können, dem Riedesels Reisebeschreibung während seines Sizilien-Aufenthaltes als Führer diente.

Zwischen Klassik und Kulturprotestantismus

Die protestantische Romidee des Christian Carl Josias von Bunsen

Martin Wallraff

Ein Band über Rombilder im deutschsprachigen Protestantismus kann ohne einen Beitrag über Christian Carl Josias von Bunsen nicht auskommen. Jedenfalls dann nicht, wenn er das »lange 19. Jahrhundert« in den Blick nimmt. Denn in der ersten Hälfte des Jahrhunderts kam man als Protestant in Rom an Bunsen schlechterdings nicht vorbei – und wollte es zumeist wohl auch nicht. Zwei Jahrzehnte lang residierte der Diplomat auf dem Kapitol und begründete dort die hundertjährige deutsche Kapitoltradition. In seinem Haus befand sich die Gesandtschaftskapelle – Versammlungsort der ersten protestantischen Gemeinde, die es in Rom gegeben hat. Bunsen stand im Zentrum eines weit verzweigten Netzwerkes, das er im persönlichen Austausch im Palazzo Caffarelli und in einer umfangreichen Korrespondenz bediente, und das Thema »Rom« war dabei omnipräsent.

Bunsen war die dritte der drei großen Gelehrtenpersönlichkeiten, die zu Beginn des 19. Jahrhunderts Preußen am Heiligen Stuhl diplomatisch vertraten. Nach Wilhelm von Humboldt und Barthold Georg Niebuhr war Bunsen seit 1823 für die Gesandtschaft verantwortlich, nachdem er schon vorher sechs Jahre neben Niebuhr dort gewirkt hatte.[1] Als Wissenschaftler war er im Vergleich zu den Vorgängern von kaum geringerem Format und durch die Länge seines Aufenthaltes sowie durch sein organisatorisches Geschick vielleicht sogar von längerfristiger Bedeutung, jedenfalls für Rom.[2] Als Gelehr-

1 »Vielleicht herrschte damals wirklich in den Regierungen das Gefühl vor, daß man an einen Platz wie Rom nicht jeden beliebigen Mann in Uniform schicken könnte, und daß ein Gesandtenposten doch im Grunde etwas anderes wäre als ein Reisestipendium oder ein Vergnügungsposten für adelige Lebemänner.« F. Noack, Deutsches Leben in Rom 1700 bis 1900, Stuttgart 1907, 185. Vgl. auch das ganze Kapitel über »Die klassische Zeit der deutschen Diplomatie in Rom« (ebd., 185–217).

2 Zu Bunsen, seiner Biographie und seinem intellektuellen Profil vgl. E. Geld-

ter beeindruckt er durch seine enorm weitgespannten Interessen: Philologie, Archäologie, Ägyptologie, Theologie, Geschichtswissenschaft – in all diesen und weiteren Feldern war er auf der Höhe seiner Zeit publizistisch tätig und hat teilweise Bedeutendes geleistet. Ja, man könnte so weit gehen zu sagen, dass kaum eine geisteswissenschaftliche Disziplin Bunsen nicht in der einen oder anderen Weise zu den Vorvätern zählen würde, in einzelnen Fällen sogar zu den Gründungsvätern.

Es mag wohl sein, dass die selbst nach damaligen Maßstäben ungeheuer weit gefächerten Interessen dazu führten, dass Bunsens zahlreiche Werke überall etwas, aber nirgends wirklich viel bedeuteten. In den jeweiligen Fachdisziplinen wird Bunsen bis heute gern und häufig in forschungshistorischen Prolegomena erwähnt, doch meist mehr in der Dimension einer Fußnote als einer eigenständigen Erörterung. Tatsächlich lag sein besonderes Charisma in der Kombination von Diplomatie, Kirchlichkeit und historischer Gelehrsamkeit. Und gerade in dieser Kombination, gewissermaßen in der Schnittmenge der drei genannten Bereiche, spielt Bunsens »Romidee« – so die These – eine entscheidende und bis heute prägende Rolle – in viel höherem Maße prägend, als es seine Bedeutung in einem einzelnen Feld je vermuten lassen würde. Die Kirchlichkeit war eine spezifisch protestantische, und auch die Romidee insgesamt ist daher vom Protestantismus geprägt.

Manche Facetten der Bunsenschen Aktivitäten sind schon relativ gut ausgeleuchtet. Zur Botschaftskapelle, zu den Anfängen der Gemeinde sowie zur Kapitolidee ist in den letzten Jahren Vieles und Erhellendes gesagt worden.[3] Man darf aber Bunsens Tätigkeit nicht auf

bach (Hg.), Der gelehrte Diplomat. Zum Wirken Christian Carl Josias von Bunsens, Leiden 1980; H.-R. Ruppel (Hg.), Universeller Geist und guter Europäer – Christian Karl Josias von Bunsen 1791–1860, Korbach 1991; F. Foerster, Christian Carl Josias Bunsen. Diplomat, Mäzen und Vordenker in Wissenschaft, Kirche und Politik, Waldeckische Forschungen 10, Bad Arolsen 2001.

3 Vgl. zur Botschaftskapelle: J. Krüger, Die preußische Gesandtschaftskapelle in Rom. Gedanken zu Bunsens Kapitol-Idee, in: Ruppel (wie Anm. 2), 203–220; ders., Rom und Jerusalem. Kirchenbauvorstellungen der Hohenzollern im 19. Jahrhundert, Berlin 1995, hier bes. 41–56 (über »Rom, S. Salvatore sopra Giove«); zur Gemeinde: A. und D. Esch, Anfänge und Frühgeschichte der deutschen evangelischen Gemeinde in Rom 1819–1870, Quellen und Forschungen aus italienischen Archiven und Bibliotheken 75 (1995) 366–426; dies., Dänen, Norweger, Schweden in Rom 1819–1870 im Kirchenbuch der deutschen evan-

die Gründungsgeschichten der Gemeinde (sowie des Deutschen Archäologischen Instituts) reduzieren. Wenn man das tut, reduziert man Rom auf das Kapitol: die Ideen und Aktivitäten im Umfeld des klassischen Hügels. Dabei entsteht leicht ein etwas idiosynkratischer und abgehobener Eindruck; dem von solcher Warte gesehenen Bild eignet in der Tat »etwas großartig Merkwürdiges, aber eben doch Artifizielles.«[4] Denn vom Kapitol aus gesehen könnte man meinen, Bunsens Rombild springe direkt von der Antike zum preußischen Protestantismus seiner eigenen Tage, vom Jupitertempel zur Gesandtschaftskapelle.

Rom ist indes größer, und Bunsens Vorstellungen von der Stadt komplexer. Das wird vor allem in einem Werk deutlich, das in Bunsens Tätigkeit nach Menge und Rang des Engagements einen zentralen Platz einnimmt, das aber heute wenig beachtet ist. Diesem Werk, nämlich der monumentalen »Beschreibung der Stadt Rom«, gilt die Aufmerksamkeit in einem ersten Schritt. In einem zweiten Teil komme ich dann spezifisch auf das Protestantismus-Thema zurück.

1. *Die »Beschreibung der Stadt Rom«*

Die Arbeit an dem riesigen Werk begleitete Bunsens gesamte Zeit in Rom; der Abschluss lag sogar erst 4 Jahre nach seiner durch den Kölner Mischehenstreit erzwungenen Abreise. Schon im Winter 1817/18, also direkt nach Bunsens Ankunft, hatte der Verleger Johann Friedrich von Cotta ihn in Rom auf ein Projekt dieser Art angesprochen; als der erste Band dann 1830 erschien, meinte der Hauptverfasser, sich im Vorwort für die zehnjährige Verzögerung entschuldigen zu müssen.[5] 13 Jahre und mehrere tausend Seiten später lag das Gesamt-

gelischen Gemeinde, in: B. Magnusson u.a. (Hg.), Vltra terminum vagari. Scritti in onore di Carl Nylander, Rom 1997, 81–88; zum Kapitol: G. Maurer, Preussen am Tarpejischen Felsen – Chronik eines absehbaren Sturzes. Die Geschichte des Deutschen Kapitols in Rom 1817–1918, Regensburg 2005 (dort speziell zur Kapelle 55–61).

4 Esch, Anfänge (wie Anm. 3), 422.

5 Da das Buch in den Bibliotheken nicht überall leicht greifbar ist und da das Gesamtwerk etwas unübersichtlich ist, folgt hier eine detaillierte bibliographische Beschreibung der einzelnen Teile, die zugleich den inhaltlichen Aufriss erkennen lässt: Ernst Platner/Carl Bunsen/Eduard Gerhard/Wilhelm Röstell/Ludwig Urlichs (letzterer nur ab Bd. 3,2), Beschreibung der Stadt Rom, 3 Bde. in 6 Abteilungen, Stuttgart 1830–1842. Im einzelnen: Bd. 1. Allgemei-

werk dann abgeschlossen im Druck vor – nach heutigen Maßstäben eine durchaus angemessene, wenn nicht gar geringe Zeit für ein Gemeinschaftsunternehmen der hier in Rede stehenden Art und Dimension.

Zunächst war nicht daran gedacht, dass Bunsen wesentliche Teile des Werkes selbst verfassen sollte. Er sah sich mehr in der Rolle des Beraters und Organisators. Zudem ging es ursprünglich – wie bei vielen Drittmittelprojekten auch heute – darum, jemanden zu alimentieren, der anders kein Auskommen finden konnte. Ernst Zacharias Platner (1773–1855), Sohn des großen Leipziger Mediziners und Philosophen Ernst Platner, hielt sich seit 1800 in Rom auf und arbeitete als Maler.[6] Da er zu diesem Beruf mehr auf Wunsch des Vaters als aus

ner Teil, Stuttgart 1830 (LXXX + 708 S.); Bd. 2. Das vaticanische Gebiet und die vaticanischen Sammlungen. 1. Abt., Stuttgart 1832 (X + 444 S.); 2. Abt., Stuttgart 1834 (XIV + 440 S.); Bd. 3. Die sieben Hügel, der Pincio, das Marsfeld und Trastevere. 1. Abt. Capitol und Forum, Palatin, Aventin und Caelius nebst ihren Umgebungen, Stuttgart 1837 (XII + 692 S., mitunter in 2 Teilen gebunden); 2. Abt. Die Foren, der Esquilin, Viminal, Quirinal und Pincius nebst ihren Umgebungen, Stuttgart 1838 (XVI + 604 S.); 3. Abt. Das Marsfeld, die Tiberinsel, Trastevere und der Janiculus, Stuttgart 1842 (XVI + 696 S.). Hinzu kommen: Tabellen zum ersten Bande der Beschreibung der Stadt Rom, o.O. o. J. [Stuttgart ca. 1830] (70 S.); Bilderheft zur Beschreibung der Stadt Rom, 2 Teile (nur der zweite als »zweite Abtheilung« gekennzeichnet), Stuttgart 1833–37 (13 bzw. 12 Blätter, zu Bd. 1–2 bzw. Bd. 3 des Gesamtwerkes gehörig). Das auf dem Titelblatt des ersten Bandes gleichfalls angekündigte »besonder[e] Urkunden- und Inschriftenbuch von Eduard Gerhard und Emiliano Sarti« ist m.W. nie erschienen. Einige Teile der »Beschreibung« sind online auf Google Books verfügbar (Stand: März 2011). Zur Bibliographie des Werkes vgl. auch B. Fischer, Der Verleger Johann Friedrich Cotta. Chronologische Verlagsbibliographie 1787–1832, 3 Bde., München 2003, Nr. 1990 (Bd. 2, 813 f.) und Nr. 2201 (Bd. 2, 956) zu Bd. 1 und 2,1 (die weiteren Bände liegen jenseits des Erfassungszeitraums), dort auch Hinweise auf zeitgenössische Rezensionen. Wichtig ist die Information, dass Bd. 1 schon 1829 fertig gedruckt war, aber erst 1830 ausgeliefert wurde; daher musste das Datum auf der Titelseite umgedruckt werden. Offenbar waren aber schon Exemplare der ersten Version im Umlauf. Jedenfalls findet sich das Datum 1829 gelegentlich in Bibliotheks- und Antiquariatskatalogen. Das Vorwort des ersten Bandes ist datiert vom 29. 8. 1827 mit einem Nachtrag vom 2. 4. 1828 (LXXVI), Bunsens Erklärung der Genese des Werkes V–XIII.

6 Zum Vater vgl. A. Kosenina, Art. Platner, Ernst, in: NDB 20, Berlin 2001, 513 f. (mit weiteren Angaben); zum Sohn vgl. F. Schnorr v. Carolsfeld, Art. Platner, Ernst, in: ADB 26, Leipzig 1885, 260; F. Noack, Das Deutschtum in Rom seit dem Ausgang des Mittelalters, 2 Bde., Stuttgart 1927 (Nachdruck Aalen 1974), Bd. 2, 455 f.

eigenem Antrieb gekommen war, reichten Talent und Einkünfte nicht, um sich selbst oder gar eine Familie zu ernähren. Seine Karriere auf diesem Feld hatte er aufgegeben, nachdem »sein Freund Cornelius über seine Komposition der Hagar in der Wüste ein buchstäblich vernichtendes Urteil gefällt hatte, indem er mitten durch den Karton hindurchsprang.«[7] Dieses Scheitern ist als solches freilich noch keine hinreichende Qualifikation zum Wissenschaftler, und – wie sich herausstellte – reichte diese Voraussetzung auch nicht. Ohne Lateinkenntnisse und ohne akademische Vorbildung war er zur Ausarbeitung der »Beschreibung der Stadt Rom« sehr auf die Hilfe der Gelehrten Bunsen und Niebuhr angewiesen. Niebuhr hatte vor seiner Abreise aus Rom einen knappen Überblick über die Stadtgeschichte beigesteuert,[8] und Bunsen verfasste größere Teile des Gesamtwerkes: Die Auswahl der ihn interessierenden Themen wird uns gleich noch beschäftigen. Wenn man den Erinnerungen seiner Witwe trauen darf, sind auch viele Abschnitte, die im publizierten Buch den Namen Platners tragen, von Bunsen zumindest stark beeinflusst: Mehrmals pro Woche kam Platner zu Bunsens in den Palazzo Caffarelli, um sich bei sachlichen und philologischen Problemen helfen zu lassen.[9]

Von größter Bedeutung für das Gesamtwerk war sodann die Beteiligung des Archäologen Eduard Gerhard (1795–1867);[10] der Achse Bunsen-Gerhard verdankt bekanntlich das Archäologische Institut seine Entstehung just in jenen Jahren, in denen die Arbeit an der »Beschreibung der Stadt Rom« eifrig voranschritt.[11] Die Büsten beider

7 Noack, Deutsches Leben (wie Anm. 1), 190.

8 Beschreibung (wie Anm. 5), Bd. 1, 111–126: »Abriss der Geschichte des Wachsthums und Verfalls der alten, und der Wiederherstellung der neuen Stadt Rom.« Einige kleinere Teile, die später in Bd. 3,1 und 3,2 erschienen, sind ebenfalls von Niebuhr noch vor seiner Abreise verfasst worden.

9 Vgl. F. von Bunsen, Christian Carl Josias Freiherr von Bunsen. Aus seinen Briefen und nach eigener Erinnerung geschildert von seiner Witwe. Deutsche Ausgabe durch neue Mittheilungen vermehrt von F. Nippold, Bd. 1, Leipzig 1868, 338–341 allgemein zur »Beschreibung der Stadt Rom«, 339 speziell zu Platner; s. auch den Brief vom 1. Juni 1822, S. 191 f.

10 Vgl. K.L. Urlichs, Art. Gerhard, Friedrich Wilhelm Eduard, in: ADB 8, Leipzig 1878, 760–766; F. Matz, Art. Gerhard, Friedrich Wilhelm Eduard, in: NDB 6, Berlin 1964, 276 f.; Noack, Deutschtum (wie Anm. 6), Bd. 2, 203 f.

11 Vgl. A. Michaelis, Geschichte des deutschen archäologischen Instituts 1829–1879, Berlin 1879, 9–11 (über Gerhards Rolle bei der »Beschreibung«) und 24–47 (über die Institutsgründung), ferner Noack, Deutschtum (wie Anm. 6), Bd. 1, 414–418 sowie Maurer (wie Anm. 3), 67–77.

sind an der Fassade des neuen Institutsgebäudes am Kapitol von 1877 bis heute zu sehen.[12] Gerhard verfasste Abschnitte über die antiken Bildwerke sowie über die vatikanischen Sammlungen.[13] Weiterhin konnte Wilhelm Röstell (1799–1886) gewonnen werden, seit 1826 als Jurist an der preußischen Gesandtschaft tätig, nachmals Professor in Marburg.[14] Er ging Bunsen in der Botschaft zur Hand, sollte ihn auch bei redaktionellen Arbeiten des gelehrten Werkes entlasten und verfasste schwerpunktmäßig kirchenhistorische Abschnitte – offenkundig solche, die eigentlich in Bunsens primäres Interessengebiet fielen.[15] Später trat noch der Philologe und Archäologe Karl Ludwig Urlichs (1813–1889) in das Unternehmen ein; er war 1835 nach Rom gekommen, wurde Hauslehrer bei Bunsens und sollte das Werk bis 1842 schließlich zu Ende führen; auch er wurde nach der römischen Tätigkeit Professor in Deutschland (in Greifswald und Würzburg).[16] Einige kleinere Abschnitte sind von diversen weiteren Gelehrten verfasst, die nicht auf dem Titelblatt genannt werden.[17] Jedenfalls ist Bunsen als der *spiritus rector* des Gesamtunternehmens anzusprechen; Aufriss und Methodik sind von ihm bestimmt. Alle Bände (bis auf den letzten, als er schon nicht mehr in Rom war) werden durch eine Vorrede aus seiner Feder eröffnet.

12 Zum Gebäude vgl. Maurer (wie Anm. 3), 78f.

13 Beschreibung (wie Anm. 5), Bd. 1, 277–334: »Roms antike Bildwerke«; die »Beschreibung des vaticanischen Museums« (Bd. 2,2, 1–283) ist von Gerhard und Platner gemeinsam verfasst.

14 Viel ist über ihn nicht bekannt, vgl. Noack, Deutschtum (wie Anm. 6), Bd. 2, 499 sowie die knappe biographische Notiz in A. v. Platen, Briefwechsel, Bd. 5, hg. von P. Bumm, Paderborn 1995, 192 (Kommentar zu einem Brief Platens an Gerhard vom 15. Dezember 1831, in dem Röstell genannt wird, 137f.).

15 Röstell hat »den ungestörten Fortgang des Werkes durch die von ihm übernommene Verpflichtung gesichert, die Redaction der folgenden Bände für den Verfasser dieser Zeilen zu übernehmen, falls ihm anderweitige Geschäfte oder Verhältnisse nicht erlauben sollten, dieselbe zu Ende zu führen.« Beschreibung (wie Anm. 5), Bd. 1, XIII. Einige der von ihm verfassten Abschnitte sind unten bei Anm. 33 und 37 genannt.

16 Vgl. N. Wecklein, Art. Urlichs, Karl Ludwig, in: ADB 39, Leipzig 1895, 353–355; Noack, Deutschtum (wie Anm. 6), Bd. 2, 609.

17 Etwa F. Hoffmann, Die Beschaffenheit des römischen Bodens, in: Beschreibung (wie Anm. 5), Bd. 1, 45–81; J. A. Ambrosch, Thermen des Caracalla, in Bd. 3,1, 589–599 (Ambrosch war von 1830–33 in Rom, tätig als Hauslehrer bei Bunsens und Mitarbeiter im archäologischen Institut, vgl. Noack, Deutschtum [wie Anm. 6], Bd. 2, 62).

Mit diesem Profil stellt sich das Werk als eine Art *missing link* auf halber Strecke zwischen die Reiseberichte und -handbücher des 18. Jahrhunderts etwa eines Goethe oder Herder einerseits und den großen Corpora und Editionsreihen des ausgehenden 19. Jahrhunderts zur Zeit Mommsens andererseits. Vielleicht erklärt sich auch mit dieser Zwischenstellung die Tatsache, dass es heute kaum noch gelesen wird: zu wissenschaftlich, um als »schöne Literatur« angenehme Lektüre zu bieten, im Sachstand zu unbeholfen und veraltet, um bleibendes wissenschaftliches Interesse zu begründen. Wie eine nicht abgestreifte Eierschale trägt das Werk noch Züge der alten Guidenliteratur: Es solle, so heißt es zu Beginn, nicht »über die Gränzen eines Handbuchs des reisenden Beschauers hinausgehen.«[18] Sieht man auf das abgeschlossene Gesamtwerk, so wird deutlich, dass dies einen reisenden Beschauer mit sehr viel Platz und Kraft für Gepäck voraussetzen würde. Formal trat das Unternehmen mit dem Anspruch auf, das ältere Werk von Johann Jakob Volkmann zu ersetzen.[19] Seine »historisch-kritischen Nachrichten von Italien« (1770–71) sind heute noch hauptsächlich deshalb bekannt, weil sie von Goethe auf seiner Reise als praktisches Handbuch benutzt wurden. Doch schon vom Umfang her galten hier ganz andere Maßstäbe: Während von Volkmanns drei Oktavbänden nur einer Rom behandelte und auch dies vielfach nicht aufgrund von Autopsie, setzte Bunsen viel breiter und tiefer an. Vor allem änderte er den Charakter dadurch, dass das Ideal der Wissenschaftlichkeit an die Stelle des Schöngeistigen trat. Daher war es möglich (und auch nötig!), das Unternehmen mit einem Autorenkollektiv mit verteilten Qualifikationen anzugehen. Der Anspruch auf schriftstellerische Qualitäten wurde durch Ideale wie Nachprüfbarkeit, Quellenbezug und Autopsie ersetzt. Natürlich setzte die Arbeit damit ganz neue organisatorische Herausforderungen frei. Sie mögen klein erscheinen im Vergleich zu den großen Leistungen der Wissen-

18 Beschreibung (wie Anm. 5), Bd. 1, Xf.

19 Johann Jakob Volkmann, Historisch-kritische Nachrichten von Italien, welche eine genaue Beschreibung dieses Landes, der Sitten und Gebräuche, der Regierungsform, Handlung, Oekonomie, des Zustandes der Wissenschaften, und insonderheit der Werke der Kunst nebst einer Beurtheilung derselben enthalten, 3 Bde., Leipzig 1770–71 (2. Aufl. 1777–78); dieses Werk geht seinerseits zurück auf Joseph Jérôme Le Français de Lalande, Voyage d'un françois en Italie, fait dans les années 1765 & 1766, 8 Bde., Venedig 1769. Bunsens Bezugnahme auf Volkmann in Beschreibung (wie Anm. 5), Bd. 1, V f. und die Charakterisierung von beiden LXIII.

schaftsorganisation eines Mommsen oder Harnack am Ende des Jahrhunderts. Doch Bunsen kommt das Verdienst zu, hierfür den Weg bereitet zu haben.

Indes trat er nicht nur als Organisator auf, sondern auch mit umfangreichen eigenen Beiträgen. Diese spiegeln wiederum seine breite Qualifikation und Begabung. Er lässt auch das scheinbar Nebensächliche und Abseitige nicht aus. Im ersten Band verfasste er zwei Dutzend Seiten über die römische Luft, näherhin die »aria cattiva«[20] – ein Kapitel, das von Alexander von Humboldt ausdrücklich gelobt wurde, während Platners Ausführungen über die Gesteinssorten, aus denen das ewige Rom erbaut ist, vor den Augen des Naturforschers keine Gnade fanden.[21]

Das Hauptinteresse aber war natürlich auf die antiken Monumente gerichtet, ganz dem Antikenideal eines Humboldt oder Niebuhr verpflichtet. »Die Beschreibung des alten Roms [ist] der Hauptgegenstand dieses Werkes.«[22] Wie seine gelehrten Vorgänger teilt auch Bunsen dabei den Wunsch, Rom aus der einseitigen Geringschätzung als eine Art *appendix Graeciae* herauszuführen, wie sie sich seit Winckelmanns Tagen in der deutschen Wissenschaft ergeben hatte. »Im Gegensatz zu dem freien Geiste des Hellenentums sieht [der klassische Gelehrte in Rom] nur Knechtschaft und Despotie,« so später Gregorovius. »Selbst die Fülle edler Kunstwerke, die Rom verschönerten, erscheint ihm nur als die Beute der Tyrannei, hinter deren Siegeswagen die gefangenen Musen einhergehen, gezwungen, der prosaischen Königin der Welt zu dienen.«[23] Was nun aber Bunsen dieser Sicht entgegensetzt, ist neu und bei seinen Vorgängern so nicht zu finden.

In der Einleitung zum ersten Band nennt er die »Liebe zu den Erinnerungen der sieben Hügel und des Forums« als Motiv für die Ab-

20 Beschreibung (wie Anm. 5), Bd. 1, 82–108: »Die Luft Roms und der Umgebung«.

21 Beschreibung (wie Anm. 5), Bd. 1, 335–354: »Die Steinarten an Roms Gebäuden und Bildwerken mit Vergleichung der alten und neuen Namen.« Humboldts Urteile in einem Brief an Bunsen vom 1. Juli 1830, in: I. Schwarz (Hg.), Briefe von Alexander von Humboldt an Christian Carl Josias Bunsen, Berlin 2006, 21. Das positive Urteil Humboldts wurde gewiss dadurch erleichtert, dass Bunsen dem Kapitel ein Humboldt-Zitat voranstellt und ihn in der Folge ausführlich und zustimmend zitiert.

22 Beschreibung (wie Anm. 5), Bd. 3,1, IV f.

23 F. Gregorovius, Geschichte der Stadt Rom im Mittelalter, hg. von W. Kampf, Darmstadt 1953–57 (Erstausgabe 1859–72), Bd. 1, 2 f.

fassung des Werkes, doch daneben auch dies: »Wer wollte nicht gern … aus Ehrfurcht vor den urchristlichen Begräbnis- und Andachtsstätten der Katakomben in ihre unsichtbare Tiefe herabsteigen?«[24] Während Gerhard und Niebuhr eher klassisch-antike Themen behandelten, hatte Bunsen selbst sich von Anfang an ein ganz nach- oder jedenfalls spät-antikes Gebiet reserviert: »Der Verfasser dieser Vorrede unternahm es, die alten Hauptkirchen Roms zu untersuchen und zu beschreiben.«[25] Im Gesamtaufriss kommt diesem Aspekt zentrale Bedeutung zu. Der erste thematische Band setzt keineswegs – wie man erwarten könnte – mit Forum und Kapitol ein. Sondern mit einer sehr ausführlichen Beschreibung des Vatikangebiets in zwei Teilbänden. Dieser Aspekt, so Bunsen, fällt »in den gewöhnlichen Reisehandbüchern … über allen Begriff dürftig [aus], und meistens, nach Ansicht und Gehalt ganz unwürdig des Gegenstandes. … Wem also unsere Beschreibung zu weitläufig vorkommt, der bedenke, dass … Niemand würdig ist, Rom zu beschauen, der es verschmäht, sich ein anschauliches Bild von den frühern Zuständen der merkwürdigsten christlichen Kirchen vorführen zu lassen.«[26]

Bunsen diskutiert ausführlich die Frage der Echtheit des Petrusgrabes – ein Problem, an dem sich evangelische Kirchenhistoriker auch im 20. Jahrhundert noch abgearbeitet haben, Hans Lietzmann etwa, auch Karl Heussi und Hans Georg Thümmel.[27] Während es für Protestanten lange Zeit Ehrensache war, die Echtheit in Abrede zu stellen, kommt Bunsen zu dem überraschenden Ergebnis, dass es zwar keinen Grund gebe, an der Echtheit der Gebeine zu zweifeln, dass diese aber erst seit Ende des 3. Jahrhunderts dort lägen, wo Konstantin die Basilika errichtet hat und wo sie bis heute verehrt werden.[28]

24 Beschreibung (wie Anm. 5), Bd. 1, 4.

25 Beschreibung (wie Anm. 5), Bd. 1, VII. Noack, Deutschtum (wie Anm. 6), Bd. 1, 419 hebt mit Recht als *differentia specifica* dieses Werkes hervor: »Es war nun nicht mehr das Altertum und die Renaissance allein, worauf die deutsche Forschung ihre Aufmerksamkeit richtete, das bisher vernachlässigte Mittelalter wurde ebenfalls in ihren Kreis gezogen.«

26 Beschreibung (wie Anm. 5), Bd. 2,1, III f.

27 H. Lietzmann, Petrus und Paulus in Rom. Liturgische und archäologische Studien, AKG 1, Berlin [2]1927 (Bonn [1]1915), bes. 189–211; K. Heussi, War Petrus in Rom?, Gotha 1936; ders., Die römische Petrustradition in kritischer Sicht, Tübingen 1955; H. G. Thümmel, Die Memorien für Petrus und Paulus in Rom. Die archäologischen Denkmäler und die literarische Tradition, AKG 76, Berlin 1999.

28 Beschreibung (wie Anm. 5), Bd. 2,1, 51–58.

Ohne in die historischen Sachargumente einzutreten, wird man doch festhalten können, dass damit eine im besten Sinne diplomatische Lösung gewonnen war, die protestantischer Skepsis und katholischer Verehrung gleichermaßen Rechnung trägt. Wie bei den Nachfolgern im 20. Jahrhundert werden konfessionelle Interessen und Kontexte dabei kaum explizit angesprochen – doch vorhanden und zwischen den Zeilen deutlich erkennbar sind sie allemal.

Als wirkliches Filetstück des Gesamtwerkes kann sodann die ausführliche Beschreibung der alten Peterskirche aus der Feder Bunsens gelten.[29] Das Überraschende daran ist, dass Bunsen vor dem geistigen Auge des Lesers nicht etwa den Bauzustand zur Zeit Konstantins lebendig werden lässt, sondern den des Jahres 800, also zur Zeit der Kaiserkrönung Karls des Großen (Abb. 1). Dieser Wahl liegt eine eigenartige historische Theorie zugrunde, der zufolge die Baugeschichte von St. Peter bis zum Jahr 800 Aufstieg war und ab diesem Zeitpunkt Verfall. Bald danach setzten die Zerstörungen durch die Sarazenen ein, und auch »die Sorgfalt der Päpste ... seither [war] mehr auf Erhaltung des Unentbehrlichen als auf Schmuck und Zierde gerichtet.«[30] Mit dieser Geschichtstheorie liegt die Sinnspitze des Baus nicht im Petrusgrab, sondern im Krönungsgeschehen, ja der Bau wird beinahe schon zum deutschen Nationalheiligtum. Dass dies keine abseitige und wirkungslose Deutung war, ist evident, wenn man sich deutlich macht, dass der damalige Kronprinz, der spätere König Friedrich Wilhelm IV. im Jahr 1828 Rom besuchte, von Bunsen dort herumgeführt wurde und von dem Besuch nachhaltig und tief beeindruckt war.[31] Es ist gewiss keine allzu kühne Annahme, dass das, was er dort von Bunsen zu hören bekam, in etwa dem entsprach, was in der »Beschreibung« zur gleichen Zeit ausgearbeitet und publiziert wurde.

Auch die Abschnitte über die Lateranbasilika und die Paulskirche waren sehr bald fertig gestellt: auf sie war Bunsen besonders stolz.[32] Merkwürdiges Resultat dieser Situation ist übrigens, dass die 1837 erschienene ausführliche Behandlung der Paulskirche den Bau noch vor

29 Beschreibung (wie Anm. 5), Bd. 2,1, 61–113.
30 Beschreibung (wie Anm. 5), Bd. 2,1, 114.
31 Vgl. Bunsen/Nippold (wie Anm. 9), 345–347.
32 Beschreibung (wie Anm. 5), Bd. 3,1, 505–513 über den Lateran, 440–458 über St. Paul.

dem großen Brand 1823 schildert. Sie weist auf die Baufälligkeit der Basilika hin und erwähnt die spätere Katastrophe mit keinem Wort.

Besondere Aufmerksamkeit verdient sodann das ausführliche Kapitel über »Roms Katakomben und deren Alterthümer.«[33] Im Vorwort heißt es dazu: »Die Entstehung und Natur der urchristlichen Begräbnis- und Andachtsstätten, und die Beschaffenheit der in ihnen aufgefundenen Alterthümer der christlichen Kunst ist zwar der Gegenstand mehrerer sehr ausführlicher Werke, aber ... noch nie in allen Theilen kritisch und unbefangen dargestellt.«[34] Das mehr als 60 Seiten umfassende Kapitel verdient es, in der Frühgeschichte des Faches christliche Archäologie einen Ehrenplatz einzunehmen, zumal man das Ideal kritischer und unbefangener Auseinandersetzung durchaus auch so lesen kann, dass hier zum ersten Mal eine wissenschaftliche Beschreibung ohne dezidiert katholisch-kirchlichen Kontext versucht wird. Dass dem Werk stattdessen implizit ein protestantisches Profil zugrunde liegt, ist unzweifelhaft wahr, doch wird es nirgends ausgesprochen; ich komme gleich noch etwas ausführlicher auf diesen Punkt zurück.

Die Skepsis der zeitgenössischen Kirchengeschichtsschreibung gegen die konstantinische Kirche, die dem Protestantismus seit Flacius' Tagen eingeimpft war, teilte Bunsen nicht. August Neander, den Bunsen übrigens sehr schätzte,[35] konnte in dem just zu dieser Zeit erschienenen einschlägigen Band seiner Kirchengeschichte schreiben: »Je mehr die Kirche eine äußerliche Herrschaft wollte, desto mehr konnte sie verleitet werden, in dem Äußerlichen ihr eigenes inneres Wesen des Geistes zu vergessen, und desto leichter konnte das Äußerliche eine Gewalt über sie erhalten.«[36] Bunsen hingegen ist frei von diesem Dekadenzmotiv. Auf die Katakomben folgt ein Abschnitt über »Roms Basiliken und ihre Mosaike«[37] – wie schon gesagt, eines von Bunsens Lieblingsthemen. Später noch hat er ein überaus prächtiges und repräsentatives Werk besorgt (jedenfalls den Text dazu verfasst), das

33 Beschreibung (wie Anm. 5), Bd. 1, 355–416, verfasst von Röstell, doch sicherlich nach den Vorstellungen Bunsens.

34 Beschreibung (wie Anm. 5), Bd. 1, 17f.

35 Bunsen/Nippold (wie Anm. 9), 303 und 321 (Briefe Bunsens an seine Frau vom 17.–26. Dezember 1827 und vom 24. März 1828).

36 A. Neander, Allgemeine Geschichte der christlichen Religion und Kirche, Bd. 2,1, Hamburg 1829, 207.

37 Beschreibung (wie Anm. 5), Bd. 1, 417–440, verfasst von Röstell.

1842/43 unter folgendem Titel erschien: »Die Basiliken des christlichen Roms nach ihrem Zusammenhange mit Idee und Geschichte der Kirchenbaukunst.«[38]

Es ist also nicht übertrieben zu sagen, dass Bunsens Romidee wesentlich eine christliche war; sie nahm auch an der Spätantike und am Frühmittelalter Maß, nicht mehr nur an der Republik und an der frühen Kaiserzeit. Demnach ist es nur folgerichtig, dass er die eigene Unternehmung in der Nachfolge mittelalterlicher, also: christlicher Rombeschreibungen sah. Die lange Vorrede wird durch einen Überblick über solche Beschreibungen eröffnet. Die Serie der »Astygraphen« (wie Bunsen sich im Anschluss an Niebuhr ausdrückt – ein

38 München o. J. [1842] (verfügbar online auf http://digital.slub-dresden.de/id335861474, abgerufen am 18. April 2011). Zu diesem Textband von VIII + 84 Seiten erschien vermutlich 1843 das große Tafelwerk unter gleichem Titel und Verfasser (50 Tafeln im Format 43 x 58 cm). Indes handelt es sich nicht um eine Arbeit Bunsens, sondern um den (allerdings erweiterten, s. unten) Nachdruck der Mappe von J. G. Gutensohn/J. M. Knapp, Denkmale der christlichen Religion oder Sammlung der ältesten christlichen Kirchen oder Basiliken Roms vom vierten bis zum dreizehnten Jahrhundert, 5 Hefte, Stuttgart/Rom 1822–27. Dieses Werk ging – ebenso wie die »Beschreibung der Stadt Rom« – auf die Anregung des Verlegers Johann Friedrich von Cotta zurück, der Rom im Jahr 1818 besucht hatte. Die deutschen Architekten Johann Gottfried Gutensohn (1792–1851) und Johann Michael Knapp (1791–1861) hatten die römischen Kirchen in den 1820er Jahren neu vermessen und abgezeichnet (darunter auch die Paulusbasilika vor dem Brand 1823!). Diese Unternehmung war zunächst unabhängig von den Arbeiten Bunsens und Platners (obgleich Kontakte durchaus bestanden, vgl. Noack, Deutschtum [wie Anm. 6], Bd. 1, 419). Die Schrift über die »Basiliken des christlichen Roms« entstand, weil der Verleger wünschte, »daß beide Werke in ein fruchtbares Wechselverhältniß gebracht werden möchten« (Bunsen, Basiliken, VI f.), und wohl auch, weil die ursprünglich in Aussicht genommene Einleitung durch den Archäologen Antonio Nibby nicht zu Stande gekommen war. Vermutlich war es Bunsens Absicht nicht, dass das Tafelwerk deshalb nochmals gedruckt werden sollte; jedenfalls weiß er in dem (auf den 31. Mai 1842 datierten) Vorwort nichts von diesem Vorhaben. Der Plan muss dennoch sehr bald danach gefasst worden sein, möglicherweise auf Initiative des Verlags, denn schon auf dem Titelblatt wird der Traktat »auch als erläuternder Text zu dem Kupfer-Werke: Die Basiliken des christlichen Roms« bezeichnet, was offenbar auf den wenig später erscheinenden Druck zu beziehen ist. Zu dem Werk insgesamt vgl. auch Krüger, Rom und Jerusalem (wie Anm. 3), 32 und 138–142. Während die ursprüngliche Mappe von 1822–27 aus 35 Blättern bestand, enthielt der Druck von 1843 deren 50. Zu den wichtigsten Erweiterungen gehören einige Blätter über die alte Peterskirche (die merkwürdigerweise im ersten Druck fehlte); diese gingen speziell auf die Forschungen von Bunsen zurück, s. oben bei Anm. 29 f.; das Material ist aus dem »Bilderheft« übernommen.

sympathischer Neologismus, der sich indes nicht durchgesetzt hat) beginnt mit dem Anonymus von Einsiedeln, also den christlichen Quellen des frühen Mittelalters.[39]

Zugleich aber ist auch wahr, dass Bunsens Romidee wesentlich eine Kapitolidee war; darauf ist in jüngerer Zeit verschiedentlich hingewiesen worden.[40] In der Vorrede zu dem betreffenden Band steigert sich Bunsens ohnehin rhetorischer Stil zu beträchtlichem Pathos: »Das Capitol, der höchsten Götter Sitz; das Forum, des römischen Volkes bürgerliches Heiligthum; der Palatin, die Wiege und das Stammhaus der Weltherrscher, gehören nicht der Stadt Rom allein, sondern der gesammten Menschheit an. Es lebt niemand auf der Erde, dessen Dasein, in sich selbst oder in seinen Vätern, durch den Zauber jener drei Punkte nicht näher oder entfernter wäre berührt worden. Wie Rom der Welt, so sind diese drei ewig merkwürdigen Stätten Mittelpunkt der einzigen Stadt selbst.«[41] Ja, das Kapitol erscheint gar als »Angelpunkt und Grab der Welt.«[42] Bunsen muss es wissen, hatte er doch schon kurze Zeit nach seiner Ankunft in Rom dort, auf dem klassischen Hügel im Herzen des antiken Rom, Wohnung genommen. Er bedeutete ihm auch persönlich viel, und so hat er die Einleitung zu diesem Band der Beschreibung Roms »con amore geschrieben, als ein Zeugniß meiner Zuneigung zu dem Orte«, denn es geht um »mein theures Capitol, den angebeteten Platz auf der Erde, die Scene so mancher Segnungen, für die ich nie dankbar genug sein kann.«[43]

In der historischen Analyse war ihm besonders die Frage wichtig, wie genau der Jupitertempel auf dem Kapitol zu lokalisieren sei. Diese Frage war zu seiner Zeit strittig, und mit beträchtlichem Scharfsinn kommt er zu der – wie wir heute wissen – richtigen Antwort, dass die Cella des Tempels in der Nähe des südwestlichen Gipfels, genauer: am südlichen Rand dieses Gipfels gelegen haben muss[44] – mithin exakt unter dem von ihm, Bunsen, bewohnten und hoch geschätzten

39 Beschreibung (wie Anm. 5), Bd. 1, XIII f.; der Überblick endet mit den Gelehrten der eigenen Zeit, S. LI.

40 Vgl. Krüger, Rom und Jerusalem (wie Anm. 3), 43–47; Esch, Anfänge (wie Anm. 3), 421–423; Maurer (wie Anm. 3), 26–29.

41 Beschreibung (wie Anm. 5), Bd. 3,1, 3.

42 Beschreibung (wie Anm. 5), Bd. 3,1, 9.

43 Bunsen/Nippold (wie Anm. 9), 437.

44 Beschreibung (wie Anm. 5), Bd. 3,1, 12–24.

Palazzo Caffarelli! Der Bezug auf das Kapitol ist primär kein Bezug auf die christliche Geschichte Roms, im Gegenteil. An kaum einem anderen Ort des klassischen Rom hatte das Christentum erst so spät und nur so oberflächlich seine Spuren ins Weichbild der Stadt eingezeichnet. Das Kapitol war nach wie vor »der höchsten Götter Sitz«; daran vermochten auch die Franziskaner in S. Maria in Aracoeli nichts zu ändern. Gleichwohl wird im beigegebenen »Bilderheft« nicht das Kapitol in seinem antiken Bauzustand rekonstruiert, sondern mit der Bebauung des Mittelalters, darunter natürlich den diversen Kirchengebäuden (Abb. 2). Der Jupitertempel ist in seiner von Bunsen erschlossenen Position im Grundriss eingezeichnet. Der Palazzo Caffarelli bestand im gewählten Stich-Jahr 1550 noch nicht,[45] doch ist er gestrichelt gleichfalls bereits verzeichnet. Nun ist gerade dies der Punkt, an dem Bunsen das spezifische Element des Protestantismus einbringt und verortet. Eher durch Zufall war der protestantische Versammlungsort in diese große historische Achse geraten, doch der Zufall hatte im Weltbild eines Christian Carl Josias von Bunsen, der unausgesetzt und mit Hingabe große Zusammenhänge entdeckte und konstruierte, keinen Platz.

2. *Protestantisches Rom*

Die »Beschreibung der Stadt Rom« lässt ein konfessionelles Motiv nirgends explizit erkennen – sie konnte und wollte es auch nicht, war doch ihr wichtigster Mitarbeiter, Ernst Platner, schon 1809 katholisch geworden (aus Anlass seiner Eheschließung mit Antonia Tosetti), während die anderen Autoren Protestanten waren (und blieben). Doch indirekt ist schon dies Fehlen eine bemerkenswerte Botschaft, denn das ausgeprägte Interesse am christlichen Rom ohne katholisch-konfessionellen Hintergrund ist ungewöhnlich genug. Natürlich war Bunsen Diplomat und Wissenschaftler genug, um sein spezifisch protestantisches Rombild nicht ausdrücklich und programmatisch der Stadtbeschreibung zugrunde zu legen. Gleichwohl ist es nicht falsch, schon in diesem Werk von einer spezifisch protestantischen Romidee zu sprechen: *Genau so* hätte das Werk ohne den konfessionellen Kon-

45 Die Wahl des Jahres mag durch den berühmten Bufalini-Plan aus dieser Zeit bedingt sein, doch ist der Plan des »Bilderheftes« viel detaillierter und enthält darüber hinaus die spezifischen Angaben, die auf Bunsens Forschungen zurückgingen.

text schwerlich geschrieben werden können. Zudem wird das protestantische Profil an vielen anderen Stellen seiner weitgespannten Aktivität deutlich, durchaus auch in engem Bezug zur Stadt Rom. Um gleich beim Kapitol zu bleiben: Am bekanntesten ist natürlich seine Begründung einer protestantischen Gemeinde in den Räumen des Palazzo Caffarelli, also direkt auf dem Kapitol, oder noch genauer: direkt über den Grundmauern des alten Jupitertempels.[46] Dass in dieser »Kultnachfolge« vielerlei romantisierende Implikationen lagen, braucht nicht ausführlich erläutert zu werden. Kronprinz Friedrich Wilhelm, der seit seinem Besuch mit Bunsen freundschaftlich verbunden war, schwärmt in einem Brief von 1830 von seinem römischen »Sommernachtstraum« und gebrauchte den Ausdruck »S. Salvatore sopra Giove«[47] – in Aufnahme von Kirchennamen wie S. Maria sopra Minerva, die eine Art Kultnachfolge ausdrücken sollten.[48]

Bunsen selbst hatte seine Studien des frühchristlichen Kirchbaus in zeitgenössische Kunst umgemünzt, als er 1832 eine Taufschale stiftete, die in der lutherischen Gemeinde in Rom bis heute in Verwendung ist. Diese Schale trägt eine doppelte Inschrift – eine deutsche im Stil protestantischer Choräle (zu singen nach der Melodie »Nun ruhen alle Wälder«) und eine lateinische in Form eines klassischen Distichons. Inhaltlich orientiert sich die Inschrift an der des Lateranbaptisteriums aus dem 5. Jahrhundert.[49] Das Römische und das Protestantische finden so zueinander.

46 Vgl. Krüger, Rom und Jerusalem (wie Anm. 3), 55 f.

47 Zitiert nach Krüger ebd.

48 Solche Kultnachfolgen entspringen freilich oft eher der Phantasie und dem Wunschdenken späterer Gelehrter als dem historischen Ablauf – zumal in Rom, wo »Umnutzungen« paganer Kultbauten so gut wie nicht vorkamen. Besonders im Fall von S. Maria sopra Minerva gibt der Name die Grundlage zu Hypothesen und Rekonstruktionen, die eine – gelinde gesagt – schwache Grundlage im historischen Befund haben, vgl. M. Wallraff, Von Minerva zu Maria. Transformationen der Kirche S. Maria sopra Minerva in Rom, Theologische Zeitschrift 65 (= Versöhnung und Wandel. FS M. A. Schmidt) (2009) 62–72.

49 Vgl. M. Wallraff, Liturgie in der Anfangszeit der evangelischen Gemeinde zu Rom. Ein unbekanntes Taufformular von C. C. J. von Bunsen, in: D. Esch u. a. (Hg.), 175 Jahre Gemeindeleben Christuskirche Rom. Festschrift zum Jubiläum der evangelisch-lutherischen Gemeinde in Rom 1819–1994, Rom 1994, 51–57, hier 54 (bes. Anm. 11 zur Provenienz des deutschen Textes); Krüger, Rom und Jersualem (wie Anm. 3), 51 f. Die Melodie zu Paul Gerhardts Lied stammt ihrerseits von einem Sterbelied von 1490 (für diesen Hinweis danke ich Florian Wöller).

Am deutlichsten aber ist die protestantische Romidee bei Bunsen in seinen liturgischen Studien. Diesem Feld galt seine besondere Leidenschaft. Er plante die Herausgabe eines »Codex Liturgicus ecclesiae universae«, der eine komplette Dokumentation der christlichen Liturgiegeschichte nach den Quellen enthalten sollte.[50] Dieses Werk, das leider nie abgeschlossen und publiziert wurde, präfiguriert in gewisser Weise die großen Corpora liturgischer Quellen im 20. Jahrhundert, etwa die »Prex eucharistica« von Anton Hänggi und Irmgard Pahl.[51] Das Manuskript ist im Berliner Archiv erhalten; es ist ein eindrucksvolles Zeugnis der gelehrten Tätigkeit Bunsens.

Römisch ist die Arbeit rein technisch in dem Sinn, dass sie wesentlich auf der Verwendung der ausgezeichneten römischen Bibliotheken fußt. Unter anderem kommt Bunsen das Verdienst zu, die außerordentliche Bedeutung des Codex Barberini 336 zuerst erkannt zu haben: Die Handschrift stammt aus dem 9. Jahrhundert und bietet den ältesten schriftlichen Zeugen für die griechische Chrysostomosliturgie.[52] Inhaltlich aber ist die Arbeit auch in dem Sinn römisch, dass der römische Ritus angemessen berücksichtigt wird – wenn auch die zugrunde liegende Arbeitshypothese die ist, dass neben dem römischen

50 Das Material liegt im Geheimen Staatsarchiv Preußischer Kulturbesitz in Berlin, I. HA Rep. 92 Depositum von Bunsen, Karl Josias, A. Akten, Nr. 28 Liturgie, dort wiederum Paket 3, Mappe 5; vgl. dazu den Brief an seine Schwester vom 9. November 1821, in: Bunsen/Nippold (wie Anm. 9), 190. Noch 1828 hatte Bunsen die Absicht, die Arbeit zu Ende zu bringen, vgl. den Brief vom Ostermontag 1828 an Thomas Arnold, in: Bunsen/Nippold (wie Anm. 9), 324. Die Vorbereitungsarbeiten zur Liturgie der frühen Kirche bildeten später die Grundlage für den dritten Band von Bunsens Analecta Ante-Nicaena (= Christianity and Mankind, Their Beginnings and Prospects, Bd. 7), London 1854.

51 A. Hänggi/I. Pahl, Prex eucharistica, Bd. 1. Textus e variis liturgiis antiquioribus selecti, hg. von A. Gerhards/H. Brakmann, Spicilegium Friburgense 12, Freiburg i.Ü ^{3}1998 (^{1}1968 = ^{2}1978).

52 Der Erstdruck findet sich parallel sowohl in Bunsen, Analecta (wie Anm. 50), 195–236 (»Ecclesiae Constantinopolitanae Liturgiae antiquissimae, sive S. Basilii et S. Joannis Chrysostomi Liturgiae secundum Textum Codicis Barberini suppletum« und mit Stolz: »Liturgiae hic primum expressae«, 197) als auch in ders., Hippolytus und seine Zeit. Anfänge und Aussichten des Christenthums und der Menschheit, Bd. 2, Leipzig 1853, 533–566. Der Codex ist heute komplett ediert von S. Parenti/E. Velkovska, L'Eucologio Barberini gr. 336, BEL.S 80, Rom 1995.

auch der byzantinische und besonders der anglikanische Ritus Aufschluss über die älteste christliche Liturgie geben können.[53]

Für Bunsen waren diese Studien kein intellektuelles Glasperlenspiel. Praktisch-theologischen Ausfluss fanden sie in einem Liturgieentwurf für die eigene Gemeinde am Kapitol, 1828 in Deutschland gedruckt.[54] Es ist ein erstaunliches Dokument nicht nur wegen seines Inhalts, sondern auch aufgrund der Tatsache, dass es Bunsen gelungen war, trotz der angeheizten Atmosphäre *in liturgicis* nach 1821 in Berlin eine offizielle Approbation und Druckerlaubnis für diese Liturgie zu erhalten.[55] Auf dem Titelblatt wurde sie als »Nachtrag« zur königlichen Agende von 1822 bezeichnet, doch handelte es sich in Wirklichkeit um einen recht eigenständigen Alternativentwurf. Für Bunsen hieß sie schlicht die »kapitolinische Agende« (natürlich nicht »römisch« schlechthin, denn es ging ja tatsächlich nicht oder nur ganz am Rande um den römischen Ritus im eigentlichen Sinne). Es war ein historisierender Entwurf, der nicht nur für die römische Gemeinde geschrieben, sondern auch inhaltlich von Rom geprägt war. Ob es freilich dem protestantischen Kirchgänger recht war, dass er, wenn er das Buch verwendete, Choräle nach der Melodie »O Roma nobilis« sang, die Bunsen in einer römischen Bibliothek aufgetrieben hatte, – dies mag man bezweifeln. Der Kirchgänger musste sich diese historischen Zusammenhänge allerdings nicht unbedingt klar machen, doch Bunsen war stolz darauf, wie er in seiner Korrespondenz erkennen ließ.[56]

53 Zu Bunsens liturgiehistorischen Vorstellungen und speziell zur Rolle des anglikanischen Ritus vgl. M. Wallraff, The Influence of the Book of Common Prayer on the Liturgical Work of C. C. J. von Bunsen, Journal of Theological Studies 48 (1997) 90–107. Zu Bunsens Sicht auf den römischen Ritus vgl. Analecta (wie Anm. 50), 51–60 bzw. Hippolytus (wie Anm. 52), 418–428.

54 Liturgie wie sie als Nachtrag zur Kirchen-Agende des Jahres 1822 zum Gebrauch für die Königlich Preußische evangelische Gesandschafts-Kapelle zu Rom bewilligt worden ist, Berlin 1828. Vgl. dazu O. Maas, Das Christentum in der Weltgeschichte. Theologische Vorstellungen bei Christian Karl Josias Bunsen, Diss. Kiel 1968, 142–149 sowie den Beitrag von Gunnar Wiegand im vorliegenden Band.

55 Bunsen hielt sich von September 1827 bis April 1828 in Berlin auf; zu den dortigen Verhandlungen vgl. Bunsen/Nippold (wie Anm. 9), 328–334. Aus der reichen Literatur zum Agendenstreit im allgemeinen sei hier nur genannt J. Kampmann, Die Einführung der Berliner Agende in Westfalen. Die Neuordnung des evangelischen Gottesdienstes 1813–1835, Beiträge zur Westfälischen Kirchengeschichte 8, Bielefeld 1991.

56 Brief an Thomas Arnold vom Ostermontag 1828, in: Bunsen/Nippold (wie

Hinter all diesen Aktivitäten stand die Überzeugung, dass das spezifisch Römische und das spezifisch Protestantische nicht miteinander im Widerspruch stehen – im Gegenteil. Die klassische Romidee erscheint bei Bunsen im protestantischen Sinne christianisiert. Dass Rom von eminenter Bedeutung ist auch für Geschichte und Identität des Christentums und dass diese Bedeutung sich nicht im konfessionellen Katholizismus erschöpft, scheint selbstverständlich – jedenfalls aus heutiger Sicht.

In Bunsens Zeit und Kontext ist gerade dieser Gedankengang indessen keineswegs banal. Es genügt daran zu erinnern, dass im gleichen Jahr, in dem auf Bunsens Wunsch der erste evangelische Pfarrer nach Rom kam, nämlich 1819, das Buch *Du Pape* von Joseph Marie de Maistre erschien, damit also die massive Inanspruchnahme der Rom-Tradition durch den neuen, selbstbewussten Katholizismus.[57] Neben dieser Romidee des ultramontanistischen, konfessionellen Katholizismus einerseits und der ganz am klassischen Ideal orientierten Romidee der Altertumswissenschaft andererseits, eine christliche Romidee mit spezifisch protestantischem Profil zu entwickeln, war durchaus originell und keineswegs naheliegend. Noch eine Generation zuvor hatte selbst der protestantische Superintendent Herder im Grunde keine christlichen Bezugspunkte bei seiner Romreise entdeckt. Für ihn war Rom ein riesiges Freilichtmuseum klassischer Antiquitäten und ein Dorado künstlerischer Rezeption dieser Antiquitäten.[58] Selbst bei Humboldt und Niebuhr begegnet eine eigentlich protestantische Romidee noch nicht.

Erstmals bei Bunsen wird nun eine spezifisch protestantische Lektüre des Romerlebnisses angeboten. Das gilt sowohl für das Kapitol als Hauptort des klassischen Roms als auch für die alten christlichen Basiliken, allen voran die Peterskirche. Man konnte also doch von Rom fasziniert sein und zugleich guter Protestant sein und bleiben! Oft ist darauf hingewiesen worden, dass die Gründung der protestantischen Gemeinde im Schatten und im Schutz der Botschaft geschah,

Anm. 9), 324. Daraus resultiert freilich nicht, dass auch die Gemeinde auf Bunsens liturgische Neuerungen immer stolz war – im Gegenteil, vgl. die Stimmen bei E. Schubert, Geschichte der deutschen evangelischen Gemeinde in Rom 1819 bis 1928, Leipzig 1930, 86f.

57 Joseph Marie de Maistre, Du Pape, éd. critique avec une introduction par J. Lovie/J. Chetail, Genève 1966 (zuerst Lyon 1819).

58 Vgl. den Beitrag von Markus Buntfuß im vorliegenden Band.

um der zunehmenden Zahl von Konversionen etwas entgegensetzen zu können.[59] Natürlich spielte dieses Motiv bei der Gründung eine Rolle, doch darf man das Profil der neuen Institution nicht darauf reduzieren. Wichtiger als das apologetisch-abgrenzende Motiv ist das positiv-werbende Ideal eines spezifisch römischen Protestantismus. Nicht umsonst fehlen bei Bunsen polemische Äußerungen gegenüber dem konfessionellen Katholizismus fast vollständig. Der Grund liegt teilweise in der diplomatischen Rolle, die er in Rom auszufüllen hatte – eine Rolle, die freilich seinen Vorgänger Niebuhr nicht von drastischen Worten abgehalten hatte.[60] Doch auch unabhängig davon war sein Bild des christlichen Rom zu selbstbewusst und hatte einen zu weiten Horizont, als dass es sich primär über den Gegensatz zum Katholizismus hätte definieren können. Es ist ja nicht nur das Rom der Verfolgungen und Katakomben, das Rom des oppositionellen Christentums, sondern auch das Rom der prächtigen konstantinischen Basiliken und vor allem das Rom Karls des Großen!

Politisch scheiterte Bunsens Konzeption durch den Kölner Mischehenstreit – eine Entwicklung freilich, für die man ihm kaum eine Schuld zuschreiben kann. Ideen- und institutionsgeschichtlich war Bunsen langfristig ungemein erfolgreich. Seine Romidee hat konkrete Folgen bis heute – institutionell vor allem in der weiterhin bestehenden Gemeinde und im archäologischen Institut, beide ja bis heute in enger räumlicher Nachbarschaft, wenn auch nicht mehr am Kapitol. Wichtiger aber noch sind die Folgen im allgemein geistesgeschichtlichen Bereich. Bunsen hat die Tür geöffnet für eine neue protestantische Wahrnehmung auch und gerade des christlichen Rom – jenseits des Paradigmas von Konfessionalismus und Kontroverstheologie. Die Brücke, über die er dabei ging, war nicht (wie im 20. Jahrhundert) die der »Ökumene«, sondern die der Wissenschaft. Oft hat man auf das scheinbare Paradox hingewiesen, dass gerade das

59 Vgl. etwa Noack, Deutschtum (wie Anm. 6), Bd. 1, 384f., auch die »offiziöse« Gründungsgeschichte von Schubert, Geschichte (wie Anm. 56), 20–25.

60 »Die ganze einheimische lebendige Welt flösst Ekel und Abscheu ein. Nichts ist mir unbegreiflicher als das Gute was man von diesem Scheisspöbel gehört hat. Die Prälatenwelt!! und die Kirche!!! Nein, wer hier sich nicht in seinem Protestantismus bis zum Ingrimm festigt, der muss bitterlich schwach in sich seyn.« Barthold Georg Niebuhr an Friedrich Carl Savigny, 21. Dezember 1816, zitiert nach Barthold Georg Niebuhr, Briefe 1816–1830, hg. von E. Vischer, Bd. 1, Bern 1981, 116, vgl. dazu den Beitrag von Stefan Rebenich im vorliegenden Band (dort bei Anm. 46).

Päpstliche an Rom seine Historiographen im Bereich des Protestantismus finden sollte (Gregorovius, Ranke). Das war möglich auf der Basis eines Wissenschaftsideals, das sich weder im Antikatholizismus erschöpfte noch seine protestantischen Wurzeln leugnete – im Gegenteil. Dieses Ideal konnte kulturell als Produkt des Protestantismus empfunden und propagiert werden. Insofern gehört Bunsen mit seinen Romforschungen zu den Wegbereitern dessen, was später als »Kulturprotestantismus« bezeichnet werden sollte. Dass *materialiter* diese Forschungen durch größere und effizientere Projekte bald überholt sein sollten, spricht nicht gegen, sondern für sie.

Die ewige Stadt und das Heilige

Liberale Protestanten in Rom

Jörg Lauster

Es ist ein immer wieder bestaunter Umstand, dass maßgebliche Vertreter protestantischer Schulrichtungen im 19. Jahrhundert entscheidende Prägungen aus der Begegnung mit der ewigen Stadt Rom empfangen haben. In besonderer Weise gilt das für die Breslauer Schulfreunde Richard Rothe und August Tholuck. Ihr Aufenthalt in Rom mag biographischen Kontingenzen geschuldet sein, abgeleitet wurde daraus nicht selten das Walten eines unsichtbaren Plans. So habe sich bei Rothe überhaupt erst in Rom das ausgebildet, was man eine liberale, kulturprotestantische Identität nennen könne, während mit Tholuck der führende Repräsentant der protestantischen Erweckungsbewegung in Rom Erholung vor den Stürmen des theologischen Rationalismus gefunden habe. Es ist offensichtlich, dass in dieser Einordnung bereits ein kulturprotestantisch aufgeladenes Rombild durchscheint.

In der Tat wird man sagen können, dass die ewige Stadt für die Ausbildung kulturprotestantischer Identität eine nicht unerhebliche Rolle gespielt hat, aber – und das soll das Ziel des Überblicks im ersten Teil über liberale Romreisende sein – in einem doch weit komplexeren Sinne, als es die kulturprotestantischen Selbstbeschreibungen annehmen lassen. Der zweite Teil versucht dann einen Blick darauf zu werfen, wie Rom diese kulturprotestantische Identität prägende Strahlkraft verloren hat.

1. Komplexe kulturprotestantische Identitäten: liberale Romreisende im 19. Jahrhundert

Der Begriff ›liberale Theologie‹ ist mit einigen Schwierigkeiten behaftet.[1] Im engeren Sinne taucht er zur Beschreibung einer kirchenpolitischen Strömung im Umfeld des 1863 gegründeten Protestantenvereins auf. Er beschreibt in einem sehr allgemeinen Sinne das Bemühen, die Botschaft der christlichen Religion in die bürgerliche Kultur der Zeit hineinzutragen. Die Verwendung eines Begriffs aus dem politischen Kontext hat allerdings schon im 19. Jahrhundert massive Vorbehalte heraufbeschworen.[2] Noch schwerer wiegt ein anderer Umstand: Keiner der Theologen, die heute als liberale Theologen gelten, hat sich selbst als liberaler Theologe bezeichnet. Historisch gesehen gleicht die liberale Theologie daher geradezu einem Phantom, als Selbstbeschreibung einer theologischen Denkungsart ist sie im 19. und 20. Jahrhundert außerordentlich schwer zu fassen. Und doch vermögen wir heute unzweifelhaft mit dem Begriff ›liberale Theologie‹ Namen und Programme zu verbinden. Es spricht einiges dafür, die Bezeichnung ›liberale Theologie‹ als eine theologiegeschichtliche Konstruktion zu lesen, die eine in Kontinuität stehende Traditionsreihe theologischen Denkens herstellt – und zwar ursprünglich zum Zwecke ihrer Verurteilung.[3]

Richard Rothe ist eine der wichtigsten Gestalten der liberalen Theologie.[4] 1799 in Breslau geboren, verstarb er 1867 an seiner Haupt-

1 H.-J. Birkner, »Liberale Theologie«, in: M. Schmidt/G. Schwaiger (Hg.), Kirchen und Liberalismus im 19. Jahrhundert, Göttingen 1976, 33–42; vgl. auch F. W. Graf (Hg.), Liberale Theologie. Eine Ortsbestimmung, Gütersloh 1996; M. Jacobs, Art. Liberale Theologie, in: TRE 21, Berlin 1991, 47–68; M. Wolfes, Protestantische Theologie in der modernen Welt. Studien zur Geschichte der liberalen Theologie nach 1918, Berlin 1999; die liberale Theologie ordnet in einen größeren Zusammenhang ein: W. Nigg, Geschichte des religiösen Liberalismus, Zürich 1937.

2 Die erste Auflage der RGG spricht ausdrücklich von einem »Holzweg«, wenn man »Parteischlagworte auf wissenschaftliche Arbeit überträgt« (H. Mulert, Art. Liberalismus und Kirche, in: RGG[1] 3, Tübingen 1912, 2109; zitiert nach Birkner [wie Anm. 1], 38).

3 Vgl. Birkner (wie Anm. 1), 42.

4 Die umfassendste Bibliographie zu Rothe liegt vor bei F. W. Graf, Art. Rothe, Richard, in: BBKL 8, Hamm/Westf. 1994, 759–823; Bibliographische Ergänzungen dazu liefert Ch. Albrecht, Historische Kulturwissenschaft neuzeitlicher Christentumspraxis. Klassische Protestantismustheorien in ihrer Bedeutung für das Selbstverständnis der Praktischen Theologie, Tübingen 2000,

wirkungsstätte Heidelberg. Rothe vereinte in seiner Person mehrere, keineswegs immer leicht zu harmonisierende theologische Strömungen, was ihn zu einem außerordentlich anregenden Denker machte. Seine Hauptwerke *Theologische Ethik* und die Schriftensammlung *Zur Dogmatik* enthalten wegweisende Ansätze für das Programm einer modernen und liberalen Theologie. Rothe entwarf einen Begriff der Offenbarung, der die vollständige Anwendung der historischen Kritik auf die biblischen Texte ermöglichte. Unter seiner Theologischen Ethik haben wir uns etwas anderes vorzustellen als das, was wir heute mit dem Namen Ethik verbinden würden. Ihm geht es darin nicht um Handlungsorientierung, sondern um eine groß angelegte, spekulative Kulturtheorie der Religion. Zu besonderem Ruhm ist dieses systematische Hauptwerk Rothes mit seiner Fortschrittshoffnung gelangt, dass die Kirche im modernen, religiös fundierten Kulturstaat aufgehe und damit als eigenständige Institution aufgelöst werde.[5] Es gibt, wie wir sehen werden, Indizien dafür, dass diese berühmt-berüchtigte Theorie römische Wurzeln hat.

Richard Rothe war relativ früh mit 25 Jahren kurz nach seiner Ordination von Januar 1824 bis Sommer 1828 als preußischer Gesandtschaftsprediger in Rom. Es ist mehrfach darauf hingewiesen worden, dass mit Richard Rothe und August Tholuck zwei Theologen als Gesandtschaftsprediger in Rom wirkten, die später zu Schulhäuptern zweier wichtiger Strömungen der protestantischen Theologie im 19. Jahrhundert aufgestiegen sind. Ist Rom die Schmiede moderner protestantischer Theologie? In der Theologiegeschichtsdeutung liberaler Tradition ist diese Frage definitiv bejaht worden – und zwar in dezidiert antikonfessioneller Stoßrichtung. Insbesondere bei Rothe, so die einhellige Auffassung, ließe sich zeigen, wie ihn der real existierende römische Katholizismus in Rom zutiefst abgestoßen habe.[6] Aus dem gerade examinierten und ordinierten Jüngling sei in den viereinhalb Jahren der fortschrittsoffene Kulturprotestant gereift, der durch Rom von allen romantisierenden, katholisierenden und pietistischen

150, Anm. 17; einen Überblick über den aktuellen Stand der Rothe-Forschung bietet F. Voigt, Richard Rothe, in: A. Christophersen/ders. (Hg.), Religionsstifter der Moderne. Von Karl Marx bis Johannes Paul II., München 2009, 60–69.

5 Ch. Albrecht, Kulturwissenschaft (wie Anm. 4), 180–188; F. Voigt, Rothe (wie Anm. 4), 67 f.

6 F. Voigt, Rothe (wie Anm. 4), 62.

Verirrungen ein für alle Mal kuriert worden sei. Für die Entstehung des liberalen Protestantismus ist damit Wichtiges gesehen, aber die Dinge liegen doch auch noch etwas komplizierter. Denn Rothes sich in Rom formierende Idee eines liberalen Christentums lässt sich nicht allein auf einen antikatholischen Impuls reduzieren.

Vieles von Rothes Erfahrungen in Rom ist uns über eine reiche und bisweilen sehr detaillierte Korrespondenz zugänglich.[7] Die Briefe geben wichtigen Aufschluss darüber, wie das europäische Restaurationsklima nach dem Wiener Kongress speziell im Kirchenstaat Gestalt gewann. Eine Reihe unterschiedlichster Faktoren sind hier miteinander verflochten. Geprägt war dieses Restaurationsklima unter anderem von einer sich aufklärungsfeindlich gebenden, katholisierenden Romantik. Es mag dahingestellt bleiben, ob diese Tendenzen tatsächlich einfach auf Novalis, den Großmeister der Frühromantik, zurückzuführen sind. In seiner Schrift *Christenheit oder Europa* scheint jedoch die idealisierte Kirche keineswegs so umstandslos mit der realen katholischen Kirche übereinzustimmen. Erst in der späteren Romantik wird diese Identifikation mühelos vorgenommen. Rom wird zum Idealbild der ewigen Stadt. Die Nazarener verschreiben sich ganz dem künstlerischen Ausdruck dieses Erlebens. Im Umfeld dieser Gesinnung kommt es 1815 zu einer wahren Konversionswelle, die insbesondere protestantische Künstler erfasst. Rothes Biograph Adolf Hausrath merkte zu diesem Phänomen lakonisch an: »Diese schönheitsdurstigen Seelen hatten den protestantischen Durst nach Wahrheit verloren. Sie wollten sich einen Glauben erträumen, der ihrem Schönheitsbedürfnis mehr entsprach als der protestantische.«[8] Noch neun Jahre später bei der Ankunft Rothes in Rom stellt die Auseinandersetzung mit der Konversionswelle eine seiner vornehmlichsten Aufgaben dar. Es gilt protestantische oder zumindest protestantisch gesinnte Künstler zu betreuen und sie gegen die katholische Konversionspropaganda zu wappnen.

Den spätromantischen Anflügen in der römischen Künstlerkolonie kann Rothe nichts abgewinnen. Was ihn so offensichtlich abstößt, ist eine Ästhetik, die rationale Einspruchsmöglichkeiten bewusst aushebelt, um so starke Gefühlswirkungen erzielen zu können. Anschau-

7 R. Rothe. Ein christliches Lebensbild auf der Grundlage der Briefe Rothe's entworfen von Friedrich Nippold, Bd. 1, Wittenberg 1873.

8 A. Hausrath, Richard Rothe und seine Freunde, Bd. 1, Berlin 1902, 280.

lich dokumentiert das ein Brief über ein Prominentenbegräbnis: »Ach, ich kann gar nicht sagen, wie mich dasjenige, was ich bisher von dem hiesigen Cultus gesehen habe, anekelt. Wie gerade hier ein Protestant Lust bekommen kann, zur katholischen Kirche überzutreten, ist mir rein unbegreiflich. Hier lernt man es erst recht empfinden, wie dankbar man Gott dafür zu sein hat, dass man ein evangelischer Christ ist.«[9] Rothes Vater, ein hoher preußischer Regierungsbeamter, wird diesen Brief mit Genugtuung gelesen haben. Offensichtlich lenken Rothes erste Romerfahrungen ihn zurück auf den Wert eines nüchternen Rationalismus, der ihm durch die Erziehung seines Elternhauses vermittelt wurde und von dem er sich in seiner Studienzeit durch eine Novalisbegeisterung zu emanzipieren versuchte.

Doch ist es mit dieser Einschätzung nicht so ganz einfach. Gerade dieser Brief, der vom Ekel am römischen Kitsch berichtet, ist auch voll von einer Reihe sehr detaillierter Einzelbeobachtungen zur festlichen und liturgischen Inszenierung, die gewissermaßen an Rothe arbeiten. Man wird also nicht so umstandslos sagen können, dass Rothe in Rom zum kühlen Rationalisten rekonvertiert wäre. Ihm öffnen sich eine Reihe kultureller und ästhetischer Perspektiven. Das Interesse, mit der er Bunsens Arbeit an einer eigenen Agende für die römische Gemeinde begleitet und unterstützt, gehört hierher.[10] Es zeigt sich, dass er den gottesdienstlichen Formen, wie sie der König mit seiner Unionsagende im fernen Berlin gefeiert wissen wollte, in Rom keine Brauchbarkeit attestieren wollte.

Neben diesem ambivalenten Eindruck auf dem Gebiet der liturgischen Ästhetik lassen seine Impressionen auf dem Feld der Theologie und der Kirchenpolitik jedoch an wachsenden antikatholischen Affekten nichts zu wünschen übrig. Im Hinblick auf Rothes Rombild ist es erstaunlich, wie wenig Gewinn er aus der Auseinandersetzung mit der katholischen Theologie gezogen hat. Wiederholt wurde er zu kontroverstheologischen Debatten gebeten, die diverse Künstlerkreise veranstalteten. Sein Urteil über das Niveau katholischer und d.h. für ihn insbesondere jesuitischer Theologie ist vernichtend. Von einer der Debatten mit einem Jesuiten berichtet er: »Ich ergrimme

9 Zitiert nach Hausrath (wie Anm. 8), 291; zu Grabe getragen wurde Ercole Consalvi, der maßgebliche Diplomat des Vatikans auf dem Wiener Kongress.

10 Zu Bunsen und seiner kapitolinischen Agende vgl. den Beitrag von G. Wiegand in diesem Band.

innerlich, wenn Leute in allem Ernste und mit der wichtigsten Miene von der Welt mit Gründen räsonieren, die man sich in dem protestantischen Deutschland schämen würde, Quintanern vorzutragen.«[11] Es ist dies ein eindrückliches Zeugnis für das theologische Selbstbewusstsein eines protestantischen Geistlichen in der ewigen Stadt Rom, der unter dem Katheder Hegels und Schleiermachers gesessen hatte.

Wenig Eindruck machen auf ihn auch die konkreten Erscheinungsformen katholischer Religiosität. Die Feierlichkeiten zum Jubelablassjahr 1825 missfallen ihm schon aufgrund der seiner Auffassung nach zudringlichen Inszenierung, von der Theologie des Ablasses ganz zu schweigen. Offensichtlich fehlte ihm jene konfessionelle Neugier, mit der beispielsweise Bunsen solche und ähnliche Ereignisse aufsog.

Massive Ablehnung provozieren schließlich die politischen Verhältnisse. Rothe lebte in Rom unter dem Pontifikat Leos XII. Dieser war nachhaltig von den napoleonischen Demütigungen des Kirchenstaates geprägt. Darum verfolgte er eine besonders hartnäckige Restaurationspolitik. Polizeistaatliche Maßnahmen und Drangsale der Restaurationspolitik musste Rothe aus seinen preußischen Studientagen kennen. Was in Rom aber noch hinzu kam, war die Verbindung von Restauration und Inquisition, die energisch gegen Irrlehren und Häresien vorging. Rothes politische Kommentare sind spärlich, seine Ablehnung der Verbindung von Restauration und Inquisition ist jedoch eindeutig. Einer seiner Biographen mutmaßt, die kirchenpolitischen Verhältnisse in Rom seien für Rothes späteren Antiklerikalismus maßgeblich.[12] Ganz falsch dürfte er damit nicht liegen.

Man könnte Rothes protestantisches Rombild, das ihm aus der Begegnung mit dem Katholizismus erwuchs, mit dem Buchtitel zusammenfassen, mit dem Theodore Parker, einer der führenden Theologen der *American Transcendentalists* seine Briefe aus Rom überschrieb: »Hauptstadt des Humbugs.«[13] Aber das ist, wie gesagt nur die eine Seite der Medaille. Auf der anderen Seite hat Rothe aus Roms reichem Kulturleben schwungvolle Anregungen empfangen, ohne die seine späteren Überlegungen zum Verhältnis von Kultur und Religion nicht zu begreifen wären. Bunsen erweist sich hier als sein großer

11 Zitiert nach Hausrath (wie Anm. 8), 282.

12 Ebd., 290.

13 Ebd.; zu Parker vgl. P. F. Gura, American Transcendentalism. A History, New York 2007, 145–149 und 217–222.

Mentor. Auf unzähligen Ausflügen werden Rom und Umgebung erkundet. Rothe berichtet von seinen Impressionen in den Briefen nach Hause mit einer besonderen Liebe zum Detail. Er erörtert Grundfragen der Landschaftsmalerei und verbindet damit Überlegungen zum Zusammenhang von Natur und Schöpfung, er kümmert sich eingehend um Fragen, wie Architektur das Erhabene darstellen kann, bei den Besichtigungen der Kirchen interessieren ihn die künstlerischen Darstellungsmöglichkeiten religiöser Gehalte. Zu den Anregungen, die vor Augen liegen, kommen Gespräche in den Künstlerkreisen hinzu. Es liegt auf der Hand, dass die kulturellen Anregungen bei weitem das übersteigen, was der Wittenberger Seminarist bis dahin erlebt hatte. Der kulturelle Erfahrungszuwachs ist rasant, Rothe ist sich selbst darüber auch ganz im Klaren. Rom richtet für ihn die Verhältnisbestimmung von Christentum und Kultur neu aus. So sehr ihn die kirchlichen Erscheinungsformen des Christentums in Rom abstoßen, so sehr beeindruckt ihn die Realisierung des Christentums in künstlerischen Ausdrucksgestalten. Das Christentum ist in der europäischen Kulturgeschichte keineswegs auf die konkret kirchlichen Erscheinungsformen beschränkt. Gerade in Rom kann Rothe erleben, wie das Christentum die gesamte Kultur durchdringt.

In diesen Zusammenhang ist auch Rothes Abkehr von seinen eigenen pietistischen und erweckten Gehversuchen zu stellen. Sie hat mit der Stadt Rom nicht unmittelbar zu tun, sondern mit den Erweckten, denen er dort begegnet. Was Rothe abstößt, ist das konventikelhafte Gebaren seiner pietistischen Gemeindeglieder. In ihrer vornehmen Frömmigkeit »sehen sie«, so Rothe, »die Welt nur aus dem Fenster an.«[14] Seine Beschreibungen der pietistischen Kreise nähern sich mehr und mehr dem an, was Arnold Ruge einen parfümierten Pietismus genannt hat.[15] Er kann darin kein der Welt zugewandtes Interesse der Religion an der Kultur erkennen und verurteilt daher den Pietismus als »leeres Getue.«[16]

Nachdem sich Rothes Entschluss mehr und mehr verfestigte nach Wittenberg zurückzukehren, gestaltete sich die Auswahl eines Nachfolgers schwierig. Rothe schien offensichtlich Maßstäbe gesetzt zu haben. In einer Art Notbehelf wurde Rothes alter Schulfreund, der

14 Hausrath (wie Anm. 8), 295.
15 Vgl. ebd.
16 Ebd.

erwähnte August Tholuck,[17] für ein Jahr zum Nachfolger bestellt, aus Gründen übrigens, die für ein protestantisches Rombild bemerkenswert genug sind: Tholuck ordnete sich nach einem als Befreiung erlebten Bekehrungserlebnis in das weite Feld der Erweckungsbewegung ein, er kann als einer der Begründer einer spezifischen Erweckungstheologie gelten. Tholuck wird als erweckt-pietistische Speerspitze an die Theologische Fakultät in Halle zum Kampf gegen den dortigen Rationalismus beordert. Nach einem Jahr bedurfte er nach eigener Auskunft der Erholung von den Kämpfen an der Fakultät – immerhin war er gegen deren erklärten Willen dort installiert worden. Die ewige Stadt wird für ihn zum Refugium vor innerprotestantischen Richtungskämpfen und vor allem soll sie ihm Erholung vom theologischen Rationalismus gewähren.

Als August Tholuck in Rom Rothe wieder trifft, kommt er rasch zu dem Urteil: »Du bist ja ein völlig moderner Christ.«[18] Mit einem leichten Hang zur Übertreibung könnte man aus Tholucks Einschätzung eine wuchtige These ableiten und Rom zur Wiege des Kulturprotestantismus erklären. Nun wäre aber mit einem solchen Pauschalurteil wenig gewonnen. Festzuhalten ist dies: Rothes Begegnung mit dem Restaurationskatholizismus im postnapoleonischen Rom bildet ein protestantisches Identitätsgefühl mit liberalem Profil aus. Doch erschöpft sich dieser Liberalismus inhaltlich nicht einfach in Antikatholizismus, er erfährt eine wichtige inhaltliche Prägung durch die Verbindung von Christentum und Kultur. Was die konkrete Begegnung mit dem Katholizismus anlangt, so wird man freilich festhalten müssen, dass Rothe – um es in Abwandlung eines Max Weber-Wortes zu sagen – auf diesem Gebiet unmusikalisch war.

Dass liberale Theologie nicht zwangsläufig impliziert, katholisch unmusikalisch zu sein, macht eine andere Gestalt hinreichend deutlich. Die Rede ist von dem Kirchenhistoriker Karl von Hase aus Jena. Kurt Nowak sprach angesichts seiner Person vom liberalen Christentum zwischen Jena und Rom.[19] Vor dem Antritt seiner Professur bereiste von Hase kurz nach Rothes und Tholucks Aufenthalt 1829/1830

17 Vgl. G. Wenz, Erweckte Theologie. Friedrich August Gottreu Tholuck, in: F. W. Graf (Hg.), Profile des neuzeitlichen Protestantismus, Bd. 1. Aufklärung, Idealismus, Vormärz, Gütersloh 1990, 251–264.

18 Hausrath (wie Anm. 8), 310.

19 K. Nowak, Karl von Hase. Liberales Christentum zwischen Jena und Rom, Zeitschrift des Vereins für Thüringische Geschichte 55 (2001) 229–259.

erstmals Rom. Für die Daheimgebliebenen verfasste er »Erinnerungen aus Italien in Briefen an die künftige Geliebte«[20]. Sein Biograph Richard Bürkner meinte gar, von Hases Darstellungen würden mühelos den Vergleich mit Goethes Italienischer Reise aushalten,[21] ein Urteil, das sich rezeptionsgeschichtlich freilich nicht ganz bestätigt hat.

Von Hase ist immer wieder nach Rom zurückgekehrt, besagter Biograph zählt 16 Aufenthalte. Seine Romschilderungen reichen von 1829 bis 1882 und sind ein außerordentliches kostbares Zeugnis der kulturgeschichtlichen Transformationen Roms. Dazu gehören die Umstellung des Reisemittels von der Kutsche auf die Eisenbahn ebenso wie die gänzlich veränderte politische Situation nach der Staatsgründung Italiens. Anders als Rothe zeigte der liberale von Hase neben den vielfältigen Kultureindrücken auch ein reges Interesse am kirchlichen Leben. Seine römischen Freunde nannten ihn den Kardinal von Jena. Er besichtigte nicht nur die Kirchen, er besuchte auch zahlreiche Gottesdienste, wobei ihn offensichtlich die Tradition der Fastenpredigten besonders ansprach. Darüber hinaus knüpfte er aber auch Kontakte zu Gelehrten des Vatikans und Mitgliedern der Kurie. Das Erste Vatikanische Konzil erlebte er vor Ort, er besprach sich mit Ignaz von Döllinger, aber auch mit einer Reihe von Bischöfen, die am Konzil teilnahmen. Sein Biograph lässt uns wissen, dass er der liberalen Opposition auf dem Konzil als ein »innerlich Befreundeter«[22] galt. Das ist ein bemerkenswertes Phänomen. Denn es kam hier offensichtlich jenseits der Konfessionsgrenzen zu einer produktiven Annäherung zwischen den reformorientierten Kräften, die an einer konstruktiven Auseinandersetzung zwischen Christentum und Moderne arbeiteten.

Diese Verbindung von ›liberalem‹ Katholizismus und ›liberalem‹ Protestantismus wäre ein lohnender Forschungsgegenstand. Bislang sind nur sporadische Berührungspunkte zwischen diesen beiden großen Modernisierungsbewegungen bekannt. Zu erwähnen ist in diesem Zusammenhang der Marburger Kirchenhistoriker Ernst Benz – eine bemerkenswerte Gestalt. Als Kirchenhistoriker zeigte er im

20 Zuletzt hrsg. von der deutsch-italienischen Vereinigung e.V., bearbeitet und kommentiert von M. A. v. Hase-Salto, mit einem Vorw. von E. E. Pältz, Mainz 1992.

21 R. Bürkner, Karl von Hase. Ein deutscher Professor, Leipzig 1900.

22 Bürkner (wie Anm. 21), 147.

Gefolge Rudolf Ottos, den er als seinen Lehrer bezeichnete, Interesse für die mystischen Traditionen des Christentums. Er war einer der wenigen, der sich zu seiner Zeit intensiv mit den Ostkirchen beschäftigte. In der gegenwärtigen Beschäftigung der Marburger Fakultät mit ihrer eigenen Geschichte spielt Benz freilich eine unrühmliche Rolle, da er zu den energischen Verfechtern des Nationalsozialismus zählte. Dieser Sachverhalt ist auch deswegen zu erwähnen, weil innerhalb der protestantischen Theologie bisweilen das Gerücht Verbreitung findet, dass gerade die liberalen Theologen besonders empfänglich für den Nationalsozialismus gewesen seien. Das ist natürlich als Pauschalurteil nicht zutreffend, häufig dient es auch der antiliberalen Polemik, bei Benz hingegen trifft es zu.

Für unseren Zusammenhang ist bemerkenswert, dass Benz überhaupt erst durch einen Romaufenthalt zur Theologie gebracht wurde. Der Student der Philosophie und Philologie war in den 20er Jahren in Rom und traf dort auf Ernesto Buonaiuti.[23] Dieser galt als bedeutendster italienischer Vertreter des Modernismus. Nach zähem Hin und Her wurde er 1926 endgültig exkommuniziert. Sein früherer Studienkollege war Angelo Roncalli, der spätere Johannes XXIII. Dass dessen Programm des ›Aggiornamento‹ in gewisser Hinsicht auch eine innerkirchliche Aussöhnung mit dem Modernismus darstellt, dürfte nicht von der Hand zu weisen sein. Benz jedenfalls hat von Buonaiuti wichtige kirchenhistorische Anregungen aufgenommen, er ist – wie gesagt – durch ihn überhaupt erst zur Theologie gekommen. Politisch ist Buonaiuti im Übrigen ganz andere Wege gegangen, er verweigerte den italienischen Faschisten 1932 den Treueeid und verließ wenig später Italien. Durch Benz' Vermittlung bestand in den 20er Jahren ein konkreter Kontakt zwischen Marburg und Rom. Die Marburger um Rudolf Otto wie z.B. Friedrich Heiler sahen in den Modernisten die entscheidenden Verbündeten für ihr Programm einer ökumenischen Verständigung.[24] Es ist also höchst bemerkenswert, wie hier über Benz' Romaufenthalt eine Verbindung

23 Vgl. zum Folgenden: F.W. Kantzenbach, Ernst Benz, die allgemeine Kirchengeschichte und das Programm ›Kirchengeschichte in ökumenischer Sicht‹, in: R. Flasche/E. Geldbach (Hg.), Religionen – Geschichte – Oekumene. In Memoriam Ernst Benz, Leiden 1981, 45–58, hier: 46f.

24 F. Heiler, Der letzte Vorkämpfer des kath. Modernismus [sc. Buonaiuti], ThLZ 83 (1958) 11–17; E. Buonaiuti, Die exkommunizierte Kirche, hg. von E. Benz, Zürich 1966.

zwischen protestantischem Liberalismus und katholischem Modernismus zustande kam.

2. *Verlorene Strahlkraft: Marburger Touristen in Rom*

Mit Ernst Benz ist bereits der Weg in die 20er Jahre des 20. Jahrhunderts gewiesen, in denen das lange 19. Jahrhundert kulturell sein Ende findet und mit ihm auch der Kulturprotestantismus als theologiegeschichtliche Epoche. Was das für das protestantische Rombild heißt, lässt sich an den prominenten Romreisenden aus Marburg zeigen. Die Marburger Universität wurde 1866 nach der Annexion Hessens zur königlich-preußischen Universität und erlebte in der Folge einen rasanten Aufschwung.[25] Die Früchte dieser effektiven Kulturpolitik machten Marburg in den zwanziger Jahren des 20. Jahrhunderts zu einer der bedeutendsten deutschen Universitäten. Was in den Geistes- und Kulturwissenschaften Rang und Namen hatte, versammelte sich in Marburg.[26] Im Folgenden sind die Theologen von besonderem Interesse, die im Umfeld liberaler Theologie als deren Erben oder auch als deren vermeintliche Überwinder in jenen goldenen 20er Jahren Rom bereisten. Für protestantische Ohren sind dies klangvolle Namen: Rudolf Otto, Rudolf Bultmann, Paul Tillich, sie alle waren in Marburg, sie alle fuhren von Marburg nach Rom. Für unsere Fragestellung liefern sie ein ernüchterndes Ergebnis: Trotz nachweislicher Romaufenthalte finden wir bei diesen ranghohen Vertretern der protestantischen Theologie in den Quellen keinerlei Spuren eines bleibenden religiösen und theologischen Eindrucks. Die Marburger Romreisenden bieten daher Anlass, einen Aspekt zu beleuchten, der im vorliegenden Zusammenhang doch immerhin auch der Erwähnung bedarf. Es geht um das offensichtliche Ausbleiben eines Rombildes trotz nachweislicher Begegnung mit der Stadt.

Auf den Punkt gebracht hat dies Rudolf Bultmann, der berühmteste Marburger des 20. Jahrhunderts. Über die Stadt Rom weiß er zu

25 Zum Hintergrund vgl. Die Philipps-Universität Marburg zwischen Kaiserreich und Nationalsozialismus, hg. vom Verein für hessische Geschichte und Landeskunde e.V., Kassel 2006.

26 Einen luziden und knappen Einblick liefert H.U. Gumbrecht, Marburg, Sommer 1926, in: Frankfurter Allgemeine Zeitung, Nr. 38 vom 14. Februar 2009, Z1–2.

sagen: »Hier ist es wunderschön, fast so schön wie in Oldenburg.«[27] Zwar beschreibt er auf seiner ersten längeren Italienreise 1938 Rom als den uneingeschränkten Höhepunkt. Insbesondere Tivoli und die umgebende Campagna scheinen es ihm sehr angetan zu haben. Von einer theologisch-religiösen Anregung finden wir jedoch keine Spur.

Die Urteile der anderen großen Marburger sind kaum vorteilhafter. Rudolf Otto ist neben Rudolf Bultmann der berühmteste Marburger Theologe des 20. Jahrhundert. Aus Einflüssen der Philosophen Fries und Kant sowie aus der Theologie Luthers und Schleiermachers entfaltet er ein theologisches Denken, das liberale Anliegen aufnahm, aber zugleich mit dem Insistieren auf dem religiösen Gefühl und dem Erleben des Heiligen darüber hinaus geht. Sein Buch »Das Heilige« dürfte zu den meistgelesenen theologischen Büchern in deutscher Sprache zählen.

Von Rudolf Otto wissen wir, dass er sich mehrfach in Italien aufgehalten hat. Der nachweislich längste Aufenthalt ist sehr viel früher als bei Bultmann zu datieren, in den Zeitraum von März bis Juli 1911. Dabei gelangt Otto natürlich auch nach Rom. Was er in Rom erlebt und was er über Rom gedacht hat, behält er für sich. Die Quellen schweigen. Seinem Freund Birger Forell, der in Rom weilt, schreibt er aus Marburg: »Sag dem Papst, er soll heiraten, und alle Probleme wären gelöst.«[28] Das ist ein bemerkenswert salopper Vorschlag, zumal für jemanden, der wie Rudolf Otto zu einem Vorläufer ökumenischer Verständigung und des interreligiösen Dialogs wurde.

Interessanter ist freilich dies: Für den großen Denker des Heiligen spielt die ewige Stadt keine Rolle. Man kann dies nicht damit erklären, dass Ottos Religionsphilosophie Kant-Friesscher Prägung an konkreten Erscheinungsformen des Heiligen kein Interesse hätte. Das Gegenteil ist der Fall. Otto hat auf seinen vielen Reisen stets auch eine Phänomenologie des Heiligen im Sinn und hat gerade damit in der Religionswissenschaft eine große Wirkung entfaltet. Zum Entsetzen seiner Kritiker konnte er dabei außerordentlich konkret werden und über die Numinosität des Ulmer Münsters oder der Aufführungen des Berliner Bachchores räsonieren. Rom selbst allerdings

27 K. Hammann, Rudolf Bultmann. Eine Biographie, 2. Aufl., Tübingen 2009, 338.

28 Rudolf-Otto-Nachlass, Universitätsbibliothek Marburg, MS 797/52.

lässt ihn kalt, es kann in ihm keine Divination des Heiligen in den sinnlichen Erscheinungen auslösen.

Einen weiteren prominenten protestantischen Gast kann Rom 1925 begrüßen. Paul Tillich kam im Herbst 1924 nach Marburg als außerordentlicher Professor.[29] Tillich selbst hat über seine Marburger Zeit keine großen Auskünfte gegeben. Was wir wissen, wissen wir vor allem aus der Autobiographie seiner Frau Hannah – ein Buch, das in seinem Wert als historische Quelle mit einiger Vorsicht zu genießen ist. Tillich freundet sich mit Rudolf Otto an und erhält von diesem eine Reihe von Anregungen für eine Italienreise, der Ordinarius Otto unterstützt den finanziell klammen, außerordentlichen Professor Tillich sogar mit Geld. Auch hier erfahren wir nichts darüber, ob bei der geplanten Italienreise Rom ein besonderer Stellenwert zukam. Dort waren Tillichs jedenfalls. Doch nach grandiosen Elogen zum Golf von Neapel merkt Hannah Tillich zu Rom an: »In Rom gelangte durch einen seltsamen Glücksfall (vergessene Tantiemen) etwas Extrageld in unsere Hände. Damit leisteten wir uns sofort eine Wagenfahrt durch den Park, ein anständiges Essen, und kauften Hunderte von Alinari-Fotografien von all den Kunstwerken, die uns auf der Reise beeindruckt hatten. Paulus benutzte dieses Material später oft in seinen Vorlesungen.«[30] Theologisch ergiebig ist das nicht. Man kann diese Anmerkung so verstehen, dass auch auf ihn der kulturelle Reichtum Roms besonders gewirkt hat; vor allem das antike Rom, genauer die Mosaiken des antiken Rom scheinen es ihm angetan zu haben. Für unseren Zusammenhang ist dabei vor allem dies bemerkenswert. Tillich konnte theoretisch durchaus über Rom als Konstrukt einer heiligen Stadt und eines heiligen Raumes immerhin an einigen Stellen Anmerkungen machen, in seiner realen Begegnung mit der Stadt scheint dies alles jedoch keine Rolle mehr gespielt zu haben. Wir stoßen hier also auf eine ganz ähnliche Sachlage wie bei Otto.

Der Versuch, diese Marburger Romimpressionen zu interpretieren, führt auf dünnes Eis. Zu sporadisch, zu individuell kontingent erscheinen diese spärlichen Anmerkungen. Und doch ist der Gesamtbefund bemerkenswert. Ranghohe protestantische Theologen kommen

29 Über den aktuellen Forschungsstand informiert W. Schüßler/E. Sturm, Paul Tillich. Leben – Werk – Wirkung, Darmstadt 2007. Tillichs Romauftenthalte finden darin keine Erwähnung.

30 Hannah Tillich, Ich allein bin. Mein Leben, Gütersloh 1993, 112.

in Rom nicht über den mit dem Baedeker bewaffneten Touristen hinaus. Theologisch ist dies gerade im Falle von Otto und Tillich durchaus bemerkenswert, denn von ihren Theorien über das Heilige oder über die Prinzipien der konfessionellen Ausprägungen von Religion hätte man eigentlich auch anderes erwarten können. Dieses beredte Schweigen ist ein auffälliges Indiz dafür, dass Rom seine Strahlkraft für die Ausbildung protestantischer Identität verloren hat. Diese speist sich, und das ließe sich je auf seine Weise bei Bultmann, Otto und Tillich zeigen, aus anderen Quellen als der kulturprägenden Bedeutung der Religion. Im 19. Jahrhundert konnte sich genau aus diesem Grunde protestantische Identität an der ewigen Stadt Rom abarbeiten und an ihr das eigene Profil schärfen. Bultmanns, Ottos und Tillichs theologisches Schweigen über Rom ist dann doch mehr als ein seltsamer Umstand. Es ist der Beleg für das Verschwinden spezifisch kulturprotestantischer Identität.

Doch vollzieht sich auch im 19. Jahrhundert der Vorgang kulturprotestantischer Identitätsbildung in Rom subtiler und komplexer. Hier sei noch einmal an das Fazit des obigen ersten Teils erinnert. Die Auffassung, dass die konkrete Begegnung mit dem katholischen Rom, die protestantische Identität im eigentlichen Sinne bekräftigt, klingt in antikonfessioneller Zuspitzung oftmals so: Wer Rom sieht, muss evangelisch werden. Zweifelsohne haben wir es hier mit subkutanen Ausläufern des Mythos von Luthers Romreise zu tun. Für eine Beschreibung liberal-protestantischer Rombilder taugt die These nicht. Sie trifft schon nicht einmal auf Rothe zu, denn er verarbeitet seine Romeindrücke durchaus auch produktiv zu einem inneren Zusammenhang von Religion und Kultur. Bei Karl von Hase und Ernst Benz geht es sogar soweit, dass liberale Protestanten in Rom konkrete liberale Impulse aufnehmen. Diese Verbindung zwischen Modernismus und liberaler Theologie scheint theologiegeschichtlich für unseren Zusammenhang das interessanteste Feld zu sein, auf dem es noch einiges zu ernten gäbe.

Dietrich Bonhoeffer und sein Erleben der Stadt Rom

Fulvio Ferrario

Dietrich Bonhoeffer war dreimal in Rom. Seine erste Reise, die er im April und Mai 1924 in Begleitung seines Bruders Klaus unternommen hat, ist auch die einzige dokumentierte, und zwar durch ein Tagebuch und eine Reihe von Briefen.[1] Ich werde mich also in meinem Beitrag hauptsächlich mit diesem Aufenthalt beschäftigen. Die zweite Reise fand in Begleitung von Eberhard Bethge zwischen Ende August und Anfang September 1936 statt, im Anschluss an die Teilnahme an einem ökumenischen Treffen in der Schweiz.[2] Schließlich begab sich der Theologe mit seinem Schwager Hans von Dohnanyi vom 3. bis zum 10. Juni 1942 zum dritten Mal nach Rom.[3] Ziel der Reise: ge-

1 Die Zahlenangaben, die im Haupttext in Klammern erscheinen (um den Anmerkungsapparat schlank zu halten), beziehen sich auf die Seitenzahlen im Tagebuch Bonhoeffers sowie in den Briefen aus Italien und aus Afrika in DBW 9, 81–136 (vgl. jetzt auch die italienische Ausgabe D. Bonhoeffer, Viaggio in Italia [1924], hg. v. F. Ferrario/M. Kromer, Turin 2010). Mit »DBW« wird hier und im Folgenden die Ausgabe »Dietrich Bonhoeffer Werke« (17 Bde., München 1986–99) abgekürzt. Insbesondere sind relevant: DBW 3. Schöpfung und Fall, hg. von M. Rüter/I. Tödt, München 1989; DBW 8. Widerstand und Ergebung. Briefe und Aufzeichnungen aus der Haft, hg. von Ch. Gremmels/E. Bethge/R. Bethge, München 1998; DBW 9. Jugend und Studium 1918–1927, hg. von H. Pfeifer, München 1986; DBW 10. Barcelona, Berlin, Amerika 1928–1931, hg. von R. Staats/H. Ch. von Hase, München 1991; DBW 14. Illegale Theologen-Ausbildung. Finkenwalde 1935–1937, hg. von D. Schulz, München 1998; DBW 16. Konspiration und Haft, hg. von J. Glenthöj/U. Kabitz/W. Krötke, München 1996.

2 Dafür gibt es nur einen Verweis in E. Bethge, Dietrich Bonhoeffer. Theologe – Christ – Zeitgenosse, München [5]1983 (im Folgenden abgekürzt: »DB«), 627, der auch in der Zeittafel von DBW 14, 1047 aufgegriffen wurde: Wir haben keine Briefe oder andere Dokumente über jene Reise. Sie wird jedoch in Briefen aus dem Gefängnis erwähnt, am 18. Dezember 1943 und am 23. Januar 1944.

3 DB 866f.; Zeittafel, DBW 16, 726. Von dieser Reise ist noch ein Fragment eines fingierten Tagebuches erhalten, das Bonhoeffer für Tarnungszwecke unmittelbar vor seiner Festnahme anfertigte, und zwar Februar-März 1943:

heime Gespräche, um Kontakte zwischen den Mitgliedern der Anti-Hitler-Verschwörung und der englischen Regierung zu knüpfen, und zwar durch die Vermittlung des Vatikans.

Die italienische Reise des Jahres 1924 ist in mehrerlei Hinsicht interessant. Die gute Dokumentation, die erhalten geblieben ist, wirft ein Licht auf einen Aspekt der Begegnung des zukünftigen Theologen mit dem römischen Katholizismus. Das ist jedenfalls das Element, das am deutlichsten hervortritt. Zweitens haben wir damit ein wichtiges Zeugnis für die Denk- und Kulturgeschichte der Zeit: Ein junger Vertreter des hohen Bürgertums, das die Katastrophe von 1918 überlebt hat und die Wirklichkeit aus der Perspektive der großen deutschen Kultur des 19. Jahrhunderts und des Kulturprotestantismus betrachtet. Gleichzeitig beweist der Achtzehnjährige, der erst zwei Semester seines Universitätsstudiums hinter sich hat, gegenüber dem Neuen und dem Andersartigen schon diejenige *curiositas*, die ein Hauptmerkmal seines späteren Denkens sein wird. Er ist auch imstande – und zwar auf sehr hohem Niveau –, seine Erfahrungen so zu bearbeiten, dass sie in ein durchaus strukturiertes Gefüge der Kulturgeschichte einzuordnen sind.

Es ist offensichtlich, dass der Sprössling der bürgerlichen Familie durch diese Bemühung den intellektuellen Konventionen der eigenen Umgebung seinen Tribut erweist, demjenigen also, was man denken, sagen und würdigen »muss«, um Teil dieses Milieus zu sein. Damit tut er jedenfalls gekonnt einen Stil kund, der die frühzeitige Aneignung des Verhaltenskodex jener Welt nachweist. Der junge Dietrich und seine Familie können es nicht wissen, aber das gesellschaftliche und kulturelle Universum, zu dem sie gehören, wird eine Krise erleben, die zu bewältigen sie nicht mehr in der Lage sind.[4] Texte wie das

DBW 16, 391–394, über Rom 393 f. Die politischen Auswirkungen der Reise sind von englischen Zeitzeugen dokumentiert worden, vor allem von der Kontaktperson Bonhoeffers in England, dem anglikanischen Bischof George Bell, DBW 16, 327–339.

4 Dies ist das Urteil des reifen Bonhoeffer, zum Beispiel in seiner Schrift von Weihnachten 1942, die für die engsten Freunde gedacht war, die mit ihm in die Verschwörung verwickelt waren: Nach Zehn Jahren, DBW 8, 20–39. Diese Einschätzung ist nie abgekoppelt von der tiefen Bewunderung für die Welt der bürgerlichen Werte, die aus dem 19. Jh. ererbt waren. In den dreißiger Jahren wird das bürgerliche Ideal oft derselben Kritik unterworfen, welcher Bonhoeffer auch den Kulturprotestantismus unterzieht. In den Jahren der Verschwörung hingegen wertet der Theologe ihre Leistung als unwiederholbar. Vgl.

römische Tagebuch des jungen Bonhoeffers erscheinen vor diesem Hintergrund wie ein Denkmal einer vergangenen Epoche der europäischen Kulturgeschichte.

1. Die Vorgeschichte der Reise

Der erste Verweis auf die Reise aus der Briefsammlung Bonhoeffers erscheint am 5. Februar 1924, in einem Brief an die Zwillingsschwester Sabine.[5] Dietrich wurde in Tübingen von einer Verletzung aufgehalten, die er sich bei einem Unfall beim Eislaufen zugezogen hatte. Die Eltern, besorgt um seinen Zustand, besuchten ihn zu seinem 18. Geburtstag (6. Februar). Bei dieser Gelegenheit äußerte Dietrich seinen Eltern gegenüber den Wunsch, ein Semester in Rom zu studieren. Im genannten Brief an Sabine bittet er seine Geschwister, das Mögliche auf der Ebene der »Familiären Diplomatie« zu unternehmen. Eine Woche später erklärt er seinen Eltern, wie billig es sei, in Rom zu studieren und welche konkreten Möglichkeiten in Aussicht stünden.[6] Das Thema wird am 18. Februar erneut angesprochen.[7] Diese fast fieberhafte Leidenschaft für Rom hat ihre Wurzel in der Familiengeschichte Bonhoeffers, vor allem beim Urgroßvater mütterlicherseits, Karl August von Hase (1800–1890), Professor für Kirchengeschichte in Jena, von dem es innerhalb der Familie hieß, er habe etwa zwanzig Reisen nach Rom unternommen sowie Freundschaften mit Persönlichkeiten wie Gregorovius und Thorvaldsen ge-

z. B. DBW 8, 349, wo diese Vergangenheit am Beispiel der Harnackschen »Geschichte der Preußischen Akademie« gepriesen wird; vgl. P. C. Bori, »Ti darò la tua anima come bottino«. Dietrich Bonhoeffer e la *Geschichte der Preussischen Akademie* di Adolf von Harnack, Annali di Scienze Religiose 1 (1996) 175–188.

5 DBW 9, 22 f., DB 84.

6 DBW 9, 78 f. Als mögliche Orte für das Studium benennt er die Gregoriana und das Pontificium Collegium Germanicum. Tatsächlich ist erstere Laien nicht zugänglich, geschweige denn Protestanten, und das zweite ein Priesterseminar, dessen Bewohner die Gregoriana besuchen. In der Tat wird Bonhoeffer in Rom Vorlesungen über Kirchengeschichte, wie er sie nennen wird, besuchen und zu schätzen lernen. Dabei muss es sich um Veranstaltungen zur Christentumsgeschichte handeln, die an der staatlichen Universität Rom angeboten wurden (DBW 9, 129 mit Anm. 2).

7 DBW 9, 79 f.

pflegt[8]. Auch sein Sohn, Karl Alfred (1842–1914), ebenfalls Theologe, war ein ausgezeichneter Kenner Roms.

Aus dem bereits erwähnten Brief an Sabine erfahren wir, dass sich die Eltern über einen möglichen Aufenthalt in Rom bei Axel von Harnack (1895–1974) erkundigt hatten, Sohn des großen Theologen, den dann Bonhoeffer am Tage seiner Ankunft in Rom auch antreffen wird (112). Am Anfang seines Tagebuches (81) beschreibt Dietrich die Schwierigkeiten, die bei der Vorbereitung auftreten, einerseits durch die Krankheit der älteren Schwester Ursel und andererseits durch die Absage einiger seiner möglichen Reisebegleiter. Schlussendlich wird er nur von seinem älteren Bruder Klaus begleitet werden, und auch das nur für einige Zeit. Er nimmt für seinen Aufenthalt einige Italienischstunden, die es ihm ermöglichen, nicht nur elementare Gespräche auf Italienisch zu führen, sondern auch an den Veranstaltungen der Universität teilzunehmen.

Die Zugreise, die über den Brenner führt, dauert 22 Stunden, sieben davon für die letzte Etappe zwischen Florenz und Rom. Der junge Mann ist stolz darauf, den Reiseführer von K. Baedeker memoriert zu haben.[9]

Schon die Anreise wurde von ihm mit Enthusiasmus erlebt: Beim Grenzübergang übermannte ihn fast die Ungeduld. »Die Phantasie fängt an, sich in Wirklichkeit zu verwandeln.« (81) Am späteren Abend konnte er einen wohltuenden Spaziergang durch Bologna machen (82). Von den Bekanntschaften, die er im Zug machen durfte, wurde eine für den weiteren Verlauf des Aufenthaltes von Bedeutung, nämlich diejenige mit dem Seminaristen Platte-Platenius, der für die Erforschung des Katholizismus Dietrichs bevorzugter Gesprächspartner sein wird. Die großen Hoffnungen, die er in seine Reise gesetzt hat, werden nicht enttäuscht werden. Bevor wir aber deren Erfüllung zu sehen bekommen, werfen wir kurz einen Blick auf das Rom, in dem die Gebrüder Bonhoeffer am 5. April 1924 um 14:20 Uhr ankommen.

8 Vgl. K. A. v. Hase, Erinnerungen an Italien in Briefen an die künftige Geliebte, hg. von M. A. v. Hase-Salto, Mainz 1992 (Originalausgabe Leipzig 1890); ders., Handbuch der protestantischen Polemik gegen die römisch-katholische Kirche, Leipzig 1862 (das Werk erlebte immerhin sieben Auflagen!), s. dazu auch den Beitrag von Jörg Lauster im vorliegenden Band.

9 K. Baedeker, Mittelitalien und Rom, 13. Auflage, Leipzig 1903.

2. *Rom im April/Mai 1924*

Der 6. April ist für Dietrich und Klaus ein besonderer Tag: Es ist der erste, den sie in Rom verbringen, dessen Vormittag sie der Besichtigung des Kolosseums und der Foren widmen. Auch für Italien ist es ein besonderer Tag. Es finden Wahlen statt. Mussolini ist bereits seit zwei Jahren an der Macht und kandidiert nun mit einer Liste, auf der auch Kandidaten anderer Parteien erscheinen. Sein Ziel ist es, sich von jeglicher kritischen Stimme zu befreien. Die Opposition (ein Teil der Liberalen, der Katholiken, sowie Sozialisten und Kommunisten) ist aber zerstritten. Andererseits vermeidet der Vatikan, schon mit Rücksicht auf das Konkordat, eine öffentliche Unterstützung des Partito Popolare (der katholischen Volkspartei). Im Gegenteil: Am 24. März beglückwünscht der Papst die faschistische Regierung zu ihrem Beschluss, das Kruzifix wieder in öffentlichen Räumen aufzuhängen und den katholischen Religionsunterricht wieder in der Schule einzuführen.[10] Der Druck der Schlägerbanden auf die gegnerischen Parteien wächst und beeinflusst allmählich das politische Klima. Die beiden Deutschen bekommen davon etwas mit, als sie die Aktivität der Truppen der faschistischen Propaganda beobachten.[11]

Dem Ausgang der Wahlen mit einem deutlichen Triumph der Regierungsliste folgen die Ermordung von Giacomo Matteotti und der Beginn der eigentlichen Diktatur der Faschisten.[12] Weder der Eifer der antretenden Regierung noch die Versuche der Opposition, etwas von der vom Krieg angeschlagenen italienischen Demokratie zu ret-

10 Allocuzione del S. Padre Pio XI. Pronunziata al Concistoro del 24 marzo 1924, La Civiltà Cattolica 75 (1924) II, 3–16, hier 10. Wenig später verurteilt der Papst jedoch die »Gewaltszenen zwischen Einwohnern des selben schönen und freundlichen Landes« (gemeint sind die Gewaltakte der faschistischen Squadracce), vor allem, wenn dabei »heilige Personen und Gegenstände« betroffen sind, die in enger »Beziehung zu den Angelegenheiten der Religion stehen« (11). Zum Verhältnis zwischen Vatikan, Faschismus und Wahlen des Jahres 1924 vgl. G. Sale, Fascismo e Vaticano prima della Conciliazione, Milano 2007, 101–139.

11 »Überall Autos mit Faschisten, die Flugblätter auf die Straßen warfen« (84).

12 Die Wahlen selbst wurden im Tagebuch nicht notiert, die Inauguration der neuen Legislatur hingegen schon: »Die Königsfamilie, Minister, darunter auch Mussolini fuhren in feierlichem Zug durch die Stadt zum Reichstag. Die Menge klatschte ohne suggerierte Begeisterung dem König zu, ein betender Mönch konnte im Augenblick, als der königliche Wagen vorbeifuhr, sein Gebet nicht beenden, sondern fing in rührender Begeisterung zu klatschen an« (105).

ten, erreichen aber die beiden jungen Studenten. Auch Beobachtungen zur italienischen Gesellschaft finden sich nur gelegentlich und gehen nicht tiefer als die Eindrücke eines Touristen, sei er auch kulturell informiert. Es ist nicht so, dass die Bereitschaft dazu fehlte, sich mit einer fremden Realität auseinander zu setzen, im Gegenteil: Diese war durchaus vorhanden und erwies sich als sehr lebendig, wie es auch die Anmerkungen zur Afrikareise bezeugen.[13] Aber die kurze Zeitspanne, die ihnen zur Verfügung steht, sowie die eher elementare Kenntnis der italienischen Sprache ermöglichen es den beiden letztlich nicht, einen mehr als oberflächlichen Kontakt mit der politischen und gesellschaftlichen Situation sowie mit dem Empfinden der lokalen Bevölkerung zu knüpfen.

Rom präsentiert sich Bonhoeffer noch nicht in der Tracht des urbanistischen Mythos des Faschismus.[14] Die Foren sind zum Teil noch bewohnt: »Das Kolosseum ist umwachsen, umrankt von üppiger Vegetation, Palmen, Zypressen, Pinien, Kräuter und allerlei Gras« (83). Gerade im Jahre 1924 begannen aber die Arbeiten für den Abbruch der Renaissance-Basilika S. Annunziata ai Pantani und der angrenzenden Gebäude. Im Anschluss wurde die ganze Gegend von Grund auf restrukturiert, um neuen Platz für die heutige Via dei Fori Imperiali zu schaffen, welche das Kolosseum und das Monument für Vittorio Emanuele II. verbindet und in faschistischer Zeit die Rückkehr zur Pracht der *Roma caput mundi* symbolisieren sollte.

Der Petersdom zeigte sich demjenigen in voller Pracht, der aus den Gassen des Borgo Pio hervorkam. Diese damalige Ansicht hat seine Majestät sicherlich besser inszeniert als die banal triumphalistische Perspektive, die von der später gebauten Via della Conciliazione erzeugt wurde. Diese letztere ist bekanntlich das Resultat der Aushöhlung eines ganzen Viertels, durch welche man dasjenige Ereignis feiern wollte, bei dem »Gott Italien und Italien Gott zurückgegeben wurde«, wie Pius XI. das Konkordat überhöhte.

13 Am 21. April begeben sie sich nach Neapel. Von hier aus erreichen sie mit der Fähre Palermo und gelangen nach einer Besichtigung Grigentis (heute Agrigento) an die Südküsten des Mittelmeers, wo sie unter anderem Tripolis und Tunis besuchen. Schließlich kehren sie über Syrakus, Paestum und Neapel nach Rom zurück.

14 Vgl. A. Giardina, Ritorno al futuro. La romanità fascista, in: ders./A. Vauchez, Il mito di Roma. Da Carlo Magno a Mussolini, Rom 2008, 212–296; R. Vidotto, La capitale del fascismo, in: ders. (Hg.), Roma capitale, Rom 2002, 379–413.

Verständlicherweise widmete Bonhoeffer seine ganze Aufmerksamkeit einerseits der Antike und andererseits dem »katholischen« – barocken – Rom. Die Stadt der Zeit nach dem Risorgimento, ein Werk der führenden Schichten des vereinigten Italiens, ließ er hingegen ganz unbeachtet.[15] Das gilt zum einen für die Via XX Settembre,[16] die von der Porta Pia an einer Reihe öffentlicher Ministeriumsgebäude des nun geeinten Staates entlang bis hin zum Monument für Vittorio Emanuele II. führt. Zum anderen gilt das auch für das Stadtviertel Prati, durch das man zwar den Petersplatz erreicht, das aber in den Notizen Bonhoeffers ungenannt bleibt.[17] Die antiklerikale Ideologie, die sich in Denkmälern und im Städtebau des späten 19. und des frühen 20. Jahrhunderts bekundet, bleibt gänzlich außerhalb des Gesichtsfelds Dietrichs.[18] Der liberale und bürgerliche Säkularismus, trotz seiner Bedeutung für die italienische Kultur der Zeit, kann das einmal feststehende Bild der Stadt und Italiens allgemein als Land unter der Vorherrschaft des Katholizismus nicht überdecken.

Während des ersten Teils ihres Romaufenthaltes wohnen die Bonhoeffers in einer Pension in der Via Lazio, in der Nähe der Porta Pinciana. Nach Angabe der Besitzerin kommen die beiden mit zwei Tagen Verspätung an, was »ihnen auch in Rechnung gestellt würde« (82)[19] – und für sie also keine gute Nachricht zu Beginn des Aufenthaltes darstellt. Dietrich beklagt außerdem den Umstand, dass die in der Miete einbegriffenen Mahlzeiten es nicht gestatten, die billigen

15 Für die städtebaulichen Entwicklungen vgl. M. Casciato, Lo sviluppo urbano e il disegno della città, in: Vidotto (wie Anm. 14), 125–172.

16 Zum Gedenken an den 20. September 1870, als das italienische Heer durch die »Breccia di Porta Pia« in die Stadt eindringen konnte und das päpstliche Rom besetzte.

17 Dort ragt zum Beispiel der eindrucksvolle Justizpalast empor (in Rom auch »Palazzaccio« genannt), in dem heute das italienische Kassationsgericht untergebracht ist und der sich als Symbol der säkularen und liberalen Gerichtsbarkeit gegenüber der Engelsburg erhebt. Diese wiederum beherbergte die Gefängnisse des päpstlichen Monarchen; von ihren Höhen stürzte sich Tosca herunter, die im antiklerikalen Werk Puccinis verewigt wurde. In diesem Zusammenhang ist auch von Interesse, dass bei dem Versuch Bonhoeffers, in die lokale Kultur einzutauchen, jegliche Aufmerksamkeit für die musikalisch-lyrische Tradition des 19. Jhs. fehlt. Sein ganzes musikalisches Interesse (das bei ihm bekanntlich ausgeprägt war) gilt stattdessen dem liturgischen Gesang.

18 Nicht einmal das Denkmal, das auf dem Campo de' Fiori zu Ehren von Giordano Bruno errichtet wurde, findet Erwähnung, im Gegensatz zu Baedeker (wie Anm. 9), 239.

19 »Che fara prezzo«. Falsch, eigentlich mit Akzent auf der letzten Silbe: farà.

und schmackhaften Angebote der römischen Gasthäuser zu genießen. Davon abgesehen wird aber das familiäre und zugleich kosmopolitische Klima der Pension von den zwei Deutschen geschätzt, eine gute Basis, um sich von dort aus ins Abenteuer zu begeben.[20]

Nicht weit entfernt von der Pension, im Corso Italia 29, wohnt eine gewisse Frau Jocca, eine mit einem Italiener verheiratete Deutsche. Diese wurde den zwei Jungen als Kennerin der Gegend empfohlen und von ihnen auch öfters besucht. Bei ihr hielten sie sich regelmäßig auf und beteiligten sich an der Gestaltung musikalischer Abende (103).

3. *Im Dialog mit der Antike*

Die Behauptung Plutarchs »Der große Pan ist tot« ist falsch. Das ist zumindest der erste Eindruck Bonhoeffers, als er am Tag nach seiner Ankunft vor dem Kolosseum steht (83). Abgesehen von der Faszination, die sicherlich von solch einem auf der Welt einmaligen Monument ausgeübt wird, das Bonhoeffer sich oft durch Nachbildungen erträumt und vorgestellt hatte, zeugt diese Aussage von einer gewissen naiv-kategorischen Voreingenommenheit.[21] Wer auf Grund des Tagebuchs zu bestimmen versucht, worin ganz konkret das »neue Leben« des Pans bestehe, wird einigen Schwierigkeiten begegnen. Bonhoeffer preist das »märchenhafte« (84) Panorama, das man vom Palatin erblickt, und beklagt die einschneidenden Eingriffe aus der Renaissance auf dem Kapitol, indem er auch »den gewaltigen Unterschied zwischen Antike und ihrer Wiedergeburt« (84) hervorhebt.[22] Einen analogen Eindruck wird er vom Pantheon schildern, wo »stil- und geschmacklose[r]« Päpste (84) ein Denkmal, das »von außen her so wunderbar einheitlich« (84) wirkt, im Inneren verwüstet haben.

20 In den Notizen vom 10. April (85) erwähnt Dietrich einen Russen, eine Italienerin, eine Griechin, eine Französin, zwei weitere aus ihrem Freundeskreis, ohne die Nationalität zu präzisieren und einen Russlanddeutschen. Ein sprachliches Babel also, wie er am folgenden Tag eintragen wird (86).

21 Es gab Ansichten des Forums auf Bildern im Klassenzimmer Bonhoeffers am Gymnasium Grunewald (DB 82).

22 Merkwürdigerweise hat Dietrich den anderen großen Eingriff der Neuzeit nicht kommentiert, nämlich den Bau des Monuments für Vittorio Emanuele II., das um 1900 zwar auf dem dem Forum entgegen gesetzten Hang des Kapitols erbaut worden war, aber in seiner bewussten Aufdringlichkeit kaum zu übersehen war.

Nur an einer Stelle geht der Dialog mit dem Erbe der Antike über diese Art von Bemerkungen hinaus. Es handelt sich aber nicht um ein römisches Denkmal, sondern um den Laokoon der Vatikanischen Museen. Die Eindrücke sind im Telegrammstil beschrieben, wodurch sie aber gerade umso einprägsamer werden: »Als ich da zum erstmal den Laokoon sah, durchfuhr mich tatsächlich ein Schrecken, denn er ist unglaublich« (89). Diese Bezauberung taucht 18 Jahre später wieder auf, als Bonhoeffer mit von Dohnanyi nach Rom zurückkehrt. Er wird sich auch im Gefängnis zweimal darauf zurückbesinnen. Im Brief vom 23. Januar 1944 schreibt er Bethge, der zu dieser Zeit in Italien als Soldat stationiert war: »Wenn du den Laokoon wiedersiehst, achte doch mal darauf, ob er [der Kopf des Vaters] nicht möglicherweise das Vorbild für spätere Christusbilder ist. Mich hat das letzte Mal [gemeint ist sein Aufenthalt des Sommers 1942] dieser Schmerzensmann der Antike sehr ergriffen und lange beschäftigt«.[23]

In seinen späteren Schriften gewinnt der Laokoon durch die Analogie an Bedeutung, mit welcher Bonhoeffer ihn mit der christlichen Deutung des großen Schmerzensmanns von Jes 53,3 zu identifizieren sucht, wie er in dem berühmten Lied von Adam Thebesius besungen wird. Im frühen Tagebuch taucht diese Parallele noch nicht auf. Dort wird der Laokoon im Gegenteil noch eher mit dem Apollo von Belvedere, dem »fabelhaften« Perikleskopf, »aber auch noch [mit] vielem andren« in Zusammenhang gebracht. Im Jahre 1924 ist Bonhoeffer also noch nicht der christozentrische Theologe aus der Zeit nach der Begegnung mit dem Werk Karl Barths, sondern immer noch der kulturprotestantische Student, der der Größe der antiken Kunst die gebührende Würdigung erweisen will. Zu Recht stellt Eberhard Bethge

23 DBW 8, 293. Der Abschnitt gibt die Eindrücke aus seiner Reise des Vorjahres wieder, die auch im fingierten Tagebuch aus dem Jahre 1943 (s. Anm. 3) erscheinen werden. »Haupteindrücke: der Laokoon – ist der Kopf des Laokoon etwa zum Vorbild späterer Christusdarstellungen geworden? Der antike ›Schmerzensmann‹. Es konnte mir niemand Auskunft geben; werde versuchen, dem nachzugehen. Merkwürdig, bisher hatte mir der Laokoon nie besonderen Eindruck gemacht« (DBW 16, 393). Diese letzte Bemerkung erscheint angesichts des Tagebuches von 1924 eigenartig. Auch aus dem Abschnitt aus dem Brief an Bethge kann man aber die Schlussfolgerung ziehen, dass die neuen Eindrücke während des Besuchs 1942 die Erinnerungen aus der Jugendzeit gänzlich gelöscht haben. Eine weitere und kürzere Anspielung auf den Laokoon findet sich in einem Brief vom 13. Februar 1944 (DBW 8, 323), wo das Werk dem Begriff der »edlen Einfalt« der antiken Kunst gegenübergestellt wird, so wie er von Winckelmann geprägt wurde.

fest, dass Klaus Bonhoeffer vor allem an der Antike interessiert sei und »dazu die Lust am Abenteuer« kundtue, dass sich Dietrich dagegen vor allem dem katholischem Rom zuwende.[24]

4. Die Faszination des römischen Katholizismus

Kehren wir jedoch zunächst zum Petersdom zurück. Die beiden besuchen die Basilika wenige Stunden, nachdem sie in Rom angekommen sind. Nach einer langen Wartezeit und nach Stunden intensiv gelebter Vorfreude muss Dietrich zugeben, dass der erste Eindruck anders ist, als er es sich vorgestellt hätte: »Immerhin ist man schon vom ersten Anblick überwältigt. Das Fehlen der Sitzbänke lässt die Architektonik viel gewaltiger erscheinen. Die Kuppel mit dem ›Tu es Petrus‹ ist das Erste, was einem aus der Größe klar zum Bewusstsein kommt, sonst ist eine einheitliche Anschau noch nicht zu bekommen« (83). Mit der großen Basilika führt er einen veritablen Dialog, der gewissermaßen den Leitfaden seines Romaufenthaltes darstellt:[25] Im sinnbildlichen Zentrum des Katholizismus sucht er einen Deutungsschlüssel, um in eine religiöse Welt einzudringen, die ihm eigentlich fremd ist, die ihn aber im Grunde vom ersten Moment an fasziniert hat und ihn im Innersten herausfordert.[26] Den Höhepunkt dieser Auseinandersetzung stellt sein Besuch der Feierlichkeiten der Karwoche dar. In der Messe zu Palmsonntag sind es sicherlich die klaren Stimmen des Chors, die ihn beeindrucken, aber noch tiefer wirkt auf ihn der Anblick der vielen Geistlichen, die konzelebrieren oder jedenfalls an der Liturgie mitwirken: »Fabelhaft wirkt die Universalität der Kirche« (88).[27]

24 DB 85.

25 Auf dem Rückweg von seiner Afrikareise bemerkt er, dass für ihn die Erwähnung St. Peters nicht nur die Kirche bezeichnet: »Nein, es war ganz Rom, was sich in St. Peter eben am Klarsten zusammenfassen lässt« (102). Und im Moment des Abschieds von der Stadt: »Als ich aber zum letzten Mal St. Peter sah, da wurde es mir etwas schmerzlich ums Herz und ich stieg schnell in die Elektrische und machte mich davon« (111).

26 Es wurde sogar die etwas übertriebene Frage gestellt: »Warum aber ist er nicht konvertiert?« Vgl. F. Schlingensiepen, »Rom, Ziel lebenslänglicher Sehnsucht«, in: J. Außermair/G. M. Hoff (Hg.), Dietrich Bonhoeffer – Orte seiner Theologie, Paderborn 2008, 31–43, hier 35.

27 Er meint sogar, im Chor kastrierte Jugendliche zu erkennen, was aber seit Jahrzehnten nicht mehr der Fall war. Auch später ist Bonhoeffer noch davon überzeugt, dass die Kastraten einen »Orden« bilden, »die in alle Chöre ein-

Der junge und aus einer *Landes*-kirche stammende Protestant setzt sich also mit einer Katholizität auseinander, die die römische Kirche von sich vermitteln will. Sie wird zwar sofort als »sehr ideal« (88) erkannt, dennoch übt sie eine intensive Faszination aus. Noch zwei Tage später spricht Bonhoeffer über die Erfahrungen, die er an jenem Sonntag gemacht hat. Außer der Messe im Petersdom hat er auch die Vesper in der Kirche Trinità dei Monti besucht und blieb dabei vom Gesang der von ihm für Novizinnen gehaltenen Mädchen verzaubert, die aber sehr wahrscheinlich Schülerinnen der angrenzenden französischen Schule waren. So auch der anschließende Blick auf die Kuppeln der römischen Kirchen beim Gang zwischen Trinità dei Monti und der Terrasse des Pincio: »Der Tag war herrlich gewesen, der erste Tag, an dem ich etwas Wirkliches vom Katholizismus anfing, nichts von Romantik usw., sondern ich fange, glaube ich, an, den Begriff ›Kirche‹ zu verstehen« (89).[28]

Es ist zwar wahr, wie Bethge bemerkt, dass die Begegnung mit Barth seinen enthusiastischen Ton ziemlich dämpfen wird.[29] Man sollte aber mit Recht auch weiterhin die Zentralstellung des ekklesiologischen Schwerpunktes seiner ersten Werke sowie sein kritisches Interesse für den römischen Katholizismus hervorheben, die sicherlich der intensiven Erfahrungen seiner Jugendzeit geschuldet sind.

Dieser Aspekt kann zum Beispiel an der Frage der Beichte exemplarisch beobachtet werden. Am Montag, den 14. April begibt sich Bonhoeffer in die Basilika S. Maria Maggiore, wo eine Menschen-

zelne besonders hervorragende Sänger schicken« (92), was aber eben nicht der Realität der zwanziger Jahre des 20. Jhs. entspricht.

28 Vgl. auch S. 111, am vorletzten Tag in Rom: »Nachmittags wieder in St. Peter. Ich hatte es immer gehofft, in St. Peter noch einmal etwas Schönes zu erleben. Aber so habe ich es mir nicht erträumt, der Chor sang engelhaft, überirdisch schön, und als Gegenstrophe die ganze Gemeinde von St. Peter. Es war ein ungeheurer Eindruck. Noch einmal zum Schluss sah ich, was Katholizismus ist, und gewann ihn wieder herzlich lieb.«

29 Im Jahre 1927 organisierte Bonhoeffer in Berlin-Grunewald einen »Donnerstagskreis«, an dem die Teilnehmer je ein Referat halten mussten. Er nahm dabei das Thema der katholischen Kirche für sich in Anspruch (DB 92; Text in DBW 9, 579–584). Nachdem er noch einmal die Größe des römischen Katholizismus gebührend gewürdigt hat, fragt er: »Aber grad an all dem Großen entstehen daher schiere Bedenken. Ist diese Welt wirklich Kirche Christi geblieben? Ist sie nicht, statt auf dem Weg zu Gott ein Wegweiser zu sein, vielleicht zu einem Bollwerk mitten auf dem Weg geworden?« (583).

menge vor den Beichtstühlen Schlange steht.[30] Dort bekommt er einen erhebenden Eindruck von religiöser Ernsthaftigkeit, der sich deutlich vom stereotypen Bild des Katholizismus unterscheidet, das ihm im Kulturprotestantismus vermittelt wurde. Der zukünftige Theologe meint behaupten zu können, dass die Gläubigen, welche vor seinen Augen zur Beichte gingen, nicht nur ein zu erfüllendes Gebot beachten wollten, sondern wirklich einem spirituellen Bedürfnis nachgingen, das er sogar bei den Kindern beobachten konnte. Natürlich besteht immer die Gefahr skrupulös zu werden, was vor allem die eifrigsten Kirchgänger betrifft. Für »primitive Menschen« konstituiert die Beichte nach der Meinung des jungen Bonhoeffer die einzige Möglichkeit einen Dialog mit Gott herzustellen, »für religiös Weiterblickende die Vergegenständlichung der Idee der Kirche« (88 f.)[31]

In seiner Reflexion wird der Theologe Bonhoeffer öfters auf das Thema der Beichte zurückkommen.[32] Er stellt sich in die Tradition Luthers, indem er auch Gedanken aus der *Kurze(n) Vermahnung zur Beichte* des Großen Katechismus wiedergibt. Die aufmerksame Beobachtung der römisch-katholischen Praxis, die schon in dieser frühen Schrift aus seiner Jugendzeit erscheint, ist jedenfalls sicherlich eine wichtige Anregung für seine künftige Theologie und Beichtpraxis.

Den Gründonnerstag und den Karfreitag verbringt er fast ausschließlich in St. Peter (91 f.).[33] Der junge Theologe legt großen Wert

30 In der damaligen katholischen Frömmigkeit fiel die Teilnahme am Abendmahl unter den Laien wegen der eher rigiden Disziplin viel geringer aus als heute. Ein praktizierender Katholik empfing die Kommunion mindestens einmal jährlich, zumeist an Ostern, was den großen Zulauf zu den Beichtstühlen erklärt und Bonhoeffer schwer beeindruckt hat.

31 Bonhoeffer kehrt am folgenden Tag nach S. Maria Maggiore zurück, nicht so sehr wegen der künstlerischen Schönheiten, sondern eben wegen der Eindrücke dieser gelebten Glaubenspraxis. Er erkennt in der Menschenmenge auch einen Knaben wieder, den er schon am Tag vorher gesehen hat und der nun einen ziemlich bekümmerten Eindruck machte: »Offenbar hatte er etwas bei der vorigen Beichte vergessen ... oder der Vater erzieht das Kind zum Skrupulanten, das größte Verbrechen, was man an einem Kinde tun kann in kirchlicher Beziehung« (90). Später unterstreicht er den »gewaltigen Unterschied« zwischen Beichte und Beichtdogmatik, wobei dem katholischen Verständnis der ersteren eine erheblich größere Bedeutung zugeschrieben wird (94).

32 Über die Bedeutung der Beichte im Denken Bonhoeffers vgl. F. Ferrario, Dio nella Parola, Torino, 2008, 269 f. und 352, wo auch die entsprechenden Stellen besprochen werden.

33 Die Eintrittskarten für einen Platz in der Basilika sind von einem Kirchendiener Namens Eusebius besorgt worden, der vielleicht ein Verwandter des Se-

darauf, die Liturgie mit Hilfe eines Messbuches verfolgen zu können. Anfänglich glückt ihm das wenig. Später wird er sich dabei besser zurecht finden, auch dank der Hilfe von Platte-Platenius, der über ein aktuelles Messbuch verfügt, und der jedenfalls imstande ist, sich besser in einem Text zu orientieren, der dem Laien nicht unbedingt vertraut ist. Bonhoeffer aber weiß die Möglichkeit zu schätzen, dadurch eine Orientierung in den Feierlichkeiten haben zu können. In einem Brief an die Eltern (114) bemerkt er, dass in Deutschland die katholische Liturgie oft in einer »abscheulichen« Art abgehalten wird, was den nicht wohlunterrichteten Beobachter zu der Schlussfolgerung kommen lassen kann, dass auch die Texte ein ähnlich fragwürdiges Niveau aufweisen. In Wahrheit erscheinen sie, wenn sie »genau studiert« werden, »zum größten Teil wunderbar poetisch und klar, alle ausgehend von dem Hauptgedanken der Messe, dem Opfertod und dessen stetiger Wiederholung im Vollzug des Messopfers in der Kommunion«. Die Liturgie ist jedenfalls sehr beeindruckend »und oft kommt einem gegen die hiesigen Feierlichkeiten ... die protestantische Kirche wie eine kleine Sekte vor« (115).

Platte-Platenius ist zudem ein erfahrener Partner theologischer Debatten über die jeweiligen Konfessionen. Dietrich hatte sogar das Gefühl, der Seminarist wolle seinen Gesprächspartner bekehren, auch mit ausgeklügelten Argumenten, die sich unter anderem um die Angemessenheit der klassischen Metaphysik und der Gottesbeweise drehten sowie Versuche beinhalteten, keinen geringeren als Kant zu widerlegen. Bonhoeffer war von diesen Behauptungen ziemlich verärgert, die er als »die üblichen katholischen circuli vitiosi« (94) bezeichnet.

Der Karsamstag und die unermüdliche Pilgerreise ins Herz der katholischen Spiritualität führt Bonhoeffer zuerst in die Lateranbasilika, in der er an einem Ordinationsgottesdienst teilnimmt, bei dem sowohl Presbyter wie auch Kandidaten zu den anderen sechs Weihen ordiniert werden (93),[34] und nachmittags zieht es ihn in die armenisch-unierte Kirche, wo er an den Feierlichkeiten zur Auferstehung teilnimmt. Zu diesen Gelegenheiten zeigt sich der junge und musika-

minaristen Platte-Platenius ist, den die zwei Brüder auf der Hinreise kennen gelernt haben.

34 Zu Recht beobachten die Herausgeber von DBW 9, 93, Anm. 44, dass Bonhoeffer in seiner Beschreibung des Zeremoniells nicht die Handauflegung des zelebrierenden Bischofs erwähnt.

lisch äußerst begabte Student natürlich als aufmerksamer Zuhörer des liturgischen Gesangs. Sein enthusiastisches Urteil gilt dem Chor der Sixtinischen Kapelle, den er am Ostersonntag hören durfte. (Die Kapelle selbst wird von ihm übrigens anderswo zwar mit Begeisterung, aber doch nur beiläufig erwähnt.[35]) Nach dreieinhalb Tagen, die er gänzlich dem Besuch der Kirchen widmete, muss der Nachmittag des Ostersonntags, den er im Corso Italia 29 bei Familie Jocca verbringt und an dem unter anderem die Frühlingssonate von Beethoven gespielt wird,[36] eine willkommene Erholung vor seiner Sizilienreise gewesen sein.

Nach seiner Reise in den Süden und nachdem Klaus wieder den Weg zurück nach Deutschland genommen hat,[37] reduziert Dietrich den Rhythmus seiner Besuche liturgischer Feierlichkeiten drastisch. Das katholische Rom bleibt zwar weiterhin im Zentrum seiner Aufmerksamkeit, nun aber vor allem unter dem kunstgeschichtlichen Gesichtspunkt. Indem er getreu den Angaben Baedekers folgt,[38] besucht er und berichtet über zahlreiche Kirchen, ohne aber zu vergessen, regelmässig auf den Pincio zurückzukehren, eines seiner Lieblingsziele, um ein wenig Kant zu lesen (103) und um fürs Musizieren das Haus der Joccas aufzusuchen. Es ist offensichtlich, dass er bei der Planung seiner Romreise die Karwoche für eine vertiefte Auseinandersetzung mit dem Katholizismus bestimmt hat. Im übrigen hat ihm nicht einmal die päpstliche Audienz, an der er am Samstag, den 31.

35 Jedenfalls findet man in *Schöpfung und Fall* eine Erinnerung. Im Kontext der Auslegung von Gen 2,7 erwähnt Bonhoeffer das Fresko von der Erschaffung Adams: »Nicht hält die Hand Gottes den Menschen mehr in sich gefasst, sondern sie hat Ihn freigegeben und ihre schöpferische Kraft wird zur verlangenden Liebe des Schöpfers zum Geschöpf. Die Hand Gottes auf diesem Bilde der Sixtina enthüllt mehr Wissen über die Schöpfung als manche tiefe Spekulation.« DBW 3, 73.

36 »... ein merkwürdiger Eindruck, auf italienischem Boden ein so charakteristisch nicht italienisches Stück zu hören, gespielt mit italienischem Pathos und Leichtlebigkeit ...« (94).

37 Er lässt sich nun an der Via Quinto Sella 8 nieder, auf dem Weg zwischen Porta Pinciana und Hauptbahnhof.

38 Ein – aus heutiger Sicht – auffälliges Detail: In Bezug auf S. Luigi de' Francesi nennt Bonhoeffer den berühmten Matthäus-Zyklus von Caravaggio nicht, sondern spricht nur von Raffael und Guido Reni. Er meint dabei eine von Reni angefertigte Kopie eines Raffaelbildes, das in Bologna aufbewahrt wird (wie auch Baedeker [wie Anm. 9], 230 vermerkt). Caravaggio wird hingegen auch bei Baedeker erstaunlicherweise nicht genannt.

Mai teilgenommen hat, einen besonderen Eindruck hinterlassen (110).

5. Ein »römischer Protestantismus«?

Das Tagebuch Bonhoeffers ignoriert die protestantische Präsenz in Rom, sei es bezüglich ihrer Gemeinden oder der theologischen Fakultät der Waldenser.

Dieses Schweigen über den römischen Protestantismus kennt eine einzige, aber nicht ganz unwichtige Ausnahme. Am Nachmittag des 29. Mai, zu Christi Himmelfahrt, betritt der junge Mann den Sitz »einer kleinen Sekte«, wo er an einem Taufgottesdienst teilnimmt. Es handelt sich um die evangelisch-baptistische Kirche in der Via Lungaretta in Trastevere.[39] Zum Gottesdienst an sich erwähnt Bonhoeffer – allerdings lobend – nur den Chorgesang. Der zufällige Besuch der kleinen Gemeinde wird jedenfalls zur Gelegenheit, eine ausführliche Reflexion über das Landeskirchentum als kirchliche Form zu entfalten. Bonhoeffer fragt sich, ob der Protestantismus nicht gut daran getan hätte, eine »große Sekte« zu bleiben, um so die »jetzige Kalamität« verhindern zu können (109). Was er mit diesem letzten Begriff genau meint, ist schwer zu bestimmen. Sehr wahrscheinlich will er damit auf die Krise des Landeskirchentums nach dem Zerfall der Wilhelminischen Ära anspielen. Unter dem Etikett »Protestantismus«, fährt Bonhoeffer weiter fort, verberge sich heute oft reiner und schlichter »Materialismus«. Was im Protestantismus geschätzt wird, sei das Freidenkertum. Ein Verzicht auf die enge Bindung mit dem Staat hätte nach Bonhoeffer den Protestantismus vielleicht von diesem Prozess der Selbstsäkularisierung bewahren können. Auf alle Fälle stellt die Krise, die auf den Ersten Weltkrieg folgt, die Evangelischen Kirchen vor die Aufgabe, die Art und Weise ihrer Präsenz in der Gesellschaft neu zu durchdenken, und sich »jedenfalls, so bald

39 DBW 9, 109, Anm. 107 bestimmt den Ort als »n.[icht] i.[dentifiziert]«. Dass es sich um die Baptisten-Gemeinde an der Via Lungaretta handelt, lässt sich daraus erschließen, dass Bonhoeffer kurz davor die Kirche S. Maria in Trastevere verlassen hat, die sich nur einige Gehminuten von der Baptisten-Gemeinde des Viertels befindet. Am 29. Mai 1924 wurden in jener Gemeinde in der Tat zwei Taufen gefeiert. Vgl. die Nachrichten des baptistischen Organs, Il Testimonio 41 (1924) 246. Die Gemeinde ist zwar heute noch aktiv, aber das Taufregister dieser Zeit ist verloren gegangen.

wie möglich, ganz vom Staat [zu] trennen, vielleicht sogar mit Aufgabe des Rechtes des Religionsunterricht(s)« (110).

Während seines Romaufenthaltes nehmen also im Kontext der emotionsgeladenen Begegnungen mit der Majestät der Kirche des Papstes und durch die Anregungen aus dem Taufgottesdienst der kleinen evangelischen Gemeinde von Trastevere diejenigen Gedanken ihre ersten Konturen an, die Bonhoeffer sein Leben lang begleiten und faszinieren werden: Welche Kirche und welche Präsenz in der Gesellschaft? Im Hinblick auf welche Verkündigung?[40]

6. *Schlussbetrachtungen – Die Reise als Bildungserfahrung*

Die Tatsache, dass die italienischsprachige Literatur über Bonhoeffer dem römischen Aufenthalt des achtzehnjährigen Studenten einen grossen Stellenwert einräumt, erstaunt eigentlich wenig. Die Reise wird zudem oft in die Rubrik des »Bonhoeffer catholicus« eingeordnet, mitunter in etwas künstlicher Weise. Eine aufmerksame Lektüre seiner Briefe und seines Tagebuches zeigt in der Tat, dass spirituelle Erfahrungen und Beobachtungen, die hier nur skizzenhaft zum Tragen kommen, in der kurzen und intensiven Lebensgeschichte Bonhoeffers längerfristige Wirkungen haben werden.

Ich habe schon versucht einige spezifische Inhalte hervorzuheben. Zum Schluss möchte ich noch kurz einige Dimensionen des spirituellen Lebens andeuten, die hier deutlich hervortreten und die das spätere Werk Bonhoeffers kennzeichnen werden.

Sein Aufenthalt in Rom ist der erste einer langen Reihe von Reisen, die sein Leben fortan bestimmen werden. In den folgenden zwanzig Jahren kann man mindestens vier andere Aufenthalte im Ausland ausmachen, wenn man nur die bedeutendsten Erfahrungen mitzählen will: seinen Aufenthalt in Amerika 1931–32, sein Vikariat in Barcelona, seine pastorale Tätigkeit in London 1933–34 und die zwar kurze, aber intensive Reise nach Amerika im Sommer 1939, während der die Entscheidungen fielen, die das künftige Leben und das Ende Bonhoeffers bestimmten. Die Idee einer Reise nach Indien, um dort Gandhi zu begegnen und von seiner Theorie und Umsetzung des gewaltlosen Widerstandes zu lernen, wurde aber nie verwirklicht. Der acht-

40 Z.B. DBW 8, 405 und die gesamte Frage nach dem »nicht-religiösen Christentum«.

zehnjährige Student, der in die »Ewige Stadt« kommt, ist bestimmt stolz darauf, sich in die lange Reihe von deutschen Reisenden einfügen zu können, für die Rom die wichtigste Etappe ihrer *Grand Tour* war. Das Pathos der Reise als Abenteuer des Geistes, das diese Tradition schlussendlich bestimmt, wird auch von Bonhoeffer als solches erlebt. Die Spur der flüchtigen, aber stark andeutenden Beobachtungen, die Hinweise auf mögliche Suchspuren für weitere Nachforschungen und die vielen tiefen, aber nicht abgeschlossenen Reflexionen im Anschluss an genauso flüchtige Erfahrungen konstituieren ein zentrales Motiv des bürgerlichen Denkens des 19. Jahrhunderts, mit dem er sein ganzes Leben lang im Dialog stehen wird und das gerade in der Zeit der Anti-Hitler-Verschwörung wesentlich und zu einer tiefen Quelle geistiger Energie wird, aus welcher er schöpfen kann.

Im Zusammenhang mit dem Motiv der Reise ist es die Leidenschaft für das »Andere«, die Dietrich kennzeichnet. In Rom ist das »Andere« hauptsächlich mit dem Katholizismus zu identifizieren, wie bisher beobachtet.[41] Die Denkform Bonhoeffers wird immer von der Spannung der Auseinandersetzung mit einer radikal anderen spirituellen Erfahrung bestimmt werden. Diese wird vielleicht manchmal in stilisierten und überkritischen Begriffen beschrieben,[42] aber immer tief durchdacht, und zwar mit großer intellektueller Hingabe.

Das dritte Element, das in seinem Tagebuch deutlich hervortritt und das ich als Konstante seiner Weltanschauung und seines Glaubens besonders hervorheben möchte, ist die Musik als Eingangstor in die Welt des Geistes. Praktisch alle Beobachtungen über den Katholizismus (und, wie wir gesehen haben, auch die einzige Beobachtung über das konkrete Leben der evangelischen Kirchen in Italien) sind mit seinen musikalischen Erfahrungen verbunden. Nicht selten verflechten sich diese drei Elemente (Reise, Faszination des Anderen, Musik), wie zum Beispiel, als er Anfang der dreißiger Jahren in Amerika die Negro-Spirituals entdeckte und sich einige Platten kaufte, die dann in den Gängen von Finkenwalde erschallten.

Aus der Sicht einer globalisierten und dicht vernetzten Gesellschaft wie der unseren gehören die Elemente einer Reise und Begegnung mit dem Anderen, wie sie am Anfang des 20. Jahrhunderts gelebt wer-

41 F. Ferrario, Passione per l'altro. Bonhoeffer e il cattolicesimo, in: U. Perone/M. Saveriano (Hg.), Dietrich Bonhoeffer. Eredità cristiana e modernità, Turin 2006, 51–68.

42 Vgl. den Bericht für das Kirchenbundesamt, DBW 10, 262–280.

den konnten, deutlich einer untergegangenen Phase der westeuropäischen Kulturgeschichte an. In vielerlei Hinsicht gilt das auch für Bonhoeffers musikalische Erfahrungen: Die von der digitalen Technologie intensivierte »technische Reproduzierbarkeit« auch des Musikalischen hat dessen Beziehung zum Lokalen und zum Persönlichen radikal verändert. Auch und gerade diese kulturelle Entfernung trägt zu der Faszination bei, die die zerstreuten Notizen von der Romreise Dietrich Bonhoeffers auslösen: Erinnerungen an Lebenserfahrungen, die der Zeit eines Goethe oder eines Stendhal näher sind als der unseren.

Goethes Romerlebnis, das Christentum und die Kunst

Jan Rohls

Goethes Romerlebnis ist das Erlebnis einer Wiedergeburt. Wiedergeboren wird der Mensch und der Dichter der Klassik. Zwar war Goethe Rom schon seit Kindesbeinen vertraut durch die Bilder, die sein Vater von seiner Italienreise im Jahre 1740 mitgebracht und mit denen er den Vorsaal des Frankfurter Hauses geschmückt hatte. Auch konnte Goethe bereits als Straßburger Student erklären: »Paris soll meine Schule seyn, Rom meine Universität.«[1] Goethes italienische Reise steht in der Tradition der Romfahrten der Franzosen, Engländer und Deutschen seit dem 17. Jahrhundert. Aber sie ist nicht mehr nur eine Gelehrtenreise, die auf Wissenserweiterung abzielt, sondern in der Nachfolge Winckelmanns soll die Begegnung mit der Antike in Rom der Selbstbildung dienen. Zwischen der Italienreise Goethes, die am 3. September 1786 beginnt und am 18. Juni 1788 endet, und der Veröffentlichung der »Italienischen Reise« in den Jahren 1816 und 1817 – damals noch unter dem Titel »Aus meinem Leben. Zweiter Abteilung Erster und Zweiter Teil« – liegen allerdings fast dreißig Jahre. Die Publikation war als zweite Abteilung seiner Autobiographie gedacht, deren erste Abteilung 1814 unter dem Titel »Dichtung und Wahrheit« erschienen war. Erst die »Ausgabe letzter Hand« von 1829, die auch den ab 1819 entstandenen »Zweiten römischen Aufenthalt« enthält, gibt dem Ganzen dann den Titel »Italienische Reise«. Die Publikation des ersten Bandes der »Italienischen Reise« fällt in dasselbe Jahr 1816, in dem Goethe gemeinsam mit seinem Freund und künstlerischen Berater Johann Heinrich Meyer die Abhandlung »Neudeutsche religios-patriotische Kunst« veröffentlichte. Damit wird aber zugleich der zeitgeschichtliche Kontext deutlich, der ihn zur Publikation seiner Reiseerinnerungen gleichsam nötigte. Das,

1 Johann Wolfgang Goethe, Briefe, Hamburger Ausgabe, 4 Bde., 1962–1967, Bd. 1, 107.

was Goethe mit Rom verband und was ihn das Romerlebnis zu einem Erlebnis der Wiedergeburt werden ließ, drohte angesichts neuer Romerlebnisse romantischer deutscher Künstler in Vergessenheit zu geraten, so dass sich eine Erinnerung daran für den Weimarer Dichter geradezu aufdrängte.

1. Der Kontext der Publikation der »Italienischen Reise«

Das Romerlebnis zahlreicher deutscher Künstler im Jahre 1816 war ein anderes als dasjenige Goethes dreißig Jahre zuvor. Und auch Rom selbst hatte sich inzwischen verändert. Ein Jahr nach Goethes Romaufenthalt brach die Französische Revolution aus, und 1798 wurde nach der Gefangennahme Papst Pius' VI. durch Napoleon der Kirchenstaat in die Römische Republik verwandelt. Doch gelang es dem Nachfolger auf dem Heiligen Stuhl, Pius VII., 1800 wieder in Rom einzuziehen. Von 1802 bis 1808 wirkte der mit Goethe eng befreundete Wilhelm von Humboldt als preußischer Gesandter am Heiligen Stuhl in Rom. Am 25. November 1802 nahm er seine Residenz in der Villa Malta, wo bereits der dänische Bildhauer Berthel Thorvaldsen seit 1797 wohnte. Die Maler Joseph Anton Koch und Angelika Kaufmann gehörten zu den regelmäßigen Gästen des Salons, zu dem Wilhelm und Caroline von Humboldt einluden. Angelika Kaufmann, die schon früh die Erlaubnis von Kardinal Acquaviva di Aragona erhalten hatte, im Garten der Villa zu malen, war hier oft von Goethe besucht worden. 1789 hatte die Gräfin Anna Amalia von Sachsen-Weimar die Villa kurzzeitig angemietet, und im selben Jahr hatte Herder hier als ihr Gast Quartier bezogen. Als die Humboldts 1803 in den Palazzo Tomati nahe der Spanischen Treppe in der Via Gregoriana wechselten, zog der Sekretär der bayerischen Gesandtschaft in die Villa ein. 1805 folgte der für den bayerischen Kronprinzen tätige Kunstagent und Bildhauer Johann Martin Wagner, der sich fortan um ihre Verwaltung kümmerte und dafür sorgte, dass der bayerische König Ludwig I. die Villa Malta 1827 erwarb. Er war es auch, der ab 1814 die langwierigen Verhandlungen mit den päpstlichen Behörden um die Ausfuhr des Barberinischen Fauns nach München führte. Zu den Gästen in Humboldts neuem Domizil gehörten neben Angehörigen der Kurie Lucien Bonaparte, Kronprinz Ludwig von Bayern, die Bildhauer Thorvaldsen und Christian Daniel Rauch, der Architekt Karl Friedrich Schinkel, August Wilhelm Schlegel mit Madame de Staël sowie der von seiner Amerika-Expedition zurückkehrende Bruder Alexander. Am 23. August 1804 schreibt Wilhelm von Humboldt an Goethe:

Rom ist der Ort, in dem sich für unsere Ansicht das ganze Altertum zusammenzieht, und was wir also bei den alten Dichtern, bei den alten Staatsverfassungen empfinden, glauben wir in Rom mehr noch als alt zu empfinden, selbst anzuschauen. Wie Homer sich nicht mit anderen Dichtern, so läßt sich Rom mit keiner andern Stadt, römische Gegend mit keiner andern vergleichen. Es ist allerdings also das meiste an diesem Eindruck subjektiv, aber es ist nicht bloß der empfindende Gedanke, zu stehen, wo jener oder dieser große Mann stand. Es ist ein gewaltsames Hinreißen in eine von uns nun einmal, sei es durch notwendige Täuschung, als edler und erhabener angesehene Vergangenheit, eine Gewalt, der selbst wer wollte nicht widerstehen kann, weil die Öde, in der die jetzigen Bewohner das Land lassen, und die unglaubliche Masse der Trümmer selbst das Auge dahin führen ... Aber es ist auch nur eine Täuschung, wenn wir selbst Bewohner Athens oder Roms zu sein wünschten. Nur aus der Ferne, nur von allem Gemeinen getrennt, nur als vergangen muß das Altertum uns erscheinen.[2]

In Rom begegnet man Humboldt zufolge dem Altertum als einem besseren Land, von dem die moderne Welt durch das Christentum mit seinem Dualismus von Geist und Sinnlichkeit getrennt ist. Es war eindeutig das antike heidnische Rom, das der dem Humanitätsideal der Klassik verpflichtete Humboldt wie Goethe suchte und auch fand.

Doch schon wenige Jahre später wich das Interesse am paganen dem am christlichen Rom. 1809 wurde der Kirchenstaat von Napoleon aufgelöst und der Papst erneut gefangengesetzt. Im darauf folgenden Jahr ließ sich eine Gruppe deutscher Künstler in dem kurz zuvor säkularisierten Kloster San Isidoro in unmittelbarer Nähe zur Villa Malta nieder. Goethe selbst verwendet in seinem Briefwechsel mit Johann Heinrich Meyer den Begriff »Nazarener« für sie, während Johann Martin Wagner sie als »langhaarige Altkatholiken« tituliert. Die Mitglieder der Künstlergruppe haben sich selbst so niemals bezeichnet. Es handelt sich bei ihnen um einen Bund von Gleichgesinnten, die seit 1804 an der kaiserlichen Akademie der bildenden Künste in Wien studierten. Das Studium war geprägt vom Klassizismus, und es war der Antikensaal mit seinen Abgüssen antiker Statuen

2 Wilhelm von Humboldt, Briefe, ausgewählt von W. Rössle, München 1960, 262 f.

und Reliefs, der künstlerische Orientierung bot. Aber bereits 1808 schreibt Friedrich Overbeck an seinen Vater: »Das sklavische Studium auf den Akademien führt zu nichts. Wenn seit Raffaels Zeiten, wie man fast sagen kann, kein Historienmaler mehr gewesen ist, der so das Rechte gefunden hatte, so ist nichts andres Schuld daran als die *trefflichen Akademien*. Man lernt einen vortrefflichen Faltenwurf malen, eine richtige Figur zeichnen, lernt Perspektive, Architektur, kurz alles; und doch kommt kein Maler heraus. – Eins fehlt in allen neuern Gemälden, was aber wohl vielleicht Nebensache sein mag – *Herz, Seele, Empfindung*! Raffael hat vielleicht kaum so richtig gezeichnet wie mancher nach ihm, bei weitem nicht so schön gemalt als mancher andre – und doch reicht keiner ihm das Wasser. Wo soll man also dieses unerreichbar *Scheinende* suchen? – Da wo er es gesucht und gefunden hat – in der Natur und in einem reinen Herzen.«[3] Daher solle der junge Maler vor allem über seine Empfindungen wachen und keinen unreinen Gedanken in seine Seele lassen. Wie aber kann man sich davor bewahren? »Durch Religion, durch Studium der Bibel, die einzig und allein den Raffael zum Raffael gemacht hat.«[4] Die Lektüre der »Herzensergießungen eines kunstliebenden Klosterbruders« von Wackenroder und Tieck sowie Tiecks Roman »Sternbalds Wanderungen« hatten Overbeck und seine Wiener Studienkollegen zu diesem frommen Kunstverständnis motiviert. Am 10. Juli 1809 besiegelte man den Bruch mit der klassizistischen Tradition der Akademie, indem sechs gleichgesinnte junge Maler sich zur »St. Lukas-Brüderschaft« zusammenschlossen, zur ersten von Malern gegründeten Künstlergruppe der Geschichte überhaupt. Der wie Overbeck an der Wiedererweckung des Mittelalters interessierte Franz Pforr beschreibt die Szene:

> Wir gaben uns die Hände, und ein Bund war geschlossen, der hoffentlich fest bestehen soll. Dabei wurden wir einig, jedes Gemälde, das wir verfertigten, so gut es anginge, den versammelten Mitgliedern vorzustellen; fänden sie es nach einer unparteiischen Untersuchung für würdig, so sollte es mit einem Zeichen versehen werden. Dieses ist ein Blättchen, worauf ein heiliger Lukas ist, welches auf die Rückseite des Bildes befestigt wird.[5]

3 M. Howitt, Friedrich Overbeck. Sein Leben und Schaffen, 2 Bde., Freiburg i.B. 1866, Bd. 1, 71.

4 Ebd., 72.

5 Zitiert nach F. H. Lehr, Die Blütezeit romantischer Bildkunst. Franz Pforr, der Meister des Lukasbunds, Marburg 1924, 42.

Mit dem Malerevangelisten Lukas war so ein Künstlerorden gestiftet, der 1810 das Kloster San Isodoro bezog, wo Pforr als Meister und Overbeck als Priester verehrt wurden. Man richtete sich in den Mönchszellen ein, und die Maler wurden auch rein äußerlich zu Klosterbrüdern. 1811 schreibt Overbeck in sein Tagebuch: »Nur das ununterbrochene Herzens-Gebet ist im Stande, die Begeisterung festzuhalten; nur ein ordentlicher reiner und unsträflicher Lebenswandel gibt diejenige Ruhe des Geistes und Gemütes, die unumgänglich notwendig ist, um wahrhaft reine Werke hervorzubringen.«[6] In einem feierlichen Ritual wurden nach und nach neue Mitglieder in den Lukasbund aufgenommen. 1811 kam Peter Cornelius, 1813 Wilhelm Schadow, 1815 Philipp Veit, 1816 Carl Philipp Fohr und 1817 Julius Schnorr von Carolsfeld nach Rom. Der Bruch mit der neuzeitlichen Auffassung von der Autonomie der Kunst gipfelte 1813 in der Konversion der Protestanten Overbeck und Schadow zum Katholizismus.

Die Verbindung von katholischer Religiosität und glorifiziertem Mittelalter wird nirgends deutlicher als in dem letzten Bild des bereits 1812 mit 24 Jahren verstorbenen Pforr. Es handelt sich um ein auf eine Holztafel gemaltes Diptychon und trägt den Titel »Sulamith und Maria«. Erläutert wird das Bild durch eine Erzählung, die Pforr für seinen Freund Overbeck verfasste. Dargestellt sind die unterschiedlichen Frauenideale der beiden Maler. Pforr schwebt ein blondes, liebenswürdiges Mädchen vor Augen, »wie es Deutschland im Mittelalter hätte hervorbringen können.«[7] Overbeck imaginiert hingegen ein Wesen mit dunklen Haaren, »in der Mitte etwas Heiliges, Überirdisches; in Stellung und Gebärde etwas Geheimnisvolles – kurz ein Wesen, das man nicht bloß lieben, sondern das man anbeten könnte; dessen Anblick einen hinreißen könnte zu den heiligsten Gefühlen.«[8] In seiner Erzählung lässt Pforr zwei Malergesellen, Johannes und Albrecht, um das Schwesternpaar Sulamith und Maria werben. Im Bild verweist das Kreuz mit dem Immortellenkranz über Maria auf Albrecht alias Pforr, der seinen Tod bereits erwartet. Der in den Garten Sulamiths eintretende Johannes trägt hingegen die Züge Overbecks. Die Kammer Marias mit ihren Butzenscheiben steht für das mittelalterliche Deutschland, die hinter Sulamith sich ausbreitende

6 Howitt (wie Anm. 3), Bd. 1, 182.
7 Ebd., 85.
8 Ebd.

anmutige Landschaft für Italien. Pforrs Diptychon bildete dann die Grundlage für Overbecks 1812 angefertigten Karton »Sulamith und Maria«, das die beiden Gestalten zu einer innigen Einheit verbindet. Erst 1828 vollendete Overbeck dann das entsprechende Bild, dem er schließlich den Namen »Italia und Germania« gab.

Das eigentliche Ziel der Nazarener war die Erneuerung der Freskomalerei. 1814 schrieb Peter Cornelius an Joseph Görres:

> Jetzt aber komme ich endlich auf das, was ich, meiner innersten Überzeugung gemäß, für das kräftigste und ich möchte fast sagen unfehlbare Mittel halte, der deutschen Kunst ein Fundament zu einer neuen, dem großen Zeitalter und dem Geist der Nation angemessenen Richtung zu geben: dieses wäre nichts anders als die Wiedereinführung der Freskomalerei, so wie sie zu Zeiten des großen Giotto bis auf den göttlichen Raffael in Italien war.[9]

Nach dem Abzug der französischen Besatzungstruppen und der Rückkehr des Papstes in den restaurierten Kirchenstaat war Rom seit 1814 wieder vom Vatikan beherrscht. Die Lukasbrüder sahen sich jetzt als die eigentlichen Bewahrer der allein gültigen christlichen Kunst. In den Jahren 1815 bis 1817 erhielten sie von dem preußischen Generalkonsul in Rom, Jacob Salomon Bartholdy, den Auftrag, den Empfangsraum des von ihm bewohnten Palazzo Zuccari in unmittelbarer Nähe des Klosters San Isodoro mit Fresken zur biblischen Josephsgeschichte auszumalen. Mit Hilfe eines alten Handwerkers, der sich noch in der Freskotechnik auskannte, arbeiteten Overbeck, Veit, Schadow und Cornelius an dem Freskenzyklus, der den Nazarenern einen zweiten Auftrag einbrachte. 1817 bat der Marchese Carlo Massimo Overbeck und Cornelius, in seinem unweit des Lateran gelegenen Casino Massimo drei Räume nach Erzählungen von Dante, Tasso und Ariost auszumalen. Vollendet wurde der Zyklus schließlich von Joseph Anton Koch, Veit und Schnorr von Carolsfeld, da Overbeck sich entschlossen hatte, sich nur noch der religiösen Malerei zu widmen, und Cornelius 1819 an die königliche Kunstakademie nach München berufen wurde. Dem vorausgegangen war im Jahr zuvor ein Besuch des bayerischen Kronprinzen in Rom. Ihm zu Ehren veranstalteten die Nazarener ein Fest in der Villa Schultheiß, für das sie große Gemälde und die Dekoration entwarfen. Ein Bild zeigte die Arche der wahren Kunst, getragen von Raffael und Dürer, ein ande-

9 E. Förster, Peter von Cornelius, 2 Bde., Berlin 1874, Bd. 1, 154.

res die größten Kunstpfleger aller Zeiten, darunter Kaiser Maximilian und die Päpste Leo X. und Julius II.

Es ist das durch Mittelalter und Christentum geprägte Rombild der Nazarener, das Goethe dazu veranlasste, sein eigenes, ganz anders geartetes Bild der ewigen Stadt der literarischen Öffentlichkeit zu vermitteln. Die Kunst der Nazarener bezeichnete er in einem Brief an Sulpiz Boisserée als »neue frömmelnde Unkunst.«[10] Zwar hatte Goethe durch die Brüder Boisserée und deren in Heidelberg ausgestellte Sammlung altdeutscher Gemälde die mittelalterliche Kunst neu schätzen gelernt. Aber er wehrte sich dagegen, sie an Stelle der antiken Kunst zum Orientierungsmaßstab zeitgenössischer Malerei zu erheben. In dem von ihm inspirierten Aufsatz »Neudeutsche religios-patriotische Kunst« wendet sich Johann Heinrich Meyer, Goethes Berater in Fragen der bildenden Kunst, denn auch entschieden gegen die Nazarener. Den eigentlichen Anstoß zu deren Kunstverständnis erblickt Meyer in den »Herzensergießungen eines kunstliebenden Klosterbruders.«

Diese Schrift ... wurde in Deutschland wohl aufgenommen, viel gelesen und kam bald nach Rom, wo sie ohne Zweifel den größten Eindruck gemacht hat. Der Verfasser forderte mit eindringlicher Beredsamkeit zu wärmerer Verehrung der ältern Meister auf, stellte ihre Weise als die beste dar, ihre Werke, als sei in denselben der Kunst höchstes Ziel erreicht. Kritik wird als eine Gottlosigkeit angesehen, und die Regeln als leere Tändelei; Kunst meint er, lerne sich nicht, und werde nicht gelehrt, er hält die Wirkung derselben auf die Religion, der Religion auf sie, für völlig entschieden, und verlangt daher vom Künstler andächtige Begeisterung und religiöse Gefühle, als wären sie unerläßliche Bedingungen des Kunstvermögens. Und weil nun die alten Meister durchgängig diese Gemütseigenschaften sollen besessen haben, so werden sie deswegen als den neuern durchaus überlegen betrachtet.[11]

Dem »altertümelnden christkatholischen Kunstgeschmack« sei zwischen 1798 und 1803 auch August Wilhelm Schlegel zugetan gewesen.[12] 1803 sei dann sein Bruder Friedrich in der Zeitschrift »Europa« als »schriftlicher Lehrer des neuen altertümelnden, katholisch-christelnden Kunstgeschmacks« aufgetreten.[13] So sei die Malerei mit der

10 Johann Wolfgang Goethe, Gedenkausgabe der Werke, Briefe und Gespräche, hg. von E. Beutler, Zürich 1949, Bd. 21, 181.
11 Ebd., Bd. 13, 714.
12 Ebd., 715.
13 Ebd., 716.

Religion vermengt worden, aber diese Vermischung, »obgleich Geneigtheit für Katholizimus ankündigend, machte sich den Katholiken doch verdächtig, und mußte den Protestanten unerfreulich sein.«[14] Meyer ist überzeugt, dass allein die Orientierung an der alten griechischen Kunst zukunftsweisend sei, und hält damit wie Goethe strikt an dem Ideal des Klassizismus fest. Auch die von Overbeck favorisierte Wahl biblischer Themen bedeutet in seinen Augen einen Rückfall gegenüber dem Zeitalter der Aufklärung.

Hinsichtlich auf die Wahl der Gegenstände waltete in der Zeit, von welcher hier die Rede ist, noch kein Zwiespalt, es herrschte damals unter Liebhabern und Künstlern noch ein akatholischer, protestantischer, um nicht zu sagen unchristlicher Sinn. Treffliche Gemälde berühmter Meister wurden weniger hochgeschätzt, wenn sie religiose Gegenstände darstellten, und von Geschichten der Märtyrer wandte sich jeder der Geschmack zu haben vermeinte mit Abscheu; der immer mehr erkaltende Religionseifer hatte der Kunst fast alle Arbeiten für Kirchen entzogen und wo dieselbe zum Schmuck von Palästen etwas beitragen sollte, hielt man fröhliche, dem damals allgemein geltenden Schönheitsprinzip zusagende Gegenstände für die passendsten. Also zogen die Künstler den Stoff ihrer Darstellungen meistens aus der Mythologie, oder auch aus der Geschichte der Griechen und Römer.[15]

Sieht man die Veröffentlichung von Goethes »Italienischer Reise« auf diesem Hintergrund, so wird deutlich, dass der Weimarer Dichter mit ihr nicht nur sein an der Antike ausgerichtetes Rombild retten, sondern damit zugleich die Antike als Kunstideal rechtfertigen wollte. Dass die Nazarener von der »Italienischen Reise« alles andere als begeistert waren, versteht sich daher von selbst. 1816 hatte der Historiker Barthold Georg Niebuhr sein Amt als preußischer Gesandter in Rom angetreten, und 1817 bezog sein Privatsekretär, Christian Carl Josias von Bunsen, im Palazzo Caffarelli auf dem Kapitolshügel eine Wohnung, in der sich Gelehrte und Künstler trafen. Niebuhr berichtet in einem Brief an Savigny in Berlin, wie die Nazarener, damals gerade mit der Ausmalung der Casa Bartholdy beschäftigt, auf die gemeinsame Lektüre der »Italienischen Reise« reagierten:

Als wir geschlossen hatten für dieses Mal und wir noch über das Gelesene redeten, nahm Cornelius das Wort und sagte, wie tief es ihn bekümmere, dass Goethe Italien so gesehen habe. Entweder habe ihm das Herz damals nie geschlagen, das reiche, warme Herz, es sei erstarrt gewesen, oder er habe

14 Ebd.
15 Ebd., 710.

es fest gekniffen. So ganz und gar nicht das Erhabene an sich kommen zu lassen, das Ehrwürdige zu ehren; – aber das Mittelmäßige zu protegieren.[16]

2. *Die Reise nach Rom*

»Morgen abend also in Rom. Ich glaube es noch jetzt kaum, und wenn dieser Wunsch erfüllt ist, was soll ich mir nachher wünschen?«[17] So notiert Goethe am 28. Oktober 1786 in Civita Castellana. Danach verschlägt es ihm die Sprache, und erst am 1. November, am vierten Tag nach seiner Ankunft in der Hauptstadt des Kirchenstaates, kommt er zum nächsten Eintrag:

> Endlich kann ich den Mund auftun und meine Freunde mit Frohsinn begrüßen. Verziehen sei mir das Geheimnis und die gleichsam unterirdische Reise hierher. Kaum wagte ich mir selbst zu sagen, wohin ich ging, selbst unterwegs fürchtete ich noch, und nur unter der Porta del Popolo war ich mir gewiß, Rom zu haben.[18]

Rom empfand Goethe als jenen Mittelpunkt, zu dem es ihn im Weimarer Norden unwiderstehlich seit Jahren hingezogen hatte. Auf der italienischen Reise wuchs die Begierde stetig, so dass er sich nur drei Stunden in Florenz aufhielt, und erst, als er in Rom eingetroffen ist, fühlt er sich neugeboren und auf sein ganzes Leben beruhigt. Was er bereits als Kind auf den Kupferstichen seines Frankfurter Elternhauses gesehen hatte, wird nun Wirklichkeit. »Ja, ich bin endlich in dieser Hauptstadt der Welt angelangt!«[19] Goethe bedient sich der christlichen Wiedergeburtsmetapher, um sein Romerlebnis zu beschreiben. Aber die Metapher hat sich von ihrem christlichen Kontext gelöst, und es ist auch keineswegs das christliche, genauer gesagt das katholische Rom, dessen Erlebnis bei ihm die Wiedergeburt bewirkt. Es ist vielmehr das Rom der Antike und der Künste, das ihm neues Leben verleiht. Ihn interessiert denn auch nicht Rom als Machtzentrum des Kirchenstaates und damit der katholischen Welt, sondern Rom als Hauptstadt der Welt. Denn dass Rom genau das ist, Hauptstadt der Welt, daran lässt Goethe keinen Zweifel. Als er sich in Malcesine vor den venezianischen Beamten dafür rechtfertigen muss, dass

16 Johann Wolfgang von Goethe, Werke, Hamburger Ausgabe, Bd. 11, hg. von E. Trunz, München 1998, 580.
17 Ebd., 124.
18 Ebd., 125.
19 Ebd.

er den Turm des alten Schlosses zeichnet, erklärt er, »daß Rom, die Hauptstadt der Welt, von den Barbaren verwüstet, voller Ruinen stehe, welche hundert- und aber hundertmal gezeichnet worden.«[20] Es ist eindeutig Rom, die Hauptstadt der paganen antiken Welt und der Kunst, die Goethe in Bann schlägt.

Wie es um Goethes Verhältnis zum kirchlichen Christentum zum Zeitpunkt der italienischen Reise stand, lässt sich den Briefen der »Italienischen Reise« mühelos entnehmen. Von Karlsbad nach Waldsassen kommend, lobt er die köstlichen »Besitztümer der geistlichen Herren, die früher als andere Menschen klug waren.«[21] Auch im schön gelegenen Regensburg »haben sich die geistlichen Herren wohl bedacht.«[22] Nach dem Besuch einer Opern- und Tragödienaufführung im dortigen Jesuitenkollegium rühmt er die Klugheit der Gesellschaft Jesu. Wie ihr Orgelbauer und Bildschnitzer angehörten und »wie durch gefälligen Prunk sich ihre Kirchen auszeichnen, so bemächtigen sich die einsichtigen Männer hier der weltlichen Sinnlichkeit durch ein anständiges Theater.«[23] Goethe rühmt die Ehrfurcht einflößenden Kirchenanlagen des Ordens, der allerdings um der Wirkung auf das einfache Volk willen auch vor Abgeschmacktem nicht zurückschreckte. Doch Goethe weiß selbst dem noch eine positive Deutung zu geben. »Es ist dieses überhaupt der Genius des katholischen äußeren Gottesdienstes; noch nie habe ich es aber mit so viel Verstand, Geschick und Konsequenz ausgeführt gesehen als bei den Jesuiten.«[24] Besonders rühmt Goethe an den Jesuiten, dass sie im Unterschied zu anderen Orden, die inzwischen abgestumpfte Andacht dem Zeitgeist gemäß durch Prunk wieder aufstutzen. Man könnte vom Anfang der »Italienischen Reise« her vermuten, Goethe vermittle hier durchgängig ein positives Bild vom Katholizismus, zumal von der Societas Jesu. Doch das ist beileibe nicht der Fall. Kaum hat er den Brenner freudig überquert, betritt er in Trient eine Kirche, in der ein Bild von Elia Naurizio hängt, das die Konzilsversammlung zeigt, wie sie einer Predigt des Jesuitengenerals lauscht. »Ich möchte wohl wissen, was er ihnen aufgebunden hat«, so die jesuitenkritische Bemer-

20 Ebd., 32.
21 Ebd., 9.
22 Ebd., 10.
23 Ebd., 11.
24 Ebd.

kung Goethes.[25] Kurz darauf erzählt er von einer Begegnung mit einem Geistlichen, der über die Aufhebung des Ordens durch Clemens XIV. im Jahre 1773 klagt, eine Klage, die Goethe ungerührt kommentiert.

Das antike Italien, das er sucht, begegnet ihm zuerst in Gestalt des Amphitheaters in Verona, und in Verona hat er auch wieder Gelegenheit, sich erstmals über die christliche Malerei der Neuzeit zu beklagen. Er sieht dort in der Kirche S. Giorgio in Braida eine Reihe von Altarbildern unterschiedlicher Renaissancemaler zum Thema »Abendmahl«, die ihn zu dem Ausruf veranlasst:

> Aber die unglückseligen Künstler, was mußten die malen! und für wen! Ein Mannaregen, vielleicht dreißig Fuß lang und zwanzig hoch! Das Wunder der fünf Brote zum Gegenstück! was war daran zu malen? Hungrige Menschen, die über kleine Körner herfallen, unzählige andere, denen Brot präsentiert wird. Die Künstler haben sich die Folter gegeben, um solche Armseligkeiten bedeutend zu machen. Und doch hat, durch diese Nötigung gereizt, das Genie schöne Sachen hervorgebracht.[26]

Es sind die Gegenstände und Themen der kirchlichen Auftragsmalerei im katholischen Bereich, die Goethe abstoßen. Seine kritischen Bemerkungen zu Gemälden beschränken sich, da er seine Unkenntnis der malerischen Technik eingesteht, ohnehin auf die Bildgegenstände und deren Behandlung. An Tizians »Himmelfahrt Mariä« im Veroneser Dom findet er denn vor allem lobenswert, dass die aufwärts schwebende Himmelsgöttin nicht nach oben, sondern nach unten auf ihre zurückbleibenden Freunde blickt. Seinen Höhepunkt erreicht Goethes Kritik an der Malerei der Renaissance und des Barock im katholischen Italien auf der Reise von Ferrara nach Rom. In Cento, dem Geburtsort des Malers, sieht er Guercinos Bild »Noli me tangere«, entstanden Anfang des 17. Jahrhunderts. Sein Kommentar ist wieder zweischneidig:

> Sehr lieb war mir das Bild, den auferstandenen Christus vorstellend, der seiner Mutter erscheint. Vor ihm knieend, blickt sie auf ihn mit unbeschreiblicher Innigkeit. Ihre Linke berührt seinen Leib gleich unter der unseligen Wunde, die das ganze Bild verdirbt.[27]

25 Ebd., 26.
26 Ebd., 45.
27 Ebd., 102.

Goethe zeigt sich gerührt von dem stilltraurigen Blick, mit dem Christus Maria anschaut. Aber die Seitenwunde Christi stößt ihn ab. Zwei Marienbilder aus der Hand desselben Malers finden sein Wohlgefallen, doch die Gegenstände der sonstigen Bilder hält er für »mehr oder weniger unglücklich.«[28] Auch eine »Beschneidung Christi« von Guercino spricht ihn wegen der malerischen Ausführung an, die ihn den »unleidlichen Gegenstand« vergessen lässt.[29] Als Goethe in Bologna Guido Renis großes, 1616 vollendetes Auftragswerk »Madonna della Pietà« sieht, hält er auch hier bei aller Bewunderung für den Künstler mit der Kritik an dem vorgegebenen Gegenstand nicht zurück. »Indem der himmlische Sinn des Guido, sein Pinsel, der nur das Vollkommenste, was geschaut werden kann, hätte malen sollen, dich anzieht, so möchtest du gleich die Augen von den abscheulich dummen, mit keinen Scheltworten der Welt genug zu erniedrigenden Gegenständen wegkehren, und so geht es durchaus; man ist immer auf der Anatomie, dem Rabensteine, dem Schindanger, immer Leiden des Helden, niemals Handlung, nie ein gegenwärtig Interesse, immer etwas phantastisch von außen Erwartetes.«[30] Immer ist es auch das Leiden Christi, genauer Marias Beweinung des Leichnams Christi, das Goethe zu jenen Unsinnigkeiten rechnet, die zu malen die katholische Kirche die Künstler verpflichtete. Es ist der Aberglaube, der in seinen Augen auf diesen Bildern triumphiert. »Betrachte ich in diesem Unmut die Geschichte, so möchte ich sagen: der Glaube hat die Künste wieder hervorgehoben, der Aberglaube hingegen ist Herr über sie geworden und hat sie abermals zugrunde gerichtet.«[31]

Kurz nach Bologna macht Goethe die Bekanntschaft eines päpstlichen Offiziers, der ihn bis nach Perugia begleitet und mit dem er ins Gespräch kommt. Goethe erwähnt die Episode, weil sie in seinen Augen die völlige Unkenntnis der Italiener über den Protestantismus offenbart. Was die Protestanten über außereheliche Beziehungen zum schönen Geschlecht denken, ist dem Offizier ebenso unklar wie das evangelische Verständnis von Beichte und Buße. Auch glaubt er, dass Friedrich der Große in Wirklichkeit Katholik sei und vom Papst die ausdrückliche Erlaubnis erhalten habe, dies zu verheimlichen. Goethe führt all diese Fehl- und Falschinformationen auf die Politik der

28 Ebd.
29 Ebd., 107.
30 Ebd., 105.
31 Ebd., 106.

katholischen Priester zurück. Dementsprechend wundert er sich über »die kluge Geistlichkeit..., welche alles abzulehnen und zu entstellen sucht, was den dunkeln Kreis ihrer herkömmlichen Lehre durchbrechen und verwirren könnte.«[32] Kurz vor Rom, in Terni, ersetzt ein Priester den päpstlichen Offizier als Goethes Begleiter. Jetzt, nur noch zwei Tagesreisen von Rom entfernt, fasst der Protestant Goethe, vom Priester sofort als Ketzer erkannt, seinen Gesamteindruck vom Christentum zusammen:

Dem Mittelpunkte des Katholizismus mich nähernd, von Katholiken umgeben, mit einem Priester in eine Sedie eingesperrt, indem ich mit reinstem Sinn die wahrhafte Natur und die edle Kunst zu beobachten und aufzufassen trachte, trat mir so lebhaft vor die Seele, daß vom ursprünglichen Christentum alle Spur verloschen ist; ja, wenn ich mir es in seiner Reinheit vergegenwärtigte, so wie wir es in der Apostelgeschichte sehen, so mußte mir schaudern, was nun auf jenen gemütlichen Anfängen ein unförmliches, ja barockes Heidentum lastet.[33]

Die Geschichte des Christentums stellt sich Goethe so als eine Verfallsgeschichte dar, als sukzessiver Abfall zum Heidentum. Er erinnert sich dabei seines frühen Plans, ein Epos »Die Geschichte des ewigen Juden« zu verfassen und am Schluss mit der Petruslegende zu verbinden. Die in den »Petrusakten« überlieferte Legende lässt den Apostel aus seinem römischen Gefängnis fliehen und auf der Via Appia Christus begegnen. Auf die Frage des Apostels, wohin er denn gehe – »Quo vadis, Domine?« –, antwortet Christus, er gehe, um sich ein zweites Mal kreuzigen zu lassen. Beschämt begibt sich Petrus zurück in sein Gefängnis, um den eigenen Kreuzestod zu erwarten. In Abwandlung dieser Szene hätte Goethes Epos – Dostojewskis Erzählung vom »Großinquisitor« nicht unähnlich – mit der Wiederkunft Christi geendet, wobei er, »als er zurückkommt, um sich nach den Früchten seiner Lehre umzusehen, in Gefahr gerät, zum zweiten Mal gekreuzigt zu werden.«[34]

32 Ebd., 116.
33 Ebd., 123.
34 Ebd.

3. Die Wiedergeburt in Rom

Was Goethe, kaum in Rom angelangt, an Festen mitbekommt, enttäuscht ihn zutiefst. Vom Allerheiligenfest hatte er sich ein großes allgemeines Spektakel erwartet. Statt dessen feiert jeder Orden seinen eigenen Patron. An Allerseelen besucht Goethe in Begleitung von Tischbein die Messe des Papstes in dessen Hauskapelle im Quirinal. Doch auch hier wird der Kontrast zwischen der äußeren Pracht und dem Inhalt von Goethe kritisiert:

Mich ergriff ein wunderbar Verlangen, das Oberhaupt der Kirche möge den goldenen Mund auftun und, von dem unaussprechlichen Heil der seligen Seelen mit Entzücken sprechend, uns in Entzücken versetzen. Da ich ihn aber vor dem Altare sich nur hin und her bewegen sah, bald nach dieser, bald nach jener Seite sich wendend, sich wie ein gemeiner Pfaffe gebärdend und murmelnd, da regte sich die protestantische Erbsünde, und mir wollte das bekannte und gewohnte Meßopfer hier keineswegs gefallen.[35]

Goethe schließt dieser Kritik der schweigenden Messe eine Apologie des protestantischen Wortgottesdienstes an, insofern er auf den zwölfjährigen Jesus im Tempel verweist. Der habe »durch mündliche Auslegung der Schrift und in seinem Jünglingsleben gewiß nicht schweigend gelehrt und gewirkt; denn er sprach gern, geistreich und gut, wie wir aus den Evangelien wissen.«[36] Träfe Christus seinen Stellvertreter auf Erden so summend und wankend an, so würde er wohl gleichfalls erklären, dass er wiedergekommen sei, um ein zweites Mal gekreuzigt zu werden.

Es ist nicht die Kirche, sondern es ist die Kunst, die Goethe in Rom sucht, und nach einer Woche kann er erklären, dass seiner Seele »der allgemeine Begriff dieser Stadt« hervorgetreten sei.[37] Es ist zudem nicht das neue Rom der Päpste, sondern das alte pagane Rom, das er sucht. Doch er entdeckt auch:

Es ist ein saures und trauriges Geschäft, das alte Rom aus dem neuen herauszuklauben, aber man muß es denn doch tun und zuletzt eine unschätzbare Befriedigung hoffen. Man trifft Spuren einer Herrlichkeit und einer Zerstörung, die beide über unsere Begriffe gehen. Was die Barbaren stehen ließen, haben die Baumeister des neuen Roms verwüstet.[38]

35 Ebd., 127.
36 Ebd.
37 Ebd., 130.
38 Ebd.

Goethe begeistert zugleich die Tatsache, dass nicht nur das neue auf das alte Rom gebaut ist, sondern die verschiedenen Epochen des alten und des neuen Roms aufeinander. Gebäude um Gebäude erschließt er sich die Stadt. Am Cäcilienfest besucht er mit Tischbein die Sixtinische Kapelle, begeistert sich für Michelangelos Fresken und besteigt anschließend das Dach des Petersdoms. Als er von oben durch die Tür des Tambours nach unten in das Kircheninnere schaut, sieht er den Papst bei seiner Nachmittagsandacht. Lakonisch heißt es: »Es fehlte uns also nichts zur Peterskirche. Wir stiegen völlig wieder herab, nahmen in einem benachbarten Gasthofe ein fröhliches, frugales Mahl und setzten unsern Weg nach der Cäcilienkirche fort.«[39] Wie beim Petersdom ist auch bei S. Cecilia in Trastevere nur von dem Kunsteindruck, der musikalischen Aufführung in festlicher kirchlicher Umgebung, die Rede.

Trotz der Menge der Eindrücke, die auf Goethe einstürzen, weiß er zu gewichten. Die Sixtinische Kapelle, das Pantheon, der Apoll von Belvedere und einige kolossale Köpfe der Antike faszinieren ihn so, dass er darüber zeitweilig alles andere vergisst. Von Dezember an ist dann ständig von der Wiedergeburt die Rede, die die Begegnung mit der Kunststadt Rom für ihn bedeutet. Denn »an diesen Ort knüpft sich die ganze Geschichte der Welt an, und ich zähle einen zweiten Geburtstag, eine wahre Wiedergeburt, von dem Tage, da ich Rom betrat.«[40] Sein Vorbild bei der Aneignung Roms ist Winckelmann. Wie dieser versteht er die Stadt als die hohe Schule, die einen läutert und prüft. »Man muss«, so Goethe, »sozusagen wiedergeboren werden, und man sieht auf seine vorigen Begriffe wie auf Kinderschuhe zurück. Der gemeinste Mensch wird hier zu etwas, wenigstens gewinnt er einen ungemeinen Begriff, wenn es auch nicht in sein Wesen übergehen kann.«[41] Einige Tage später heißt es: »Die Wiedergeburt, die mich von innen heraus umarbeitet, wirkt immer fort. Ich dachte wohl, hier etwas Rechts zu lernen; daß ich aber so weit in die Schule zurückgehen, daß ich so viel verlernen, ja durchaus umlernen müßte, dachte ich nicht.«[42] Goethe sieht sich als einen Architekten, der noch gerade rechtzeitig entdeckt, dass sein Bau auf einem schlechten Fundament steht und ihn abreißt, um das Fundament zu veredeln. Diese

39 Ebd., 141.
40 Ebd., 147.
41 Ebd., 149.
42 Ebd., 150.

Neukonstitution der eigenen Persönlichkeit, die Wiedergeburt, ist nicht nur ästhetischer, sondern auch moralischer Natur. »Ja, es ist zugleich mit dem Kunstsinn der sittliche, welcher große Erneuerung leidet.«[43] Rom wird als ästhetisch-moralische Erzieherin erfahren, und zwar nicht das vorübergehende, vergängliche, sondern das bestehende, ewige Rom. Denn von Rom aus lässt sich die gesamte Geschichte anders begreifen als von jedem anderen Ort der Welt aus. Von hier ging die Weltgeschichte in Gestalt der Eroberer aus, und hierher kehrte sie in Gestalt der siegreichen Triumphatoren zurück.

Am 6. Januar 1787 berichtet Goethe dann wieder einmal von kirchlichen Dingen. Am Heiligen Abend sei man durch verschiedene Kirchen gestreift und habe in San Apollinare nahe der Piazza Navona Pastoralmusik gehört. Zum ersten Weihnachtstag sei man zur päpstlichen Messe in den Petersdom gegangen. Doch auch hier regt sich wieder der Protestant in Goethe. Vom Hochamt des Papstes heißt es:

> Es ist ein einziges Schauspiel in seiner Art, prächtig und würdig genug, ich bin aber im protestantischen Diogenismus so alt geworden, daß mir diese Herrlichkeit mehr nimmt als gibt; ich möchte auch wie mein frommer Vorfahre zu diesen geistlichen Weltüberwindern sagen: ›Verdeckt mir doch nicht die Sonne höherer Kunst und reiner Menschheit.‹[44]

Auch nachdem er am Dreikönigsfest der Messe im griechischen Ritus beiwohnt, deren Zeremonien ihm zwar einerseits stattlicher, strenger und nachdenklicher, aber andererseits auch populärer erscheinen, ändert sich nichts an Goethes ablehnender Haltung gegenüber dem katholischen Gottesdienst, ja, dem Katholizismus überhaupt. Ihm erscheint das alles als zutiefst unwahr.

> Auch da hab' ich wieder gefühlt, daß ich für alles zu alt bin, nur fürs Wahre nicht. Ihre Zeremonien und Opern, ihre Umgänge und Ballette, es fließt alles wie Wasser von einem Wachstuchmantel an mir herunter. Eine Wirkung der Natur hingegen wie der Sonnenuntergang, von Villa Madama gesehen, ein Werk der Kunst wie die viel verehrte Juno machen tiefen und bleibenden Eindruck.[45]

Religion verbindet sich für Goethe nicht mit dem kirchlichen Ritus, gegen den sich sein Protestantismus sträubt, sondern mit der Wahr-

43 Ebd.
44 Ebd., 156.
45 Ebd.

nehmung von Natur und Kunst. Er lässt es auch in den folgenden Briefen nicht an Kritik an der römischen Kirche fehlen. Am Dreikönigstag, dem Fest der Verkündigung des Heils an die Heiden, begibt er sich zum Palazzo di Propaganda Fide an der Piazza di Spagna, wo dreißig ausländische Seminaristen kleine Gedichte in ihrer jeweiligen Landessprache verlesen, was im Auditorium nur unbändiges Lachen erzeugt. Den losen Umgang der Römer mit dem Heiligen veranschaulicht Goethe an einer Anekdote, die von einem Besuch von Winckelmanns Freund Kardinal Albani bei einem zurückliegenden Dreikönigsfest berichtet. »Einer der Schüler fing in einer fremden Mundart an, gegen die Kardinäle gewendet: ›Gnaja! Gnaja!‹, so daß es ungefähr klang wie ›Canaglia! Canaglia!‹ Der Kardinal wendete sich zu seinen Mitbrüdern und sagte: ›Der kennt uns doch!‹«[46] Das Fest der Pferdeweihe an der Kirche S. Antonio Abate an der Piazza S. Maria Maggiore veranlasst Goethe zwar zu der religionsgeschichtlichen Bemerkung, dass alle Religionen, die ihren Kult oder ihre Spekulation ausdehnten, zuletzt dahin gelangen mussten, auch die Tiere in die geistlichen Begünstigungen einzubeziehen. Doch auch die Pferdeweihe wird aus ironischer Distanz wahrgenommen, und anderntags bezieht Goethe den Pfingstgeist eher auf den – wie er sagt – heiligen Kunstgeist und den Weingenuß.[47] Die Geistlichen, die ihn interessieren, sind solche, die entweder als Kunstsammler oder als Wissenschaftler tätig sind.

Noch in Rom macht sich Goethe Gedanken über die eigentümliche Lage der Stadt.[48] Wenig später in Neapel kann er erklären: »Man mag sich hier an Rom gar nicht zurückerinnern; gegen die hiesige freie Lage kommt einem die Hauptstadt der Welt im Tibergrunde wie ein altes, übelplaciertes Kloster vor.«[49] Goethe wird erst nach seiner Rückkehr von der Reise, die ihn nach Neapel, Kampanien und Sizilien führte, zu einem echten Römer. »Vorgestern bin ich glücklich wieder hier angelangt, und gestern hat der feierliche Fronleichnamstag mich sogleich wieder zum Römer eingeweiht.«[50] Der zweite römische Aufenthalt währt von Juni 1787 bis April 1788. Auch hier wird gleich anfangs die Abneigung gegen die Kirche spürbar. Denn es ist

46 Ebd., 160.
47 Ebd., 163.
48 Ebd., 165.
49 Ebd., 189.
50 Ebd., 350.

keinesfalls das zwar imposante, aber im Einzelnen abgeschmackte Fronleichnamsfest, das ihn begeistert, sondern die Besichtigung der Teppiche nach Raffaels Kartons zu Szenen aus der Apostelgeschichte, die an Fronleichnam der Öffentlichkeit gezeigt wurden. Die nunmehr häufige Anschauung der Kunstwerke empfindet Goethe als eine Reinigung des Geistes. Die Erinnerung an das Kunsterlebnis der Teppiche bleibt bei ihm so wach, dass er 1829 einen längeren Nachtrag einfügt. Bereits das Sujet der Bilder befriedigt Goethe im Gegensatz zu vielem anderen, was die christliche Malerei sonst so an Martyriumsszenen bietet. Denn Raffael malte »glücklicherweise solche Gegenstände, welche Christi Bezug zu seinen Aposteln, sodann aber die Wirkungen solcher begabten Männer nach dem Heimgange des Meisters vorstellten.«[51] Am 9. Juli berichtet Goethe von seinem Besuch von zwölf Kirchen mit ihren Altären am Vortag. Es häufen sich Besichtigungen von Kunstdenkmälern, oft in Begleitung von Angelika Kaufmann. Man streitet über die Vorzüge von Raffael, Michelangelo und Leonardo da Vinci.

Am 28. August 1787 schreibt Goethe begeistert von Herders Dialogen »Gott«, die ihn pünktlich zum Geburtstag erreichten. Angesichts der klerikalen katholischen Umgebung erscheinen ihm die »würdigen Gottesgedanken«, die der Weimarer Generalsuperintendent präsentiert, geradezu als Erlösung. »Es war mir tröstlich und erquicklich, sie in diesem Babel, der Mutter so vieles Betrugs und Irrtums, so rein und schön zu lesen, und zu denken, daß doch jetzt die Zeit ist, wo sich solche Gesinnungen, solche Denkarten verbreiten können und dürfen.«[52] Goethe zeigt sich höchst erfreut, auch Karl Philipp Moritz zu Herders neospinozistischem Gottesbegriff bekehren zu können. So heftig auch seine Kritik am römischen Katholizismus sein mag, ohne ein »Gefühl echter Gottesverehrung« vermag er sich das Leben nicht zu denken.[53] In Herders Buch findet er denn auch die »höchsten frommen Betrachtungen«, die eigentümlich kontrastieren mit dem, was er gleichzeitig bei der Prozession zum Fest des Hl. Franziskus wahrnimmt, bei der man das Blut des Verehrten herumträgt.[54] Als er kurz darauf den dritten Teil von Herders »Ideen zur Philosophie der Geschichte der Menschheit« zugesandt bekommt, erklärt er nach ei-

51 Ebd., 362.
52 Ebd., 387.
53 Ebd., 396.
54 Ebd., 405.

nigen abfälligen Bemerkungen über Lavater, den »Züricher Propheten«, gefolgt von Seitenhieben gegen Jacobi und Claudius: »Da ich keinen Messias zu erwarten habe, so ist mir dies das liebste Evangelium.«[55] Das ist es aber für Goethe, weil er Herders neospinozistischen Gottesbegriff teilt.

4. Die Erziehung durch Rom

»Wenn ich bei meiner Ankunft in Italien wie neu geboren war, so fange ich jetzt an, wie neu erzogen zu sein«, schreibt Goethe am 21. Dezember 1787 nach Weimar. Die Erziehung übernehmen die römischen Kunstwerke, die er unter Anleitung von Heinrich Meyer kennenlernt. 1789 veröffentlicht er im »Deutschen Merkur« einen längeren Aufsatz unter dem Titel »Über Christus und die zwölf Apostel nach Raphael von Marc Anton gestochen«, den er nach seinem Besuch in der Kirche SS. Vincenzo e Anastasio verfasst. Christus und die Apostel finden sich hier nach Zeichnungen Raffaels an den Pfeilern des Hauptschiffs in Lebensgröße und höchst individuell von Marc Anton farbig gemalt. Was Goethe besonders beeindruckt, ist die Tatsache, dass die Gestalten zwar alle höchst verschieden sind, aber dennoch in einer inneren Beziehung zueinander stehen. Auch der Christus kommt Goethes undogmatischer, nicht durch die orthodoxe Christologie geprägten Vorstellung besonders nahe. Denn Christus »wird wohl niemanden befriedigen, der die Wundergestalt eines Gottmenschen hier suchen möchte. Er tritt einfach und still hervor, um das Volk zu segnen.«[56] Besondere Würdigung erfährt auch Raffaels »Transfiguration«, damals noch in S. Pietro in Montorio. Goethe setzt sich über den alten Vorwurf einer doppelten Handlung – oben die Verklärung und unten die Heilung des fallsüchtigen Knaben – hinweg. Auf der unteren Hälfte sieht man ihm zufolge die verzweifelten, aber vergeblichen Versuche, den besessenen Knaben vom bösen Geist zu erlösen.

In diesem Augenblick erscheint der einzig Kräftige, und zwar verklärt, anerkannt von seinen großen Vorfahren, eilig deutet man hinauf nach einer solchen Vision als der Quelle des Heils. Wie will man nun das Obere und Untere trennen? Beides ist eins: unten das Leidende, Bedürftige, oben das

55 Ebd., 415.
56 Ebd., 451.

Wirksame, Hülfreiche, beides aufeinander sich beziehend, ineinander einwirkend.[57]

Es ist also in Rom die Kunst die Erzieherin Goethes nach seiner Wiedergeburt. Den römischen Festen hingegen vermag er wenig abzugewinnen, den geistlichen ebenso wenig wie dem römischen Karneval. Zwar widmet er dem römischen Karneval, in dem der Unterschied zwischen Hoch und Niedrig für einen Augenblick aufgehoben erscheint, eine eigene Abhandlung, die 1789 illustriert wird.[58] Aber am 1. Februar 1788 schreibt er: »Wie froh will ich sein, wenn die Narren künftigen Dienstag abend zur Ruhe gebracht werden. Es ist eine entsetzliche Sekkatur, andere toll zu sehen, wenn man nicht selbst angesteckt ist.«[59] Am Aschermittwoch dankt Goethe Gott und der Kirche für den Beginn der Fastenzeit, auch wenn er sich schließlich mit dem Karneval versöhnt, indem er einsieht, dass auch das scheinbare Chaos einer Ordnung unterworfen ist.[60] Die Begegnung mit der Kunst bedeutet auch insofern einen Einschnitt in Goethes Leben, als sie ihn zu der Einsicht führt, dass er zur Dichtkunst und nicht zur Malerei geboren ist. Die Fastenzeit kulminiert in der Karwoche, in der Goethe mit Philipp Christoph Kayser die Gottesdienste besucht, um die »famosen alten Musiken« zu hören.[61] Auch diese Gottesdienste sind für Goethe nicht mehr als Schauspiel, in der Fastenzeit in Violett statt in Rot bei den Kardinälen. Die ironische Distanz zur päpstlichen Messe in der Sixtina ist unüberhörbar: »Die Kapelle kenne ich recht gut, ich habe vorigen Sommer drin zu Mittag gegessen und auf des Papstes Thron Mittagsruhe gehalten und kann die Gemälde fast auswendig.«[62] Entscheidend ist für Goethe allein der a capella-Gesang, der »zum antiken Inventario der päpstlichen Kapelle und zu dem Ensemble der Michelangelos, des Jüngsten Gerichts, der Propheten und biblischen Geschichte einzig passe.«[63] Die Orgelbegleitung der menschlichen Stimme missfällt ihm hingegen, weil das Instrument sich nicht mit der menschlichen Stimme verbinde.

57 Ebd., 454.
58 Ebd., 484–515.
59 Ebd., 516.
60 Ebd., 519f.
61 Ebd., 519.
62 Ebd., 524.
63 Ebd., 525.

Am 14. März erwähnt Goethe im Zusammenhang der bevorstehenden Osterfeierlichkeiten erstmals die baldige Rückkehr nach Deutschland samt den Reiseplänen.

Die nächste Woche ist hier nichts zu denken noch zu tun, man muß dem Schwall der Feierlichkeiten folgen. Nach Ostern werde ich noch einiges sehen, was mir zurückblieb, meinen Faden ablösen, meine Rechnung machen, meinen Bündel packen und mit Kaysern davonziehn.[64]

Zumal auf die letzten acht Wochen seines Romaufenthalts blickt er befriedigt zurück. In ihnen habe er die höchste Zufriedenheit seines Lebens genossen, so dass er »nun wenigstens einen äußersten Punkt kenne, nach welchem ich das Thermometer meiner Existenz künftig abmessen kann.«[65] Und am Schluss des Briefes dann die denkwürdige Aussage: »In Rom hab' ich mich selbst zuerst gefunden, ich bin zuerst übereinstimmend mit mir selbst glücklich und vernünftig geworden.«[66] Kurz darauf blickt Goethe auf die gerade zurückliegende Karwoche zurück. Er nennt sie »die heilige Woche mit ihren Wundern und Beschwerden«; »besonders ist die Fußwaschung und die Speisung der Pilger nur durch großes Drängen und Drücken zu erkaufen.«[67] Goethe nimmt an den musikalischen Darbietungen von Mittwoch bis Karfreitag in der Sixtina teil, hört begeistert das neunstimmige »Miserere« des Gregorio Allegri und Palestrinas »Improperien«, jene Vorwürfe, die der gekreuzigte Gott gegen sein Volk erhebt und die Karfreitagmorgen gesungen werden. Und dann der Höhepunkt: »Der Augenblick, wenn der aller seiner Pracht entkleidete Papst vom Thron steigt, um das Kreuz anzubeten, und alles übrige an seiner Stelle bleibt, jedermann still ist, und das Chor anfängt: ›Populus meus, quid feci tibi?‹, ist eine der schönsten unter allen merkwürdigen Funktionen.«[68]

Aber selbst hier bleibt Goethe distanziert. Wohl weiß er die ästhetische Vollkommenheit des katholischen Ritus in der künstlerischen Umgebung der Sixtina zu schätzen. Doch der christliche Inhalt der rituellen Funktionen, das Passionsgeschehen, lässt ihn kühl.

64 Ebd., 528.
65 Ebd.
66 Ebd., 529.
67 Ebd., 530.
68 Ebd.

> Ich habe nach meinem Wunsch alles, was an den Funktionen genießbar war, genossen und über das übrige meine stillen Betrachtungen angestellt. Effekt, wie man zu sagen pflegt, hat nichts auf mich gemacht, nichts hat mir eigentlich imponiert, aber bewundert hab' ich alles, denn das muß man ihnen nachsagen, daß sie die christlichen Überlieferungen vollkommen durchgearbeitet haben. Bei den päpstlichen Funktionen, besonders in der Sixtinischen Kapelle, geschieht alles, was am katholischen Gottesdienst sonst unerfreulich erscheint, mit großem Geschmack und vollkommener Würde. Es kann aber auch nur da geschehen, wo seit Jahrhunderten alle Künste zu Gebote standen.[69]

Wem das Kreuz so wenig bedeutet wie Goethe, der findet auch zu dem Wunder der Auferstehung keinen rechten Zugang, so dass denn auch die Schlusssätze des Briefes, die sich dem von der Engelsburg herüber dringenden Osterlärm widmen, unverkennbar ironisch sind: »Soeben steht der Herr Christus mit entsetzlichem Lärm auf. Das Kastell feuert ab, alle Glocken läuten, und an allen Ecken und Enden hört man Petarden, Schwärmer und Lauffeuer. Um eilf Uhr morgens.«[70]

Es war die Kunst und gewiss nicht die Kirche, die in Rom die Erziehung Goethes übernommen hatte. Es ist denn auch nicht verwunderlich, dass Goethe bei der Komposition des zweiten römischen Aufenthalts einen Aufsatz von Karl Philipp Moritz »Über die bildende Nachahmung des Schönen« aus der gemeinsamen römischen Zeit einfügt. »Wenn man«, schreibt Goethe rückblickend in seinem abschließenden Bericht, »wie in Rom der Fall ist, sich immerfort in Gegenwart plastischer Kunstwerke der Alten befindet, so fühlt man sich wie in Gegenwart der Natur vor einem Unendlichen, Unerforschlichen.«[71] In der Kunst begegnen wir dem Unendlichen ebenso wie in der Natur, und weil es uns nicht gelingt, das Gefühl und die Anschauung des Erhabenen und Schönen in Worte zu fassen, kehren wir immer wieder zur schauenden und genießenden Betrachtung der Kunstwerke zurück. Goethe schreibt gerade dem Anblick der antiken Statuen eine humanitäre Wirkung zu, so dass er Rom in Weimar lebendig werden lässt durch gute Abgüsse. »Wenn man des Morgens die Augen aufschlägt, fühlt man sich von dem Vortrefflichsten gerührt; alles unser Denken und Sinnen ist von solchen Gestalten begleitet, und es

69 Ebd., 530f.
70 Ebd., 531.
71 Ebd., 545.

wird dadurch unmöglich, in Barbarei zurückzufallen.«[72] Einer der letzten Besuche Goethes vor dem Abschied aus Rom gilt der Akademie San Luca und dem dort aufbewahrten Schädel des bewunderten Raffael, von dessen Unechtheit man damals noch nichts wusste. Ebensowenig war ihm bekannt, dass das in der Akademie befindliche Werk, das den Evangelisten Lukas beim Malen der Muttergottes zeigt, nicht von Raffael selbst stammt.

Drei Nächte vor seiner Abreise nimmt Goethe feierlich Abschied von Rom. Es

stand der volle Mond am klarsten Himmel, und ein Zauber, der sich dadurch über die ungeheure Stadt verbreitet, so oft empfunden, ward nun aufs eindringlichste fühlbar. Die großen Lichtmassen, klar, wie von einem milden Tage beleuchtet, mit ihren Gegensätzen von tiefen Schatten, durch Reflexe manchmal erhellt, zur Ahnung des Einzelnen, setzten uns in einen Zustand wie von einer andern, einfachern, größern Welt.[73]

Goethe besteigt das Kapitol, geht die hintere Treppe hinab zum Forum Romanum und erschauert, als er vorbei am Triumphbogen des Septimius Severus auf der Via Sacra zum Kolosseum gelangt und in dessen Inneres blickt. »Alles Massenhafte macht einen eignen Eindruck zugleich als erhaben und faßlich, und in solchen Umgängen zog ich gleichsam ein unübersehbares Summa Summarum meines ganzen Aufenthaltes.«[74] Die heroisch-elegische Stimmung lässt in Goethe nicht nur den Wunsch nach einer eigenen Elegie aufkommen, sondern sie erinnert ihn auch an Ovid, der, ans Schwarze Meer verbannt, gleichfalls in einer Mondnacht trauernd von Rom Abschied genommen und dies in Versen festgehalten hatte:

Wandelt von jener Nacht mir das traurige Bild vor die Seele,
Welche die letzte für mich ward in der römischen Stadt,
Wiederhol' ich die Nacht, wo des Teuren so viel mir zurückblieb,
Gleitet vom Auge mir noch jetzt eine Träne herab.[75]

In der ersten Fassung der Darstellung des Endes seines römischen Aufenthalts von 1817 schreibt Goethe:

Bei meinem Abschied von Rom empfand ich Schmerzen einer eigenen Art. Diese Hauptstadt der Welt, deren Bürger man eine Zeitlang gewesen, ohne

72 Ebd., 546.
73 Ebd., 554f.
74 Ebd., 555.
75 Ebd., 556, zitiert Ovid, trist. I 3.

Hoffnung der Rückkehr zu verlassen, giebt ein Gefühl, das sich durch Worte nicht überliefern läßt. Niemand vermag es zu theilen als wer es empfunden.[76]

5. *Nachklänge der »Italienischen Reise«*

Goethes »Zweiter römischer Aufenthalt«, der dann als dritter Band der »Italienischen Reise« erschien, wurde zwar schon 1819 in Angriff genommen. Aber erst im August 1829 erschien die erste, im September die zweite Hälfte. Ende des Jahres erfolgte die Publikation des dritten Bandes zusammen mit den beiden ersten Bänden der »Italienischen Reise« in der »Ausgabe letzter Hand«. Im selben Jahr, und zwar im August 1829, bricht auf Goethes Spuren der soeben auf eine Professur in Jena berufene Theologe Karl Hase von Leipzig nach Italien auf. Über Bayreuth und München, Venedig, Genua und Florenz gelangt er mit seinem Freund noch vor Weihnachten nach Rom.

Das Gepäck im Hotel abgeworfen, fuhren wir sogleich den Corso entlang, stiegen am Fuße des Capitols aus und den Hügel hinan wie Triumphatoren. Auf dem Thurme des Senatspalastes lag die Stadt vor uns, nach Norden Mittelalter und Gegenwart, nach Süden die Trümmer der alten Welthauptstadt. Dann gingen wir hinunter aufs Forum an den Trümmern und Säulenhallen der alten Tempel vorüber, durch den Triumphbogen des Titus bis zum Coliseum. Es war kein Erstaunen über eine ungewohnte Größe, kein Schauer der Vergangenheit, auch kein Schmerz, dass sie vergangen sei; ich habe da gemerkt, was eine Freudenthräne ist, und ich dankte Gott herzlich dafür, dass er mich bis hierher geführt, und noch in jungen Jahren hierher geführt hat.[77]

Hase verbrachte einen Winter in Rom und betrachtete dabei aufmerksam das römische Kirchenwesen, ohne irgendetwas Theologisches zu studieren. Ihm schwebte damals auch eine Darstellung des römischen Katholizismus in einem großen Mittelalterroman vor, den er aber niemals zustande brachte.

Das, was Hase an Rom eigentlich interessierte, war der Genuss und das Verständnis der Kunst, und zwar der antiken wie auch der christlichen. »Eine großartige Gastfreundschaft bot der preußische Gesandte. Neben einzelnen Festen war man für jeden Mittwoch Abend

76 Ebd., 704.
77 Karl von Hase, Ideale und Irrthümer. Jugenderinnerungen, 5. Abdruck, Leipzig 1894, 214.

geladen, und traf da so ziemlich alles Bedeutende, was aus den verschiedenen Culturvölkern von Fremden eben in Rom war.«[78] Der preußische Gesandte am Heiligen Stuhl war zu dieser Zeit Christian Carl Josias Freiherr von Bunsen, der nach einem Studium der Theologie und Philologie in Marburg und Göttingen 1817 auf einer Bildungsreise nach Rom gelangt war, wo ihn der damalige preußische Gesandte Niebuhr als Sekretär gewonnen hatte. 1823 war er von Friedrich Wilhelm III. zum Nachfolger Niebuhrs ernannt worden. Im darauf folgenden Jahr übernahm der damals noch stark pietistisch geprägte Richard Rothe die Stelle des Gesandtschaftspredigers in Rom. Hier, in direkter Begegnung mit dem Katholizismus, gelangte er zu einer Revision seines bisherigen Bildes vom Christentum. Weder lässt sich in seinen Augen die von der Romantik betriebene Verklärung des mittelalterlichen Katholizismus halten noch als Alternative dazu die pietistische Konventikelfrömmigkeit verklären. Vielmehr könne das christliche Ideal des Reiches Gottes weder auf dem Wege der katholischen Kirche noch auf dem des pietistischen Konventikels, sondern nur im Medium des sittlichen Kulturstaates verwirklicht werden. Nach seiner Rückkehr nach Deutschland trat der gleichaltrige Erweckungstheologe Friedrich August Gottreu Tholuck 1828 für ein Jahr die Nachfolge Rothes als Gesandtschaftsprediger an. Der protestantische Gottesdienst fand nach wie vor in der Gesandtschaftskapelle im Palazzo Caffarelli auf dem Kapitol statt, wobei Bunsen im Rückgriff auf den antiken Gottesdienst an der preußischen Liturgie einige Änderungen vorgenommen und unter anderem den altkirchlichen Bruderkuss wieder eingeführt hatte. Trotz der Besuche der geselligen Abende in der preußischen Gesandtschaft blieb Hases Verhältnis zu Bunsen reserviert. »Bunsen erschien uns mit all seinem vielseitigen, immer präsenten Wissen stark pietistisch gestimmt, als sein Wort ›alle wahre Religion ist Christenthum' ihm nur in der engeren Deutung galt. Ich bin ihm damals, obwol durch Tholuck empfohlen, nicht näher gekommen.«[79]

Neben der preußischen Gesandtschaft war es der studentenmäßig lebende Kreis junger deutscher Maler und sonstiger Künstler, der den geselligen Rahmen während Hases Romaufenthalt bot. Man befreundete sich mit Friedrich Preller, dem von Goethe geförderten Maler,

78 Ebd., 216.
79 Ebd., 217.

der sich von 1827 bis 1831 auf einer Bildungsreise in Italien aufhielt. 1832 durfte er die berühmte Zeichnung des Weimarer Dichters am Sterbebett anfertigen und wurde im selben Jahr Professor an der »Fürstlichen freien Zeichenschule« in Weimar. Zum Kreis der Maler zählte auch der Philhellene Karl Wilhelm, Freiherr von Heideck, genannt Heidegger, der als Mitglied der bayerischen Armee seit 1826 die Griechen in ihrem Befreiungskampf militärisch unterstützt hatte und 1829 über Rom nach München zurückkehrte. Ebenso machte Hase die Bekanntschaft der Bildhauer Rauch und Thorvaldsen. Rauch hatte soeben die Statuette »Goethe im Hausrock« fertiggestellt und arbeitete an dem für das Waisenhaus in Halle bestimmten Denkmal August Hermann Franckes. Der Protestant Thorvaldsen schuf gerade das Denkmal für Papst Pius VII., das dann 1830 in der Capella Clementina des Petersdoms Aufstellung fand.

Zum Bekanntenkreis Hases zählten auch die Dichter Graf von Platen und Wilhelm Waiblinger, der wegen seiner sexuellen Freizügigkeit vom Tübinger Stift relegierte Theologe, der seit 1827 in Rom lebte und hier 1827/28 seine Hölderlin-Biographie »Friedrich Hölderlin's Leben, Dichtung und Wahnsinn« vollendete. Er war 1829 von einer Sizilienreise nach Rom zurückgekehrt und starb dort im Alter von nur 25 Jahren an den Folgen einer Lungenentzündung. Hase kannte Waiblinger, wenn auch nicht persönlich, aus den Tagen seines Theologiestudiums in Tübingen.

> Er verkehrte damals viel mit Hölderlin, den ich jeden Morgen unter meinem Fenster hin- und hergehen sah, den hochbegabten, wahnsinnigen Dichter. Unter dem Einflusse von dessen Genie und Wahnsinn hatte Waiblinger bereits den Phaeton herausgegeben, einen Roman voll heißer Sinnlichkeit und regelloser Phantasie, den württembergischen Theologen kein geringes Ärgerniß.[80]

Als er in Rom, wo er mit einer verheirateten Italienerin zusammenlebte, auf dem Sterbebett lag, sah er dem Tod ergeben entgegen. »Man erzählte sich, wie er ... hartnäckig die Versuche des Gesandtschaftspredigers von Dippelskirch zurückwies, der ihn nach seiner Weise zu bekehren und für die Tröstungen der Kirche empfänglich zu machen suchte.«[81] Friedrich Carl Ernst August von Tippelskirch war der durch die Erweckung geprägte Nachfolger Tholucks im Amt des

80 Ebd., 218.
81 Ebd.

preußischen Gesandtschaftspredigers, der 1829 seine Stelle angetreten hatte. Hase schreibt angesichts der Versuche des Predigers, den sterbenden Dichter zu bekehren:

Da ich bei einiger Kenntniß beider Charaktere wusste, wie fern sie einander standen, sodaß sie einander nur ängstigen und verbittern konnten, sagte ich einmal zu Dippelskirch, es sei vielleicht besser den Unglücklichen, der den Tod nicht fürchte, in Frieden ziehen zu lassen, da die Annahme von Glaubensartikeln, die man von ihm fordere, bei diesem Geiste, dessen Religion war die Liebe zur Schönheit, nur eine aus der Todesangst hervorgehende Selbsttäuschung sein würde, und vor solch einem Christenthum lobte ich mir doch einen ehrlichen heidnischen Tod auf Sokrates' oder Spinoza's Weise. ›Aber es ist doch Pflicht seine Seele zu retten,‹ wurde mir entgegnet, ›er glaubt ja nicht einmal an die Unsterblichkeit.‹ Ich musste wol fürchten, selber für einen Heiden gehalten zu werden, als ich fortfuhr: ›Nun, wenn er denn stirbt mit der Meinung nicht wieder zu erwachen, desto größer wird seine Freude sein, wenn er dennoch erwacht und sein Tod nur der Geburtstag eines höhern Lebens ist.‹ Der Geistliche hatte seine Versuche fortgesetzt, und da der Dichter zuletzt gar nichts mehr antwortete, war er mit den Worten geschieden: Gott sei Ihrer Seele gnädig![82]

Hase beschreibt dann auf eindrückliche Weise die Bestattung Waiblingers am 20. Januar 1830 auf dem Cimitero acattolico nahe der Cestius-Pyramide, wo bereits 1821 der englische Dichter Keats und 1822 der im Golf von La Spezia ertrunkene Shelley ihre letzte Ruhe gefunden hatten. Noch im Oktober 1830 sollte hier auch Goethes Sohn August, der während einer Italienreise verstarb, beerdigt werden. Sein Grabstein trägt die lateinische Inschrift: »Goethe, der Sohn, dem Vater vorangehend, starb mit 40 Jahren, 1830.«

In Hases Jugenderinnerungen wird der Geist von Goethes »Italienischer Reise« noch einmal lebendig: der Verkehr im Kreis der Künstler, die Begeisterung für die Antike, der römische Karneval, die heilige Woche, der Ausflug nach Neapel und Sizilien. Hase, der später als Jenaer Theologieprofessor noch mehrfach nach Rom zurückkehren sollte, schließt mit dem Bekenntnis, dass »die Zusammenstellung nur paradox klingt, mir aber so natürlich ist zu sagen, dass von allen Orten der Welt mir die liebsten sind Jena und Rom.«[83] Noch ein weiterer Romaufenthalt war damals durch Goethes »Italienische Reise« inspiriert. Am 13. Mai 1830, unmittelbar nach Abschluss seiner Arbeit an

82 Ebd.
83 Ebd., 224.

der »Reformationssymphonie«, brach der in der reformierten Kirche getaufte Felix Mendelssohn Bartholdy zu einer zweijährigen Bildungsreise nach Italien auf. Er reiste zunächst nach Weimar, wo er sich gute zwei Wochen aufhielt und dem befreundeten Goethe die gewünschten Einblicke in die Musikgeschichte vermittelte. Es war das letzte Mal, dass er den ihn bewundernden Goethe sah. Über München, Wien, Venedig und Florenz ging es dann nach Rom, wo Mendelssohn am gleichen Tag wie Goethe eintraf. In Rom fertigte er nicht nur auf Wunsch der Fürstin von Anhalt-Dessau Kopien aller italienischer Kirchenmusik an, sondern er komponierte auch selbst Kirchenmusik. Er knüpfte Kontakte zu den bildenden Künstlern, zu Thorvaldsen und Wilhelm von Schadow, und war häufig Gast bei Bunsen in der preußischen Gesandtschaft auf dem Kapitol, wo regelmäßig Mitglieder der päpstlichen Kapelle Palestrina spielten. In Rom nahm er die Arbeit an der »Italienischen Symphonie« und an der am Goethetext orientierten Chorballade »Die erste Walpurgisnacht« auf. Mendelssohn besuchte auch die protestantischen Gottesdienste, die in der Kapelle der preußischen Gesandtschaft stattfanden. Doch in einem Brief vom 18. November 1830 an seinen Studienfreund Julius Schubring lästert er über die jämmerliche Predigt des Gesandtschaftspredigers – es muss sich um Tippelskirch gehandelt haben – und bekennt sich ausdrücklich als Anhänger Schleiermachers.[84]

Goethes eigenem Rombild am ehesten gerecht wird sicher Wilhelm von Humboldt, der Freund, der 1830 eine Rezension zum »Zweiten römischen Aufenthalt« des Weimarer Dichters verfasste. »Kein Ort«, so beginnt die Rezension,

> verträgt sich so wenig, als Rom, mit dem an sich lobenswerthen Eifer des Reisenden, der rastlos alles Einzelne zu sehen, die daraus geschöpfte Belehrung mit hinwegzunehmen strebt, und fertig zu seyn glaubt, wenn er die Reihe des Sehenswürdigen auf diese Weise durchgemacht hat. Rom verlangt Ruhe, und dass man die Erinnerung der Nothwendigkeit der Rückreise, wie fest sie bevorstehe, möglichst fern halte.[85]

Rom ist für Humboldt wie für Goethe die kulturelle Hauptstadt der Welt. Es ist »in dieser Stadt und ihren Umgebungen die Idee des

84 J. Schubring (Hg.), Briefwechsel zwischen Felix Mendelssohn Bartholdy und Julius Schubring, zugleich ein Beitrag zur Geschichte und Theorie des Oratoriums, Leipzig 1892, 15.

85 Wilhelm von Humboldt, Werke in fünf Bänden, hg. von A. Flitner/K. Giel, Darmstadt 1961, 395.

höchsten Kunstschönen, der Begriff des welthistorischen Ganges der Menschheit, das Gefühl des nothwendigen Sinkens alles Bestehenden in der Zeit, wie in einem ungeheuren Bilde für alle Zeiten verkörpert hingestellt.«[86] Rom kann nur »wie ein grosses Kunstwerk« empfunden werden.[87] Für die Römer selbst ist Rom die alltägliche Wirklichkeit und nicht wie für die, die wie die ausländischen Künstler hier länger leben, »ein Land der Einbildungskraft und der Sehnsucht.«[88] Gegen Ende seiner Rezension schreibt Humboldt:

Man enthält sich billig gern der oft wiederholten Ausdrücke des ewigen, einzigen Roms. Wenn man aber wieder in den vorliegenden Briefen den grossen und dauernden Einfluss sieht, den Rom erst in der Sehnsucht dahin, dann in der Gegenwart auch auf Göthe hervorbrachte, so kehrt doch die längst gehegte Ueberzeugung mit doppelter Stärke zurück, dass an diesen Mauern etwas das Höchste und Tiefste im Menschen Berührende haftet, das sonst kein Ort, kein Denkmal des classischen Alterthums bewahrt. Findet auch vor allen andren das Studium der bildenden Kunst dort Nahrung, so bleibt es doch unverkennbar, dass die Wirkung nicht darauf beschränkt, sonder ganz allgemeiner Natur ist. Was in uns menschlich erklingt, durch welche Gattung der Thätigkeit, an welchem Faden des Menschen- und Weltschicksals es in uns wach werden möge, tönt in dieser Umgebung reiner und stärker wieder. Der Geist des Alterthums hat in Rom eine Macht gefunden, die, indem sie ihn durch Jahrhunderte hindurch trug, statt ihn durch irdisches Gewicht zu erdrücken, selbst vorzugsweise als geistige Grösse strahlte, und in ihren zahlreichen und gewaltigen Umwandlungen die Bilder des Untergangs und des Wiederauflebens gleichsam ineinander mischt.[89]

Wir nehmen das Altertum idealischer wahr, als es war, insofern wir in ihm Ideen suchen, die über unser gewöhnliches Leben hinausgehen. »Von diesem idealisch angeschauten Alterthume ist uns Rom als das sinnlich lebendige Bild stehen geblieben. Dadurch unterscheidet es sich für uns von allen anderen Städten auch des classischen Bodens.«[90]

86 Ebd., 396.
87 Ebd., 397.
88 Ebd.
89 Ebd., 414f.
90 Ebd., 415.

Das Phantasma Rom und sein bürgerliches Fortleben

Zum Funktionswandel des Rombildes in der deutschen protestantischen Literatur des langen 19. Jahrhunderts

Gerhard Lauer

Rom liegt gleich um die Ecke, zumindest in den Phantasien der deutschen Romantiker um 1826. Man geht nur ein paar Schritte durch den deutschen Wald und fragt einen Bauern nach dem Weg:

›Können Sie mir nicht sagen, wo der Weg nach Italien geht?‹ – Der Bauer blieb stehen, sah mich an, besann sich dann mit weit vorgeschobener Unterlippe, und sah mich wieder an. Ich sagte noch einmal: ›Nach Italien, wo die Pomeranzen wachsen.‹ ›Ach was gehn mich Seine Pomeranzen an!‹ sagte der Bauer da, und schritt wacker wieder weiter.[1]

Man trifft zwei Reisende, die mindestens Maler sind oder sich dafür ausgeben und solche bedeutungsschwere Namen wie Leonhard – für Leonardo da Vinci – und Guido – für Guido Reni – tragen, stolpert durch ein paar Gasthöfe, mondhelle Landschaften und verwunschene Schlösser und ist unversehens vor Rom.

Die Stadt Rom kannte man schon. Denn die Rombilder beginnen nicht in der realen Landschaft, sondern sind im Traum den Figuren schon länger gegenwärtig. So jedenfalls beschreibt es alles Joseph von Eichendorff in seiner *Taugenichts*-Erzählung von 1826:

Unterweges erfuhr ich, daß ich nur noch ein paar Meilen von Rom wäre. Da erschrak ich ordentlich vor Freude. Denn von dem prächtigen Rom hatte ich schon zu Hause als Kind viele wunderbare Geschichten gehört, und wenn ich dann an Sonntags-Nachmittagen vor der Mühle im Grase lag und alles ringsum so stille war, da dachte ich mir Rom wie die ziehenden Wolken über mir, mit wundersamen Bergen und Abgründen am blauen Meer, und goldnen Toren und hohen glänzenden Türmen, von denen Engel in goldenen Gewändern sangen.

1 J. v. Eichendorff, Aus dem Leben eines Taugenichts, Werke in fünf Bänden, hg. von W. Frühwald/B. Schillbach/H. Schultz, Bd. 2, Frankfurt/M. 1985, 489.

Unmittelbar – nur durch einen Gedankenstrich getrennt – und damit typisch für den romantischen Blick auch auf Rom geht die Erzählung dann vom Traum in die Schilderung der Begegnung mit der Stadt Rom über:

> Die Nacht war schon wieder lange hereingebrochen, und der Mond schien prächtig, als ich endlich auf einem Hügel aus dem Walde heraustrat, und auf einmal die Stadt in der Ferne vor mir sah. – Das Meer leuchtete von weitem, der Himmel blitzte und funkelte unübersehbar mit unzähligen Sternen, darunter lag die heilige Stadt, von der man nur einen langen Nebelstreif erkennen konnte, wie ein eingeschlafener Löwe auf der stillen Erde, und Berge standen daneben, wie dunkle Riesen, die ihn bewachten.[2]

Wie von Geisterhand gezogen gehen Traum-Bilder und Stadt-Bilder Roms ineinander über. Hier vor Rom ist alles verzaubert.

Was Eichendorff in seinem siebenten Kapitel über den wunderlichen Weg des Taugenichts nach Rom in Szene setzt, als wäre die Stadt schon immer vertraut und zugleich ein ferner Sehnsuchtsort, ist bei Lichte besehen eine Ansammlung von Zitaten.[3] Eichendorff inszeniert Topoi an Topoi über diese Stadt, die sich um 1826 deshalb so bruchlos zueinander stellen lassen, weil sie nicht mehr als eben Zitate sind, die die klassisch-romantische Literatur innerhalb weniger Jahre aufgeschichtet hat: Die Stadt gleicht dem Himmlischen Jerusalem, das Meer leuchtet von weitem, darüber der Sternenhimmel, im Mittelgrund die schlafend-rätselhafte Stadt und im Vordergrund der nächtliche Wanderer, den Blick auf die Stadt geheftet, abgewendet vom Betrachter stehend. Das ist in dieser topographischen Aufteilung ein erzähltes Landschaftsbild, mit den Elementen von Hinter-, Mittel- und Vordergrund, dabei aber romantisch gesteigert mit dem abgewandten Betrachter, mit dem wir auf diese Stadt seelenversunken blicken. Das erzählte Bild ist nicht zufällig den Landschaftsbildern eines Caspar David Friedrichs vergleichbar.

Der entzündete Blick des Romantikers auf Rom gibt sich an der Plötzlichkeit zu erkennen, mit der sich die Stadt überwältigend vor ihrem Betrachter ausbreitet: »und auf einmal die Stadt in der Ferne

2 Eichendorff, Aus dem Leben eines Taugenichts (wie Anm. 1), 521 f.

3 Man vergleiche die zeitgenössischen Bewertungen der betont übertriebenen Abgehobenheit von jeder Wirklichkeit als naiv, humorvoll usw., vgl. C. ter Haar, Joseph von Eichendorff. Aus dem Leben eines Taugenichts. Text, Materialien, Kommentar, München 1977, 52–55.

vor mir.«[4] Eichendorff folgt hier ganz den ästhetischen Vorgaben der Klassik und Romantik, ihrer Auffassung von der die sinnliche Wahrnehmung übersteigenden Erhabenheit, die den Kern der künstlerischen Weltaneignung um 1800 ausmacht. Es ist eine Ästhetik des Erhabenen, die hier die Wahrnehmung Roms lenkt. Daher auch die Setzung eines Gedankenstrichs, um unsagbare Überwältigung durch die ewige Stadt Rom auszudrücken. Erst im zweiten Anlauf ist der Eindruck der Stadt – »Das Meer leuchtete von weitem ...« – aussprechbar, aber bezeichnenderweise nur als Aneinanderreihung von klassisch-romantischen Bildzitaten von Mond, Traum und Sterne, Stille und Wunder, Nebelstreif und Nacht, alles aneinandergereihte Topoi eines kunstreligiösen Bildes.[5] Von den brutalen Konflikten, ausgelöst durch die Carbonari-Aufstände 1820/21 nach dem Ende des Wiener Kongresses, findet sich hier keine Zeile.[6]

Dem kunstreligiösen Darstellungsanspruch gegenüber der Stadt Rom fügt sich auch die Betonung des heiligen Roms. Rom zu sehen, ist für den Taugenichts und nicht weniger für die, die seine Geschichte lesen, eine unverstellt religiöse Erfahrung. Das erkennt der Leser auch daran, dass der nächtliche Wanderer Taugenichts nach dieser Überwältigung durch den Anblick des in der Ferne golden leuchtenden Roms zunächst ein unheimliches Land durchschreiten muss, das als heidnisches Territorium außen vor der Stadt liegt, tödlich und verführerisch zugleich und erst dann ins heilige Rom eintreten darf:

> Ich kam nun zuerst auf eine große, einsame Heide, auf der es so grau und still war, wie im Grabe. Nur hin und her stand ein altes verfallenes Gemäuer oder ein trockener wunderbar gewundener Strauch; manchmal schwirrten Nachtvögel durch die Luft, und mein eigener Schatten strich immerfort lang und dunkel in der Einsamkeit neben mir her. Sie sagen, daß hier eine uralte Stadt und die Frau Venus begraben liegt, und die alten Heiden zuweilen noch aus ihren Gräbern heraufsteigen und bei stiller Nacht über die Heide gehn und die Wanderer verwirren.[7]

Erst nachdem dieses heidnische Land durchschritten ist, steigt »die Stadt ... immer deutlicher und prächtiger vor mir herauf, und die hohen Burgen und Tore und goldenen Kuppeln glänzten so herrlich im

4 Eichendorff, Aus dem Leben eines Taugenichts (wie Anm. 1), 521.
5 Vgl. zu diesem Begriff und Kunstanspruch B. Auerochs, Die Entstehung der Kunstreligion, Göttingen 2006.
6 Vgl. C. ter Haar, Joseph von Eichendorff (wie Anm. 3), 2–7.
7 Eichendorff, Aus dem Leben eines Taugenichts (wie Anm. 1), 522.

hellen Mondschein, als ständen wirklich die Engel in goldenen Gewändern auf den Zinnen und sängen durch die stille Nacht herüber«.[8] Vom Tod zum Leben, vom Heidentum zum Christentum, diese liminale Situation wird von Eichendorff zu einer kunstreligiösen Verheißung, die die Erzählung immer weiter steigert. Die Figuren, die in dieser Stadt schließlich dem Taugenichts begegnen, spielen alle Geige, singen oder malen. Und wenn sie malen, dann die Heilige Jungfrau oder das Jesuskind. Hier wird alles Sinnliche ins Sinnbildliche gehoben und darüber schwebt die Verheißung einer Liebe. Die Suche nach der »schönen Frau«,[9] wie es in der Erzählung heißt, die den Taugenichts erst nach Rom geführt hat, ist ein solches Sinnbild, das die irdische Geliebte und die himmlische Jungfrau zugleich meint. Hier in Rom wird alles zum Sinnbild für das, was kaum zu sagen, sondern nur zu ahnen ist, einer geheimen Verwandtschaft aller Dinge und Menschen. In Rom und seiner imaginären Topographie wird dieses Geheimnis erfahrbar. Die ewige Stadt ist ganz romantische Sinnbildkunst: Rom ein kunstreligiöses Sinnbild.[10]

Eichendorff war Katholik und damit die Ausnahme in der deutschen klassisch-romantischen Literatur um 1800. Dass er gerade als Außenseiter dieser Literatur wie selbstverständlich über die kunstreligiösen Rom-Sinnbilder einer ansonsten protestantisch geprägten Ästhetik verfügt hat, wie sie im mitteldeutschen Raum, in Weimar und Jena gegen Ende des 18. Jahrhunderts wortreich ausformuliert worden ist, zeigt deren topischen Charakter an. Eichendorff schreibt in jeder seiner Zeilen in ihren Mustern und gehört zugleich zu jenen wie Baggesen, Voss, Goethe, Meyer oder Hegel, die aus unterschiedlichen Gründen der Romantik eine unstatthafte Ästhetisierung der Religion vorwerfen.[11] Daher sind die Topoi so übertrieben gehäuft, dass sie einem Leser dieser Jahre geradezu aufdringlich erscheinen

8 Ebd.
9 Ebd., 523.
10 Vgl. dazu etwa W. Busch, Caspar David Friedrich. Ästhetik und Religion, München 2003; H. Frank, Aussichten ins Unermessliche. Perspektivität und Sinnoffenheit bei Caspar David Friedrich, Berlin 2004; T. Noll, Die Landschaftsmalerei von Caspar David Friedrich. Physikotheologie, Wirkungsästhetik und Emblematik. Voraussetzungen und Deutung, München, Berlin 2006; C. Scholl, Romantische Malerei als neue Sinnbildkunst. Studien zur Bedeutungsgebung bei Philipp Otto Runge, Caspar David Friedrich und den Nazarenern, München 2007.
11 G. Oesterle, Art. Romantik, in: TRE 29, Berlin 1998, 389–396, hier 395.

mussten.[12] Die Übertreibung wird daher bis ins Ironische getrieben, etwa wenn Butterbrote und Malereistaffette zusammenstehen oder der Taugenichts glaubt, Leonardo da Vinci und Guido Reni seien ihm bekannte, lebende Maler in Rom. Eichendorffs *Taugenichts* ist für die Frage nach den Rombildern in der Literatur des deutschsprachigen Protestantismus also gerade deshalb aufschlussreich, weil er all jene Versatzstücke versammelt, die das protestantische Deutschland um 1800 zusammengetragen hat und die erst bestimmen, was Rom bedeutet hat. Es sind diese Topoi, die sich im langen 19. Jahrhundert nicht verlieren werden, auch wenn sich ihre ästhetischen Voraussetzungen bald auflösen und ihre Funktionen andere werden sollten.

1. *Die ästhetische Erfindung Roms um 1800*

Eichendorffs Taugenichts ist nicht der erste Romreisende der deutschen Literatur. Schon die Humanisten wie Conrad Celtis oder Ulrich von Hutten schrieben über Rom, freilich in unverstellt polemischer Absicht. Sie geißelten das päpstliche Rom, dessen Simonie, seinen Nepotismus und seine Kurtisanenwirtschaft. In einer Kontrasttopik setzen sie das Wort für den päpstlichen Gesandten mit »curtisanus« gleich und stellen dem gegenüber die moralische Integrität der deutschen Lande heraus.[13] Wenn es einen Rom-Topos in der deutschen Literatur vor dem 18. Jahrhundert gibt, dann ist es der

12 Die topische Überzeichnung gehört zur kritischen Selbstreflexivität des romantischen Kunstwerks und hat solche und ähnliche Kritik immer schon in sich aufgenommen, vgl. K.-H. Bohrer, Die Kritik der Romantik. Der Verdacht der Philosophie gegen die literarische Moderne, München 1987; K. Seebacher, Poetische Selbstverdammnis. Romantikkritik der Romantik, Freiburg 2000.

13 J. Ridé, Un chevalier humaniste allemand contre l'or de Rome. Ulrich von Hutten, in: M.-T. Jones-Davies (Hg.), L'Or au temps de la Renaissance. Du mythe à l'économie, Paris 1978, 115–123; P. Laurens, Rome et la Germanie chez les poètes humanistes allemands, in: J. Lefebvre/J. C. Margolin (Hg.), L'Humanisme allemand (1480–1540), München/Paris 1979, 300–355; F. Rädle, Heitere Luft und frischer Geist in Italien. Deutsche Humanisten jenseits der Alpen, in: J. F. Alcina (Hg.), Acta Conventus Neo-Latini Bariensis. Proceedings of the Ninth International Congress of Neo-Latin Studies, Tempe/Arizona 1998, 67–69; F. Rädle, Ulrichs von Hutten lateinischer Kampf gegen Rom, in: N. Staubach (Hg.), Rom und das Reich vor der Reformation, Frankfurt/M. 2004, 289–302; M. Disselkamp/P. Ihring/F. Wolfzettel (Hg.), Das Alte Rom und die Neue Zeit. Varianten des Rom-Mythos zwischen Petrarca und dem Barock. La Roma antica e la prima età moderna, Tübingen 2006.

des »improba Roma«,[14] wie es in Huttens zweiter Fassung seines Carmen *Heroicum* von 1518 bezeichnenderweise heißt. Von der Überhöhung Roms weiß die frühneuzeitliche Literatur kaum etwas zu sagen. Rom ist mehr oder minder amplifiziert die ›ruchlose‹ Stadt des Papsttums, auch ein Ort für Wallfahrten etwa in Grimmelshausens simplicianischen Romanen, aber kein Ort ästhetischer Erwartungen noch Erfahrungen, bestenfalls eine antiquarische Erinnerung in der Tradition der *Mirabilia Romae*.

Erst vor diesem Hintergrund ist der paradigmatische Motiv-Wechsel im 18. Jahrhundert zu ermessen.[15] Das von seiner einstigen Größe herunter gesunkene Rom beginnt in der Literatur um die Mitte des 18. Jahrhunderts zu mehr zu werden als bloß zu einem polemischen Gegenbild, mehr als ein verpflichtender Eintrag auf der *Grand Tour* des reisenden Adels und mehr als eine antiquarische Erinnerung in gelehrten oder adligen Bibliotheken.[16] Und das hat angebbare Gründe. Da ist zum einen die klassizistische Aneignung Roms vor allem durch Winckelmann und Goethe.[17] Winckelmann, zunächst Theologiestudent in Halle, hat ja seine epochemachende Schrift *Gedanken über die Nachahmung der griechischen Werke in der Malerei und Bildhauerkunst* von 1755 den in Rom versammelten, für griechisch gehaltenen Plastiken gewidmet, die ihn schon bald selbst durch die Vermittlung des Kardinals Alberico Archinto nach Rom führen sollte, wo er zum Oberaufseher für die Altertümer Roms und zum Scrittore an der Vaticana aufsteigen sollte. Noch emphatischer als Winckelmanns Übersiedlung nach Rom hat Goethe seine Italienreise zwischen 1786 und 1788 zur individuellen wie musterbildenden Selbstfindung stilisiert, wie es seine bald schon viel zitierte Sentenz unter dem 3. Dezember

14 Ulrich von Hutten, Opera Omnia, Bd. 3: Poemata, hg. von E. Böcking, Leipzig 1862, 338, V. 132 (= Opera quae extant omnia, hg. von E. J. H. Münch, Bd. 1, Berlin 1821, 246).

15 G. Grimm/U. Breymayer/W. Erhart, Ein Gefühl von freierem Leben. Deutsche Dichter in Italien, Stuttgart 1990.

16 M. Disselkamp, Ein Held auf Reisen. Verfahrensweisen und Programmatik politischer Repräsentation in den Italienkapiteln aus Sigmund von Birkens ›Brandenburgischem Ulysses‹ (1668), in: P. Ihring/F. Wolfzettel (Hg.), Deutschland und Italien. Drei Jahrhunderte deutsch-italienische Beziehungen, Berlin 2004, 9–42.

17 H. Schneider, Rom als klassischer Kunstkörper. Zu einer Figur der Antikewahrnehmung von Winckelmann bis Goethe, in: P. Chiarini/W. Hinderer (Hg.), Rom – Europa. Treffpunkt der Kulturen: 1780–1820, Würzburg 2006, 15–28.

1786 vermerkt: »denn an diesen Ort knüpft sich die ganze Geschichte der Welt an, und ich zähle einen zweiten Geburtstag, eine wahre Wiedergeburt, von dem Tage, da ich Rom betrat.«[18] Goethe war – für seine Zeit und seinen Stand ungewöhnlich – alleine gereist und erlebte in Rom zum ersten Mal eine Großstadt mit damals über 160.000 Einwohnern. Aber von diesen Einwohnern ist bei Goethe anders als etwa in den Reiseaufzeichnungen Johann Gottfried Seumes so gut wie nicht die Rede, dafür umso mehr und dann für das 19. Jahrhundert so typisch von der Kunst. Rom ist auch hier zuerst ein Bild, durch das sich der Betrachter bewegt:

Wie man geht und steht, zeigt sich ein landschaftliches Bild aller Art und Weise, Paläste und Ruinen, Gärten und Wildnis, Fernen und Engen, Häuschen, Ställe, Triumphbögen und Säulen, oft alles zusammen so nah, daß es auf ein Blatt gebracht werden könnte. Man müßte mit tausend Griffeln schreiben, was soll hier eine Feder, und dann ist man abends müde und erschöpft vom Schauen und Staunen.[19]

Das Bild Roms ist bei Goethe das der antiken Kunst. Die mehr als 280 Klöster der Stadt, die etwa 7.000 Priester, Mönche und Nonnen, die Rom in diesen Jahren zählt, werden nur am Rande erwähnt. Die Kirchenfeste sind für Goethe der Musik wegen erwähnenswert, und die Karfreitags-Liturgie in der Sixtinischen Kapelle mit dem damals hochgerühmten *Miserere* von Gregorio Allegri blieb ihm ein fremdes Schauspiel ohne größere Wirkung: »Effekt, wie man zu sagen pflegt, hat nichts auf mich gemacht, nichts hat mir eigentlich imponiert, aber bewundert hab' ich alles; denn das muß man ihnen nachsagen, daß sie die christlichen Überlieferungen vollkommen durchgearbeitet haben.«[20] Auch die christliche Ikonographie war Goethe bestenfalls eine Erwähnung am Rande wert. Die Künstler und Kunsttheoretiker, mit denen er sich in Rom trifft, – Karl Philipp Moritz oder Johann Heinrich Meyer, Angelika Kaufmann oder Aloys Hirt – sind zumeist programmatische Klassizisten, »Deutschrömer«, die sich im Caffè Greco in der Via Condotti nahe der Spanischen Treppe trafen, eine Künstlergruppe, wie sie ikonisch in den Studien Carl Philipp Fohrs

18 J. W. Goethe, Sämtliche Werke nach Epochen seines Schaffens. Münchener Ausgabe, Bd. 15: Italienische Reise, hg. von A. Beyer und N. Miller, München 1992, 174.
19 Ebd., 151.
20 Ebd., 626.

um 1818 *Die Künstler im Antico Caffè Greco* in Szene gesetzt ist.[21] Mehr als 1.000 deutsche Künstler sollen es allein zwischen 1813 und 1848 gewesen sein, die in diesen Jahrzehnten in Rom gelebt und gearbeitet haben. Die später skandalöserweise veröffentlichten »Erotica romana«, Goethes *Römische Elegien* also, zeugen noch einmal von einem unbedingt klassizistischen Rombild, das christlich nur im Vorübergehen ist.

Da ist dann das romantische Rombild ein ganz anderes. In einem, wenn nicht dem Schlüsseltext der Romantik, in den von Wilhelm Wackenroder und Ludwig Tieck zusammen geschriebenen, anonym publizierten *Herzensergießungen eines kunstliebenden Klosterbruders*, 1795/96 unter dem Eindruck der Erfahrung der katholischen Kunstlandschaften in Süddeutschland abgefasst, wird Rom zum imaginären Ort einer Kunst, die nicht anders denn eine heilige genannt werden kann. Hier bei Wackenroder und Tieck ist noch ohne jede ironische Brechung wie dann später bei Eichendorff Rom der Ort der protestantischen Begegnung gerade mit der christlichen Kunst, wenn nicht der katholischen. Nicht die antiken Statuen oder römischen Dichter wie bei Goethe, sondern die christliche Malerei und die Kirchenmusik werden zu einer quasi-religiösen Offenbarung überhöht.[22]

In jenem von Tieck verfassten Kapitel der *Herzensergießungen*, das mit »Brief eines jungen deutschen Malers in Rom an seinen Freund in Nürnberg« überschrieben ist und die ältere Kunsttypologie – dort das Nürnberg Dürers, hier das Rom Raffaels – ausschreibt,[23] schildert die Figur des jungen Malers seine Begegnung mit der Kirchenmusik in der Rotonda, der Santa Maria ad Martyres, die eben nicht »Pantheon« genannt wird, wie es der Klassizist getan hätte. Wieder ist es die

21 Der zweite Bildentwurf hängt heute im Frankfurter Städel, s. Abb. 21 zum Beitrag von Michael Thimann im vorliegenden Band, vgl. dazu auch G. Bott/ H. Spielmann (Hg.), Künstlerleben in Rom. Bertel Thorvaldsen (1770–1844). Der dänische Bildhauer und seine deutschen Freunde, Ausst. Kat., Nürnberg 1991.; U. Andersson/A. Frese (Hg.), Carl Philipp Fohr und seine Künstlerfreunde in Rom. Zum 200. Geburtstag des Heidelberger Künstlers, Ausst. Kat., Heidelberg 1995.

22 A. Kertz-Welzel, Die Transzendenz der Gefühle. Beziehungen zwischen Musik und Gefühl bei Wackenroder/Tieck und die Musikästhetik der Romantik, St. Ingbert 2001.

23 E. Osterkamp, Rom als die Stadt Raffaels. Deutsche und französische Wahrnehmungen 1780 bis 1830, in: Chiarini/Hinderer (wie Anm. 17), 103–118.

Plötzlichkeit der Überwältigung durch die Kunst, die sich hier allerdings nicht angesichts der Antiken, sondern in der Kirche ereignet:

Auf einmal ward alles stiller, und über uns hub die allmächtige Musik, in langsamen, vollen, gedehnten Zügen, an, als wenn ein unsichtbarer Wind über unsern Häuptern wehte: sie wälzte sich in immer größeren Wogen fort, wie ein Meer, und die Töne zogen meine Seele ganz aus ihrem Körper heraus. Mein Herz klopfte, und ich fühlte eine mächtige Sehnsucht nach etwas Großem und Erhabenen, was ich umfangen könnte ... Ein Pater trat vor den Hochaltar, erhob mit einer begeisterten Gebärde die Hostie, und zeigte sie allem Volke – und alles Volk sank in die Kniee, und Posaunen, und ich weiß selbst nicht was für allmächtige Töne, schmetterten und dröhnten eine erhabene Andacht durch alles Gebein. Alles, dicht um mich herum, sank nieder, und eine geheime, wunderbare Macht zog auch mich unwiderstehlich zu Boden, und ich hätte mich mit aller Gewalt nicht aufrechterhalten können. Und wie ich nun mit gebeugtem Haupte kniete, und mein Herz in der Brust flog, da hob eine unbekannte Macht meinen Blick wieder; ich sah um mich her, und es kam mir ganz deutlich vor, als wenn alle die Katholiken, Männer und Weiber, die auf den Knieen lagen, und, den Blick bald in sich gekehrt, bald auf den Himmel gerichtet, sich inbrünstig kreuzten, und sich vor die Brust schlugen und die betenden Lippen rührten, als wenn alle um meiner Seelen Seligkeit zu dem Vater im Himmel beteten, als wenn alle die Hunderte um mich herum um den einen Verlorenen in ihrer Mitte flehten und mich in ihrer stillen Andacht mit unwiderstehlicher Gewalt zu ihrem Glauben hinüberzögen. Da sah ich seitwärts nach Marien hin, ihr Blick begegnete dem meinigen, und ich sah eine große, heilige Träne aus ihrem blauen Auge dringen. Ich wußte nicht wie mir war, ich konnte ihren Blick nicht aushalten, ich wandte den Kopf seitwärts, mein Auge traf auf einen Altar, und ein Gemälde Christi am Kreuze sah mich mit unaussprechlicher Wehmut an – und die mächtigen Säulen des Tempels erhoben sich anbetungswürdig, wie Apostel und Heilige, vor meinen Augen und schauten mit ihren Kapitälern voll Hoheit auf mich herab – und das unendliche Kuppelgewölbe beugte sich wie der allumfassende Himmel über mir her und segnete meine frommen Entschließungen ein.[24]

Am Ende tritt der protestantische Maler, überwältigt von dieser gewaltigen Erfahrung von Musik und Bildern, zum katholischen Glauben über. Die Begründung für diese Konversion ist die Übermacht dieser Bilder – direkter kann das protestantische Schriftprinzip kaum herausgefordert werden:

24 W. Wackenroder, Herzensergießungen eines kunstliebenden Klosterbruders, Sämtliche Werke und Briefe. Historisch-kritische Ausgabe, hg. von S. Vietta/ R. Littlejohns, Bd. 1, Heidelberg 1991, 115 f.

> Ich konnte der Gewalt in mir nicht widerstehen: – ich bin nun, teurer Sebastian, zu jenem Glauben hinübergetreten, und ich fühle mein Herz froh und leicht. Die Kunst hat mich allmächtig hinübergezogen, und ich darf wohl sagen, daß ich nun erst die Kunst so recht verstehe und innerlich fasse. Kannst Du es nennen, was mich so verwandelt, was wie mit Engelsstimmen in meine Seele hineingeredet hat, so gib ihm einen Namen, und belehre mich über mich selbst; ich folgte bloß meinem innerlichen Geiste, meinem Blute, von dem mir jetzt jeder Tropfen geläuterter vorkömmt.[25]

Das alles ist protestantisch. Niemand in Rom außer diesen deutschen Protestanten redet um 1800 so wie sie.

Rom ist hier bei Tieck ganz anders als für den Klassizisten Goethe der Ort höchster künstlerischer Vollendung im Glauben. Man muss einigen Abstand von so viel klassizistischer und romantischer Kunstemphase gewinnen, um die Gemeinsamkeiten mit dem klassizistischen Kunstprojekt im Umgang mit der Stadt Rom überhaupt noch zu sehen. Gemeinsam ist dem klassizistischen wie dem romantischen Kunstprojekt in der deutschen Literatur zu Beginn des 19. Jahrhunderts nicht nur die emphatische Begegnung mit einem Ideal einer Stadt, nicht nur die Ästhetik der Erhabenheit, mit der diese Stadt angeblickt wird, und die innere Läuterung, die alle hier zu erfahren scheinen, sondern vor allem das, was man abstrakt mit Niklas Luhmann die Semantik der Exklusionsindividualität nennen kann.[26] Goethe und Winckelmann reisen allein, Tiecks Maler erlebt die Kirche als Einzelner und Eichendorffs Taugenichts wandert alleine in die goldene Stadt Rom. Aber sie alle erfahren hier in der Stadt der Kunst sich selbst als ungeteilt bei sich selbst, aufgehoben in einer unübersteigbaren Ganzheit: »und das unendliche Kuppelgewölbe beugte sich wie der allumfassende Himmel über mir her«.[27] Alles haben sie hinter sich gelassen und alles haben sie gewonnen in dieser Stadt. Wer sie sind, wissen sie aus der Begegnung mit dieser Stadt, die aber ganz in eine sinnbildliche Kunst aufgelöst ist und nichts von der realen Stadt hat. Individualität ist das, was man gegen alle Wahrscheinlichkeit ist, in dem man aus den Funktionszusammenhängen gesellschaftlicher Rollen heraustritt und in die Kunst eintritt. Rom ist hier Außenraum der Gesellschaft, eine Gegenwelt, funktionsanalog zur Welt

25 Ebd., 116f.

26 N. Luhmann, Individuum, Individualität, Individualismus, in: ders., Gesellschaftsstruktur und Semantik, Bd. 3, Frankfurt/M. 1993, 231–258.

27 Wackenroder, Herzensergießungen (wie Anm. 24), 116.

eines Ossian oder zu den parallelen Welten etwa in E.T.A. Hoffmanns Phantasien. Dass diese Autoren (fast) alle Protestanten sind, die sich da Phantasmen der Ganzheit erschreiben – einen imaginären Katholizismus –, ist dabei kein Zufall. Denn die protestantischen Eliten aus den Pfarrhäusern und theologischen Fakultäten, aus den bürgerlichen Gruppen jenseits der Höfe, waren es ja, die als erste Gruppe im Alten Reich ihr Selbstverständnis außerhalb der ständisch verregelten Gesellschaft gesucht haben. Nicht die Inklusion zu einem Stand bestimmte für sie, wer man war, sondern umgekehrt die Exklusion aus den Stratifikationen der Gesellschaft. Werther ist ihre Grundfigur und Rom ihre Stadt.

Damit hat Rom eine genaue Funktion für die protestantischen Eliten zu Beginn des langen 19. Jahrhunderts. Rom gehört zu den großen Sinnbildern in der Semantik der Exklusion, die nur in der Kunst sich auszudrücken weiß, noch genauer in der Literatur ihr höchstes Medium gefunden hat. Die radikalen Kunstexperimente in der Malerei, wie sie die Nazarener um den Lübecker Patriziersohn Friedrich Overbeck und den Frankfurter Malersohn Franz Pforr umgesetzt haben, wären ohne die Literatur, ohne Schlegels Diktum über die Bestimmung der Kunst, »die Religion zu verherrlichen, und die Geheimnisse derselben noch schöner und deutlicher zu offenbaren, als es durch Worte geschehen kann«[28] zu machen und ohne Ludwig Tiecks Roman über den frommen Maler Franz Sternbald nicht zu denken. 1810 haben Overbeck und Pforr zusammen mit weiteren Malern die Wiener Akademie verlassen, um nach Rom ihr Leben allein der christlichen Kunst zu widmen. Und das hieß in einem leer stehenden Franziskanerkloster Sant'Isodoro in der Nähe der heutigen Piazza del Popolo in der radikalen Sezession von aller Gesellschaft allein der Kunst zu leben, wie es Overbeck in seinem *Gespräch zwischen Lucas und Johannes* formuliert: »Dagegen ist die Stille der Seele und das Nachinnengekehrtseyn ja eben die Richtung auf das Unsichtbare eben das Auge wo von wir reden.«[29] Die Exklusion ging hier so weit,

28 F. Schlegel, Kritische Ausgabe, Bd. 4: Ansichten und Ideen von der christlichen Kunst, hg. von H. Eichner, Paderborn 1959, 79; vgl. E. Behler, Friedrich Schlegels späte Idealismuskritik und das Thema der »Göttlichen Dinge«, in: W. Jaeschke (Hg.), Der Streit um die Göttlichen Dinge (1799–1812), Hamburg 1999, 174–193.

29 F. Overbeck, Gespräch zwischen Lucas und Johannes, [Nachlass Overbeck V, 2, 52–55] zitiert nach B. Heise, Johann Friedrich Overbeck. Das künstlerische

sich auch eine mönchische Tracht und selbst geschriebene Ordensregeln – den *Lukasbund* – zu geben, ein katholisierendes Phantasma, das bei den meisten schließlich zur realen Konversion geführt hat.[30]

Ein ähnliches Phantasma eines imaginären Katholizismus findet sich dann auch in der in den 20er Jahren des 19. Jahrhunderts neu entstehenden romantischen Musik. Ihre Orientierung an der romantischen Literatur ist der Grund dafür, warum die romantische Musik so vielfach von einem kunstreligiösen Anspruch durchdrungen ist,[31] dass ausgerechnet im Kopfsatz von Felix Mendelssohn Bartholdys *Reformationssymphonie* (Op. 107) von 1832 das sogenannte ›Dresdner Amen‹ aus der katholischen Hofkirche zu Dresden erklingt und dann bei Wagner, Bruckner und Mahler immer wiederkehrt. Noch deutlicher ist die Bedeutung der klassischen und romantischen Literatur für die anderen Künste in Mendelssohn Bartholdys *Italienischer Symphonie* (Op. 90) zu finden, ein Jahr nach der *Reformationssymphonie* 1832/33 in Berlin vollendet. Sie ist das Ergebnis seiner Bildungsreise nach Italien anhand von Goethes *Italienischer Reise*,[32] den Mendelssohn Bartholdy vor Antritt seiner Reise in Weimar länger besucht hatte. Aber weder Rom noch Italien wurden dann zum Hauptthema seiner Symphonie, sondern der Tod der beiden väterlichen Freunde Goethe und Carl Friedrich Zelter im Jahr 1832 im fernen »Norden«. Darum erklingt im zweiten Satz dieser Symphonie fast notengetreu die Vertonung der Goethe-Ballade *Der König von Thule* seines Lehrers Zelter. Thule ist hier der typologische ›nördliche‹ Gegenort zum ›südlichen‹ Rom, das nur von diesem romantischen ›Norden‹ aus zu verstehen ist.[33]

Werk und seine literarischen und autobiographischen Quellen, Köln 1999, 295; vgl. M. Thimann, Der Bildtheologe Friedrich Overbeck, in: M. Hollein/C. Steinle (Hg.), Religion, Macht, Kunst: Die Nazarener, Ausst. Kat., Frankfurt, Schirn Kunsthalle, 15. April bis 24. Juli 2005, Köln 2005, 169–177.

30 C. Grewe, »Italia und Germania«. Zur Konstruktion religiöser Seherfahrung in der Kunst der Nazarener, in: Chiarini/Hinderer (wie Anm. 17), 401–426.

31 H. Stegbauer, »Die Akustik der Seele«. Zum Einfluss der Literatur auf die Entstehung der romantischen Instrumentalmusik und ihrer Semantik, Göttingen 2006.

32 F. Mendelssohn Bartholdy, Sämtliche Briefe, Bd. 1 und 2: 1816–1832, hg. u. komm. von J. Appold/R. Back/A. Morgenstern/U. Wald, Kassel 2008 f.

33 H. Stegbauer, Die Reise nach Thule. Felix Mendelssohns Goethebild als Schlüssel zum Verständnis der »Italienischen Symphonie«, Goethe-Jahrbuch 123 (2006) 54–66; vgl. zur topischen Goethe-Distanz außerdem P. Chiarini,

2. *Die Verbürgerlichung Roms*

Ist Rom also im klassischen-romantischen Kunstprojekt der Literatur Sinnbild der höchsten Kunsterfahrung, bei der der Mensch bei sich wie sonst nirgends ist, ein Kunst-Ort im doppelten Sinn, so verliert Rom diesen Sinnbildcharakter in dem Maße, in dem die Verbürgerlichung der Gesellschaft und die Ästhetisierung der Lebenswelt zwei Seiten eines Vorgangs im langen 19. Jahrhundert sind. Friedrich H. Tenbruck hat die kulturelle Vergesellschaftung des 19. Jahrhunderts als ihren fundamentalen Vorgang bezeichnet und darauf verwiesen, dass Kunst im Lauf des 19. Jahrhunderts immer weniger zur Benennung der Exklusionsindividualität taugt.[34] Thomas Nipperdey hat genau diesen Funktionswandel der kulturellen Vergesellschaftung wie folgt gefasst: »Diese Verbürgerlichung der Kunst«, so schreibt er,

> diese gewaltige Ausbreitung des Zugangs zu und des Umgangs mit Kunst hat deren Rolle im Leben verändert und damit das Leben selbst. Die Künste werden ein Mittel der Lebensinterpretation, sie gehören notwendig in den Haushalt des ernsthaften Lebens hinein. Das Ästhetische wird eine wesentliche Dimension des Lebens, oder doch jedenfalls der Prätention des bedeutenden Lebens, der Selbststilisierung des idealen Lebens. Kunst wird gewissermaßen ein Stück vom Sonn- und Feiertag des Lebens.[35]

Damit aber verliert Rom seine exklusionsindividualistische Funktion, und bleibt zugleich ein Stück vom Sonn- und Feiertag des Lebens. Diese Sonn- und Feiertage sind dann vielfach schon die Ferien und werden von Touristen gefeiert. Um Reiseberichte zu verfassen, muss man kein Künstler mehr sein, Schnellreisender zu sein genügt nach 1830.

Rom ist schon bei Mendelssohn Bartholdy zu Beginn der dreißiger Jahre des 19. Jahrhunderts Zitat. Eichendorffs *Taugenichts* ist dieser Übergang in der Literatur, an dem Rom von der emphatischen Exklusionssemantik ins Zitat wechselt, jederzeit verfügbar, aber damit ungeeignet, die Exklusion aus der Gesellschaft noch darzustellen. Wer über Rom spricht, gehört jetzt zur Gesellschaft. Rom schwindet als Ort überwältigenden Kunsterlebens aus der Literatur des 19. Jahr-

La ›distanza‹ da Goethe. Wilhelm von Humboldt, Fanny Mendelssohn e alcune ›circostanze italiane‹, in: Chiarini/Hinderer (wie Anm. 17), 365–379.

34 F.H. Tenbruck, Die kulturellen Grundlagen der Gesellschaft. Der Fall der Moderne, Opladen 1989.

35 T. Nipperdey, Wie das Bürgertum die Moderne fand, Stuttgart 1998, 22.

hunderts, gerade weil Rom zu den ästhetischen Prätentionen des bürgerlichen Lebens eines jeden aufgestiegen ist. Wo Goethe noch allein gereist ist, kommen die Gruppen der Touristen im gegenseitigen Einvernehmen über die gelungene Ästhetisierung des eigenen Lebens. Wilhelm Müller, der ›Griechen-Müller‹ seiner Lieder für den griechischen Unabhängigkeitskampf wegen genannt, notiert diesen Wandel einer nicht mehr möglichen Überbietung der ästhetischen Erfahrung sehr pointiert, wenn er in seiner Briefsammlung *Rom, Römer und Römerinnen* von 1820 bemerkt:

> Es bleibt also höchstens übrig, die Zahl der Ausrufungszeichen zu vermehren, womit besonders deutsche Reisende beiderlei Geschlechts die Ruinen, Statuen und Gemälde der Siebenhügelstadt so freigiebig beehrt haben. Aber da will ich mich kürzer fassen: ein Gedankenstrich für Alle thut denselben Dienst. –.[36]

Die literarische Topographie beginnt sich zu ändern. Gegen Mitte des 19. Jahrhunderts fügt man nicht noch weitere Ausrufezeichen hinzu, sondern wechselt die Orte aus. Aus der Kunststadt Rom werden die deutschen Mittelstädte von Zürich über Braunschweig bis Husum. Vielleicht wird noch eine Vorstadt Wiens etwa bei Grillparzer zum Ort der Handlung, aber nicht die Kunstmetropole Wien. Kunstlose Landschaft wie die Mark Brandenburg treten hervor. Das zeigt den Funktionswandel der literarischen Topographie schon nach außen hin an.

Vor allem redet die Literatur über die Gesellschaft mehr als über die Kunst und den einzelnen Künstler, eben weil Kunst und Gesellschaft auf das Engste miteinander verfugt sind. Nach Genua zum Baden und gerade nicht nach Rom zur Kunst reist 1828 Heinrich Heine. Enttäuscht von den touristischen Möglichkeiten an der Riviera wendet sich Heine dem politischen Italien zu. Rom ist nur noch gut für Parodien wie in der 1836 geschriebenen Tannhäuser-Ballade Heines. Während ihm Frau Venus die Suppe kocht, erzählt Tannhäuser von seinem Rom-Aufenthalt, wo er der Legende nach bei Papst Urban um

36 W. Müller, Rom, Römer und Römerinnen. Eine Sammlung vertrauter Briefe aus Rom und Albano, Bd. 1, Berlin 1820, 6; vgl. D. Borchmeyer, Zauberin Roma. Wilhelm Müllers römische Briefe, in: Chiarini/Hinderer (wie Anm. 17), 223–234.

Erlösung gebeten habe. Nur erzählt er alles in einem Tonfall, als würde er aus dem *Baedeker* das Nötige »für Schnellreisende«[37] zitieren:

> Ich hatte Geschäfte in Rom, und bin
> Schnell wieder hierher geeilet.
>
> Auf sieben Hügeln ist Rom gebaut,
> Die Tiber thut dorten fließen;
> Auch hab' ich in Rom den Pabst gesehn,
> Der Pabst er läßt dich grüßen.[38]

Rom, ein Touristenort und eine Zitatenkette des »Sehenswerten«. »Sehenswert«, das ist der neue Ausdruck des 19. Jahrhunderts, wie ihn damals Karl Baedeker nach dem Vorbild von John Murrays *Red Book*-Reiseführern aufgebracht hat. Umgesetzt ist er mit einem eigenen Bewertungssystem des Sehenswerten: Man vergibt eine entsprechende Zahl von Sternen, um das noch Sehenswertere vom Sehenswerten zu unterscheiden. Dieses System sollte sich auch in den deutschen Ländern bald durchsetzen. Das »sehenswerte« Rom wird zur Vorlage unzähliger literarischer Versuche, so etwa in der Massenlyrik des 19. Jahrhunderts, bei König Ludwig I. oder bei Erfolgsautoren wie beispielsweise Paul Heyse:

> Weihnachten in Rom
>
> Wir waren schon zu Römern fast geworden.
> Weißt du noch, Freund, wie wir den Lorbeer schmückten,
> Aus dessen Laub die Goldorangen blickten,
> So süß, wie man sie niemals ißt im Norden?
>
> Der Tisch bedeckt mit römischen Ricorden,
> Mit Broncen, Terracotten, frischgepflückten
> Campagnaveilchen, die uns hoch entzückten,
> Und was noch blühn mag an des Tibers Borden.

37 1832 hatte der junge Verleger Karl Baedeker den Verlag von Karl Röhling erworben, der schon 1828 den ersten Rhein-Reiseführer des Gymnasialprofessors und Historikers Johann August Klein herausgebracht hatte, dessen Untertitel »Handbuch für Schnellreisende« sprichwörtlich den neuen Reise-Habitus benennt.

38 H. Heine, Der Tannhäuser. Eine Legende, in: H. Heine, Neue Gedichte, Hamburg 1844, 124f. bzw. Historisch-kritische Gesamtausgabe der Werke, hg. von M. Windfuhr. Bd. 2. Neue Gedichte, bearb. von E. Genton, Hamburg 1983, 58f.

Du aber sahst dir die Bescherung an
Und seufztest heimlich wie in großen Schmerzen,
Und deine Augen schienen was zu suchen.

Dann sprachst du: Gern den ganzen Vatican
Gäb' ich für einen Tannenbaum mit Kerzen
Und ein paar Nürrenberger Pfefferkuchen![39]

In den Romanen des Antikenkenners, Rechtsgelehrten und Erfolgsautors der *Gartenlaube* Felix Dahn, allen voran in seinem Roman *Ein Kampf von Rom* von 1876, ist Rom eine sehenswerte, aus Reiseführern bekannte Kulisse für die aufsteigenden Germanen in den Zeiten der Völkerwanderung und bei Dahn dann auch der Völkerbegegnung.[40] Während das spätantike Rom bei Dahn fast so etwas wie der Ort der Völkervereinigung ist, dichtet derselbe Dahn im so genannten Kulturkampf dann auch gegen die Ultramontanisten:

Nun will der Pfaff im neuen Bau uns meistern,
Schickt Fluch und Zwietracht uns vom Tiberstrom?
Wohl, laßt den alten Schlachtruf euch begeistern:
»Zum Kampf, zum letzten Kampf, auf! gegen Rom!«[41]

Dahn steht in der doppelten und nicht deckungsgleichen Rom-Tradition, der des Klassizismus und der älteren der Anti-Rom-Lyrik. Und er ist damit nicht der einzige. In seinem Erfolgsband *Gedichte eines Lebendigen* aus dem Jahr 1841 hat Georg Herwegh unmissverständlich »Gegen Rom« angeschrieben:

... Doch spreiz' Dich nicht, Du stolzes Rom,
Dir ist ein baldig Ziel gesetzt;
Du bist ein längst versiegter Strom,
Der keines Kindes Mund mehr letzt;
Du bist ein tief gefallen Land,
Du bist das auferstandne Babel,
Der Trug ist deine rechte Hand,
Dein Schwert das Mährchen und die Fabel. ...[42]

39 P. Heyse, Weihnachten in Rom, in: Gedichte von Paul Heyse. Fünfte, durchgesehene Auflage. Mit einem Bildniß, Berlin 1893, 176.

40 A. Esch, Ein Kampf um Rom, in: E. François/H. Schulze (Hg.), Deutsche Erinnerungsorte, Bd. 1, München 2001, 27–40.

41 F. Dahn, Vaterland, Gesammelte Werke. Erzählende und poetische Schriften, Bd. 5, Leipzig 1912, 500.

42 G. Herwegh, Gedichte eines Lebendigen. Mit Dedikation an den Verstorbenen, Bd. 1, Winterthur 1841; 116–119, hier 118 (Neudruck: G. Herwegh,

Rom zieht längst die unterschiedlichsten Projektionen auf sich, ist der Ort eines obskuranten Glaubens, wo sich »loyal« auf »Loyola« reimt, aber auch der Ort der fortgesetzten Bildungsanstrengung. Wenn Bertha Suttner in ihren Memoiren über den 3. Weltfriedenskongress in Rom 1891, wo sie ihre erste öffentliche Rede halten sollte, schreibt:

> Nach Rom! Niemand kann die Fahrt nach der ewigen Stadt antreten, ohne von einem gewissen Schauer gepackt zu werden. Es vibriert da in der Seele ein Akkord von historischen und ästhetischen Tönen, von antiken und Renaissanceerinnerungen; Bilder steigen auf von Forum und Vatikan, von Gladiatoren und Kardinälen, von Palästen und Kirchen, von zauberischen Gärten und blendenden Kunstschätzen,[43]

dann sind dies Bilder-Reihen aus den Versatzstücken der Rom-Reisen. Das ist nicht negativ zu bewerten, sondern zeigt nur die hohe Funktionalität der Kunststadt Rom für die kulturelle Vergesellschaftung an. Gerade die Reise- und Memoirenliteratur des 19. Jahrhunderts zitiert die Kunstemphase wie dann immer häufiger auch die Bildungskritik. Selbst in der Kinder- und Jugendliteratur kehrt das wieder, wie etwa in dem ersten Reiseführer für die Jugend in Romanform *Elisabeths Winter und Frühling in Rom* von Johanna Hering.[44] Es werden immer noch Ausrufezeichen hinter ›Rom‹ notiert, aber auch Gedankenstriche. Die einen setzen sie an den Werktagen, die anderen nur an den Sonn- und Feiertagen.

Wo im 19. Jahrhundert von Bildung die Rede ist, ist die Klage über die Bildungsanstrengung nicht fern, eben weil Bildung selbstverständlicher Teil der Verbürgerlichung geworden ist. Die Klage kehrt nicht weniger topisch in den Korrespondenzen wieder und umgibt noch literarische Charaktere wie etwa Fontanes Melusine-Figur in dessen spätem *Stechlin*-Roman. Weder Italien noch Rom zu sehen, bedeutet hier das Glück der Selbstfindung wie einst in romantischer Zeit, im Gegenteil. Für die verrätselt romantische Figur der Melusine sind die Erlebnisse auf ihrer doch eigentlich standesgemäßen Hochzeitsreise nach Italien traumatisch, die Ehe mit dem italienischen Grafen Ghiberti wird schon nach einem halben Jahr wieder geschie-

Werke und Briefe. Kritische und kommentierte Gesamtausgabe. Bd. 1. Gedichte 1835–1848, hg. von I. Pepperle, Bielefeld 2006, 51 f.).

43 B. Suttner, Memoiren. Sechster Teil, Stuttgart 1909, 220.

44 O. Eschenbach [d.i. J. Hering], Elisabeths Winter und Frühling in Rom. Briefe eines jungen Mädchens in die Heimath, Leipzig 1881.

den, ohne dass der Roman den Grund direkt aussprechen würde. Aber der damalige Leser versteht die so gar nicht schöne Zudringlichkeit des italienischen Ehemanns. Die Rom-Romantik reicht hier noch nicht einmal für die Sonn- und Feiertage des Lebens. Bezeichnend ist für diese Desillusionierung des Sinnbildes Rom, dass schon zu Beginn des Romans die Scheidung vom italienischen Grafen mit der Erfahrung der Kunst motivisch verschränkt ist, dann nämlich wenn die Offiziere Czako und Rex Konversation machen:

Italienische Kunst! Ich bitte Sie, wo soll dergleichen bei mir herkommen? Was Hänschen nicht lernt – dabei bleibt es nun mal. Ich erinnere mich noch ganz deutlich einer Auktion in Ostrowo, bei der (es war in einem kommerzienrätlichen Hause) schließlich ein roter Kasten zur Versteigerung kam, ein Kasten mit Doppelbildern und einem Opernkucker dazu, der aber keiner war. Und all das kaufte sich meine Mutter. Und an diesem Stereoskopenkasten, ein Wort, das ich damals noch nicht kannte, habe ich meine italienische Kunst gelernt. Die ›Thüren‹ [des Ghiberti] waren aber nicht dabei. Was können Sie da groß verlangen? Ich habe, wenn Sie das Wort gelten lassen wollen, 'ne Panoptikumbildung.[45]

Eine solche Panoptikumbildung ist dann Fontanes eigener Haltung nahe, der die Kunst eher Mode, denn Bildungsgut ist: »Die Renaissance ist *nicht* immer schön. Auch von ihr wird sich die Welt wieder erholen. Alles Modesache,«[46] notiert er in sein Reisetagebuch. Am 31. Oktober 1874 schreibt er von seiner ersten Italienreise aus Rom an seinen Freund Karl Zöllner:

... ich empfinde umgekehrt ganz deutlich, daß die Zeitfrage an dieser Erdenstelle [Rom] eine ziemlich gleichgültige ist und daß ich nach drei Monaten von Rom mit demselben Gefühle scheiden würde wie in diesem Augenblick. Was zu leisten war, ist geleistet worden. Ich habe die Lage der Stadt, der Straßen und Plätze, der Paläste und Kirchen, das Genrehafte und das Landschaftliche, wie ich mir einbilde, zur Genüge weg; damit muß man sich zufrieden geben und wegen unerledigter Details sich nicht zu Tode grämen. Diese Detail-Schätze, wie ich nur wiederholen kann, sind eben unbezwingbar. Ein Menschenleben reicht dafür nicht aus. Ich war heute, nachdem ich gleich am ersten Tage das Aeußre der Kirche besichtigt, in Santa Maria Maggiore, in der, beiläufig, in bereits fertiger, kostbarer Marmorgruft Pio nono begraben werden wird. Außer zwei besonders berühmten Kapellen (Kapelle

45 T. Fontane, Der Stechlin, Werke, Schriften und Briefe, hg. von W. Keitel/H. Nürnberger, Bd. 1, 5, München 1980, 107f.

46 T. Fontane, Reisetagebuch Theodor Fontanes 1875, ebd., Bd. 23, 2: Aufzeichnungen zur bildenden Kunst, München 1970, 86.

Borghese und Kapelle Sixtus' V.) enthält diese Kirche in ihrem Langschiff 26 biblische Gemälde und ebenso viele Mosaik-Doppelbilder, die sich, als alter eiserner Bestand, unter den Gemälden hinziehn. Alles in allem also 78 Darstellungen bloß in dem Mittelschiff einer einzigen Kirche! Man kann mit 10 multiplicieren, wenn man die Zahl der Gesamtschätze dieser Basilika, die keineswegs zu den reichsten und interessantesten zählt, angeben will. ... Da es Hunderte von Kirchen gibt, so liegt es auf der Hand, daß ihre Gesamt-Bewältigung niemand zu leisten vermag und daß auch der Tapferste und Beharrlichste mit der Überzeugung von Rom scheiden wird, den Dingen nicht annähernd gerecht geworden zu sein. Auch hier, wie überall im Leben, heißt es sich bescheiden. Wer alles zwingen will, wird nur confus.[47]

Rom ist eine Bildungsanstrengung, aber kaum noch ein Eintrag auf der Karte der Literatur und keine Bedingung mehr für die Kunst. Das Ideal liegt andernorts. »Schweiz, Italien, Paris muß man gesehen haben«, schreibt Fontane an seinen Sohn Theodor am 29. August 1898, »das ist man sich schuldig, und ein »Intendant« erst recht; aber das vergnügliche Reisen, von dem man menschlich was hat, liegt doch woanders. Stille Plätze, wenig Menschen, ein Buch, ein Abendspaziergang über die Wiese, mit andern Worten: die kleine Lehrersommerfrische.«[48] Rom hat hier einmal mehr jede Funktion für die Literatur verloren. Selbst für die Sonn- und Feiertage tut es auch die Mark Brandenburg.

Man muss schon genauer hinsehen, um den Kunst-Ort Rom überhaupt noch in der Literatur des 19. Jahrhunderts prominent gesetzt zu entdecken, etwa in der Schlussszenerie in Fontanes *Schach von Wuthenow* mit der versöhnenden Kindesheilung durch das wundertätige Santo Bambino der römischen Basilika Santa Maria in Aracoeli oder auch bei Conrad Ferdinand Meyer. Für den schwer depressiven C.F. Meyer bedeutete Rom 1858 eine regelrechte ›Wiedergeburt‹ als Künstler. Davon zeugt sein Gedicht *Der römische Brunnen*, zu dem Meyer durch die Fontana dei Cavalli Marini im Garten der Villa Borghese angeregt sein wollte. Diese Kunstbegegnung hat Meyer in den folgenden Jahrzehnten bei der Überarbeitung des Gedichts anhaltend

47 Ebd., Bd. 4, 2: Briefe 1860–1878, München 1979, 483 f.; vgl. auch L. Grevel, Fontane in Italien, Germanisch-Romanische Monatsschrift 36 (1986) 414–432 und Chr. Grawe, »Italien Hours«. Theodor Fontane und Henry James in Italien in den 1870er Jahren, in: K. Ehlich (Hg.), Fontane und die Fremde, Fontane und Europa, Würzburg 2002, 276–294.

48 T. Fontane, Werke, Schriften und Briefe (wie Anm. 45), Bd. 4, 4: Briefe 1890–1898, München 1982, 743.

beschäftigt. Sein Gedicht wurde auf das Wenige und Wesentliche konzentriert, bis es zu der dichten 7. Fassung des Gedichts kommt, die fast dreißig Jahre später 1882 veröffentlicht worden ist:

Aufsteigt der Strahl und fallend gießt
Er voll der Marmorschale Rund,
Die, sich verschleiernd, überfließt
In einer zweiten Schale Grund;
Die zweite gibt, sie wird zu reich,
Der dritten wallend ihre Flut,
Und jede nimmt und gibt zugleich
Und strömt und ruht.[49]

Hier, in dieser Verknappung wird die Kunst und das Leben noch einmal zu einem erhabenen Ereignis, mehr als nur eine Lehrersommerfrische und nicht nur ein weiteres Ausrufezeichen, sondern ganz Sinnbild eines augenblickshaft gelingenden Bei-sich-Selbst-Seins, das über die Sonn- und Feiertage des Lebens hinaus reicht.

Man kann noch einzelne Gedichte von Platen oder Hebbel anführen, aber in der Summe ist Rom in der zweiten Hälfte des 19. Jahrhunderts aus der deutschen Literatur weitgehend verschwunden und findet sich nur dort noch, wo es um die Kritik an den Bildungsprätentionen geht oder Kulissen für Liebesszenen gebraucht werden. Die gesellschaftskritischen Romane Hedwig Dohms sind dafür ein Beispiel. In ihrem Roman *Schicksale einer Seele* von 1899 aus der Trilogie *Drei Generationen* sind romantische Rom-Bilder und die Kritik an den Einsargungen des bürgerlichen Lebens verschränkt:

Ihn liebe ich, weil er in Rom ist, und weil man in Rom jemand lieben muß. Soll das Uebermaß der Schönheit uns nicht mit tödtlicher Melancholie erfüllen, so muß man zu zweien fühlen. Nie, nie möcht ich, wenn ich alt geworden, nach Rom kommen.[50]

Am Ende des langen 19. Jahrhunderts, als die lebensphilosophisch inspirierte Kritik an der kulturellen Vergesellschaftung durch die Künste tonangebend und die neoromantische Kunstbewegung das Kunstprojekt der Romantik wieder aufnimmt,[51] wird an das Kunst-

49 C.F. Meyer, Sämtliche Werke. Historisch-kritische Ausgabe, hg. von H. Zeller, Bd. 1, Bern 1963, 170.

50 H. Dohm, Schicksale einer Seele. Roman, Berlin 1899, 328 bzw. Neuausgabe von N. Müller/I. Rohner, Berlin 2007, 239f.

51 Y. Mix, Die Schulen der Nation. Bildungskritik in der Literatur der Moderne, Stuttgart 1995.

phantasma Rom aus der Zeit um 1800 wieder angeknüpft. Mit der sprichwörtlichen Überwindung des 19. Jahrhunderts, ihrem Historismus und dem neuen Anspruch derer, die sich als »Bildungsprotestanten«[52] offensiv auf liberale Bildungsprogramme verpflichten, erlangt die Stadt wieder eine sinnbildliche Bedeutung und fungiert in der Literatur auch als der Ort künstlerischer Selbstfindung. An der selbstverständlichen Gegenwart Roms, seiner Verbürgerlichung im langen 19. Jahrhundert ändert das wenig. Für Rom braucht man keine Phantasie mehr, um Ausrufezeichen oder auch Gedankenstriche hinter den Namen dieser Stadt zu setzen. Selbst an den Werktagen des Lebens ist sie geöffnet. Sie liegt ja gleich um die Ecke, aber ganz anders als es sich Taugenichts erträumt hat.

52 F.W. Graf, Der Protestantismus. Geschichte und Gegenwart, München 2006, 158.

Rom wie es war – und wie es wirklich ist

Rombilder von Wilhelm v. Humboldt bis Gustav Nicolai

Golo Maurer

1. Notwendige Täuschung

Von den anderen großen Metropolen Europas des 19. Jahrhunderts unterschied sich Rom durch den Umstand, dass man dort zwar in der Gegenwart lebte, dies als Fremder aber vor allem der Vergangenheit wegen tat (Abb. 3/4).[1] Eine echte Ausnahme hiervon bildete nicht einmal die Heerschar katholischer Rompilger, die am Ziel ihres Strebens zwar eine in ihrer Macht- und Institutionsfülle quicklebendig-gegenwärtige Kirche vorfand, die jedoch in ihrer Legitimität wie auch in ihren täglichen Handlungen ganz auf Ereignisse und Orte, Personen und Dinge, Traditionen und Gesetze der Vergangenheit ausgerichtet war, einer Vergangenheit, die nicht selten in dieselbe Antike zurückreicht, um derentwillen die protestantischen Reisenden mehrheitlich nach Rom gekommen waren. Rom als Hauptstadt des Katholizismus bildete für Letztere natürlich ein Kuriosum, eine Sehenswürdigkeit der besonderen Art, die zu unzähligen, meist hämischen Betrachtungen – und manchmal auch zum konfessionellen Übertritt veranlasste. Und trotzdem scheint nicht der mit Händen greifbare Antagonismus zweier Konfessionen, sondern das unvermittelte Aufeinandertreffen einer oft nur vorgestellten Vergangenheit mit einer real erlebten Gegenwart das eigentliche Romerlebnis des protestantischen Reisenden gewesen zu sein – und zugleich Grundlage für sein *Rombild*, wenn wir diesen Begriff als die jeweilige Summe von persönlicher sowie auch kollektiver Romvorstellung, Romerwartung, Rom-

1 Für die Zeit um 1870 siehe: A. Beyer, Leben in Gegenwart des Vergangenen. Carl Justi, Jacob Burckhardt und Ferdinand Gregorovius in Rom vor dem Hintergrund der italienischen Einigung, in: C. Wiedemann (Hg.), Rom-Paris-London. Erfahrung und Selbsterfahrung deutscher Schriftsteller und Künstler in fremden Metropolen, Stuttgart 1988, 289–300.

erlebnis und Romerinnerung definieren.[2] Vom ›protestantischen Reisenden‹ zu sprechen, ist zwar insofern irreführend, als dieser ja meist nicht aus konfessionellen Motiven nach Rom fährt, sondern ganz generell als *Bildungsreisender*. Damit kann nach dem Zeitalter der *Grand Tour*, also etwa ab 1800, die spezifische Motivation des bürgerlichen Italienbesuchers umrissen werden. Dieser Bildungsreisende reist wahlweise als Antiquar, als Historiker, als Kunstkenner oder Kunsthistoriker, manchmal auch als Künstler oder Architekt, als Philologe, als Kranker und Rekonvaleszent, oder auch, und das immer öfter, schlicht als mehr oder weniger gebildeter Jäger von Sehenswürdigkeiten, als ein Tourist. Auch ist er oft nicht mehr ganz jung. Die innere Haltung des reisenden Kavaliers wird von einem Interesse, einem Selbstverständnis und einer Sicht auf die Dinge abgelöst, die ihre Wurzeln ganz und gar in der protestantisch geprägten Gesellschaft haben, ein Phänomen, das unter den Oberbegriff des ›Kulturprotestantismus‹ eingeordnet werden könnte. Dieses kulturprotestantische Italienbild ist insofern gut dokumentiert, als die überwiegende Mehrzahl publizierter Reiseberichte von protestantischen Autoren stammen, die entweder häufiger nach Italien fuhren als ihre katholischen Zeitgenossen, oder eben – was wiederum sehr protestantisch wäre – fleißiger über ihr Reisen Rechenschaft ablegten. Wie dem auch sei, im pflichtschuldigen Publizieren von Reisetagebuch oder Reisebriefen hat im deutschsprachigen Raum das protestantische Bürgertum ab etwa 1800 den Adel beider Konfessionen als bisherigen Träger der schriftlichen Überlieferung abgelöst.[3]

2 Dieser Beitrag wurde aus meiner entstehenden Habilitationsschrift »Die Deutschen und Italien. Vorstellung, Erlebnis, Erinnerung« heraus entwickelt, die sich auf der Grundlage von Landschaftsmalerei und Reiseliteratur vor allem mit Brüchen, Irritationen und Wandlungen in der deutschen Italienwahrnehmung zwischen dem späten 18. Jahrhundert und dem ersten Weltkrieg beschäftigt.

3 Zum Wandel des Reiseverhaltens um 1800, insbesondere zu den Unterschieden zwischen adligem und bürgerlichem Reisen siehe mit weiteren Literaturangaben: Th. Grosser, Reisen und soziale Eliten. Kavalierstour – Patrizierreise – bürgerliche Bildungsreise, in: M. Maurer (Hg.), Neue Impulse der Reiseforschung, Berlin 1999, 135–176; M. Maurer, Reisen interdisziplinär – Ein Forschungsbericht in kulturgeschichtlicher Perspektive, in: ders. (Hg.), Neue Impulse der Reiseforschung, Berlin 1999, 287–410; ders., Bürgerliche Welt und Adelsreise: Nachahmung und Kritik, in: R. Babel/W. Paravicini (Hg.), Grand Tour. Adeliges Reisen und europäische Kultur vom 14. bis zum 18. Jahrhundert, Akten der internationalen Kolloquien in der Villa Vigoni 1999

In den dabei entstehenden ›kulturprotestantischen‹ Rombildern spielte natürlich auch die römisch-katholische Kirche eine Rolle. Ihre Wahrnehmung als konfessionelle Konkurrenz wurde dabei in den ersten Jahrzehnten nach 1800 immer mehr von ihrer Bedeutung als Bewahrerin der Vergangenheit abgelöst, bis man um 1870 im Papsttum vornehmlich eine Art Arche Noah sah, in welcher sich Antikes, Mittelalterliches und Alteuropäisches in die Moderne hinübergerettet hatte.

Die im Folgenden vorgestellten Beispiele protestantischer Rombilder reichen von Wilhelm von Humboldt bis Kurd von Schlözer – und damit vom Anfang des 19. Jahrhunderts bis kurz vor den Fall des Kirchenstaats im Jahr 1870. Dazwischen stehen so unterschiedliche Figuren wie Philipp Christian Benedikt Schlegel als Königlich Bayerischer Pfarrer der protestantischen Gemeinde zu Pfäfflingen bei Nördlingen (in Rom zwischen 1803 und 1807), Wilhelm Christian Müller, der mit eigenem Gefährt und in Begleitung seiner Tochter reiste (1820/21), Gustav Nicolai als Berliner Divisionsauditeur, also als höherer Militärjurist (1833) sowie Friedrich Menzel als Literaturkritiker (1835). Als der vielleicht früheste Erforscher des deutschen Italienbildes kommt der Kulturhistoriker Victor Hehn (1813–1890) mit einem Beitrag von 1840 zu Wort. Dabei geht es weniger darum, vermeintliche Entwicklungen aufzuzeigen als vielmehr eine Vorstellung davon zu geben, auf wie unterschiedliche Weise die Kollision von Vergangenheit und Gegenwart, von Romvorstellung und Romerlebnis verarbeitet wurde.

Beginnen wir mit einer bekannten Äußerung Wilhelm von Humboldts, der seine römische Zeit als preußischer Resident zwischen 1802 und 1808 in erster Linie für seine Altertumsstudien nutzte.[4] Diesem mit Leidenschaft verfolgtem Interesse für das Vergangene, worin Phantasie und Vorstellung eine zentrale Rolle spielten, kamen freilich immer wieder die Auswirkungen modernen Fortschritts in die Quere, die, so bescheiden sie sich in Rom auch ausnehmen moch-

und im Deutschen Historischen Institut Paris 2000, Ostfildern 2005, 638–656; M. Leibetseder, Die Kavalierstour. Adlige Erziehungsreisen im 17. und 18. Jahrhundert, Archiv für Kulturgeschichte, Beiheift 56, Köln 2004.

4 G. Maurer, Preußen am Tarpejischen Felsen. Chronik eines absehbaren Sturzes – Die Geschichte des Deutschen Kapitols in Rom 1817–1918, Regensburg 2005, 20–23.

ten, von Humboldt als Bedrohung empfunden wurden. Im August 1804 schrieb er hierzu an Goethe:

Rom ist ein Ort, in dem sich für unsere Ansicht das ganze Alterthum in Eins zusammenzieht. ... Es ist allerdings das Meiste an diesem Eindruck subjektiv, aber es ist nicht bloß der empfindelnde Gedanke zu stehen, wo jener oder dieser große Mann stand. Es ist ein gewaltsames Hinreißen in eine von uns nun einmal, sey es auch durch nothwendige Täuschung, als edler und erhabener angesehene Vergangenheit; ... Aber es ist auch nur eine Täuschung, wenn wir selbst Bewohner Athens und Roms zu seyn wünschten. Nur aus der Ferne, nur von allem Gemeinen getrennt, nur als vergangen muß das Alterthum uns erscheinen. Es geht damit, wie wenigstens mir und Zoëga mit den Ruinen. Wir haben immer einen Ärger, wenn man eine halbversunkene ausgräbt. Es kann höchstens ein Gewinn für die Gelehrsamkeit auf Kosten der Phantasie seyn. Ich kenne für mich nur noch zwei gleich schreckliche Dinge, wenn man die *campagna di Roma* anbauen und Rom zu einer policirten Stadt machen wollte, in der kein Mensch mehr Messer trüge. Kommt je ein so ordentlicher Papst, was aber die 72 Cardinäle verhüten mögen! so ziehe ich aus. Nur wenn in Rom eine so göttliche Anarchie und um Rom eine so himmlische Wüstenei ist, bleibt für die Schatten Platz, deren einer mehr werth ist, als dies ganze Geschlecht.[5]

Das Altertum erscheint hier für den späteren Unterrichtsminister weniger als Gegenstand der Wissenschaft, sondern vielmehr als Idealbild einer »als edler und erhabener angesehene[n] Vergangenheit«, eine Utopie, der die historischen Tatsachen ebenso abträglich sind wie die Lebensäußerungen der Gegenwart. Der Widersprüchlichkeit dieser Konstruktion begegnet Humboldt mit der Doktrin einer »nothwendigen Täuschung«, die freilich nur vor der Kulisse einer tief in Chaos und Anarchie herabgesunkenen Gegenwart wirksam ist. Arnold Esch hat Humboldts Äußerung einmal als »wenig anziehenden Zug eines so anziehenden Mannes« bezeichnet,[6] und damit jenen doppelten Maßstab des künftigen preußischen Reformers kritisiert, der für das Gastland wünscht, wovor es die Heimat zu bewahren gilt.

Humboldts scheinbarer Zynismus könnte freilich auch als eine Art Staatsraison der Gelehrtenrepublik verstanden werden, die gutheißt, was der Sache nützt, und deswegen auch ohne weiteres bereit ist, aus-

5 Marino, 23. August 1805; W. v. Humboldt, Werke in fünf Bänden, hg. von A. Flitner/K. Giel, Darmstadt 1981, 5, 216f.

6 A. Esch, Idealistische Geister am Tarpejischen Felsen, Frankfurter Allgemeine Zeitung, 7. Januar 2006, 41.

gerechnet das römische Papsttum als Garantiemacht anzuerkennen. Diese soll für die Aufrechterhaltung jenes gegenwärtigen Dunkels sorgen, welches der Humboldtschen Vergangenheitsschau so unabdingbar ist wie die Nacht dem Astronom. Was kümmerten Humboldt die in Rom Lebenden, wenn er mit den Unsterblichen in Austausch zu treten wünschte? Der alte Topos protestantischer Romkritik, nämlich die Rückständigkeit alles Römisch-Katholischen, wird in seiner Stoßrichtung von Humboldt umgelenkt und gegen alles im Kern Aufklärerische gewendet – eine Volte, welche die beginnende Moderne als ein vom Wesen her kulturfernes Banausentum erscheinen lässt. Solange der Papst jedoch die römische Gegenwart auf einer zivilisatorischen Nullstufe hält, können sich die Reste der Antike als Spuren eines Goldenen Zeitalters wirksam dagegen abheben.

Man konnte damals freilich auch anders, gewissermaßen traditioneller sehen, wie der zur gleichen Zeit in Rom weilende Pfarrer Schlegel aus Pfäffingen. Als er auf der Anreise nach Rom in die päpstlichen Gebiete kam, reagierte er auf die dort herrschenden Zustände mit aufgeklärter Empörung. Diese erreichte ihren Höhepunkt, als er von Montefiascone auf die Öde der Campagna Romana hinabblickte: »Mir war, als wollte ich gar nicht hinabsteigen in die Wüste Sara, nicht ihre Gestalt an sich, sondern ihr ärmlicher Schmuck, das äußerste Gewand von ihr, ekelte mich an.«[7] Und an anderer Stelle: »Wenn Bemerkungen über Politik irgend in den Plan dieses Werkes gehörten, würde man sich an keinem Platze derselbigen weniger enthalten können, als hier. Es ist fast unmöglich über Mängel und Gebrechen zu schweigen, welche auffallend und grell sind.«[8] Das war für einen protestantischen Untertan des bayerischen Königs schon recht deutlich, doch konnte sich Schlegel unter der Protektion von Karoline Friederike Wilhelmine von Bayern dergleichen offenbar erlauben.[9]

7 Ph. Ch. B. Schlegel, Italiens reizendste Gefilde empfindsam durchwandert, 2 Bde., Nördlingen o.J. [1814], Bd. 1, 176.

8 Ebd., 177f.

9 Die aus dem protestantischen Haus von Baden und Hochberg stammende Karoline von Bayern (1776–1841), der Schlegel seine Reisebeschreibung gewidmet hatte, war nach ihrer 1797 geschlossenen Ehe mit dem bayerischen Herzog (ab 1806 König) Max Joseph Protestantin geblieben, was in Bayern zu relativer konfessioneller Toleranz führte.

Schlegel muss, das wird aus seinen Aufzeichnungen nicht ganz klar, Italien zwischen 1803 und 1807 besucht haben. Den preußischen Residenten Humboldt, der genau in diesen Jahren in Rom lebte, hat er, wie er berichtet, dort jedenfalls in einem Sommer auf dem Lande bei Marino angetroffen,[10] vielleicht in eben jenem August 1804, als Humboldt dort den besagten Brief an Goethe geschrieben hat. Ob es bei dieser Begegnung auch um das Verhältnis von römischer Gegenwart und antiker Vergangenheit ging, ist nicht überliefert. Zum Streit wird es darüber jedoch kaum gekommen sein; denn Schlegels anfängliche Empörung über die Rückständigkeit des Kirchenstaates legte sich schnell und gründlich, sobald er von Montefiascone herabgestiegen war und vor den Toren Roms stand – im Bann der ›klassischen Erde‹:

Die Asche tausender edler Römer ist unter meinen Füßen. Umgeben von ihren großen Geistern trete ich einsam feierlich auf den geweihten Boden hin, auf welchem diese hehren Schatten sich begegnen, die Vergangenheit beweinen, die Gegenwart nicht sehen … Eine unbeschreiblich wollüstige Schwermuth lagert sich um den Wanderer, wenn er allein seine Phantasie mit den hohen Bildern einer unübertreffbar großen Vergangenheit erfüllen kann … Diese Wüsteney! mit welcher Rührung schweift mein Blick durch ihr Chaos! … Überall wäre mir diese Menschenleere verhaßt, nur hier liebe ich sie. Sonst allenthalben würde ich diese öden Steppen schimpfen und verfluchen; hier geben sie in ihrer einfachen Erhabenheit meiner Phantasie einen hohen Schwung. Ich liebe es, daß statt bewohnter Flecken, nur einsam düstere Hütten, oder uralte Riesentrümmer zu finden sind … Mir ist: als müßte es um Rom so stille seyn. Der jetzigen Menschheit geräuschvolles oft unedelstrebendes Gewühle würde in diesen merkwürdigen Fluren nur allzukleinlich seyn. … Diese öden Wüsten sind das treffende Sinnbild der Trauer, und sprechen den harten Gedanken aus: Jede neue Bemühung, und all das große Streben der jetzigen Tage erreiche nur, übertreffe diese vergangene Herrlichkeit nie![11]

Man sieht schon an Schlüsselwörtern wie »Schatten«, »Phantasie«, »Wüsteney«, »Chaos« und »Öde«, wie eng die Verwandtschaft zu Humboldts Rombild auf einmal ist. Stadt und Umland werden in erster Linie als ein Reservat für diese »Schatten« wahrgenommen, wo »Chaos« und »Wüstenei« herrschen, womit – das darf man dem Kirchenmann Schlegel unterstellen – durchaus so etwas wie schöpfungsferner Urzustand assoziiert werden kann.

10 Schlegel (wie Anm. 7), 313.
11 Ebd., 178–182.

So reaktionär die Standpunkte Humboldts und Schlegels auch erscheinen mögen, sie bewegen sich doch innerhalb moderner Kategorien, indem sie überhaupt mit dem Fortschritt der zeitgenössischen Welt rechnen, wenn auch als negativer Faktor. Hier finden sich erstmals Rombilder, die nicht, wie bis zum Ende des 18. Jahrhundert allgemein üblich, im zeitgenössischen *Niedergang*, sondern im zeitgenössischen *Fortschritt* eine Bedrohung dessen sehen, was an Rom bewahrenswert erscheint. Nicht die Zerstörungen der Nachantike, sondern die Aktivitäten von Archäologie und Denkmalpflege erscheinen nun für den Untergang des Altertums verantwortlich. In Hinblick auf die Wahrnehmung Roms und Italiens hat Humboldt mit dieser selektiven Fortschrittskritik einen Paradigmenwechsel eingeleitet, der das deutsche Italienbild noch heute bestimmt. Humboldt und Schlegel gehören zur Avantgarde derselben Bewegung, deren Bagage noch heute durch Italien rollt, schwer bedrängt durch Fortschritt und Gegenwart. Sehnsuchtsbegriffe des 20. Jahrhunderts wie ›Ursprünglichkeit‹, ›Unberührtheit‹ oder ›Authentizität‹ gehen in ihrer skeptischen, nur auf die eigenen intellektuellen und ästhetischen Interessen bedachten Grundhaltung letztlich auf Humboldts Lob der Rückständigkeit zurück, dessen Wurzeln wiederum in Rousseaus Zivilisationskritik zu finden sein mögen.

Die in Humboldts Rombild vollzogene Neubewertung wird deutlich, wenn man das etwas ältere, aber in einer Ungleichzeitigkeit des Gleichzeitigen eben noch präsente Rombild seines Korrespondenzpartners Goethe dagegen hält. Diesem kam es auf seiner eigenen Reise offenbar gar nicht in den Sinn, zwischen dem zeitgenössischen Italien und jenem der Vergangenheit kategorisch zu unterscheiden. Alle Dinge scheint er in ihrem gegenwärtigen Zustand als dem einzig denkbaren wahrgenommen zu haben. Die Antike lebte für Goethe in den Überresten, welche die Gegenwart für ihn bereithielt und von der sie nicht zu trennen waren. In ihrem statischen Verhältnis zueinander verschmelzen Vergangenheit und Gegenwart zu einem Zustand der Unveränderlichkeit. Sein Ausspruch aus dem Reisetagebuch: »Der Staat des Papstes scheint sich zu erhalten, weil er nicht untergehen kann«[12] mag hier stellvertretend für seinen Glauben an die Gesetz-

12 Perugia, 25. Oktober 1786; J. W. v. Goethe, Reise-Tagebuch 1786 (Italienische Reise), hg. von K. Scheurmann/J. Golz, Mainz 1997, 139.

mäßigkeit eines immer währenden Italien stehen. Humboldts Wunsch ist hier noch Gewißheit.

Humboldt und Schlegel erleben die italienische Gegenwart hingegen als einen sowohl zur Antike als auch zur Moderne hin abgeschotteten, doppelt anachronistischen Zustand, als eine über der Historie schwebende Zeitblase, deren Fortbestand inmitten der rasant verlaufenden europäischen Historie akut gefährdet war. Dass diese Gefährdung nicht von den 72 Kardinälen ausging, hatte Humboldt richtig eingeschätzt – und doch wohl kaum vorhergesehen, dass diese schon wenige Jahre später samt dem Papst und ihm selbst von den Franzosen aus Rom vertrieben werden sollten, die sofort begannen, Rom zu modernisieren.[13] Schon wenig später scheinen Humboldts schlimmste Befürchtungen bestätigt, wenn nicht gar übertroffen worden zu sein. Selbst Jahre nach dem Abzug der Franzosen ist das tägliche Leben der Stadt noch von deren Eingriffen geprägt. So erlebte Wilhelm Christian Müller – der nicht mit dem ›Römer-Müller‹ verwechselt werden darf – Rom um 1820 als

> nicht mehr so schmutzig, unsicher, ungesund und intolerant, ... als frühere Reisende es geschildert haben. Die französische Allgewalt mag wohl das meiste zu dieser Verbesserung beigetragen haben ... Vor 20 Jahren gab es hier keine Laterne; jetzt sind alle Hauptstraßen erleuchtet; dadurch ist schon weniger Dieberei und Unsicherheit auf der Straße; die gemeinen Bürger dürfen keine Messer mehr als Waffen tragen; sonst hörte man fast täglich, daß jemand ermordet oder von Schmutz aus den Fenstern begossen worden sey; niemand darf jetzt Unrath auf die Straße schütten, niemand öffentlich betteln. Die Franzosen stecken die Bettler ins Gefängnis ... Niemand wird jetzt mehr umgefahren; das schnelle Fahren ist scharf verboten; der Wagen des Königs von Spanien selbst mußte im Corso so langsam fahren, wie andere Wagen.[14]

Ob Müller, der von den Franzosen im Präsens spricht, deren unter Papst Pius VII. noch deutlich nachwirkenden Einfluss meint oder aber die in Rom nach dem Wiener Kongress anwesenden Vertreter der Schutzmacht des restaurativen Frankreich, wird nicht klar. Aber auch wenn die napoleonisch-nordeuropäische Ordnung mit dem Pon-

13 Maurer (wie Anm. 4), 20–23, 34 f. und 65.

14 Rom, 18. April 1821; W. Ch. Müller, Briefe an deutsche Freunde von einer Reise durch Italien über Sachsen, Böhmen und Österreich, 1820 und 1821, geschrieben und als Skizzen zum Gemälde unserer Zeit herausgegeben von Dr. Wilhelm Christian Müller, sechsundvierzig-jährigen Erzieher und Lehrer in der Hansestadt Bremen, 2 Bde., Altona 1824, Bd. 2, 717 f.

tifikat Leos XII. (1823–1829) systematisch zurückgedrängt wurde, so wie vor 1808 wurde es nie mehr wieder.[15]

Mit dieser historischen Zäsur wird die Klage über den Niedergang des Gewesenen zu einer Standardformel des nordischen Rombesuchers. So gedachte Carl Friedrich von Rumohr in seinen 1833 erschienenen Reiseerinnerungen des Ponte Molle als der »schöne[n] alte[n] Brücke mit ihren halbzerfallenen rustiken Vertheidigungsthürmen«, welche bei Rumohrs erster Romreise in den Jahren 1805/6 »noch ganz so dastand, wie Johann Both sie eben so leicht als tapfer radirt hat (Abb. 5). Seitdem ist sie modernisiert worden im erbärmlichen neuitalienischen Geschmacke. Es sieht in der verödeten Umgebung aus zum Erbarmen das reinliche neue Ding, und auch an sich selbst ist es ganz und gar nichts werth (Abb. 6).«[16]

Auch das Papsttum war in den Augen vieler Protestanten nicht mehr das, was es einst gewesen war. In vieler Hinsicht schien es ihnen vom rechten Wege abgekommen zu sein, da es, anstelle das alte Europa zu verteidigen, den Anschluss an das neue suchte. Die Enttäuschung hierüber war groß. So wirft der Berliner Literaturkritiker Wolfgang Menzel, der 1833 Rom besucht hatte, den Päpsten vor, »undankbar« zu sein

> gegen die Schönheit, der sie doch sehr viel verdanken ... Zu dem ehrwürdigen Heiligenschein, der sie noch umgibt, trägt die Kunst und das Alterthum, ja ich möchte sagen, trägt selbst die Naturschönheit in Italien bei; es schmilzt dort alles in einem Zauber des Schönen zusammen, und der Papst sitzt im Widerschein von Gold und Abendröthe der untergegangenen und doch noch glänzenden Schönheitssonne. Aber die Sucht, mit der Zeit zu gehen ... und die lächerlichen Versuche, mitten in der Faulheit Roms die bureaukratische Thätigkeit des Nordens nachzuahmen, sind im Begriff, jene alte Poesie, die das Papstthum umgibt, ganz zu zerstören. Da wollen die Weltüberwinder, die Herz und Augen und Hände nur zum Himmel zu richten so eifrig waren, plötzlich Physiokraten, industrielle, Nützlichkeitsmenschen werden, und ganz am unrechten Orte.[17]

War für Humboldt das Papsttum noch ganz Mittel zum Zweck, ja fast ein Handlanger seiner Interessen, so sieht Menzel darin bereits einen Gegenstand von eigener ästhetischer Berechtigung, nämlich den letzten sichtbaren Abglanz dessen, was ansonsten nur noch in Erinne-

15 Maurer (wie Anm. 4), 34 f.

16 C. F. v. Rumohr, Drey Reisen nach Italien, 3 Bde., Leipzig 1832, Bd. 1, 112 f.

17 W. Menzel, Reise nach Italien im Frühjahr 1835, Stuttgart 1835, 239 f.

rung und Vorstellung, in Büchern und Bildern existierte. Das Rom der Gegenwart erscheint ihm als Bühne, auf der original barocke Stücke zwischen den bröselnden Kulissen des alten Europa noch sporadisch zur Aufführung gelangen. Für Fremde aus dem Norden muss dieses andauernde Zu-Ende-Gehen eines Zustandes, der ja eigentlich schon längst der Vergangenheit angehörte, ein unvergesslicher Eindruck gewesen sein (Abb. 7/8). Dieser Prozess dauerte – von der Rückkehr der Päpste im Jahr 1814 an gerechnet – mehr als ein halbes Jahrhundert. Stärker als jemals zuvor scheinen die Romreisenden dieser Jahre die Rolle des von diesem Schauspiel unweigerlich gebannten Zuschauers einzunehmen, auf billigen Plätzen genauso wie auf teueren. Von einem der letzteren aus verfolgte der preußische Gesandtschaftssekretär Kurd von Schlözer (in Rom zwischen 1864 und 1869) fasziniert die letzten Vorstellungen dieses Kirchenstaatstheaters, dessen altweltlichen Reiz er mit Kenneraugen umso höher schätzte, als er das nahe Ende vorhersah. Nach einem Besuch beim Kardinal Prinz Gustav Hohenlohe-Schillingsfürst in einer Villa in Frascati meinte er nachdenklich: »Wenn man in die Hofhaltung eines solchen Kirchenfürsten sieht und die Verehrung betrachtet, die ihm von allen Gläubigen entgegengebracht wird – dann fragt man sich unwillkürlich, ob all diese Herrlichkeit auch gesichert ist gegen die Stürme, welche über den Kirchenstaat hereinzubrechen drohen.«[18] Und trotz seiner Wehmut ist Schlözer auch wieder gespannt darauf, wie sich der Fall des letzten Vorhangs gestalten werde: »Rom wird jetzt mit jedem Tag interessanter. Jeder Mensch hat das dunkle Gefühl, daß wir dicht vor einer Weltkatastrophe stehen.«[19] Das Gefühl, am Nabel der historischen Weltgeschichte deren Zeitzeuge zu werden, vermochte die Trauer über das dabei verloren Gehende durchaus in den Hintergrund zu drängen – zumal es ja auch durchaus solche Zuschauer gab, die wie etwa Carl Justi das Ende des Papsttums, »das seit Jahrhunderten bloß vom Schröpfen der Fremden und der Welt«[20] leben würde, mit gespannter Erregung herbeisehnten.[21]

18 Rom, 10. November 1866; K. v. Schlözer, Römische Briefe 1864–1869, 2. Aufl. Berlin 1924, 251.
19 Ebd., 251; Maurer (wie Anm. 4), 94–96.
20 Rom, 23. April 1867; C. Justi, Briefe aus Italien, Bonn 1922, 15.
21 Rom, 17. Oktober 1867; Justi (wie Anm. 20), 105 f.; Beyer (wie Anm. 1), 299–301.

Trostloser Stimmung waren hingegen die Vertreter der Traditionslinie, die von Humboldt über Menzel bis hin zu Schlözer und Gregorovius reichte. Gregorovius, Autor des Monumentalwerks *Die Stadt Rom im Mittelalter*, konnte es gar nicht fassen, dass dieses Mittelalter, das sich in vielen Spuren ja bis zum 20. September 1870 in Rom hatte halten können, nun von einem Tag zum anderen »wie von einer Tramontana hinweggeweht« worden war, »mit allem geschichtlichen Geist der Vergangenheit. Ja, dies Rom ist ganz entzaubert worden.«[22]

Das päpstliche Rom war für die protestantischen Akademiker nicht nur Asservatenkammer der Geschichte gewesen, sondern gleichsam deren lebender Leib, den man sonst nur tot auf den Seziertisch bekam. So hatte im päpstlichen Rom Gegensätzliches zu einer überraschenden und ungemein produktiven Symbiose gefunden. Dieser von Humboldt eingeleiteten Partikular-Ökumene im Zeichen von Gelehrsamkeit und Wissenschaft haftete freilich immer auch die Fragwürdigkeit eines kulturpolitischen Doppelagententums an, das in seiner grundsätzlich defensiven, mühsam argumentierenden Haltung in merkwürdiger Weise dem Kirchenstaat selbst ähnelte. War dessen zweifache Natur als geistige und weltliche Macht im alten Europa nicht unbedingt als Widerspruch erschienen, so führte dieser Anspruch auf Vereinbarkeit des Unvereinbaren ab etwa 1800 zu immer groteskeren Situationen. Das blieb auch unseren preußischen Beobachtern nicht verborgen. Die Sinnlosigkeit, ein weltanschaulich auf vormodernen Prinzipien beharrendes Staatsgebilde im technisch-oberflächlichen Sinne zu modernisieren, hat Menzel durchaus zutreffend erkannt, ohne dabei freilich konsequenterweise dessen Auflösung und den Rückzug aufs Geistliche zu fordern.

Aber auch in diesem Glauben an die Möglichkeit eines perpetuierten Stillstandes war Menzel keineswegs alleine. Noch Ferdinand Gregorovius hatte – wohl in Anlehnung an die neoguelfischen Theorien eines Vincenzo Gioberti – vorgeschlagen, inmitten des neuen Europa einen nach den Prinzipien des alten geführten Kirchenstaat einfach fortbestehen zu lassen, in seinem Territorium freilich begrenzt auf die Stadt Rom und das Umland sowie gemildert durch eine republikanische Verfassung.[23]

22 30. Oktober 1870; F. Gregorovius, Römische Tagebücher, hg. von H.-W. Gruft/M. Völkl, München 1991, 289; Maurer (wie Anm. 4), 113 f.

23 Gregorovius (wie Anm. 22), 129; Beyer (wie Anm. 1), 296 f.

2. *Notwendige Enttäuschung*

Durch die Beispiele Goethe und Carl Justi wurde bereits angedeutet, dass nicht alle Romreisenden diese Stadt als einen Ort der Vergangenheitsschau begriffen haben. Neben den ›Passatisten‹, zu denen freilich auch das ab 1815 stetig wachsende Heer der nach Italien reisenden Historiker und Kunsthistoriker in der überwiegenden Mehrheit gehört,[24] gab es durchaus auch solche, deren Rombild sich am jeweils zeitgenössischen Rom orientierte.[25] In der Wahrnehmung dieses zeitgenössischen Roms gab es freilich bedeutende Unterschiede. Neben jenen, die wie Goethe oder Wilhelm Müller (diesmal ist tatsächlich der ›Römer-Müller‹ gemeint)[26] das Leben und Treiben der Stadt mit Interesse und Freude verfolgten und darin stets auch ein positives Gegenbild zu den Zuständen in der Heimat erblickten, gab es auch solche, die Rom als in seiner Rückständigkeit bedrückend erlebten. Näher betrachtet werden soll im Folgenden vor allem die letzte Gruppe, schon darum, weil ihre Bedeutung im Vergleich zur Ersteren immer ein wenig unterschätzt wurde und wird.[27]

24 A. Esch, Auf Archivreise. Die deutschen Mediävisten in der ersten Hälfte des 19. Jahrhunderts. Aus Italienbriefen von Mitarbeitern der Monumenta Germaniae Historica vor der Gründung des Historischen Instituts in Rom, in: ders./J. Petersen (Hg.), Deutsches Ottocento. Die deutsche Wahrnehmung Italiens im Risorgimento, BDHIR 94, Tübingen 2000, 187–234; ders., Für die Monumenta in Italien. Briefe Ludwig Bethmanns von einer Archiv- und Bibliotheksreise 1845/46, Frühmittelalterliche Studien 36 (2002) 517–532; ders., Die Gründung deutscher Forschungsinstitute in Rom 1870–1914, in: ders., Wege nach Rom: Annäherung aus zehn Jahrhunderten, München 2003, 120–151.

25 J. Petersen, Das Bild des zeitgenössischen Italien in den Wanderjahren des Ferdinand Gregorovius, in: A. Esch/J. Petersen (Hg.), Ferdinand Gregorovius. Eine kritische Würdigung, BDHIR 78, Tübingen 1993, 73–76.

26 W. Müller, Rom, Römer und Römerinnen, 2. Aufl., Berlin 1983; Hierzu zuletzt: D. Borchmeyer, Zauberin Roma – Wilhelm Müllers römische Briefe, in: P. Chiarini/W. Hinderer (Hg.), Rom – Europa. Treffpunkt der Kulturen, Würzburg 2006, 223–233.

27 Die einschlägigen Publikationen der letzten Jahre konzentrieren sich zumeist auf das positive Italienerlebnis. Als Ausnahmen, die jedoch weniger das jeweilige Rombild als die Sicht auf Italien generell behandeln, sind zu nennen: T. Heydenreich, Noch Einer. Friedrich Theodor Vischers Versuche mit Italien klarzukommen, in: F. R. Hausman (Hg.), ›Italien in Germanien‹ – Deutsche Italienrezeption von 1750–1850, Kongreßakten Weimar, Tübingen 1994, 84–95; G. Oesterle/B. Roeck/Ch. Tauber (Hg.), Italien in Aneignung und Widerspruch, Reihe der Villa Vigoni 10, Tübingen 1996; Ch. Thoenes, Felix Italia? Materialien zu einer Theorie der Italiensehnsucht, in: Anselm/C.

Schon bei ihren empfindsameren Zeitgenossen waren die Romkritiker meist recht unbeliebt, und auch heute scheinen sie nur schwer in das allgemeine Bild von ›Italiensehnsucht‹ zu passen. Von Sehnsuchtsgefühlen jeglicher Art trennt sie vor allem der Umstand, dass sie sich der geistesgeschichtlichen Dimension Italiens im Allgemeinen und Roms im Besonderen strikt verweigerten, und es ablehnten, Land und Stadt als symbolische Orte anzuerkennen, wo die Gegenwart auf mehr verweist als nur auf sich selbst. Rom war für sie nicht mehr das Gefäß von Antike und ›alter Zeit‹, sondern eine überwiegend schlecht verwaltete südeuropäische Großstadt. Schon Johann Wilhelm von Archenholz, der Italien demonstrativ mit dem von ihm bewunderten England verglich, fand Rom bei seinen Aufenthalten in den siebziger Jahren des 18. Jahrhunderts »blos in seinen Theilen ... bewunderungswürdig.«[28] Von Archenholz, Herder, Seume, Niebuhr und Nicolai bis Rolf Dieter Brinkmann bilden diese Romkritiker eine unkoordinierte Truppe von Einzelkämpfern, die sich selten bis nie aufeinander beziehen und schon auf Grund ihrer völlig unterschiedlichen Motive wenig mehr hervorbringen konnten als eine Tradition isolierter Romgegenbilder. Was diese Reisenden – von Brinkmann abgesehen – vielleicht noch am ehesten verbindet, ist ihre progressive, in der Tendenz fortschrittsgläubige Haltung, so unterschiedliche Formen und Ausprägungen sie auch angenommen haben mag.

Der Gründung einer eigenen Rezeptionslinie am nächsten kam vielleicht der schon genannte Berliner Divisionsauditeur Gustav Ni-

Neubaur (Hg.), Talismane. Klaus Heinrich zum 70. Geburtstag, Basel 1998, 307–323; W. Lange, Auf den Spuren Goethes, unfreiwillig: Rolf Dieter Brinkmann in Italien, in: W. Lange/N. Schnitzler (Hg.), Deutsche Italomanie in Kunst, Wissenschaft und Politik, München 2000, 255–281; W. Busch, Zur Topik der Italienverweigerung, in: H. Wiegel (Hg.), Italiensehnsucht. Kunsthistorische Aspekte eines Topos, München 2004, 203–210; Th. Fitzon, Reisen in das befremdliche Pompeji – Antiklassizistische Antikenwahrnehmung deutscher Italienreisender 1750–1870, Berlin 2004; E. Schröter, Italien – ein Sehnsuchtsland? Zum entmythologisierten Italienerlebnis der Goethezeit, in: H. Wiegel (Hg.), Italiensehnsucht. Kunsthistorische Aspekte eines Topos, München 2004, 187–202; J. Rees, Lust und Last des Reisens – Kunst- und reisesoziologische Anmerkungen zu Italienaufenthalten deutscher Maler 1770–1830, in: F. Büttner/H. W. Rott (Hg.), Kennst Du das Land – Italienbilder der Goethezeit, Ausstellungskatalog, München 2005, 55–79; W. Frick, ›Was hatte ich mit Rom zu tun? Was Rom mit mir?‹ Johann Gottfried Herder in der ›alten Hauptstadt der Welt‹ (1788–89), in: P. Chiarini/W. Hinderer (Hg.), Rom – Europa. Treffpunkt der Kulturen, Würzburg 2006, 135–172.

28 J. W. v. Archenholz, England und Italien, 4 Bde., Karlsruhe 1791, Bd. 4, 183 f.

colai. Sein Buch *Italien wie es wirklich ist* erschien 1834 in erster, im Jahr darauf – eine Seltenheit für Reiseberichte – in zweiter Auflage[29] und hatte eine öffentliche Diskussion entfacht, die das gebildete Deutschland beinahe zerrissen hätte.[30] Nicolai hat Italien im Jahr 1833 mit, wie er selbst behauptet, »der nöthigen wissenschaftlichen Vorbereitung«, als »ein gebildeter Mann« und »ausgestattet mit der innigsten Empfänglichkeit für das Schöne, mit glühender Einbildungskraft und lebhaftem Gefühl«[31] bereist, doch wurde die Fahrt zum Fiasko. Nichts entsprach jenen Erwartungen, welche sich, genährt aus Reiseliteratur und Dichtung, über die Jahre bei ihm angestaut hatten. Darauf beschloss er, nun selbst ein Italienbuch zu schreiben, denn: »Man ist verpflichtet, Irrthümer aufzuklären.«[32]

Als Urheber der »krankhaften Sehnsucht nach dem Süden, welche seit Jean Pauls Titan in Manie«[33] ausgeartet sei, nennt er ausgerechnet den unromantischen Goethe, der »weniger die Wahrheit, als die Schönheit der darstellenden Farben vor Augen« gehabt und – neben den Dichtern der »Nebelschwebelperiode«, also der Romantik – auch die Künstler angesteckt und sie ihrer eigenständigen Urteilskraft beraubt habe: »Haben sie nun das Land der Sehnsucht erreicht, so sehen sie entweder aus Enthusiasmus falsch, oder sie vermeiden, im Dankgefühl für das einzelne Schöne, welches ihnen dort geboten wird, die Schattenseiten Italiens aufzudecken.«[34] Für eine übermäßige Beschäftigung mit Resten antiker Monumente hatte Nicolai ohnehin wenig übrig und kritisierte sie, wo er nur konnte, als gutgläubig-naiven Fetischismus, wenn nicht als Selbstbetrug. Verächtlich sah er auf die »Antiquitätenkrämer« herab, die »an jedem Orte überselig« seien, »wo sie in alten Schutthaufen herumkriechen« könnten: »Mit dem Livius oder Florus in der Hand starren sie dort süß weinend die Stein-

29 G. Nicolai, Italien, wie es wirklich ist. Bericht über eine merkwürdige Reise in den hesperischen Gefilden, als Warnungsstimme für Alle, welche sich dahin sehnen, 2 Bde., Leipzig 1834.

30 Zuletzt zusammenfassend: J. Wieder, Italien, wie es wirklich ist, eine Polemik von 1833, in: J.A. Schmoll (Hg.), FS L. Dussler – 28 Studien zur Archäologie und Kunstgeschichte, München 1972, 317–331.

31 Nicolai (wie Anm. 29), Bd. 1, 3.

32 Ebd., 8.

33 Ebd., 4.

34 Ebd., 4f.

klumpen an, die ihnen italienische Schlauheit für Überbleibsel der alten Zeit ausgiebt.«[35]

Der Untertitel seines Buches war Programm: *Bericht über eine merkwürdige Reise in den hesperischen Gefilden, als Warnungsstimme für Alle, welche sich dahin sehnen.* Das Buch ist – in offensichtlich nachträglich vorgenommener Dramaturgie – als Tagebuch einer klassischen Italienreise gestaltet und absolviert alle Stationen einer solchen. Beginnend mit der fröhlich erwartungsvollen Abfahrt aus Berlin werden alle gängigen Hoffnungen und Erwartungen an das Reiseland kunstvoll aufgebaut, um der Reihe nach mit genüsslicher Gnadenlosigkeit und nicht ohne satirischen Witz zerstört zu werden. Immer wieder blitzt die Hoffnung auf, die hesperischen Gefilde doch noch zu finden, so bei der Einfahrt nach Rom: »Es war noch nothdürftig hell, und mit Bewunderung und Entzücken betrachteten wir, als der Wagen am Thore innerhalb der Stadt hielt, den herrlichen Platz, der hier am Thore gelegen ist, die berühmte Piazza del popolo ... Tief ergriffen von diesem großartigen Bilde riefen wir aus: Ja, Rom ist herrlich, entspricht jeder Erwartung!«[36] Doch schon im nächsten Tagebucheintrag heißt es:

Mit Verlegenheit nehme ich die Feder zur Hand, um über unser heutiges Tagewerk zu berichten. ›Rom ist herrlich und entspricht jeder Erwartung!‹ riefen wir gestern in der Begeisterung, zu der die Großthaten der Vergangenheit, welche das alte Rom verherrlichten, nothwendig hinreißen müssen, und das Dunkel des Abends hüllte uns in den farbigen Schleier der Täuschung. Ach, auch in Rom haben wir uns betrogen! ... Wie alle übrigen Städte Italiens besteht auch Rom aus engen, schmutzigen Straßen, die Häuser haben, mit weniger Ausnahme, räucherige, grauschwarze, unten mit Kot und Spinngeweben behangene und von Kalk entblößte Mauern; auch hier vertreten oft blos schwarze viereckige Löcher die Stelle der Fenster; die so sehr gerühmten Palläste sind meistentheils alte, finster drohende Steinklumpen. Ruinen der Gegenwart neben den Ruinen der Vergangenheit! – Ein enthusiastischer Verehrer Italiens hatte mir einmal gesagt, die Leipziger Straße in Berlin erinnere fast an den Corso in Rom. Welch ein Bild schwebte mir daher vom Corso vor! Und was sah ich? Eine lange, schmale, schmutzige Gasse mit vielen hohen räucherigen Häusern! Freilich ist diese Straße, die in Berlin zu den schlechtern gehören würde, für Rom eine Zierde ... Viele bringen durch Koth und das Höhlenhafte der Wohnungen Ekel hervor. Dieser Ekel steigert sich dadurch, daß auch hier die schmutzigsten Handwerke im Freien getrie-

35 Ebd., 4.
36 Ebd., 177f.

ben werden. Besonders widerlich sind die Fleischläden, vor denen man die geschlachteten Thiere mit abgezogener Haut aufgeblasen, oft noch in der Gestalt des Lebens, aufstellt, oder bläuliches, blutiges, und anscheinend schon in Fäulniß übergegangenes Fleisch am Haken aushängt. Die Fleischer selbst gleichen mit ihren struppigen schwarzen Haaren, in ihrer schmutzigen Kleidung mit aufgekrämpelten Ärmeln und nackten Waden eher wilden Kanibalen, als Mitgliedern einer civilisirten Völkerschaft ... *Wohin man blickt, hängen aus den Fenstern, selbst der vornehmsten Häuser dieser angeblich prächtigen Stadt, Hosen, Strümpfe und Hemden zum Trocknen aus, so daß man sich überall in einem Kasernenviertel zu befinden glaubt* ... Das aber ist *Roma, la superba*! – Ihr Helden der Vorzeit, vermöchtet ihr einen Blick zu werfen auf die Stadt Eurer Nachkommen![37]

So geht es im Wesentlichen über beinahe siebenhundert Seiten (Abb. 9/10). Die empörten Reaktionen, die das Buch in Deutschland hervorrief und die Nicolai genüsslich in der zweiten Auflage veröffentlichte und kommentierte, seien hier übergangen, da sie sich meist im stereotypen Vorwurf des Philistertums erschöpfen, ein Vorwurf, der Nicolai bis in die moderne Forschung hinein nicht ganz treffend gemacht wird.[38] Um die kulturhistorische Bedeutung von Nicolais Italienbild zu erkennen, hätte es eines Kulturhistorikers bedurft. Einen solchen gab es tatsächlich, nämlich in der Gestalt des 1813 im livländischen Dorpat geborenen Victor Hehn, der in seinem erst posthum publizierten, um 1840 entstandenen Essay *Die Geschichte Italiens in Deutschland*[39] Nicolais Buch als logische Konsequenz »der großen Entwicklung des modernen Weltalters« interpretierte:

Das Erscheinen eines Buches wie das von Nicolai war unausbleiblich, ich habe es lange erwartet. Je höher das Kartenhaus steigt, desto näher der Umsturz. Ich will die schroffe Übertreibung nicht verteidigen, in die Nicolai verfallen ist: aber ich finde sie verzeihlich und natürlich. Es mußte eine Reaktion kommen, und daß diese bei der Gewalt ihres ersten Hervorbrechens

37 Ebd., 179–183.
38 Wieder (wie Anm. 30), 326.
39 V. Hehn, Die Geschichte Italiens in Deutschland, in: ders., Reisebilder aus Italien und Frankreich, hg. von Th. Schiemann, Stuttgart 1894, III–XX. Theodor Schiemann hat das titellose Fragment, das Hehn jedoch selbst als Überlegungen zu einer »Geschichte Italiens in Deutschland« bezeichnet (ebd., III), aus dessen Nachlass publiziert und auf den Herbst 1839 datiert. Eine etwas spätere Datierung ab 1840 ist jedoch wahrscheinlicher, da Hehns eigene italienische Reise (1839/40) bei der Niederschrift des Textes offenbar bereits zurückliegt. Zumindest scheint Hehn bereits in Süditalien gewesen zu sein.

ihrerseits die Grenze überschritt, ist nicht zu verwundern ... Die Industrie, der Verkehr, der Handel, die großen Erfindungen überraschten uns durch ihre steigende Siegeskraft oder rissen unser Denken oder unsre That in den Umschwung ihres Lebens, aber wie selten erklang in dem Geräusche der Beratung das Wort Italien! Endlich die Poesie dieses modernen Europa, seine Dampfungetüme und Eisenbahnen, seine kolossalen, in gewaltigen Verhältnissen handelnden Hauptstädte, ... diese moderne Poesie wohnte nicht mehr in Italien, und farbige Kirchenfenster wie Ritternovelle, Unwissenheit wie Karneval, die erleuchtete Peterskuppel wie Mosaikarbeiten wurden ihr gleichgültig.[40]

Nicolais ganze Reise sei als »Ausbruch dieser veränderten Stimmung« zu verstehen, sein Buch enthalte trotz aller Übertreibungen »wenigstens soviel Wahrheit als in hundert italienischen Reisebeschreibungen, die vor ihm erschienen sind.«[41]

Zu diesen neuen Wahrheiten gehört auch, dass in den durch Jahrhunderte beliebten Vergleichen zwischen Italien und Deutschland mit einem Male die Fließrichtung sich ändert: Nicht nur Deutschland wird mit Italien verglichen, sondern nun auch Italien mit Deutschland. Galt zuvor Italien als das Maß all jener Dinge, die man dort suchte, so sind es spätestens seit den preußischen Reformen immer öfter die Errungenschaften der Heimat, an denen Italien gemessen wird. Es liegt in der Natur der Sache, dass dieser Wettbewerb nicht mehr in jenen Disziplinen ausgetragen wird, die bislang Italiens unschlagbare Anziehungskraft begründet haben: Geschichte, Kunst und Schönheit. Verglichen wird nun immer öfter auch nach den Maßstäben des preußisch-deutschen Patriotismus: Staatswesen, Verwaltung, Militär, Industrie und Wissenschaft, aber auch Tugenden, wie sie dem Selbstbild des protestantischen Bürgertums entsprachen, wie Ehrlichkeit, Verlässlichkeit, Fleiß, Ehrgeiz und Effizienz.

Hinzu kommt ein schwerer zu fassender Wandel, den man mit der nachlassenden Bereitschaft zu dichterisch-metaphorischen Sichtweisen beschreiben könnte. Wenn Nicolai in Italien etwa die »Orangenwälder« sucht, die ihm aus der Dichtung oder den früheren Reiseberichten vorschweben, und dann hartnäckig darauf besteht, dass das, was er findet, keine Wälder sondern nur »Pflanzungen« seien,[42] wenn

40 Ebd., V–XIX.

41 Ebd., V–XIX; Maurer (wie Anm. 4), 109.

42 G. Nicolai, Italien, wie es wirklich ist. Bericht über eine merkwürdige Reise in den hesperischen Gefilden, als Warnungsstimme für Alle, welche sich dahin sehnen, von Gustav Nicolai, Königl. Preuß. Divisions-Auditeur. Zweite

er damit droht, zur Not auch mit Temperaturmessungen zu beweisen, dass das italienische Klima sich nicht nennenswert von jenem in Deutschland unterscheide,[43] so scheint die bewusste Abkehr von poetisch-topischer Einbildung nicht nur rein persönlich, sondern durchaus auch zeitbedingt zu sein. Nicolais Italienbild ist in diesem Sinne kein Bild mehr, sondern es besteht aus unzähligen, dabei aber immer ähnlichen Detailaufnahmen, deren Ausschnitte zwar sorgsam, ja geradezu strategisch gewählt sind, die zu einem Bild zu komponieren und anzureichern sich Nicolai jedoch konsequent weigert. Was herauskommt, ist ein bewusstes Zerrbild, das Stereotyp einer selbsterklärten Kampfschrift.

Hinter dieser steht freilich der durchaus ernst gemeinte Versuch, durch die Leugnung aller bisherigen Italienbilder zu dem vorzudringen, was er für die eigentliche Substanz des Landes hielt. So schwer sein daraus abgeleiteter Anspruch auf Vorurteilslosigkeit auch zu halten sein mag, er kann als erster für sich reklamieren, dem Italien der Lebenden gegenüber dem Italien der Schatten die vollen Rechte eingeräumt zu haben. Dieses Interesse für das Italien der Lebenden hat die deutsche Italienbeschäftigung des folgenden Jahrzehnts denn auch nachhaltig geprägt und Werke wie Mittermaiers *Italienische Zustände* von 1844 hervorgebracht, ein bemerkenswerter Versuch, Italien rein mit den Mitteln der wissenschaftlichen Statistik zu erfassen.[44]

Nicolais ›Reisebeschreibung‹ ist aber nur vordergründig ein Anti-Italienbuch. Der Feind sitzt nicht in Rom oder Neapel, sondern zu Hause, in Berlin. Sein Zorn ist echt, doch gilt er nicht so sehr den anachronistischen Zuständen in Italien selbst. Die sind – wie Italien überhaupt – dem preußischen Patrioten im Grunde gleichgültig. Seine tiefe Erregung richtet sich vielmehr gegen alles, was er im *eigenen Land* als Anachronismus, nämlich als dem »theuren, zurückgesetzten deutschen Vaterland«[45] und seinem allgemeinen Aufstieg unwürdig empfindet. Damit meint er vor allem die Gegenwelt zu dem, was als

vermehrte und verbesserte Auflage, nebst einem Anhange, enhaltend sämmtliche in öffentlichen Blättern erschienene Beurtheilungen des Werks, mit Anmerkungen vom Verfasser, 2 Bde., Leipzig 1835, Bd. 2, 295.

43 Nicolai (wie Anm. 29), Bd. 2, 45 f.

44 C.J.A. Mittermaier, Italienische Zustände, hg. von E. Jayme, Heidelberg 1988.

45 Nicolai (wie Anm. 29), Bd. 1, 237.

diszipliniert, vernünftig, nüchtern, zuverlässig, kurz: als preußisch – aber auch als protestantisch – gilt: »die Enthusiasten, die nebelschwebelnden Romantiker, die überspannten Künstler und Gott weiß, welche Klassen noch von Unsinnigen«,[46] die nichts Besseres zu tun wüssten, als die »holde, mütterliche« Frau Germania und ihr »freundliches, farbiges Haus mit der grünen Flur« zu verlassen, um »sich in der Schmutzhöhle der Buhlerin Italia zu entnerven«.[47]

Die deutsche Italiensehnsucht wird von Nicolai vor allem auch als Ausdruck eines tief sitzenden deutschen Inferioritätsgefühls gedeutet, einer gerade in intellektuellen Kreisen gepflegten Vaterlandsverachtung, zu der es – das ist seine Hauptbotschaft – gerade im Nationen-Vergleich mit Italien nicht den geringsten Anlass gebe:

> Der schönste Erfolg unserer Reise ist die Überzeugung, daß unser deutsches Vaterland hoch über Italien steht, und das erhebende Gefühl, in einem Lande geboren zu sein, welches in Beziehung auf Kultur, intellektueller Bildung und wahrer Civilisation mit allen andern, die wir gesehen, unbesorgt in die Schranken treten darf. Ein Deutscher, der, von seinen Reisen zurückkommend, dies nicht freudig erkennt und nur das Fremde anbetet, ist seines herrlichen Vaterlandes unwerth und verdient, als ein enthusiastischer Thor, bemitleidet, wenn nicht – verachtet zu werden.[48]

Nicolais Bestreben, mit alten Wahrnehmungsmustern zu brechen und das zu erfassen, was er für Tatsachen hält, fällt rein zeitlich mit einer künstlerischen Strömung zusammen, die ihre Spuren auch im *gemalten* Italienbild hinterlassen hat – ein Thema, das hier abschließend nur kurz berührt werden kann.[49] In der Darstellung Italiens hatten sich seit Claude Lorrain und Poussin Konventionen und Bildformeln etabliert (Abb. 11), die durchaus mit den Topoi der klassischen Reiseliteratur vergleichbar sind – und die nun zunehmend nicht mehr der tatsächlichen Wahrnehmung dieses Landes zu entsprechen scheinen. Die arkadisch-idealen Landschaften eines Jacob Philipp Hackert (1737–1807), die verträumten, märchenhaften Gegenden eines Joseph Anton Koch (1768–1839, Abb. 12) oder die heroischen Prospekte eines Johann Christian Reinhardt (1761–1847) werden von einer neuen Generation von Malern offenbar als mehr und mehr untaugliche Genre-

46 Nicolai (wie Anm. 42), Bd. 2, 321.
47 Nicolai (wie Anm. 29), Bd. 1, 237.
48 Nicolai (wie Anm. 29), Bd. 2, 344.
49 Für eine ausführliche Behandlung sei hier nochmals auf meine Habilitationsschrift verwiesen (vgl. Anm. 2).

muster empfunden, um das eigene Italienerlebnis in Bildern zu reflektieren. Immer öfter tauchen nun ausschnitthafte Skizzen auf, gemalt nicht an den immer gleichen, gewissermaßen offiziellen Standpunkten, sondern irgendwo, am Wegesrand – gewissermaßen ein Italien zeigend, so ›wie es wirklich ist‹ (Abb. 13/14). Nicolai hat diese oft als Naturalismus bezeichnete Strömung interessanterweise nicht nur sofort bemerkt, sondern auch das darin liegende propagandistische Potential für seine Sache erkannt. Den Berliner Maler Carl Blechen (1798–1840), den Nicolai mit sicherem Gespür als den künstlerisch bedeutendsten Vertreter dieser Richtung erkennt und preist, zitiert er sogar als seinen Kronzeugen – wohl ohne dessen Wissen und mit Sicherheit gegen dessen Intention. Froh, in seinem Bestreben, die Richtigkeit seiner Wahrnehmungen nun auch durch bildliche Evidenz belegen zu können, zitiert er einen Vorfall, dessen Zeuge er selbst gewesen sein will:

Bei Gelegenheit der letzten Kunstausstellung in Berlin hatte der geniale Landschaftsmaler Blechen Ansichten von Italien, in Öl gemalt, der öffentlichen Beurteilung hingegeben. Der Himmel ist auf diesen Bildern ganz wie bei uns, Erde und Baumlaub sind bräunlich gefärbt; man sieht ein verbranntes, unfruchtbares Land vor sich, das deutsche Gefilde hingegen in üppigen, frischen, erquickenden Farben prangen. Die Beschauer waren unwillig, und allgemein hielt man die Bilder für schlecht. Ein ehrwürdiger Kunstveteran aber, der lange in Italien gewesen ist, flüsterte, als er sie geprüft hatte, einem Freunde ins Ohr: ›So sieht Italien aus; es ist richtig; aber man darf's nur nicht sagen!‹[50]

50 Nicolai (wie Anm. 29), Bd. 2, 8; Maurer (wie Anm. 4), 91.

Kunst und Künstler

Die Erinnerungsgeschichte des »deutschen Rom« in kunsthistorischer Perspektive

Michael Thimann

Gegenstand des vorliegenden Aufsatzes ist der Versuch, die Kunstgeschichte des »deutschen Rom« im 19. Jahrhundert nicht wie Friedrich Noack, der die unentbehrliche Faktengrundlage für jede Beschäftigung mit dem Gegenstand geschaffen hat,[1] als eine Geschichte von empirisch nachweisbaren Biographien, Orten und Handlungen, sondern unter dem Paradigma der Erinnerungsgeschichte zu beschreiben. Rom ist dabei ein geographischer Ort mit einer konkreten Topographie, vor allem aber ein symbolischer Ort, ja ein Phantasma, an dem sich das kollektive Gedächtnis einer sozialen Gruppe, nämlich dasjenige der deutschen Künstler des 19. Jahrhunderts und ihrer Kritiker, kristallisiert hat. Dieser von dem französischen Historiker Pierre Nora maßgeblich geprägte methodische Ansatz bietet sich für die Betrachtung von Rom als einem zentralen Sehnsuchts- und Erinnerungsort in der deutschen Ideengeschichte an und wurde auch schon in dieser Hinsicht erprobt.[2] Weniger klar konturiert herausgearbeitet wurde jedoch bisher, inwiefern das Erinnerungsbild Rom auch die

1 F. Noack, Deutsches Leben in Rom 1700 bis 1800, Stuttgart 1907; ders., Das deutsche Rom, Rom 1912; ders., Das Deutschtum in Rom seit dem Ausgang des Mittelalters, 2 Bde., Berlin 1927. Eine unentbehrliche Ergänzung gerade hinsichtlich der Biographien der in der Mitte des 19. Jahrhunderts in Rom tätigen Künstler liegt jetzt vor: B. Schroedter, »... denn lebensgroß gezeichnet und vermessen stehst Du im Künstlerbuch.« Porträts deutscher Künstler in Rom zur Zeit der Romantik, Ausst. Kat., Stendal, Winckelmann-Museum, 17. März – 25. Mai 2008, Ruhpolding 2008.

2 P. Nora (Hg.), Les lieux de mémoire, Paris 1984–1992; ders., Zwischen Geschichte und Gedächtnis, Frankfurt/M. 1998. Die Rom-Idee als einen spezifisch deutschen Erinnerungsort untersucht A. Esch, Ein Kampf um Rom, in: E. François/H. Schulze (Hg.), Deutsche Erinnerungsorte, Bd. 1, München 2001, 27–40. Vgl. desweiteren: A. Esch/J. Petersen (Hg.), Deutsches Ottocento. Die deutsche Wahrnehmung Italiens im Risorgimento, Tübingen 2000.

Vorstellungen vom Wiederaufstieg der deutschen Kunst im 19. Jahrhundert geprägt hat. In der Regel wird das Phänomen einer spezifisch deutschen und kunsthistorischen Rom-Idee unter dem eher diffusen Stichwort der »Italiensehnsucht« abgehandelt.[3] Der Topos von der »Sehnsucht nach Italien« besitzt selbst einen frühromantisch-kunstreligiösen Impetus und war mit Wackenroders *Herzensergiessungen eines kunstliebenden Klosterbruders* von 1797 in die Welt getreten, denen Ludwig Tieck ein gleichnamiges Kapitel beigefügt hatte. Dort wird Italien als ein räumlich unendlich ferner Sehnsuchtsort beschworen, den nur die Einbildungskraft zu erreichen vermag: »Warum liegt es so fern von mir, daß es mein Fuß nicht in einigen Tagesreisen erreichen kann? ... ich durchwandre mit meinem Geiste Städte, Flecken und Dörfer, – ach! und fühle nur zu bald, daß alles nur Einbildung sey.«[4]

Der Topos von der »Italiensehnsucht« der Deutschen harmonisiert jedoch das historisch vielschichtige Phänomen, indem er ein vereinheitlichendes Sentiment konstruiert, das es in der Realität des langen 19. Jahrhunderts und der vielen Künstlerindividuen und Künstlergruppierungen wohl nie gegeben hat.

Die Untersuchung der relevanten Text- und Bildquellen kann hier nicht mehr als eine vorläufige Skizze bleiben, die einer weitaus größeren, vornehmlich ideen- und konstellationsgeschichtlich orientierten Arbeit vorausgeht, in der die vieldeutigen Begriffe und Metaphern, mit denen das »deutsche Rom« belegt wurde, eingehender analysiert werden. Dies kann bisher nur ansatzweise geschehen, doch sei aus der hier versuchten Überschau der wohl weitgehend bekannten und daher in ihrem paradigmatischen Charakter für sich selbst sprechenden

3 Vgl. dazu vor allem die älteren Arbeiten zu den deutschen Künstlern in Rom wie H. Geller, Deutsche Künstler in Rom. Von Raphael Mengs bis Hans von Marées (1741–1887). Werke und Erinnerungsstätten, Rom 1961; Sehnsucht nach Italien. Deutsche Zeichner im Süden 1770–1830. Eine Ausstellung für Horst Keller zum 60. Geburtstag, Ausst. Kat., Köln, Wallraf-Richartz-Museum, 30. November 1972–28. Januar 1973, Köln 1972; H. Robels, Sehnsucht nach Italien. Bilder deutscher Romantiker, München 1974; B. Heise/H. Dräger (Hg.), Endlich in Rom. Deutsche Künstler des 19. Jahrhunderts in Italien. Zeichnungen und Aufzeichnungen mit Illustrationen aus einer norddeutschen Privatsammlung, Lübeck 2002.

4 W.H. Wackenroder/L. Tieck, Herzensergiessungen eines kunstliebenden Klosterbruders [Berlin 1797], hier zitiert nach W.H. Wackenroder, Werke und Briefe, Berlin 1938, 16.

Fallstudien die Dringlichkeit einer solchen Arbeit aufgezeigt. Die den Essay leitende Frage ist, welche kunsthistorischen Erinnerungsbilder sich mit dem »deutschen Rom« verbunden und wie sich diese im Verlauf eines langen Überlieferungs- und Übersetzungsprozesses geformt haben. Der Kontext des vorliegenden Bandes hat dabei eine Zuspitzung auf spezifisch religiöse Positionen innerhalb der deutschen Künstlerschaft nahegelegt.

1. *Emergenz des Schönen*

Vor fast genau zweihundert Jahren erlebte die Geschichte der deutschen Kunst eine seltsame Sternstunde, ja ihre eigentliche Geburt. Denn im Oktober 1808 vollendete der schwäbische Maler Gottlieb Schick in Rom sein als Meisterwerk geplantes Gemälde *Apoll unter den Hirten* (Abb. 15), das öffentlich im Palazzo Rondanini ausgestellt wurde und, so ein anonymer Rezensent,[5] als »Darstellung der Gewalt der Schönheit« großen Zuspruch eines begeisterten internationalen Publikums fand. Der *Apoll* – das erstaunt bei dem Thema aus der griechischen Mythologie, das zugleich auch ein philosophisches Denkbild über die ästhetische Erziehung ist, wie es Schick wohl durch seinen Mentor Wilhelm von Humboldt vermittelt bekam – wurde als Auftakt einer neuen deutschen Kunst betrachtet, ja als sinnbildlicher Ausdruck des Geist-, Seelen- und Phantasievollen, das die zeitgenössische französische Produktion mit ihrer »Mechanik« und »Theatralität« nicht aufzubieten in der Lage war. Der griechische Gott Apoll, der in der Einöde Thessaliens den einfachen Hirten die höhere Kultur bringt und damit einen gesellschaftlichen Konsens stiftet, wurde in einem Akt intellektueller Transformation und Wertzuweisung von einem philosophischen zu einem deutschen Denkbild umgeformt und geistert in diesem Sinne durch die Historiographie des gesamten 19. Jahrhunderts. Noch Friedrich Noack wird 1909 über das Bild mit einer vergleichbaren, wenn auch schon etwas verhalteneren Emphase sagen:

5 Anonym, in: Miszellen für die Neueste Weltkunde, Nr. 4 (14. Januar 1809), zitiert nach: U. Gauß/C. v. Holst (Hg.), Gottlieb Schick. Ein Maler des Klassizismus, Ausst. Kat., Stuttgart, Staatsgalerie, 26. August – 14. November 1976, Stuttgart 1976, 190.

Die kunstgeschichtliche Kritik mag heute von diesem Werk nicht mehr so günstig denken wie die begeisterten Zeitgenossen; sie vermißt ... das eigene starke Leben, die mächtige Schöpferkraft in seinen Kompositionen, aber das darf uns nicht abhalten, Schicks Wirken im Zusammenhang mit seiner Zeit hoch einzuschätzen und nach hundert Jahren der Ausstellung im Palazzo Rondanini mit Genugtuung zu gedenken als einer ruhmvollen Kundgebung des künstlerischen Genius Deutschlands in Rom und als eines Marksteins in der Geschichte der deutschen Kunst.[6]

Drei Ereignisse waren es, die in der Erinnerungsgeschichte des »deutschen Rom« als eine Wiedergeburt der deutschen Kunst inszeniert wurden: Die römische Ausstellung der Werke von Asmus Jakob Carstens von 1795, die Präsentation von Schicks *Apoll* im Jahre 1808 und zuletzt die 1817 vollendete Ausmalung der Casa Bartholdy durch die Lukasbrüder Cornelius, Overbeck, Veit und Schadow (Abb. 16). In diesen Werken hat die Kunstgeschichtsschreibung des 19. und frühen 20. Jahrhunderts Schwellenwerke erkannt, die, in Rom entstanden, der durch Aufklärung, Kleinstaaterei und zuletzt napoleonische Besatzung darniederliegenden deutschen Kunst aufgeholfen haben. Wie eine historische Klammer umgreifen zudem zwei Daten das Phantasma der Erneuerung einer nationalen Kunst, die mit der unerhörten Kraft, die eigentlich nur der göttlichen Wahrheit zukommt, aus ihrer Fremdbestimmung und akademischen Bevormundung hervorbricht: Die von Goethe und Carl Ludwig Fernow 1806 vollzogene Überführung des künstlerischen Nachlasses von Asmus Jakob Carstens in die Weimarer Kunstsammlungen und die 1887 durchgeführte Translation der Nazarenerfresken in einen eigens eingerichteten Gedenkraum der Berliner Nationalgalerie.[7] Schon Goethe bezeichnete Carstens 1825 als den »Genius, mit dem man so gerne die neue Epoche deutscher Kunst beginnt.«[8] Die mit der Eisenbahn möglich ge-

6 F. Noack, Gottlieb Schick in Rom, Die Kunst 19 (1909) 162–168.

7 R. Barth/M. Oppel (Hg.), Asmus Jakob Carstens. Goethes Erwerbungen für Weimar, Ausst. Kat., Schleswig, Schleswig-Holsteinisches Landesmuseum Schloß Gottorf, 27. September – 29. November 1992, Schleswig 1992; L. von Donop, Die Wandgemälde der Casa Bartholdy in der Berliner National-Galerie, Berlin 1889.

8 Goethe im Gespräch mit Ernst Förster, 9. November 1825; zitiert nach: F. Büttner, Der autonome Künstler. Asmus Jakob Carstens' Ausstellung in Rom 1795, in: »Die Kunst hat nie ein Mensch allein besessen«. Dreihundert Jahre Akademie der Künste/Hochschule der Künste. 1696–1996, hg. von der Akademie der Künste und Hochschule der Künste, Ausst. Kat., Berlin, Akademie der Künste, 9. Juni – 15. September 1996, Berlin 1996, 195–197, hier 197. Vgl. dazu

wordene Überführung der abgelösten Fresken der Casa Bartholdy wurde als ein Akt der »Heimholung« ins Reich inszeniert. Als Kernzelle deutscher Kunst, die durch unendliche Teilung die Akademien, höheren Anstalten und öffentlichen Gebäude des Reiches bereits befruchtet hatte, wurde der Josephszyklus in einem eigenen Raum, ja gleichsam in der Cella des Heiligtums der Berliner Nationalgalerie ausgestellt. Deren tempelartige Architektur diente ja vor allem der Inszenierung und Feier der titanischen Leistungen des deutschen Musterkünstlers Peter Cornelius, der auch ein Deutsch-Römer war und dessen monumentale Kartons in der Nationalgalerie als Höchstleistungen deutscher Ideenkunst präsentiert wurden (Abb. 17).[9] Gerade für Cornelius, der sich der Förderung Niebuhrs erfreut hatte, waren die Arbeiten der Casa Bartholdy der Anfang einer Karriere als vaterländischer Maler. Somit sollte sich in der Rezeption der Kreis schließen. Die Nazarener-Fresken wurden 1887 nach Berlin geholt, nachdem sie in der Casa Bartholdy mit ihren wechselnden Bewohnern zunehmend verwahrlost und beschädigt worden waren. Ihre Aufstellung in der Nationalgalerie spiegelt die ihnen zugemessene Rolle in einem Prozess nationaler Identitätsbildung. Denn im retrospektiven Blick wurde in den Fresken der Casa Bartholdy – diesen »Kleinodien vaterländischer Kunst«, die ein »ehrendes Denkmal deutscher Kraft und deutschen Charakters« seien, wie es in der 1887 erschienenen Begleitpublikation heißt – der Neubeginn der Kunstentwicklung in Deutschland und vor allem in Preußen erkannt. Gerade in ihrer gezielten Historisierung wurde eine neue Qualität der Fresken offenbar, auch wenn deren strikte nationalpolitische Instrumentalisierung dem

P. Springer, Artis Germanicae restitutor. Asmus Jacob Carstens als »Erneuerer« der deutschen Kunst, Jahrbuch des Schleswig-Holsteinischen Landesmuseums Schloss Gottorf 3 (1990/91) 45–82.

9 B. Maaz (Hg.), Im Tempel der Kunst. Die Künstlermythen der Deutschen, Ausst. Kat., Berlin, Alte Nationalgalerie, 1. Oktober 2008–18. Januar 2009, München 2008; L. Krempel (Hg.), Die Götter Griechenlands. Peter Cornelius (1783–1867). Die Kartons für die Fresken der Glyptothek in München aus der Nationalgalerie Berlin, Ausst. Kat., München, Haus der Kunst, 10. September 2004–9. Januar 2005, Berlin 2004; P.-K. Schuster (Hg.), Die Alte Nationalgalerie, Berlin 2003; M. Wullen, Die Deutschen sind im Treppenhaus. Der Fries Otto Geyers in der Alten Nationalgalerie, Berlin 2001; H. Dorgerloh, Die Nationalgalerie in Berlin. Zur Geschichte des Gebäudes auf der Museumsinsel 1841–1970, Berlin 1999.

Geist ihrer bereits verstorbenen Schöpfer vermutlich widersprochen hätte.

2. *Die deutsche Kunst, die ganze Kunst*

Es bleibt zu fragen, was die Rede von der »Kunst«, d. h. von der »deutschen Kunst« im 19. Jahrhundert motiviert hat. Und es soll gefragt werden, warum diese Rede nicht in Deutschland selbst, sondern vornehmlich in Rom geführt wurde, also auf gleichsam exterritorialem Gebiet, das aber für die Neubegründung einer deutschen Kunst – hier mag auch die alte Vorstellung von der »Reichsidee« eine Rolle gespielt haben – in Anspruch genommen wurde. Ich möchte mich also auf das äußerst komplizierte Gebiet der Erinnerungsgeschichte und Historiographie der deutschen Kunst begeben, wie sie das 19. Jahrhundert selbst hervorgebracht hat, und dabei versuchen, dessen eigene Prämissen zu respektieren und als Schlüssel für das Thema ernst zu nehmen. Ausgehend vom Kollektivsingular der »Kunst« versuche ich zunächst zu beschreiben, wie dieser epistemisch hochaufgeladene Begriff um 1800 in die ästhetische Debatte eintrat, um dann in einem zweiten Schritt mich den »Künstlern« zuzuwenden, die das eigentliche Herzstück jeder kunsthistorischen Erzählung bilden müssen, ja das Abstraktum »Kunst« in seine unendlichen Individualitäten zerlegen. Es wird zu zeigen sein, dass zwei historiographische Achsen das Gebiet zerteilen, von der die eine, diejenige der *Kunst*, im emphatischen Sinn das Ganze beschwört, während die andere, diejenige der *Künstler*, in durchaus widersprüchlichem Sinn das Partikulare und Inkommensurable, die individuellen Stärken und Gegensätze, die Parteiungen usw. in eine narrative Ordnung zu bringen versucht.[10] Kunst und Künstler: Zwei eng aufeinander bezogene, ja sich ergänzende, zugleich aber auch gegensätzliche Prinzipien kunsthistoriographischer Erzählungen im 19. Jahrhundert? Einige Zitate aus der Korrespondenz Gottlieb Schicks können das Ubiquitäre dieses Sprachgebrauchs illustrieren. So schreibt er am 17. November 1802 aus Rom an seine Geschwister: »Wenn ich hier in Rom in dem Grade in meiner Kunst

10 Mit »Kunst und Künstler« ist also nicht jene unreflektierte Biographik gemeint, in deren Sinne der Titel bereits im 19. Jahrhundert einmal Verwendung fand: R. Dohme (Hg.), Kunst und Künstler der ersten Hälfte des neunzehnten Jahrhunderts, Kunst und Künstler des Mittelalters und der Neuzeit. Biographien und Charakteristiken, Abt. 4, 2 Bde., Leipzig 1886.

fortwachse, als es bis auf den Augenblick geschehen (und ich denke, meine Fortschritte sollen hier stärker als an irgend einem andern Orte der Welt seyn, da Rom die Wiege der Kunst ist), so muß einmal mein Ruhm an die Sterne reichen, so werde ich unter die ersten Künstler gerechnet werden, die Deutschland je hervorgebracht hat – Dixi – ja lacht nur, es ist doch wahr!«[11] An den Bildhauer Heinrich Dannecker in Stuttgart schreibt er 1805 verbunden mit der Klage über die Willkür des württembergischen Kurfürsten, der das aus Rom gesandte Bild *David spielt vor Saul die Harfe* noch nicht einmal angesehen habe und den Maler im Unklaren lasse, ob er dafür einen Lohn empfange: »Es ist schrecklich, wie gering bei uns eigentlich noch die Kunst geschätzt wird. Man gibt Künstlern Pensionen, wie man Wittwen und Waisen unterstützt; man unterstützt Künstler und nicht die Kunst.«[12] Und an den Philosophen Schelling, dessen Münchner Akademierede *Über das Verhältnis der bildenden Künste zu der Natur* er begeistert gelesen hatte, schreibt Schick am 25. April 1808: »Es wird in den letzten Zeiten ein schreckliches Spiel mit der heiligen göttlichen Kunst getrieben, gerade als sollte sie nur dazu dienen, die allergröbsten Sinne des Menschen zu reizen. Kein Künstler will ihr mehr sein ganzes Herz und seine ganze Seele weihen, kaum noch die Hand.«[13]

Von der Kunst ist um 1800 an vielen Stellen die Rede: »Die Kunst«, »die deutsche Kunst«, »die heilige Kunst«, »die göttliche Kunst« sind seit Klopstock und Herder geläufige metaphorische Überhöhungen für einen entscheidenden Impuls der Kunstverehrung und der entstehenden Kunstreligion.[14] Die ästhetische Erfahrung von Kunst als Erkenntnisform und emotionalem Resonanzraum löst die kritische Rationalität der Aufklärung ab. Die Bezugnahme auf das Abstraktum »Kunst« ist bei vielen Autoren zunächst einmal vor allem ein antiaufklärerischer Impetus, er richtet sich, wie in den *Herzensergiessungen eines kunstliebenden Klosterbruders* von Wilhelm Heinrich Wackenroder und Ludwig Tieck (1797), mit Einfühlung und subjek-

11 Gottlieb Schick an seine Geschwister, Rom, 17. November 1802, in: A. Haakh (Hg.), Beiträge aus Württemberg zur neueren Deutschen Kunstgeschichte, Stuttgart 1863, 74.

12 Gottlieb Schick an Heinrich Dannecker, Rom, 19. April 1805, ebd., 169.

13 Gottlieb Schick an Friedrich Wilhelm Joseph Schelling, Rom, 25. April 1808, ebd., 240. Zu Anlass und Inhalt dieser Korrespondenz siehe K. Simon, Schelling und Gottlieb Schick, Süddeutsche Monatshefte 8 (1911) 337–347.

14 B. Auerochs, Die Entstehung der Kunstreligion, Palaestra 323, Göttingen 2006.

tivem Empfinden gegen Rationalität und Gefühlskälte. Dort wird, trotz der Bezugnahme auf die christliche Kunst alter Zeit, auf Raffael und Dürer, kein primär religiöses, sondern vielmehr ein empfindsames Programm entfaltet.[15] Die Kunst ist heilig, sie verlangt das Gefühl und die Einfühlung, sowohl beim Künstler als auch beim Betrachter. Die kühle Rationalität der Kunstkritik des 18. Jahrhunderts, die alles in Begriffe zerlegt hat, ist hier das erklärte Gegenbild, dem mit Beschwörungen von der Einfalt und Heiligkeit der in einer Hieroglyphenschrift zur empfindsamen Betrachterseele sprechenden alten Bilder und ihrer noch vom Enthusiasmus getriebenen Schöpfer begegnet wird. Kunst ist damit ein Schlüsselbegriff des epistemischen Umbruchs um 1800. Er umfasst das »Ganze« der Kunst, das sich in den einzelnen Werken und einzelnen Künstlern ausdifferenziert. Natürlich ist dieser Begriff problematisch, denn er ist zugleich mit Kanonbildung (was ist Kunst und was ist keine Kunst?) verbunden sowie mit der Annahme, dass dieses Ganze der Kunst fragmentiert ist, etwa durch den unwiederbringlichen und beklagenswerten Verlust der antiken Werke. Der Kollektivsingular »Kunst« ist damit auch nur vor dem Hintergrund der Historisierung der künstlerischen Tätigkeit und der Entstehung der Kunstgeschichte als Disziplin seit Winckelmann verständlich.[16] Die Trauer um den Verlust, etwa die unwiederbringliche Zerstörung des *Torso vom Belvedere*, wird im Kollektivsingular Kunst objektiviert und kompensiert, da das Schöne kunsthistorisch rekonstruiert werden kann. »Kunst« gewinnt damit gegenüber den einzelnen Kunstwerken an Bedeutung, so dass bei Goethe, Friedrich Schlegel, Joseph Görres und vielen anderen der Kunstkörper für einen organischen Zusammenhang aller Kunst in einer Fülle von Werken stehen kann. Entscheidend ist, dass die Erfahrung eines

15 Vgl. D. Kemper, Sprache der Dichtung. Wilhelm Heinrich Wackenroder im Kontext der Spätaufklärung, Stuttgart 1993; S. Vietta, Vom Renaissance-Ideal zur deutschen Ideologie: Wilhelm Heinrich Wackenroder und seine Rezeptionsgeschichte, in: ders. (Hg.), Romantik und Renaissance. Die Rezeption der italienischen Renaissance in der deutschen Romantik, Stuttgart 1994, 140–162; M. Buntfuß, Die Erscheinungsform des Christentums. Zur ästhetischen Neugestaltung der Religionstheologie bei Herder, Wackenroder und De Wette, AKG 89, Berlin 2004; Auerochs (wie Anm. 14), 482–502.

16 Vgl. dazu die Beiträge in: J. Grave/H. Locher/R. Wegner (Hg.), Der Körper der Kunst. Konstruktionen der Totalität im Kunstdiskurs um 1800, Ästhetik um 1800, Bd. 5, Göttingen 2007.

ganzheitlichen, insbesondere des antiken Kunstkörpers vor allem in der Stadt Rom, und eigentlich auch nur dort, möglich war.[17]

»Kunst« ist zudem ein aus den besonderen politischen Bedingungen gebildetes soziales Konstrukt, das ein Heilsversprechen in sich birgt, etwa den kulturellen Neubeginn nach der napoleonischen Besatzung, wie ihn sich Wilhelm und Caroline von Humboldt mit der Trias der von ihnen geförderten Künstler Schick, Rauch und Reinhart imaginiert haben.[18] Bezeichnend ist, dass dieser Neubeginn immer nicht in Deutschland, sondern in der Künstlerrepublik Rom lokalisiert wurde. So schreibt ein anonymer Autor 1809 im *Morgenblatt für gebildete Stände*: »Es ist fast nicht möglich, das Wort Kunst und Künstler zu nennen, ohne an Rom zu denken. Hierher flüchtete sie, aus der übrigen Welt verdrängt, schon in einer alten Zeit. Hierher wendet sich der Blick eines Jeden, der ihren Schatten aus den Gräbern emporsteigen sah; und wenn jemals eine neue Morgenröthe für die Kunst aufgehen sollte, wo liesse sich eine solche Auferstehung ahnen, als, wo um die Urnen der verewigten Meister, die hier blühten, deren Liebe an der heiligen Roma hing, immerdar junge Sprößlinge treiben, und immer neue hervorgehen werden.«[19] Noch deutlicher wird Carl Ludwig Fernow gegenüber dem Landschaftsmaler Johann Christian Reinhardt: »Nein mein Freund, dort und nicht hier [in Deutschland] ist das Klima der Kunst! Deutschland bringt große Künstler hervor, aber es hat keine gedeihliche Heimat für sie. In Italien lebe und strebe und schaffe der deutsche Künstler.«[20]

Der Gründerfiguren weist die Kunstgeschichte der Deutsch-Römer gleich mehrere auf, von denen Carstens, Schick, Overbeck und Cornelius bereits genannt wurden. Es ist bemerkenswert, dass unter dem ganzheitlichen Paradigma der »Kunst« die großen Differenzen

17 H.J. Schneider, Rom als klassischer Kunstkörper. Zu einer Figur der Antikenwahrnehmung von Winckelmann bis Goethe, in: P. Chiarini/W. Hinderer (Hg.), Rom – Europa. Treffpunkt der Kulturen 1780–1820, Stiftung für Romantikforschung 36, Würzburg 2006, 15–28.

18 E. Osterkamp, Wilhelm und Caroline von Humboldt und die deutschen Künstler in Rom, in: M. Stuffmann/W. Busch (Hg.), Zeichnen in Rom. 1790–1830, Köln 2001, 247–274.

19 Anonym, Versuch einer Übersicht dessen, was in Rom im Jahre 1808 in Beziehung auf Kunst, insonderheit auf Bildhauerey und Mahlerey sich bemerkbarer gemacht hat, in: Morgenblatt für gebildete Stände (1809), 233, zitiert nach Gauß/v. Holst (wie Anm. 5), 26.

20 Zitiert nach ebd.

zwischen den Klassizisten und den »neu-deutschen religios-patriotischen« Künstlern, wie sie 1817 von Goethe und Heinrich Meyer polemisch bezeichnet wurden,[21] in der Regel nivelliert werden. Es entsteht vielmehr ein homogenes Bild vom Progress der Kunst, der sich in den großen nationalen Kunsthistoriographien des 19. Jahrhunderts niederschlägt. Cornelius, Overbeck, Schick und Carstens können hierbei in einem Atemzug als Wiederhersteller der deutschen Kunst genannt werden, da sie alle gegen die Vorherrschaft des französischen Geschmacks gestritten und das Seelenvolle, Charakteristische, Eigentümliche in der deutschen Kunst erneuert haben. Dass jedoch ein tiefer Graben, ja ein etwa hundertjähriger Krieg die Wahrnehmung des »deutschen Rom« im 19. Jahrhundert durchzieht, dessen wird man bei aufmerksamer Lektüre einschlägiger Texte gewahr. Hier ist beispielsweise die *Beschreibung der Stadt Rom* von Christian Carl Josias Bunsen und Ernst Zacharias Platner zu nennen, deren erster Band 1829 erschien. Platner war ursprünglich Maler, gab die Historienmalerei jedoch auf – angeblich 1818 nach einer vernichtenden Kritik durch Peter Cornelius –, um sich allein seinen historischen Arbeiten zu widmen. Er repräsentiert den klassizistischen Flügel in der römischen Künstlerschaft, war eng mit dem 1812 schon früh verstorbenen Gottlieb Schick befreundet und wurde 1813 dessen erster Biograph.[22] In seiner Lebensbeschreibung entfaltet Platner die gesamte Topik von der Wiedergeburt der deutschen Kunst aus dem Geiste eines aus der wahren Empfindung gespeisten Idealismus, der das sklavisch-mechanische Modell-Studium der Franzosen und die Theatralität Jacques Louis Davids über den Haufen wirft, um zu einem seelenvollen Ausdruck zu gelangen, und der in einem merkwürdigen Übertragungsakt mit einer spezifisch deutschen Qualität verbunden wird. Bezeichnend für Platners Haltung ist die 1829 im ersten Band der *Beschreibung der Stadt Rom* veröffentlichte Abhandlung *Die Kunst der Stadt Rom von ihrer Wiederherstellung bis auf unsere Zeit*, deren

21 J.H. Meyer/J.W. Goethe, Neu-deutsche religios-patriotische Kunst, in: Ueber Kunst und Alterthum in den Rhein- und Maingegenden I.2 (1817), zitiert nach: J.W. Goethe, Sämtliche Werke nach Epochen seines Schaffens. Münchner Ausgabe, Bd. 11.2, München 1994, 319–350.

22 E.Z. Platner, Über Schicks Laufbahn und Charakter als Künstler [Wien 1813], hg. kommentiert und mit einem Nachwort von M. Thimann und einem Beitrag von J. Trempler, Texte zur Wissensgeschichte der Kunst 2, Heidelberg 2010.

kunsthistorischer Überblick über die Malerei mit den Lebens- und Werkbeschreibungen von Carstens und Schick schließt.[23] Die jüngeren Tendenzen der Nazarener, also die Erneuerung des christlichen Bildes aus dem Geiste der vorraffaelischen und dürerzeitlichen Malerei, betrachtet Platner äußerst kritisch aus dem Gesichtswinkel der falschen Nachahmung, ohne dass er einen Namen nennt. Nicht einmal die längst zu den gefeierten Häuptern der neuen Bewegung aufgestiegenen Maler Overbeck oder Cornelius erwähnt Platner in seinem Überblick. Die Nazarener werden zum Kollektiv, das sich einem falschen Nachahmungsideal verpflichtet hat. Offenbar waren die Fronten zwischen »neu-deutschen religios-patriotischen« Künstlern und Klassizisten so sehr verhärtet, dass selbst im historiographischen Feld keine Kommunikation mehr möglich war. Ohne Frage, für Platner muss der frühe Tod Schicks 1812 ein einschneidendes Ereignis in seinem Leben gewesen sein, auf den gleichsam ein ästhetischer Stillstand gefolgt war. Nur der Historiker vermochte in seinem Fall die Erinnerung an die fruchtbaren Anfänge der ›guten Kunst‹ zu Beginn des Jahrhunderts wachzuhalten.

3. Nazarenerkreise

Die Instabilität und Wandlungsfähigkeit des Konstruktes »Kunst« in der Erinnerungsgeschichte des »deutschen Rom« lässt sich auch exemplarisch aufzeigen. Mein Fallbeispiel dafür sind die sog. Nazarener, wobei auch dieser Kollektivbegriff der Überprüfung bedarf. Denn streng genommen gibt es die Nazarener als solche gar nicht, es gibt vielmehr eine ganze Reihe von sich einander ablösenden, überschneidenden und auch einander befeindenden Künstlerkreisen, die sich dem Erneuerungsprogramm aus dem Geiste der alten Malerei und der Religion verschrieben hatten. In einer langen Perspektive lässt sich das Phänomen fast bis in die Jahre um 1900 verfolgen. Eine fundierte Konstellationsforschung für die deutschen Künstler in Rom nach 1800 gibt es bisher nicht, vielmehr wird häufig stark vereinfacht.[24] Dabei wäre eine solche Konstellationsforschung in Übertra-

23 C. C. J. Bunsen/E. Z. Platner/E. Gerhard/W. Röstell u. a., Beschreibung der Stadt Rom, 3 Bde. und 2 separate Bilderhefte, Stuttgart 1829–1842, Bd. 1, 441–614, zu Schick: 583–589.

24 Auch der als Standardwerk zum Thema zu bezeichnende Katalog von 1981 nimmt eine solche Differenzierung nicht vor, sondern präsentiert die deut-

gung der Methode des Philosophen Dieter Henrich, der diese inauguriert hat, um am Beispiel der Frühphase des deutschen Idealismus das Zusammenwirken der verschiedenen, von einzelnen Denkern repräsentierten philosophischen Richtungen in einem bestimmten »Denkraum« zu beschreiben, auch für die Kreise der Künstler in Rom wünschenswert, die über die persönlichen Verbindungen hinaus oft gegensätzlichen Programmen verpflichtet waren.[25] Und dies betrifft nicht nur den schnell benannten, aber viel zu holzschnittartigen Gegensatz von »Klassizisten« und »Romantikern« (bzw. Nazarenern). Über eine umfassende Auswertung von schriftlichen und bildlichen Quellen (Briefe, Tagebücher, Gesprächsaufzeichnungen, Bücherverzeichnisse, Karikaturen, allegorische Bildkonzepte etc.) wäre zu ermitteln, wie ästhetische Programme (z.B. die Rezeption Kants), neuartige künstlerische Ideen und insbesondere religiöse Transformationen in der Bildpraxis im Zusammenwirken einzelner Künstler entwickelt wurden. Dabei wäre den relationalen Gefügen von Personen, Theorien und ästhetischen Debatten auf der Grundlage der reichlich vorhandenen Dokumente größere Aufmerksamkeit zu schenken als der monographischen Erfassung der einzelnen Künstler, die von der Kunstgeschichtsforschung auch im Wesentlichen erbracht worden ist. Ebenso wäre der Ideenimport durch den intensiven intellektuellen Austausch mit Philosophen und auf Fragen der Ästhetik ausgerichteten Denkern wie Humboldt, Fernow, Schelling, den Brü-

schen Künstler als eine homogene Gruppe, vgl. K. Gallwitz (Hg.), Die Nazarener in Rom. Ein deutscher Künstlerbund der Romantik, Ausst. Kat., Rom, Galleria Nazionale d'Arte Moderna, 1981, München 1981. Dagegen verfährt der Katalog *Künstlerleben in Rom* von 1991 differenzierter und berücksichtigt die unterschiedlichen Positionen stärker, auch wenn innerhalb der einzelnen Sektionen die althergebrachten Klischees überwiegen, vgl. G. Bott/H. Spielmann (Hg.), Künstlerleben in Rom. Bertel Thorvaldsen (1770–1844). Der dänische Bildhauer und seine deutschen Freunde, Ausst. Kat., Nürnberg, Germanisches Nationalmuseum; Schleswig, Schleswig-Holsteinisches Landesmuseum Schloß Gottorf, 1991–1992, Nürnberg 1991.

25 D. Henrich, Konstellationen. Probleme und Debatten am Ursprung der idealistischen Philosophie (1789–1795), Stuttgart 1986; ders., Grundlegung aus dem Ich. Untersuchungen zur Vorgeschichte des Idealismus. Tübingen – Jena, 1790–1794, Frankfurt/M. 2004. Henrichs methodische Vorlage wurde einerseits in die Analyse der Frühromantik hinein verlängert (M. Frank, »Unendliche Annäherung«. Die Anfänge der philosophischen Frühromantik, Frankfurt/M. 1997), andererseits von der ideengeschichtlich orientierten Philosophiegeschichte aufgegriffen, vgl. den ergiebigen Sammelband: M. Mulsow/M. Stamm (Hg.), Konstellationsforschung, Frankfurt/M. 2005.

dern Schlegel und anderen gerade für den Zeitraum von 1800 bis etwa 1820 zu präzisieren. Auch der internationale Austausch mit Franzosen, Italienern, Dänen, Engländern und Amerikanern ist noch keineswegs durch grundlegende Quellenforschung erhellt. Selbst der Kreis der Lukasbrüder, der sich ja schon um 1812 mit dem Tod Franz Pforrs und dem Auftritt von Peter Cornelius personell entscheidend verändert und um 1820 längst in eine erste Phase der Selbsthistorisierung gekommen ist, erscheint vielmehr als ein bewegliches Gebilde, in das immer wieder neue Mitglieder stoßen und andere wieder ausgeschlossen werden. Mit dem Zufluss neuer Mitglieder gelangt auch neues theoretisches Potential in die römische Künstlergemeinschaft. So öffnen die Brüder Johannes und Philipp Veit als Stiefsöhne von Friedrich Schlegel den Künstlern einen persönlichen Zugang zu dem Philosophen, dessen Schriften den Lukasbrüdern schon zuvor bekannt geworden waren. Allein auch die Tatsache, dass es in Rom zwei nazarenische Lager gibt, das katholische um Overbeck und den protestantischen, »kapitolinischen« Flügel um Bunsen, zu dem Julius Schnorr von Carolsfeld, Friedrich Olivier und Theodor Rehbenitz gehören, wird allzu häufig vernachlässigt und wurde bisher nicht auf die spezifische Ausprägung der Bildkonzepte hin untersucht. Die personellen Veränderungen der einzelnen Kreise bringen auch eine zunehmende Ausdifferenzierung des Programms mit sich, und dies in ästhetischer wie in religiöser Hinsicht. So besaßen die Lukasbrüder zunächst kein dezidiert religiöses Programm, erst Overbeck hat dies insbesondere nach seiner Konversion 1813 ausgearbeitet.[26] Bereits hier zeichnet sich der Bruch mit anderen Mitgliedern ab, die Overbecks katholische Wende nur bedingt nachvollziehen konnten. Overbecks Bekehrungsversuche, die zunächst noch im Zeichen der Kunst, dann aber im Zeichen der katholischen Religion stattfanden, sind bekannt und betrafen Protestanten ebenso wie Juden, wie etwa aus den

26 Zu diesem Aspekt der Gruppenbildung in Rom, namentlich im Bezug auf Overbeck als dem charismatischen Anführer des katholischen Flügels, siehe M. Thimann, Der »glücklichste kleine Freystaat von der Welt«? Friedrich Overbeck und die Nazarener in Rom, in: U. Raulff (Hg.), Vom Künstlerstaat. Ästhetische und politische Utopien, München 2006, 60–103. Fruchtbare Ansätze zu einer soziologisch orientierten Betrachtung des Phänomens der Lukasbrüder im Rekurs auf Ferdinand Tönnies' Distinktion von *Gesellschaft* und *Gemeinschaft* bietet bisher allein M. B. Frank, German Romantic Painting Redefined. Nazarene Tradition and the Narratives of Romanticism, Aldershot 2001, v. a. 11–35.

biographischen Aufzeichnungen von Erwin Speckter und Moritz Daniel Oppenheim hervorgeht.[27]

4. *Kunstreligion und Bildtheologie*

Overbecks bekannte Zeichnung *Dürer und Raffael vor dem Thron der Kirche* in der Wiener Albertina (Abb. 18) sei in diesem Zusammenhang analysiert.[28] Sie liefert das bildliche Muster für die Vorstellung, dass die größten italienischen und deutschen Künstler der Vergangenheit, Raffael und Dürer, sich vereinigen und gegenseitig die Hand reichen – bekanntlich ein ebenso patriotisches wie transnationales romantisches Künstlerphantasma. Für die Programmatik des Lukasbundes besitzt die Bilderfindung entscheidende Bedeutung, da sie auch den Gedanken der künstlerischen Nachfolge thematisiert und allegorisch abhandelt. Explizit verstanden sich die Lukasbrüder im Sinne Friedrich Schlegels als Nachfolger, nicht als Nachahmer, der bedeutendsten Maler des Spätmittelalters an der Schwelle zur Neuzeit. Overbecks Erfindung steht in der Bilderwelt der Lukasbrüder nicht allein. Auch Franz Pforr – Overbeck emotional am nächsten stehendes Gründungsmitglied des Lukasbundes und in dessen idealer Rollenverteilung die altdeutsche Richtung vertretend – hat um 1810 eine ganz ähnliche Allegorie entworfen (Abb. 19).[29] Auf dieser Darstellung knien Raffael und Dürer vor einer Personifikation der Poesie nieder, die *pars pro toto* als eine Personifikation der Kunst gelten muss. Ikonographisch korrekt ist es jedoch die Poesie, da es sich um eine junge Frau mit Schreibtafel und Lorbeerkranz handelt, die die Namen der beiden Künstler für die Nachwelt verzeichnet. Außer der möglicherweise christlich zu deutenden Strahlenkrone ist auf dem

27 E. Speckter, Briefe eines deutschen Künstlers aus Italien. Aus den nachgelassenen Papieren von Erwin Speckter aus Hamburg, 2 Bde., Leipzig 1846; M. D. Oppenheim, Erinnerungen eines deutsch-jüdischen Malers [verfasst 1880], hg. von C. Präger, Heidelberg 1999.

28 Wien, Graphische Sammlung Albertina, Inv. Nr. 23.694, Bleistift, 25,5 x 20 cm.

29 Überliefert durch den Nachstich in: Compositionen und Handzeichnungen aus dem Nachlaß von Franz Pforr. Herausgegeben durch den Kunstverein zu Frankfurt/M., Erstes Heft, Frankfurt/M. 1832, Nr. 1. Vgl. dazu G. Scheffler (Hg.), Johann Friedrich Overbeck. Italia und Germania, Ausst. Kat., München, Staatliche Graphische Sammlung, Neue Pinakothek, 20. Februar – 14. April 2002, Berlin 2002, 76, Nr. 9.

Blatt kein Hinweis auf die explizit religiöse Funktion der Kunst auszumachen.[30] Vereinfacht gesagt scheint hier ein altes Argument auf: Die Poesie ist die Mutter der Künste, seit Winckelmann ein vertrauter Topos aller klassizistisch-idealistischen Kunsttheorie, dessen sich auch die Romantiker bedienten.[31] Noch ein weiteres Blatt von Franz Pforr ist ikonographisch dem Themenkomplex zuzuordnen: *Raffael, Fra Angelico und Michelangelo auf einer Wolke über Rom* (Abb. 20).[32] Hier werden die von den Lukasbrüdern am intensivsten verehrten Künstler Italiens gezeigt, deren Werk im Dienste der Religion stand, worauf die Silhouette des Petersdomes mit dem vatikanischen Palast auf dem Bodenniveau hindeutet: Dort hatten die drei Maler ihre wichtigsten Werke – die Stanzen, die Kapelle Nikolaus' V. und die Sixtinische Kapelle – geschaffen. Virtuell vereinigen sich die hinsichtlich ihrer Lebenszeit zum Teil durch Jahrhunderte getrennten Maler über der Peterskuppel, so dass Pforr ganz offenbar eine Apotheose der drei christlichen Künstler im Sinn hatte, als er das Blatt entwarf.

Pforrs und Overbecks Bildkonzepte sind für unser Verständnis von der Kunstreligion und dem Raffael- und Dürerkult des 19. Jahrhunderts von einer kaum überschätzbaren Folgehaftigkeit gewesen. In der Forschung herrscht jedoch Unklarheit hinsichtlich der ikonographischen Benennung der Figuren auf Overbecks Blatt: Handelt es sich um eine Personifikation der Kunst, der Kirche oder der Religion, der die beiden Künstler so andächtig ihren Dienst erweisen?[33] Diese

30 In dem Begleitheft zu der Stichpublikation von 1832 heißt es: »Eine allegorische Composition, wodurch der Künstler andeuten wollte, was er für die Aufgabe der neueren Kunst hielt, nämlich: Verschmelzung des Altdeutschen und Altitalienischen. Albrecht Dürer und Raphael vor dem Throne der Kunst knieend, welche ihre Namen und Verdienste für eine kommende Zeit aufzeichnet; im Hintergrunde Nürnberg und Rom.«

31 E. Osterkamp, Die Dichtung als Mutter der Künste. Zur Bedeutung eines kunsttheoretischen Topos im deutschen Klassizismus, in: C. v. Holst (Hg.), Schwäbischer Klassizismus zwischen Ideal und Wirklichkeit 1770–1830, Ausst. Kat., Stuttgart, Staatsgalerie, 15. Mai – 8. August 1993, Stuttgart 1993, Bd. 2, 177–183.

32 Frankfurt/M., Städelsches Kunstinstitut, Bleistift, 31,1 x 20 cm. Zu dem Blatt vgl. ausführlich E. Schröter, Raffael-Kult und Raffael-Forschung. Johann David Passavant und seine Raffael-Monographie im Kontext der Kunst und Kunstgeschichte seiner Zeit, Römisches Jahrbuch der Bibliotheca Hertziana 26 (1990) 303–395, hier 318–324.

33 Folgende Deutungen lassen sich nachweisen: »Die Kunst als allegorische, auf einem erhöhten Thron sitzende, jugendliche weibliche Gestalt findet sich gleichermaßen auf einer verschollenen, glücklicherweise in einer Umrißradie-

Frage ist wichtig, da sie über die Anbindung der Bildidee an das Gedankengut der literarischen Frühromantik entscheidet. Der kunstreligiöse Impetus hat der Deutung der Frauenfigur auf Overbecks Blatt

rung von Carl Hoff überlieferten Zeichnung von Franz Pforr, wie auf einer Bleistiftstudie Overbecks in Wien« (M. Mende 1969); »Die gemeinsame Anrufung Dürers und Raffaels wurde dann zu einem geläufigen Topos, der sich im Gefolge von Overbecks prototypischer Zeichnung auch ikonographisch ausbildete: Beide Künstler, die jeweils vor die Abbreviatur ihrer Heimatstadt – Rom und Nürnberg – gesetzt sind, knien sich gegenseitig die Hand reichend, vor der thronenden Personifikation der Kunst. Diese ist selbst nicht abstrakte Allegorie, sondern hat im Detail – Kleidung, Bischofsstab und Thron – sowie im ganzen, das an der Marienikonographie orientiert ist, deutlich christlich-sakralen Habitus, so daß der Eindruck einer ›sacra conversazione‹ in der das ›Heilige‹ durch ›Kunst‹ vertreten wird, sich einstellt.« (B. Hinz 1971); »Sich direkt auf Wackenroders ›Herzensergießungen eines kunstliebenden Klosterbruders‹ beziehend, zeigt Overbeck Raffael (links) und Dürer (rechts) vor dem – neugotischen – Thron der christlichen Kunst kniend, der sie sich weihen.« (G. Metken 1981); »A similar invention [zu dem Stich nach der Komposition Pforrs, M. T.] is shown in a drawing by Friedrich Overbeck (Albertina, Vienna), where the ›Adoration‹ motif is merged with that of ›Sposalizio‹. Kneeling before the personification of art, the representatives of the two art worlds link their hands.« (J. Bialostocki 1986); »Vor dem Throne der Kunst, symbolisiert durch eine Frau mit Bischofsstab, kreuzgeschmücktem Gewand, Helm und Dornenkrone, knien Raffael und Dürer als die beiden Exponenten der südlichen und der nördlichen Kunst und reichen sich die Hände ... Damit ist einmal mehr eine der Leitideen Overbecks versinnbildlicht, die Verbindung von Nord und Süd, brüderlich vereint im Dienst an der Kunst.« (G. Gerkens 1989); »Raffael und Dürer am Thron der ›Kunst‹« [Schröter datiert das Blatt »um 1812«, M. T.] (E. Schröter 1990); »Overbeck hat in seiner gleichnamigen Zeichnung die Seiten von Dürer und Raphael vertauscht. Kniend vor der hoheitsvollen Gestalt der Kunst, die durch einen Bischofsstab ausgezeichnet ist, reichen sie sich die Hand im Gestus der ›dextrarum iunctio‹.« (J. Traeger 1997); »Vor der weiblichen Personifizierung der Kirche knien der junge Raffael links und der ältere Dürer rechts und reichen ihr jeweils ein Werk, das für sie charakteristisch ist: Raffael, der sich, wie Schlegel es formuliert, ›in mannichfacher Darstellung der Madonna gefiel‹, ein Marienbild, Dürer eine Kreuzigungsszene.« (B. Heise 1999); »In der um 1810 geschaffenen Zeichnung knien die beiden Meister vor dem Thron der christlichen Religion und reichen sich die Hände als Zeichen ihres gemeinsamen Zieles, der Verherrlichung der Religion zu dienen.«; »Die Personifikation wird hier noch, wie insgesamt in der älteren Literatur, als Personifikation der Kunst gedeutet. Gegen diese Deutung wandte sich zu Recht B. Heise, die hier eine Personifikation der Kirche sah. Mir scheint es allerdings richtiger, darin die Personifikation der christlichen Religion zu sehen, so wie dies für die späteren Darstellungen von Philipp Veit und Cornelius belegt ist« (F. Büttner 2002); »In Analogie zu Pforr dürfte es sich hier um eine Allegorie der als Personifikation der »Kunst«, die wiederum ein säkularisiertes Heilsversprechen transportiert, eine entscheidende Richtung gegeben; erst in jüngster Zeit wurde die Figur aufgrund ihrer eindeutigen Attribute korrekt als »Kirche« angesprochen. Dem vor allem in der Erinnerungsgeschichte des späten 19. Jahrhunderts durchstilisierten Bild von den harmonisch zusammenlebenden Klosterbrüdern, die gemeinsam ihre kunstreligiösen Bildkonzepte entwickeln, entspricht die Vorstellung, dass Pforr und Overbeck um 1810 ihre Bildkonzepte gemeinsam ausformuliert haben. Ich sehe dagegen gute Gründe, das Blatt vor allem im Kontext von Overbecks individueller religiöser Entwicklung und der zunehmenden theologischen Ausdifferenzierung seines künstlerischen Programms in Rom zu deuten. Damit wäre das Blatt nicht sentimentaler Ausdruck der Ideen einer den Traumbildern von Wackenroder/Tieck anhängenden Künstlergemeinschaft, sondern eine ganz individuell motivierte und zudem theologisch reflektierte Stellungnahme zum Problem von Kunst und Religion. Hier wäre die genauere Erforschung von Konstellationen in Rom äußerst nützlich, könnte sie doch klären, welche intellektuellen und theologischen Impulse Overbeck von wem erhielt, und wie diese auf sein Programm eingewirkt haben. Es gibt zunächst eine autographe Quelle, die eine weit spätere Datierung der hier zur Diskussion stehenden Zeichnung wahrscheinlich macht und überdies auch die ikonographischen Probleme klärt, zugleich aber auch neue Probleme aufwirft. Am 4. Juni 1817 schreibt Overbeck an seine Eltern, dass er für eine Dürerfeier in der römischen Künstlerschaft ein Transparentgemälde angefertigt habe:

Außer unsrer dreytägigen Wanderung nach Frascati und Albano und Nemi in Gesellschaft von R. und einigen anderen Freunden, gab die solenne Feyer von Dürers Geburtstage am 20sten May vor Kurzem Gelegenheit zu einer neu-belebenden Unterbrechung der gewöhnlichen Tagesordnung. Es war nemlich diese Feyer zwar ganz den beschränkten Umständen deutscher Künstler in Rom, in Rücksicht des Aufwandes, entsprechend, da aber viele rüstige Hände zur Ausschmückung des gleichsam allgemeinen deutschen Künstlerfestes beytrugen, durch Kränzewinden unsern geräumigen Saal zu verzieren, so kam binnen zwey Tagen doch ein Ganzes zu Stande, das jeden Eintretenden überraschte. Mein Beytrag bestand in einem transparenten

Kunst handeln, nicht um eine Allegorie der Kirche, wie B. Heise 1999 meint.« (G. Scheffler 2002). Sämtliche Belege in M. Thimann, Friedrich Overbeck und die Bildkonzepte des 19. Jahrhunderts, Studien zur christlichen Kunst, Regensburg 2012 (im Druck).

Gemählde, das den gefeyerten Kunstpatriarchen in Gesellschaft seines Freundes Raphael zeigte, so nemlich, daß sich beyde im Angesicht der Kirche, die personifizirt zwischen beyden steht, knieend die Hände reichen. Dieser mit Lorbeeren bekränzt, jener von einem dicken Eichenkranze die deutsche Stirn überschattet, Raphael ein Madonnenbild darbringend, Dürer ein Christusbild, welche die Kirche dankbar empfängt. Hinter Raphael erblickt man in der Ferne Rom mit der Peterskirche und dem Vatican, hinter Dürer Nürnberg mit seiner schönen alten Burg und spitzen Türmen. Daß innerhalb zwey Tage sich keine sonderliche Ausführung erringen ließ, versteht sich von selbst, indessen trug es doch nicht wenig zur Verschönerung des Tages bey, besonders in Verbindung mit der übrigen Decoration von Lorbeeren und Eichenkränzen, die mehrere andre unterdeß von Rehbenitz geleitet und gespornt zu Stande gebracht hatten und die sich in der milden Beleuchtung durch farbige Lämpchen, die rings im Saale oben auf dem vorspringenden Gesimse, das dicht unter der gewölbten Decke fortläuft, angebracht waren, gar stattlich und festlich ausnahm.[34]

Es ist recht wahrscheinlich, dass in der Wiener Zeichnung, die auch aus stilistischen Gründen nur schwerlich »um 1810« zu datieren ist, ein Entwurf oder zumindest ein ikonographischer Reflex dieses Transparentgemäldes für die römische Dürerfeier von 1817 zu erkennen ist.[35] Die Tatsache, dass Overbeck die beiden Künstler vor einer Personifikation der Kirche – nicht der Kunst oder der Religion in einem allgemeinen Sinn – darstellt, fügt sich in das bildtheologische Konzept des Malers. Ein entscheidendes Argument für Overbecks Konversion zum Katholizismus am 13. April 1813, die er im Kollektiv der Lukasbrüder auffallend individuell vorbereitete und vollzog, war die »Sichtbarkeit« der Kirche in ihren liturgischen Funktionen und in ihrer Kunst, die er im protestantischen Ritus vermisste.[36] Die Vor-

34 Lübeck, Stadtbibliothek, Nachlass Overbeck, V/13, Friedrich Overbeck an die Eltern, Rom, 4. Juni 1817; vgl. P. Hasse, Aus dem Leben Friedrich Overbecks. Briefe an Eltern und Geschwister, Allgemeine Konservative Monatsschrift 45 (1888) 166f.

35 Zur Programmatik der römischen Künstlerfeste in dieser Zeit vgl. die Analyse des viel besser dokumentierten Festes von 1818 durch F. Büttner, Die Kunst, die Künstler und die Mäzene. Die Dekoration zum römischen Künstlerfest von 1818, in: U. Bischoff (Hg.), Romantik und Gegenwart. FS J. C. Jensen zum 60. Geburtstag, Köln 1988, 19–32.

36 Siehe dazu den diesbezüglichen Briefwechsel mit dem Vater in P. Hagen, Friedrich Overbecks Übertritt zur katholischen Kirche. Mitteilungen aus dem Briefwechsel mit seiner Familie, in: Der Wagen (1927) 32–50; hier vor allem den grundlegenden Brief Friedrich Overbecks vom 27. November 1812.

stellung von der sichtbaren Kirche, die eine bis auf den Apostel Petrus zurückreichende Tradition besitzt, ist neben der Apotheose der vorbildlichen Künstler zentrales Thema der Allegorie. Viel stärker als das kunstreligiöse Traumbild der Frühromantik, das die Einheit von Leben, Religion und Kunst eines eher diffus empfundenen Mittelalters gegen die aufgeklärte Rationalität der eigenen Zeit setzte, geht es Overbeck um die theologischen Belange der Kunst. Raffael und Dürer begreift er dabei als Diener einer übergeordneten Instanz. Nicht primär ihre Verehrung im Sinne einer Künstlerapotheose, sondern ihre jeweilige Bedeutung für die religiöse Bildlichkeit der Vormoderne wird daher akzentuiert: die Passions- und die Madonnendarstellung. Man sollte diese Allegorie also weniger von Raffael und Dürer her entschlüsseln, sondern bei der Betrachtung von der Bildmitte ausgehen, in der sich die Personifikation der Kirche befindet: Sie ist Thema des Blattes, sie hat den Künstlern ihre jeweils landschaftlich spezifizierten Ruhmeskränze verliehen und nimmt ihre künstlerischen Leistungen im Tafelbild dankbar entgegen. In historischer Perspektive – und es handelt sich ja ohne Frage auch um ein historiographisches Bildkonzept – ist die einheitliche (katholische) Kirche die ältere Institution, zu der sich die Künstler rein dienend verhalten. Nimmt man darüber hinaus Raffael als Repräsentanten des katholischen Südens und Dürer als Repräsentanten der Reformationszeit, mit dem auch der genuin protestantische Norden assoziiert werden konnte, so werden die konfessionellen Gegensätze von Norden und Süden im Bilde der *einen* Kirche, zu der sich beide Künstler gleichermaßen dienend verhalten, visuell aufgehoben. Das Wiener Blatt wäre damit weniger Dokument eines säkularen Raffael- oder Dürerkultus, wie es der äußere Anlass der Entstehung – die römische Dürerfeier von 1817 – vermuten lassen könnte, sondern eine historische Allegorie auf Nachfolge, Nachahmung und Zweckgebundenheit der religiösen Kunst im Sinne Overbecks.

Der hier nachgezeichnete Bedeutungswandel ist nur ein Beispiel für die epistemische Aufladung des Begriffs »Kunst«: Ist bei Pforr zweifellos die Kunstreligion das Thema, so bei Overbeck die Verpflichtung der Kunst auf den Dienst an der Kirche. Sinn einer fundierten Konstellationsforschung zu den Nazarenern wäre also, die intellektuellen Bedingungen sowie die personalen und ideengeschichtlichen Zusammenhänge zu beschreiben, die selbst auf engstem Raum und bei größter emotionaler Nähe der Protagonisten zueinander zu ganz unterschiedlichen Konzeptionalisierungen der Bilder geführt haben.

Overbecks Lebenswerk wird gewöhnlich, wie das gesamte Phänomen der Nazarenerkunst, als eine Spielart der deutschen Romantik begriffen. Als Repräsentanten der katholischen Romantik spiegeln die Nazarener, so die geläufige Großerzählung der deutschen Kunstgeschichte, die dogmatische Vereinnahmung von Mittelaltersehnsucht, Raffael- und Dürerkult und anti-aufklärerischem Impetus der frühromantischen Bewegung. Die Konversionen einzelner Künstler zum Katholizismus – 1804 traten die Brüder Riepenhausen über, 1813 Friedrich Overbeck, 1814 Wilhelm Schadow, nachdem schon 1808 Friedrich Schlegel konvertiert war, dem im Sommer 1810 in Wien die Brüder Johannes und Philipp Veit folgten – wird häufig als eine vor allem ästhetisch motivierte Entscheidung im Anschluss an Wackenroders *Herzensergiessungen* gedeutet. Mit Hilfe der Konversion, so schreibt etwa Jörg Traeger, sollte die verlorene Einheit von Glauben, Kunst und Leben zumindest im Verlauf der individuellen Biographie wiederhergestellt werden: »Die nazarenische Konversion galt letztlich, wie schon im fiktiven Fall des deutschen Malers in Tiecks Anhang zu den ›Herzensergiessungen eines kunstliebenden Klosterbruders‹, einer durch vorreformatorischen Glauben geheiligten Kunst. Das romantische Konvertitentum war im Grunde kein Phänomen katholischer Religiosität, sondern im Gegenteil ein ästhetisches Problem des Protestantismus – und im übrigen auch des Judentums.«[37] Im Falle Overbecks, des theoretischen Kopfes der Nazarener in Rom, ist diese Behauptung, der zufolge die romantischen Konversionen zum katholischen Glauben letztlich eine Konsequenz ästhetischer Vorlieben waren, nicht zutreffend. Das religiöse Fundament seiner Kunst, das auch die Konversion vom 13. April 1813 in ihren Bedingungen verortet, lässt sich nämlich durchaus rekonstruieren. Overbecks Übertritt war entschieden religiös motiviert, durch intensive theologische Studien vorbereitet und damit ganz »unromantisch«. Nicht ästhetische »Schwärmerei«, so der negative zeitgenössische *terminus technicus* für die poetische Begeisterung am Katholizismus, son-

37 J. Traeger, Renaissance und Religion. Die Kunst des Glaubens im Zeitalter Raphaels, München 1997, 27; ders., Raffael, Luther und die römische Kirche. Zur Reformation der Bilder, in: H. Bungert (Hg.), Martin Luther. Eine Spiritualität und ihre Folgen, Schriftenreihe der Universität Regensburg 9, Regensburg 1983, 123–170.

dern theologische Gründe und eine fundamentale persönliche Neuorientierung nach Franz Pforrs Tod sind für seine Konversion entscheidend. Die Argumente dafür, die er in der brieflichen Auseinandersetzung mit dem Vater in den Jahren 1812 und 1813 entwickelt, sind entschieden theologischer Natur und lassen sich auf drei wesentliche Gründe bringen, durch die Overbeck unter Anleitung des römischen Theologen Pietro Ostini »von der Wahrheit überführt« wurde: erstens die Sichtbarkeit der Kirche (Tradition, Hierarchie, Kultus), zweitens die Teilhabe an den Sakramenten, drittens das Alter und die Einheit der katholischen Kirche bis auf die apostolische Zeit zurück, die damit die christliche Lehre allein unverfälscht bewahrt habe.[38] Dagegen erscheinen gewissermaßen ›ästhetische‹ Gründe für die Ablehnung des Protestantismus wie der katholische Kultus und das Ritual der Messe, die Bilder, die Wunder und der Heiligenkult als sekundär. Wie jüngere Forschungen zu dem gerade von den Lukasbrüdern für seine *Geschichte der Religion Jesu Christi* (Hamburg 1806–1818) hochgeschätzten Friedrich Leopold Graf zu Stolberg, dessen Übertritt zum katholischen Glauben im Jahre 1800 gewissermaßen als Vorbild für viele romantische Konversionen – Adam Müller, Friedrich und Dorothea Schlegel, Zacharias Werner etc. – galt, gezeigt haben, war die theologische, nicht die ästhetische Auseinandersetzung entscheidend für diesen Schritt.[39] Es ist bemerkenswert, dass sich Overbeck im Vorfeld der Konversion direkt auf Stolberg berief,[40] und

38 Friedrich Overbeck an den Vater, Rom, 27. November 1812; zitiert nach Hagen (wie Anm. 36), 39.

39 Dazu grundlegend P. Brachin, Friedrich Leopold von Stolberg und die deutsche Romantik, Literaturwissenschaftliches Jahrbuch der Görres-Gesellschaft 1 (1960) 117–131; zuletzt mit weiterführender Literatur: M. Weitlauff, Die Konversion des Grafen Friedrich Leopold zu Stolberg zur katholischen Kirche (1800) und seine »Geschichte der Religion Jesu Christi« (1806–1818), in: P Neuner/M. Weitlauff (Hg.), Für euch Bischof – mit euch Christ. FS F. Kard. Wetter zum siebzigsten Geburtstag, St. Ottilien 1998, 271–321; L. Stockinger, Friedrich Leopold Stolbergs Konversion als »Zeitzeugnis«, in: F. Baudach/J. Behrens/U. Pott (Hg.), Friedrich Leopold Graf zu Stolberg (1750–1819). Beiträge zum Eutiner Symposion 1997, Eutiner Forschungen 7, Eutin 2002, 199–246; J. Lagaude, Die Konversion des Friedrich Leopold Graf zu Stolberg – Motive und Reaktionen, Leipziger Theologische Beiträge 1, Leipzig 2006.

40 Vgl. den Eintrag in das Tagebuch vom 12. Februar 1812, zitiert nach M. Howitt, Friedrich Overbeck. Sein Leben und Schaffen. Nach seinen Briefen und andern Documenten des handschriftlichen Nachlasses, Freiburg im Breisgau 1886, Bd. 1, 298: »O selig wer mit gleicher Kraft und Freudigkeit Christum

dieser, der zum Bekanntenkreis seines Vaters zählte, ihm auch zu diesem Schritt nachträglich brieflich gratuliert hat.[41] Die durch intensive theologische, kontroverstheologische und kirchengeschichtliche Studien vorbereitete Konversion zum Katholizismus ist ein entscheidender Eckpunkt in der intellektuellen Biographie des Malers. Mit der zunehmenden Seriosität, mit der sich Overbeck theologischen Fragen widmete, schwand auch das vaterländische, »deutsche« Element seiner Kunst, die sich vielmehr als die transnationale Raffael-*imitatio* eines »christlichen Malers«, so eine späte Selbstdeutung von 1860,[42] beschreiben ließe. Sicher hebt ihn dies aus der römischen Künstlerschaft heraus, zugleich wirft sein Fall aber ein Schlaglicht auf die Individualität der einzelnen Biographien deutscher Künstler in Rom.

5. *Enttäuschung Rom*

Vorstellungen des Kollektivs der deutschen Künstler sind ja schon zu ihrer Zeit gescheitert. Der 1814 unternommene Versuch, eine deutsche Akademie zu gründen und das mit dem Ende der napoleonischen Vorherrschaft entstandene Vakuum mit einer kollektiven vaterländischen Anstrengung zu füllen, sind an der Machbarkeit und wohl auch an der Indolenz der zur Unterstützung angerufenen deutschen Fürsten gescheitert.[43] Noch sprechender ist aber ein Bilddokument,

im Herzen liebt und vor der Welt bekennt; – wie z. E. der Graf *Stolberg*, dessen herrlichem Werke über die Geschichte der Religion Christi ich nun schon so viele Belehrung und manchen Schritt meiner Vervollkommnung als Mensch d. h. als Christ verdanke. Auch hat es mich für zwei Bilder besonders begeistert.«

41 Stolberg an Friedrich Overbeck, Sondermühlen, 13. August 1818, in: Howitt (wie Anm. 40), Bd. 1, 305: »Ich kann diese Gelegenheit nicht unbenutzt lassen, Ihnen als Sohn meines Freundes, und als einem edlen Jüngling, von dem ich so viel schönes und erfreuliches von mehr als Einer Seite her vernehme, vom ganzen Herzen Glück zu wünschen dazu, daß Sie in den Schooß der Kirche zurückgekehret sind, aus welchem unsre Väter sich hatten verlocken lassen. Wir beiden haben denselben Schritt gethan, und sind uns dadurch nahe gekommen, obschon wir uns in diesem Leben schwerlich sehen werden. Jener Schritt war aber auch nicht auf dieses Leben, nicht auf Verhältnisse der Zeit oder des Raumes abgesehen.«

42 Friedrich Overbeck an einen deutschen Verleger, Rom, 21. November 1860; zitiert nach Howitt (wie Anm. 40), Bd. 2, 345.

43 K. Simon, Eine unbekannte Denkschrift der deutsch-römischen Künstlerschaft an Fürst Metternich (1814), Zeitschrift des deutschen Vereins für

das bezeichnenderweise nie realisiert wurde, sondern auch nur als Projekt überdauert hat. Gemeint ist Carl Philipp Fohrs Gruppenbildnis der deutschen Künstler im Caffè Greco von 1817/18, das durch den Tod des Künstlers durch Ertrinken im Tiber nie zur Vollendung gelangte.[44] Fohr plante kein Ölbild, sondern einen großen Kupferstich, der als transportables Erinnerungsbild für die Künstler dienen sollte (Abb. 21). Von diesem Bildprojekt erhoffte er sich einige Einkünfte, die ihm seine eigentliche Profession als Landschaftsmaler nicht gewährte. Zahlreiche Vorstudien haben sich dazu erhalten, unter denen sich exzellente Portraits von Fohrs Hand befinden (Abb. 22). Im Laufe des Planungsprozesses, in dem das Problem zu bewältigen war, etwa fünfzig Personen und den Hund Grimsel, der den Maler 1816 über die Alpen begleitet hatte, in den engen Räumlichkeiten des Caffè Greco in der Via Condotti, zu platzieren, hat Fohr verschiedene Konzepte durchgespielt. Entscheidend ist wohl der sog. zweite Entwurf, auf dem die Künstler erstmals in zwei große Gruppen unterteilt werden, die zugleich deren ästhetische Positionierung bezeichnen. Um Joseph Anton Koch gruppierte Fohr nun auf der linken Bildhälfte die Landschaftsmaler und Klassizisten mit Ernst Zacharias Platner, Konrad Eberhard und Johann Martin von Rohden. Der bereits zitierte Platner, dieser, wie Schnorr von Carolsfeld 1818 schreibt, »etwas unbeholfene, aber treffliche und kenntnisvolle Mann«, der nicht hätte Maler werden sollen,[45] ist Teil dieses sog. »Tabakkollegiums«. Es liegt nahe, dass der romantisch-patriotische Fohr diese Positionierung nicht ohne Hintergedanken vornahm, sondern damit den klassizistischen Standpunkt Platners zum Ausdruck bringen wollte, dem die religiöse Ausrichtung der gegenüberliegenden Gruppe ein Ärgernis war.[46] Der linken Gruppe der bereits älteren Künstler gegenüber-

Kunstwissenschaft 3 (1936) 445–450. Zu der verwickelten Geschichte der Akademiepläne im 19. Jahrhundert siehe A. Windholz, Villa Massimo. Zur Gründungsgeschichte der Deutschen Akademie in Rom und ihrer Bauten, Petersberg 2003, v.a. 19–33, Kap. II: »Die Gründungsinitiativen einer deutschen Akademie in Rom im 19. Jahrhundert«.

44 Carl Philipp Fohr. Skizzenbuch. Bildniszeichnungen deutscher Künstler in Rom, hg. von A. v. Schneider, Berlin 1952, 19f. (zu Platners Biographie).

45 Vgl. Julius Schnorr von Carolsfeld an seinen Vater, Rom, 26. März 1818, in: J. Schnorr von Carolsfeld, Briefe aus Italien geschrieben in den Jahren 1817 bis 1827. Ein Beitrag zur Geschichte seines Lebens und der Kunstbestrebungen seiner Zeit, Gotha 1886, 64.

46 Zur Programmatik und komplexen Entstehungsgeschichte des Gruppenbild-

gestellt ist die introvertiert ins Schachspiel versunkene Nazarenergruppe um Overbeck und Cornelius mit Rehbenitz und Philipp Veit, die als jüngere Generation die neue religiöse und vaterländische Richtung vertraten (Abb. 23). Um 1817, nach Vollendung der Casa Bartholdy, war diese Richtung zu beachtlichem Erfolg gekommen, und die Namen von Cornelius und Overbeck wurden bereits als zukünftige Akademieprofessoren in Preußen und Bayern gehandelt. Overbecks priesterliche Erscheinung, dessen Selbstbild zwischen Raffael und Christus oszilliert, steht hier für ein künstlerisches Programm, das sich wiederum in viele Individualitäten aufsplittert, die es zumeist, wie etwa Rehbenitz, mit weit weniger Ernsthaftigkeit, Können und Erfolg lediglich imitiert haben. Es ist deutlich, dass hier keine mimetische Schilderung der Künstleridylle gemeint sein kann, sondern die Spaltung und Binnendifferenzierung der römischen Künstlerkolonie zum Ausdruck kommt, in der alle um die wenigen Aufträge wetteifern mussten und lange und frustriert an ihren großen Historienbildern malten, die niemand haben wollte. Das Abstraktum »Kunst«, das doch ein Heilsversprechen und die Verlockung in sich barg, überhaupt nach Rom zu kommen, beweist hier seine Grausamkeit im lebensweltlichen Bezug, denn wer ihr sein Leben weihte (und keine Landschaften oder Portraits malte) musste, wie die Fälle von Platner und Rehbenitz hinlänglich dokumentieren, mit dem sozialen Elend rechnen. Von der großen Menge der im 19. Jahrhundert in Rom tätigen deutschen Künstler konnte vermutlich nur der geringere Teil von dem Verkauf eigener Werke leben und längerfristig wirtschaftliche Stabilität erlangen.[47] Das Erinnerungsbild an die deutsche Künstlerkolonie in Rom

nisses und der zugehörigen Portraitstudien vgl. u. a. G. Poensgen, C. Ph. Fohr und das Café Greco. Die Künstlerbildnisse des Heidelberger Romantikers im geschichtlichen Rahmen der berühmten Gaststätte an der Via Condotti zu Rom, Heidelberg 1957; U. Peters, Das Ideal der Gemeinschaft, in: Bott/Spielmann (wie Anm. 24), 157–187, v. a. 165–175; U. Andersson/A. Frese (Hg.), Carl Philipp Fohr und seine Künstlerfreunde in Rom. Zum 200. Geburtstag des Heidelberger Künstlers, Ausst. Kat., Heidelberg, Kurpfälzisches Museum, 6. August – 1. Oktober 1995, Heidelberg 1995; W. Schlink, Verletzliche Gesichter. Bildnisse deutscher Künstler im 19. Jahrhundert, in: ders. (Hg.), Bildnisse, Freiburg im Breisgau 1997, 221–261; J. C. Jensen, Bemerkungen zum Gruppenbild der deutschen Künstler im Café Greco in Rom von Carl Philipp Fohr, in: Stuffmann/Busch (wie Anm. 18), 146–159.

47 E. Schröter, Italien – ein Sehnsuchtsland? Zum entmythologisierten Italienerlebnis in der Goethezeit, in: H. Wiegel (Hg.), Italiensehnsucht. Kunsthistorische Aspekte eines Topos, München 2004, 187–202.

könnte also weniger als affirmatives Freundschaftsbild, sondern, wie schon Wilhelm Schlink beobachtet hat, als eine nüchterne Bestandsaufnahme der von Konkurrenz, Neid und sich ausschließenden Programmen bestimmten Künstlerexistenzen beschrieben werden, deren Abgründe und Gefährdungen die emphatische Verwendung des Kollektivsingulars von der »Kunst« nur mühsam – und an vielen Stellen brüchig – überdecken konnte. Soweit möchte man bei der Rekonstruktion von Fohrs Projekt gewiss nicht gehen, doch offenbart sich auch an diesem exzeptionellen Bilddokument, dass eine fundierte Einschätzung der inhaltlichen Absichten der Künstlerzusammenstellung kaum möglich ist, solange unsere Begriffe von den ästhetischen und religiösen Programmen vage bleiben und lediglich unter Großkategorien wie »Klassizisten« und »Nazarener« subsumiert und schematisch gegenübergestellt werden. Das »deutsche Rom« namentlich der ersten Hälfte des 19. Jahrhunderts, als in ihm entscheidende künstlerische Innovationen getätigt und ästhetische Positionen formuliert wurden, würde sich als ein Konstrukt von Erinnerungen erweisen, das die divergierenden Erzählstränge von »Kunst« und »Künstlern« zu einer Deckung zu bringen versucht.

Das italienische Tagebuch des Grafen Paul Yorck von Wartenburg

Christof Thoenes

Die Tempelbezirke [von Agrigent erscheinen] ... als Teile der Landschaft, in die sie hineingedacht wurden. Und welche Landschaft! Ein leichtes Fluten der festeingerahmten Ebene nach dem Meere zu. Wenig Citronen und Orangen. Aber ein grün schattiertes Gefilde von Oliven, Mandeln, Johannisbrotbaum, unter denen Wein, Getreide und Wiesenpracht. An den Wegrändern gewaltige Kaktushecken. Nie hatte ich den gebrochenen, in Silbertöne umschlagenden Farbenglanz der Olive so schön gesehen als unter diesem dunkelblauen Himmel. ... Die alten zerrissenen Olivenstämme ähneln dem Steine, der hier nicht flach gebreitet, sondern von dem Feuer des Vulkanismus gestaltet und goldig gefärbt ist. Der Stein antwortet in warmem Goldbraun gleichsam der Sonne, die ihn bescheint. ... Wo dagegen eine Wiese sich breitet, da entfaltet sich eine erstaunliche Mannigfaltigkeit kräftiger Farben. Wiese und Blumengarten, hier sind sie eins. Rot, Blau, Violett, sonniges Gelb durchwirken wie in buntem Teppiche das leuchtende Grün. Das aus dem Reflexe von Meer und Himmel gebildete glänzende Blau der Luft verstärkt alle Töne. Solche Pracht umwuchert die Trümmer des Zeustempels, in denen ein mächtiger Johannisbrotbaum seine Wurzeln getrieben hat. Schöne Ziegen weiß und braun gefleckt und schön gehörnt ähnlich den Antilopen klettern weidend umher und ein graziöser Hirtenjunge bot mir Milch an und alte Münzen, die er gefunden, und brachte mir Blumen, ihre Namen nennend.[1]

Dies ist eine Seite aus dem »Italienischen Tagebuch« des Grafen Paul Yorck von Wartenburg von 1891, aus dem Nachlass herausgegeben von Sigrid v.d. Schulenburg und erschienen 1927 bei Otto Reichl in Darmstadt, dem Verleger von Hermann Graf Keyserling, Leopold Ziegler und Otto Flake, in der Reihe der »Leuchterbücher für Weltanschauung und Lebensgestaltung«; auf dem schwarzen Buchdeckel prangt in Goldprägung der seinerzeit von Tucholsky verulkte »Darm-

1 Graf Paul Yorck von Wartenburg, Italienisches Tagebuch, Darmstadt 1927 (im Folgenden: Yorck), 175 f.

städter Armleuchter«. Diese Aufmachung ist der Rezeption des Textes nicht zugutegekommen. Es ist bis heute wenig bekannt, dass wir es hier mit einem späten Zeugnis der großen deutschen Italien-Prosa des 19. Jahrhunderts zu tun haben.

Paul Yorck von Wartenburg, 1835–1897, war ein preußischer Gutsbesitzer, Enkel des bekannten Marschalls von Tauroggen.[2] Stammsitz der Familie war Klein-Oels in der Nähe von Breslau, ein Ort nicht so hinterwäldlerisch wie der Name vielleicht klingt. Pauls Vater, Graf Ludwig, war Doktor der Philosophie und eine nicht unbekannte Erscheinung im Kreis der Berliner Romantiker. Savigny, Varnhagen v. Ense, Bettina v. Arnim, Alexander und Wilhelm v. Humboldt zählten zu seinen Freunden; ein besonders enges Verhältnis verband ihn mit Ludwig Tieck, dessen Bibliothek er aus dem Nachlass erwarb und nach Klein-Oels überführte, sie füllte dort fünf Säle des Herrenhauses. Man veranstaltete Leseabende und pflegte Austausch mit der Hauptstadt, aber auch mit der Breslauer Universität. Die Familienatmosphäre war geprägt von der gedankentiefen Frömmigkeit der einst von Schweden protegierten, schlesischen Lutheraner; Pauls Mutter Bertha von Brause, aus schlesischem Adel, war eine eifrige Anhängerin Schleiermachers.

Der junge Paul besucht das Gymnasium in Dresden, studiert Jura in Bonn und Breslau (wo er in den Bannkreis des großen jüdischen Altphilologen Jacob Bernays gerät),[3] interessiert sich aber vor allem für philosophische und theologische Fragen und führt darüber eine ausführliche Korrespondenz mit seinem Vater. Als dessen Begleiter reist er 1857, 22-jährig, zum ersten Mal nach Italien. Nach dem ersten Examen arbeitet er in Breslau und Potsdam als Rechtsreferendar; 1860 heiratet er Louise v. Wildenbruch, eine Enkelin des Prinzen Louis Ferdinand und Schwester des Dramatikers Ernst v. Wildenbruch. Pauls Zukunft entscheidet sich mit dem Tod des Vaters 1865: Er wird Majoratsherr auf Klein-Oels und widmet sich fortan der Führung des Gutsbetriebs. Nebenher geht politische Aktivität im preußischen Herrenhaus und auch in der Landeskirche; einmal steht er als Präsident des Oberkirchenrats zur Wahl. In späteren Jahren zieht er

2 Das Folgende nach K. Gründer, Zur Philosophie des Grafen Paul Yorck von Wartenburg. Aspekte und neue Quellen, Göttingen 1970, 44–55 und passim.

3 Dazu Gründer (wie Anm. 2), 99f.

sich mehr und mehr auf seine philosophischen Studien zurück, nicht zuletzt wohl aus gesundheitlichen Gründen. Er war herzleidend.

Bedeutsam wird Yorcks Freundschaft mit Wilhelm Dilthey, der 1871 einen Lehrstuhl in Breslau übernimmt, und es ist der über lange Jahre fortgeführte, postum publizierte Briefwechsel der beiden, der Yorcks späteren Ruhm als Denker begründet. Martin Heidegger widmet ihm 1927 ein Kapitel in »Sein und Zeit«, Iring Fetscher publiziert 1956 weitere philosophische Texte aus dem Nachlass, und seither ist eine Reihe eingehender Auseinandersetzungen erschienen, u.a. in Hans Georg Gadamers »Wahrheit und Methode«, 1960. In den 1980er/90er Jahren hat dann Francesco Donadio Yorcks Schriften ins Italienische übersetzt und erstmals auch das »Italienische Tagebuch« ausführlich kommentiert.[4]

Ein Wort noch zu den weiteren Schicksalen der Familie. Tochter Bertha, Briefpartnerin während der italienischen Reise, heiratete den Maler Leopold v. Kalckreuth, Sohn Heinrich spielte später eine gewisse Rolle im literarischen Berlin vor und nach dem 1. Weltkrieg; ihm verdankt es Joachim Bötticher, alias Ringelnatz, dass er ein Jahr lang (1912) als Verwalter der Tieckschen Bibliothek auf Klein-Oels sein Auskommen fand.[5] Heinrichs Sohn Peter stieg als Verwaltungsjurist in hohe Staatsämter auf; seine Karriere endete, nachdem er sich 1938 geweigert hatte, der NSDAP beizutreten. Als Mitglied des »Kreisauer Kreises«, dessen zwischen Ständestaat und christlichem Sozialismus oszillierende politische Ideen er maßgeblich beeinflusst zu haben scheint, wurde er nach dem 20. Juli 1944 verhaftet und in Plötzensee hingerichtet.

Zurück zu Graf Paul. Wir haben schon gesehen: eine komplexe Persönlichkeit, nach Herkunft und Habitus einigermaßen atypisch für einen Intellektuellen der Zeit. Was wir von ihm kennen, sind private Aufzeichnungen und Briefe, niedergeschrieben zum Zweck der

4 Graf Paul Yorck von Wartenburg, Bewusstseinsstellung und Geschichte. Ein Fragment aus dem philosophischen Nachlass, hg. von I. Fetscher, Tübingen 1956; L. von Rethe-Fink, Geschichtlichkeit, ihr terminologischer und begrifflicher Ursprung bei Hegel, Haym, Dilthey und Yorck, Göttingen 1964; P. Hünermann, Der Durchbruch geschichtlichen Denkens im 19. Jahrhundert, Freiburg 1967; Gründer (wie Anm. 2); F. Donadio, La storicità e l'originario. Religione e arte in Paul Yorck von Wartenburg, Catanzaro 1998. Ich danke Golo Maurer für seine unentbehrliche Hilfe bei der Literaturbeschaffung.

5 Joachim Ringelnatz, Mein Leben bis zum Kriege, Berlin 1951, 369–401; H. Günther, Ringelnatz, Reinbeck 1964, 36f.

Selbstverständigung oder des Austauschs mit vertrauten Partnern und deshalb um Allgemeinverständlichkeit nicht bemüht. Ihre Prosa ist schnörkellos, geradlinig, bisweilen abrupt, ja erratisch und macht den Leser leicht atemlos, weniger durch Wortwahl oder Satzbau als vielmehr durch die synthetische, scheinbar weit Entferntes zusammenzwingende Kraft von Yorcks Denken. »Die Innehaltung der thematischen Grenze ist das Schwierige«, schreibt er einmal selbst.[6] Nicht selten gibt er noch nicht zur Lektüre aufbereitetes gedankliches Rohmaterial, packt unmittelbar aufeinander, was logisch zu entwickeln wäre.[7]

Publiziert hat Yorck nichts,[8] und er sah auch keine Veranlassung das zu tun. Seine Existenz war gesichert außerhalb der akademischen Welt, und an literarischem Ruhm lag ihm offenbar nichts. Andererseits war er mit jener Welt wohl vertraut (bis in diffizilste Personalia hinein), verkehrt mit einem ihrer Stars, Wilhelm Dilthey, auf Augenhöhe und wird von diesem mit dem größten Respekt behandelt. Thema ihres Briefwechsels ist die Kritik am materialistisch-naturwissenschaftlichen Weltbild der Nach-Hegel-Zeit; ihr setzen sie die Wahrheit des Geistes, der Geschichte, des Lebens entgegen (Heidegger wird das »Existenz« nennen). Der Punkt, in dem sie uneins sind, ist die Rolle Luthers und der protestantischen Theologie: Für Dilthey ist sie Etappe auf dem Wege zu einer Art aufgeklärtem Pantheismus, während für Yorck feststeht, dass »der Gegenwart, … wenn sie eine historische Zukunft in sich tragen« will, »Luther präsenter sein muss als Kant«.[9]

Dennoch wäre es falsch, Yorck auf die Position eines protestantischen Theologen – welcher Schule oder Richtung auch immer – festzulegen. Seine Romkritik gewinnt ihre Tiefe aus einem altertumskundlichen Grundlagenwissen, über das der Zögling deutscher Gymnasialkultur jener Zeit wie auch der Beamte eines Staates, der eine Abhandlung über Aristoteles' Dramentheorie als juristische Exa-

6 In einem Brief an Dilthey. Zitiert nach Fetscher (wie Anm. 4), X.

7 Zum Prosastil der philosophischen Texte erhellend Gründer (wie Anm. 2), 55. Sein Fazit: »Die Aufzeichnungen sind unbearbeitete erste Niederschriften großer philosophischer Bücher.«

8 Außer seiner 1866 gedruckten Examensschrift über »Die Katharsis des Aristoteles und der Oedipus Coloneus des Sophokles«; vgl. Gründer (wie Anm. 2), 92–105.

9 Zitiert nach Fetscher (wie Anm. 4), 27.

mensarbeit akzeptierte, wie selbstverständlich gebot. Dazu aber kommen – und das ist noch wenig gewürdigt – die bei einem Mann seiner Herkunft und Erziehung eigentlich überraschende Empfänglichkeit für Augeneindrücke und das Vermögen, ihnen sprachlich gerecht zu werden. Sie erweisen Yorck als Angehörigen einer Generation, deren Italienbild im Kern ein ästhetisches war.[10] Gründerzeit und beginnender Jugendstil tendierten zur Aufhebung der Grenze zwischen Leben und Kunst: So wurde das »Kunstland Europas« auch in seinen alltäglichen, politischen, religiösen Lebensäußerungen zum Objekt reiner Anschauung.

Die Italienreise, ich sagte es schon, war bei den Yorcks so etwas wie eine Familientradition: Der junge Graf Paul hatte den Vater begleitet, jetzt nimmt er seinen Sohn Heinrich mit, vor allem wohl in der Funktion eines Reisemarschalls.[11] Reichlich vier Monate sind sie unterwegs, vom 30. Januar bis zum 4. Juni 1891; das ist die Dauer, die in den Reisehandbüchern der Zeit für die klassische Italientour etwa veranschlagt wird.[12] Die Stationen sind Rom mit einem Abstecher nach Florenz, Siena und Pisa, dann Neapel, Sizilien, noch einmal Rom und auf der Rückfahrt Perugia und Ravenna. Man reist komfortabel: Eisenbahn, gute Hotels, gelegentlich lässt das Essen zu wünschen übrig.[13] Baedeker und »Cicerone« sind zur Hand, es wird besichtigt, was diese vorschreiben. Es ist, äußerlich gesehen, die Bildungsreise des gehobenen Bürgertums jener Jahre; was sie bei Yorck auslöst, ist eine Kette geschichtsphilosophischer Reflexionen, die ohne diesen Anlass vielleicht nie zu Papier gebracht worden wären.

10 Lehrreich ist ein Vergleich der eingangs zitierten Schilderung des Tempeltals von Agrigent mit dem entsprechenden Passus der »Italienischen Reise« Goethes (24.–26. April 1787): Goethe beschreibt Objekte (Bodenformation, Vegetation, Architektur), Yorck evoziert Bilder. In dem (von mir leicht gekürzten) Text Yorcks kommen 13 Farbadjektive vor, bei Goethe kein einziges, dafür die Namen von nicht weniger als 14 Pflanzen, Gemüsen und Früchten. Vgl. Chr. Thoenes, In einem neuen Lande. Fußnoten zu Goethes Italienischer Reise, in: U. Grote/H.-J. Hubrich (Hg.), Westfalen und Italien, FS Karl Noehles, Petersberg 2002, 299–317, bes. 305–207.

11 »Heinrich hatte wieder zu spät, nämlich erst am Morgen unserer Reise telegraphiert«, Yorck, 130 (Ankunft in Neapel).

12 Dazu Chr. Thoenes, Die deutschsprachigen Reiseführer des 19. Jahrhunderts, in: A. Esch/J. Petersen (Hg.), Deutsches Ottocento. Die deutsche Wahrnehmung Italiens im Risorgimento, Tübingen 2000, 31–48, bes. 36.

13 »... ein ganz missglücktes Frühstück in einem Lokale an der Via Nazionale«, Yorck, 40.

Die Niederschrift war geplant: Der erste Brief aus Rom beginnt, preußisch korrekt, mit den Worten: »Meine liebe Frau. Ich denke mein Tagebuch, insoweit ich ein solches führe, in die Gestalt von Briefen an Dich zu fassen.«[14] Zwei lange Briefe sind an die Tochter Bertha gerichtet, die, wie es scheint, gerade in religiösen Fragen seine wichtigste Gesprächspartnerin war (und vielleicht gerne mitgekommen wäre). Wovon handeln sie? Yorck kannte Italien und wusste, was er dort suchte und finden würde: eine Welt fester Formen, des Seins wie des Denkens, statisch, »ontisch«, »ätern« (um seine Lieblingsvokabeln zu gebrauchen) – im Gegensatz zu jenem geschichtlichen, auf Transzendenz gerichteten Weltverständnis des Protestantismus, dem er sich verpflichtet fühlt. Auf diese Polarität ist alles abgestimmt: »So wird [hier in Italien] das Leben festgehalten im Gegensatze zu dem Worte: Wer sein Leben behält, der soll es verlieren, wer es aber verliert um Meinetwillen, der soll es behalten.«[15]

Oder (ebenfalls an Bertha): »Denke Dir in diese innerlichste Weltlichkeit einen Menschen wie Luther, der überschwer an dem Geheimnisse seines Gemütes trägt, eintretend. Der Widerspruch des Herzens, das ist die Lutherische Auflehnung. Das Herz war begraben, das Herz sprengt den Grabstein.«[16]

Das Bemerkenswerte ist nun, dass Yorck diese Welt aufsucht, nicht um sie zu kritisieren und von ihr sich abzusetzen, sondern um sie zu verstehen. Sein Verhalten ist nicht (wie es protestantischer Tradition entspräche) polemisch, es ist dialektisch: Er nimmt die Gegenwelt in sein Denken auf und gelangt so zu einem vertieften Verständnis des eigenen Standpunkts. Dies ist der Hintergrund all seiner Beobachtungen, auch der Landschaftsschilderungen,[17] von denen eine hier noch zitiert sei, weil sie Yorcks Denkstil besonders deutlich macht. Sie gilt dem

... wundervollen Weg zwischen Fels und Meer von Salerno nach Amalfi. Allen Einbuchten folgend gewährt er immer wieder neue Rückblicke auf den

14 Yorck, 3.

15 Yorck, 42 f. (an Bertha).

16 Yorck, 100.

17 Ihre höchste Leuchtkraft entfalten sie, nach klassischem Muster, in den Süditalien und Sizilien gewidmeten Abschnitten; ich nenne noch die Besteigung des Vesuvs, 138–140, und die Conca d'oro von Palermo, 178–180. Aber auch die Charaktere mittelitalienischer Landschaften sind in wenigen Worten erfasst, etwa die Fahrt von Assisi nach Perugia, 200 f.

weiten Meerbusen, die Stadt mit dem Langobardenschloß auf der Höhe und die mächtige dahinter gelegene Berglandschaft. Eine wechselnde Landschaft bei sich gleich bleibendem Charakter. Die Felsen fallen großenteils starr, steil und hart bis zum Meere hinunter. Die Formen der Vegetation sind auch in leichter Modifikation die nämlichen. Überall feste Form und Gestalt. Die Natur und Umgebung hat doch ein inneres Verhältnis des Einflusses auf den Menschengeist. Hier stellt sich das Leben immer dar in fester Seinsgestalt. Nichts von dem bebenden Zauber alle Form überschreitender Vegetation unserer Heimat. Hier gibt es keine romantische Landschaft trotz des Namens. So spricht sich hier auch alles geistige Sehen in festen Formen aus. Das Unsichtbare wird als Sichtlichkeit und festes Sein gefasst. Hier ist die Ontologie des Denkens und des Glaubens zu Hause. Bei uns gibt es von hier bezogen nur Abbild oder Schema oder aber ein direktes Aufnehmen der Unsichtlichkeit als solcher im Gefühle, eine lebendige Verhaltung, welche hinter das Sein zurückgreift.[18]

Yorcks Betroffenheit von diesem außerordentlichen Küstenstrich zeigt sich darin, dass er, nachdem er ihn in seinem Tagesbericht schon kurz geschildert hatte,[19] am Ende wie unter Zwang noch einmal auf ihn zurückkommt. Das Augenerlebnis wird aber sofort umgesetzt in philosophische Reflexion. Ähnlich Yorcks Reaktion auf den Blick vom Balkon des Hotelzimmers über den Golf von Neapel: »Das ist nun alles sehr schön. Aber ich bin nicht im Stande dauernd und immer wieder befriedigt zu sein von der schönsten Aussicht, die nichts zur Einsicht beiträgt.«[20] Es folgen einige höchst instruktive Beobachtungen über die Stadt und ihre Bewohner.

Höhepunkt und Hauptziel der Reise war die »Ewige Stadt«. Yorck sieht sie – wieder in einem Brief an die Tochter – mit den Augen Luthers:

Ich ... verstehe, daß eine quelltiefe Religiosität wie die Luthers hier den Anstoß gefunden hat, der seine ganze Tätigkeit bestimmte. Nicht die damaligen Exzesse priesterlichen Übermuts und Luxus', nicht diese Zeitweiligkeiten haben eine so tiefe Natur wie Luthers im Grunde bestimmt, sondern die Essenz der römischen Religiosität.[21]

Und er sagt auch, worin er diese Essenz sieht: »Hier in Rom verschluckte die weltliche die geistliche Gewalt ... Das römische Christentum war nun an sich und nicht in Folge der Tendenz einzelner

18 Yorck, 149.
19 Yorck, 144.
20 Yorck, 131.
21 Yorck, 45.

Gewaltiger von vorn herein Machtkonnex, also auf Herrschaft, d.h. auf Weltlichkeit hingewiesen.«[22] Das entspricht der Sache nach etwa dem, was ein protestantischer Romreisender, heute wie damals, nach dem ersten Besuch von St. Peter von sich zu geben pflegt. Die Frage ist, was er damit anfängt. Ein Zeitgenosse Yorcks, norddeutsch-protestantischer Herkunft auch er und von vergleichbarem Bildungshintergrund, reagiert allergisch. »Die ewige Stadt?«, schreibt Friedrich Nietzsche 1883 an seine Schwester, »Ich bin ihr nicht gut gesinnt«, und an Heinrich Köselitz: »Rom ist kein Ort für mich, soviel steht fest.«[23] Er hält es dort aus, eine ganze Weile, aber nur indem er arbeitet, und zwar am Kapitel »Von den Priestern« des Zarathustra. Und dort ist dann zu lesen, was ihn abstieß: dieser »Pilgrim-Dunst, dieses verfälschte Licht, diese verdumpfte Luft in den Kirchen«, der »versüßte Ernst des Weihrauchs, Verführung zu falschen Ängsten, ich mag die Seele nicht, die zu ihrem Gott hinauf – kniet« (nämlich auf der Scala Santa des Lateran).[24]

Yorck ist von den Gefühlen dieser Art weit entfernt, schon deshalb, weil die katholische Kirche ihm imponiert. Er versteht sie als Manifestation der dem antiken Römertum eigenen

> … Unbeschränktheit des Willens. Durch solches Medium bricht sich der reine Lichtstrahl des Christentums, welches, eingetreten in die Welt, nicht anders sein kann, als sein … Hieraus aber auch erfolgt, dass Christentum aufgefasst wird als Wollen, nicht als theoretisches Wissen und Schriftgelehrtheit. Dem Verbalismus [des Luthertums] ist solche Macht stets überlegen.[25]

Die Idee einer Dauerpräsenz der Antike gehört zu den ältesten, letztlich humanistisch inspirierten Topoi nordischer Italienliteratur, und Yorck wird nicht müde, Belege dafür zu sammeln, aus dem Alltagsleben, der religiösen Praxis, der Politik, der Kunst: »Eine Kneipe an der Landstraße hieß *Al trionfo di Claudio*. Sage und Geschichte, Vergangenheit und Gegenwart eins im Bewußtsein.«[26] Oder an anderer Stel-

22 Ebd.

23 T. Buddensieg, Nietzsches Italien. Städte, Gärten und Paläste, Berlin 2002, 107f. Zu Yorck und Nietzsche vgl. auch Gründer (wie Anm. 2), 105.

24 Buddensieg, 114.

25 Yorck, 77; vgl. die Parallelstelle über »die ungeheuere Kraft dieses römischen Wollens auch auf religiösem Gebiete … gegenüber die blasse Schwäche der Schriftgelehrten, die unsere Kirche bilden«, 50.

26 Yorck, 71.

le: »Hier in Italien vergeht eben nichts. Alles wird sub specie aeterni gesehen. Die Geschichte ist ihnen Natur.«[27]

Was daraus folgt, ist ein anderes Verhältnis zum Tod, ein Punkt, auf den Yorck immer wieder zurückkommt. »Die Tiefe des Todesgefühls fehlt hier überall, in Kirche und Staat.«[28] Auf den »großen Promenadenwegen« des Campo Verano fühlt er sich an die Gräberstraßen Via Appia und Latina erinnert:

Wie dort das Leben in seinem leichten und fröhlichen Reiz in Arabeskenschmuck und landschaftlichen Genre-Szenen in die Grabkammern hineinleuchtet, ein Zeichen, dass die Überlebenden nicht fern blieben, sondern mit den Laren an Erinnerungstagen festlich verkehrten, so repräsentieren dort [hier] Büsten von voller Portraitähnlichkeit, ja unkolorierte und kolorierte Photographien die Ungebrochenheit des Lebensgefühls. Auch jetzt eine Art Larendienst. ... Die Einsicht in diesen Zusammenhang ist die Voraussetzung des Verständnisses der römischen Katholizität. Das Jenseits ist verweltlicht, denn es ist nur eine höhere Form des Diesseits, welches der Essenz nach bestehen bleibt.[29]

So erklärt sich der katholische Heiligenkult:

Die Verstorbenen sind die Laren, die ... als Selige oder Heilige einen Kultus erhalten, ähnlich wie bei den Alten die verdienten Herrscher. Damals hatten Götter und Heroen ihre Festtage, ... die Tempel hatten ihre jährlichen Festfeiern an den Tagen, an welchen sie dediziert worden waren. Jetzt der Kalender der Heiligen, die kirchlichen Feiern an den Konsekrationstagen.[30]

Hochbefriedigt berichtet Yorck, dass er in der Kathedrale von Foligno »... unter den die Pfeiler des Mittelschiffs schmückenden Statuen die ›heilige Messalina‹ antraf, womit denn für die universale Tendenz der Sanktifikation vollgiltiger Beweis erbracht war.«[31]

In Rom gab es zur Zeit Yorcks mehr als 360 Kirchen, im Altertum 423 Tempel: »Auch hier eine Metamorphose, bei Identität der Tendenz.«[32] Dazu passt die

... Unzahl der Kultusmarien. Es wird natürlich nur eine Maria angenommen. Aber sie hat eine Mannigfaltigkeit von Funktionen: die Funktionärin wird separat angerufen und verehrt, wie ein Beamter der verschiedene Ressorts

27 Yorck, 109.
28 Yorck, 78.
29 Yorck, 75f.
30 Yorck, 76f.
31 Yorck, 203.
32 Yorck, 85.

verwaltet. Die Funktion wird von ihr erbeten, dafür ihr geopfert und Verehrung gezollt. Ähnlich waren es die Funktionen der Götter, welche die alten Römer postulierten und durch den Kultus zu bestimmen strebten.[33]

Dann, die »Juridifikation«[34] des Glaubens, die Strafpraxis, die kurzhändige Verwaltung der Sündenvergebung, beobachtet beim »Beichtgeschäft« in St. Peter und im Lateran.[35] »Der Fuß der Petersstatue wurde viel abgeküßt und in den Beichtstühlen saßen die Geistlichen verschiedener Nationalität wie Kaufleute in ihren Buden.«[36]

Entscheidend ist das Fehlen »innerer Geschichtlichkeit.«[37] Sie wird substituiert durch die Trias von Legende, Kultus und Mirakel. Yorck vergleicht dies, in kühnem Zugriff, mit dem Verhältnis von Bauwerk und Natur: Wie in den römischen Ruinen das Mauerwerk wieder zu Boden für Pflanzenwuchs wird, so ist »... das im höchsten Sinne Historische [nämlich das Heilsgeschehen] Natur geworden, indem es zur Legende sich niederschlug.«[38] Deren Wahrheitsgehalt aber wird verbürgt durch den Kultus: »Das Geschehnis ist wahr, weil der Kultus es trägt. Und der Kultus mit seinen Bedürfnissen und in seiner genialen Anpassung an die menschliche Schwäche ... formt und deformiert die Geschichte zur Legende.«[39]

So degeneriert Geschichtlichkeit zur »Naturpotenz«,[40] das Wunder zum Mirakel. In der Organisation der Kirche setzt sich die des Imperium Romanum fort: »Von dem historischen Traditionsbefunde wird nichts aufgegeben, alles in den Zusammenhang des Herrschaftsgedankens gestellt und ihm subsumiert. Das politische Moment ist von dem religiösen für dieses Gedankensystem untrennbar.«[41]

Und weiter:

33 Ebd.
34 Yorck, 120.
35 Yorck, 119.
36 Ebd.
37 Yorck, 7.
38 Yorck, 42; vgl. die Beobachtungen des ersten römischen Tages über die »Baugebirge« der antiken Ruinen als »zur Natur zurückgekehrte Geschichte«, 4f.
39 Yorck, 7f.; vgl. auch 11 über die »Legende, diese Naturseite der Geschichte« und den großen Brief an Bertha, 41–51. Über den antik-historischen Charakter der Kultpraxis reflektiert Yorck noch einmal in Assisi, 199f.
40 Yorck, 42.
41 Yorck, 226 (»Traditionsbefunde«: Lesefehler für »-bestande«?).

… die *Herrschaftsgestalt* der Kirche wird zur Herrschaftsmacht des Papstes gesammelt, in Eins gebracht. Das Sakrament der Kraft wird personifiziert. Die Kirche als Band zwischen Erde und Himmel wird zur Einheit des irdischen und himmlischen Willens in dem Amte des Papstes.[42]

So bleibt »… seit der anfänglichen Kombination vom Christentum, dem Petrinischen, und Romanismus … alles beim Alten … aus einem Gusse und ätern als Bewusstseinszustand.«[43] Petrus und Paulus werden als »divus« apostrophiert, wie der verstorbene Kaiser;[44] dessen Vergöttlichung erneuert sich in der Verkündigung des Dogmas der päpstlichen Infallibilität.[45] Die Peterskirche ist »… das adäquate Denkmal des Cäsaropapismus, von unglaublichem Können und Technik, barbarisch in der effektvollen Verwendung aller Formen.«[46]

Auch die italienische Politik sieht Yorck *sub specie aeterni*,[47] mit nicht durchweg überzeugendem Resultat. Die Erneuerung Italiens im Risorgimento ist nur eine scheinbare. »Macchiavell würde sich in Crispi erkennen.«[48] Grund ist die »Identität der Volksanlage trotz des Zeitunterschieds«;[49] noch immer steckt »den Leuten das römische Recht im Blute« (meint Yorck).[50] Der Prototyp des römischen Politikers ist und bleibt Augustus mit seiner »Kombination von Republik und Imperium«[51] bzw. »Synthesis von Demokratie – der alte Adel war ruiniert – und Alleinherrschaft.«[52] Geradezu eine Reinkarnation des Augustus sieht Yorck in Sixtus V., für den er – wie viele Deutsche – ein besonderes Faible entwickelt. Sein »imperatorischer Eingriff« hat »das Antlitz des … papalen Rom geschaffen«, wie der des Augustus das des antiken.[53]

Hier ist etwas anzumerken über Yorcks politischen Standort. Wenn in seiner Charakteristik des Katholizismus etwas von Bewunderung

42 Yorck, 227.
43 Yorck, 124f.
44 Yorck, 120.
45 Yorck, 70.
46 Yorck, 3.
47 Yorck, 109, vgl. auch 12: »Solms [der deutsche Botschafter] modern und gleichsam technisch sehend, [aber] damit sieht man in der Nähe scharf, nicht in die Ferne.«
48 Yorck, 125.
49 Yorck, 44.
50 Yorck, 194.
51 Yorck, 44.
52 Yorck, 70.
53 Yorck, 102 und 76; vgl. auch 87, 127.

mitschwingt, dann nicht zuletzt deshalb, weil er die römische Kirche auch als Bollwerk versteht gegen Parlamentarismus und Demokratie – was der Protestantismus nicht ist, da er keine politischen Energien entfaltet hat, mit Ausnahme der Sonderbewegung des Puritanismus.[54] So gesehen, ist das »Imperatorische« bei Yorck nicht durchweg negativ konnotiert: eine Ambivalenz, die vielleicht für das Dilemma eines altpreußischen Aristokraten in der Nach-Bismarck-Ära kennzeichnend ist. Sie tritt hervor, etwas überraschend, in Yorcks Notizen von seinem Abstecher in die Toskana. Florenz findet er eng, unfrei, unerfreulich und entschuldigt dies zunächst damit, dass man es eigentlich »vor Rom« sehen sollte; »in umgekehrter Reihenfolge kann es nicht zu seinem Rechte kommen.«[55] Aber schon der nächste Satz enthüllt den tieferen Grund seines Unbehagens: Florenz ist eben keine Stadt der »Imperatoren«, sondern »doch nur eine ... Kaufmannsstadt.«[56]

Er kommt auf dieses Argument zurück, ein paar Tage später, anlässlich eines Ausflugs nach Siena und Pisa, und das ist eine erstaunliche Stelle: Da wird auf anderthalb Seiten der ganze Rudolf Borchardt vorweggenommen.[57] Die Kaufmannsstädte Genua und Florenz haben den kaisertreuen Pisa und Siena »den Garaus gemacht«, und zwar, »echt florentinisch, nicht durch Waffen sondern durch Geld«; im Felde haben die Sienesen Florenz geschlagen, übrigens, »wesentlich mithilfe deutscher Reiter.«[58] Und dann, ziemlich unvermittelt: »Der Jammer in Italien entstand aus der Vernichtung der Aristokratie ... An die Stelle des Heroismus trat das Geld der Kaufleute, vor allem der Medici.«[59] Dahinter steckt möglicherweise eine weiter ausgreifende Reflexion über das Verhältnis von Grundbesitz und mobilem Kapital, die Yorck später, unmittelbar vor seinem Tode, in Gestalt einer Traumerzählung formuliert hat.[60] Aber hier bleibt das am Rande.

Italienreisen sind Kunstreisen, und ein großer, wenn nicht der größte Teil von Yorcks Briefen ist der italienischen Kunstgeschichte gewidmet, speziell der Entwicklung der christlichen Kunst von ihren

54 Yorck, 227 f.
55 Yorck, 95 f.
56 Yorck, 96.
57 Vgl. etwa R. Borchardt, Pisa. Ein Versuch, Frankfurt/M. 1948 (geschrieben 1932).
58 Yorck, 109.
59 Ebd.
60 Gründer (wie Anm. 2), 106–118.

Anfängen bis in die Neuzeit. Yorcks Kunsturteil ist von Burckhardts »Cicerone« geprägt; gelegentliche Versuche, gegen die Geschmacksdiktatur des kleinen Buchs aufzumucken, wirken leicht philiströs: Die Pietà Michelangelos in St. Peter »lässt mich kalt,«[61] der Genius Correggios »geht leicht in das Akademische über«,[62] in Domenichinos »Jagd der Diana« sind die Farben »hart und kalt ... Wirkliche Bewegung hat er auch nicht malen können.«[63] Die Fassade des Doms von Orvieto ist »der Kirche gleichsam nur vorgeklebt. Die Kirche selbst in der mich störenden Dominofarbe von schwarzem und weißem Marmor ist weder innerlich noch äußerlich schön«,[64] usw. Indessen entwickelt sich im Lauf der Reise aus Einzelbeobachtungen so etwas wie eine kohärente Geschichtskonstruktion; ihr Grundgedanke ist der, dass die christliche Religion in ihrem Wesenskern geschichtlich-lebendig ist und somit inadäquat jeglicher »Äternisierung«, sei es juridischer, sei es bildlicher Art, und dass die aufeinanderfolgenden Kunstepochen als immer neue Synthesen christlichen und vorchristlichen (heidnisch-antiken) Bewusstseins zu verstehen sind.

Dies wird dann ausformuliert in einem längeren Essay, mit dem das Tagebuch endet, niedergeschrieben erst nach der Rückkehr in Klein-Oels.[65] Davor aber liegt die letzte und, nach Rom, wohl wichtigste Etappe der Reise, wenn man so will ihre Antiklimax: und das ist Ravenna. Yorck schildert zunächst seine ersten Eindrücke, in ein paar nüchternen und zugleich unheimlich treffsicheren Sätzen:

Denn ein Teil der Kirchen Ravennas ist schwer auffindbar, von unansehnlichen bürgerlichen Häusern verdeckt, in Ecke und Winkel gelegen, wie Ravenna selbst gleichsam in verborgenem und vergessenem Winkel liegt. Ravenna hat mich enttäuscht. Meine Erwartung war eine irrtümliche, weil ich mir nicht vergegenwärtigt hatte, daß Ravenna nie etwas anderes als ein historisches pis-aller, ein geschichtlicher Notbehelf gewesen ist, ein Verlegenheitsaufenthalt des Imperialismus. Ohne alle Lebensselbstständigkeit, ein bloßes pied-à-terre des Byzantinismus. Dies ist die Wahrheit gegenüber der poetischen und ästhetischen Fabel. Dieser Scheinbarkeit ist die Fadenscheinigkeit des Überbleibsels konform. Das, was Ravenna war, wirkt nicht tragisch, sondern trist. Rest eines niemals lebendig Gewesenen. Staubig und ärmlich erscheint das konservierte Altertum, und leer wie das Grabmal The-

61 Yorck, 26.
62 Yorck, 61.
63 Ebd.
64 Yorck, 94.
65 Yorck, 202–230.

oderichs. ... Echt Ravennatisch ist die Form, Lage und Gestalt jenes Grabmals. An der Straße befindlich, ohne Würde des Bauwerks, kleinlich, gelegentlich.[66]

Mit den frühchristlichen Mosaiken Ravennas setzt Yorck sich eingehend auseinander[67] und gelangt zu einem überraschenden Verdikt: Sie sind »unfromm und darum abstoßend«,[68] und zwar deshalb, weil in ihnen die antike Körperwelt fortlebt im Widerspruch zu den prinzipiell unsichtbaren Inhalten, die dargestellt werden sollen.[69] Yorck versteht dies als typisches Produkt der Spätphase des justinianischen Imperialismus, in der der Kaiser Gott geworden, Politik zur Intrige herabgesunken und die Religion zu einer Angelegenheit der Staatspolizei verkommen sei.[70] Dies ist aber nur der Einstieg in eine umfassende Diskussion der byzantinischen Kunst im Ganzen und der ihr zugrunde liegenden Theologie des Doketismus, und damit einer spezifisch griechischen Religiosität, so wie Hermann Usener sie erläutert hat.[71] »Der Zentralbegriff ist das Wunder der Gotterscheinung« [Christus als Pantokrator], nicht die Geschichte »von Geburt, Leiden und Sterben [des Herrn]. Die ganze Tiefe seelischer Bewegung ... ist eleatisch negiert.«[72] So wie auch die Figur Marias weitgehend ihrer Menschennatur entkleidet und als Theotokos »in die Äternität projiziert« wird.[73]

Was hierbei auffällt, ist eine gewisse Akzentverschiebung: All die Begriffe, die im Tagebuch für die römisch-katholische Welt geprägt worden waren – »Äternität«, »eleatisch«, »ontisch« –, tauchen hier wieder auf als Attribute des Byzantinismus. Dessen »Starrheit« aber ist das Resultat von Erstarrung, d. h. sie ist nicht mehr »ontisch« ge-

66 Yorck, 204.

67 Man lese etwa seine Analyse des Christus von S. Apollinare Nuovo, 211.

68 Yorck, 209.

69 Als positives Gegenbeispiel erscheinen in Yorcks Sicht die normannischen Mosaiken Siziliens, 184–186, deren Eindruck noch lange nachwirkt. So schreibt er in Assisi, Cimabue und Giotto hätten »Körperlichkeit« erreicht, aber »nicht ohne Verlust an religiöser Größe. Denn keine Kunst der Renaissance hat das Christusbild von Cefalu erreicht«, 198.

70 Yorck, 209. Yorck teilt das seit der Aufklärung herrschende historische Vorurteil gegen Byzanz. »Byzantinismus« war bekanntlich ein Schlagwort der anti-wilhelminischen Polemik jener Jahre, etwa bei Maximilian Harden.

71 Yorck, 212.

72 Yorck, 213.

73 Yorck, 223.

geben, sondern Produkt einer Entwicklung. Anderes ging voran, Neues wird daraus hervorgehen.

An dieser Stelle wird deutlich – und das erst macht die Lektüre dieser Aufzeichnungen so spannend –, dass Yorcks Kategoriensystem nicht so feststand wie er selbst glaubte. Eben das lutherische Prinzip radikaler Geschichtlichkeit, das er dem »äternen« Italien entgegenhielt, zersetzte, zu Ende gedacht, seine eigene Antithetik. Denn es besagt, dass auch jene Gegenwelt zum Protestantismus letztlich umgriffen ist von Geschichte, nicht starr für sich selbst, steht sondern sich wandelt, auf dem Felde der Kunst wie auf dem der Religion und ihrer Institutionen, der Politik, der Gesellschaft. Es ist der gleiche Prozess, der auch in Reiseführern der Zeit sich verfolgen lässt: Das Italienbild der deutschen Klassik – wie etwa Ernst Förster in seinem »Handbuch für Reisende in Italien«, 1863, es charakterisiert: »Der Garten Europas, die Heimat der schönen Künste, … in der es nur Vergangenheit und Ewigkeit, aber keine Gegenwart gibt«[74] – dieses Bild löst sich auf in der Sicht auf den aktuellen Zustand des Landes.

Dem hat sich Yorck nicht verschlossen. In Sizilien beschreibt er landschaftliche Strukturen in leuchtenden Farben, aber auch mit dem Sachverstand des Großgrundbesitzers: nicht mehr als »feste Seinsgestalten«, sondern als Produkte menschlicher Arbeit innerhalb eines determinierten Gesellschaftssystems, bezugnehmend auf Techniken der Bodenkultur, Dünger, Zugkraft der Gespanne, Zinsertrag und Besteuerung.[75] So erweist dann auch die scheinbar geschichtslose Katholizität der römischen Kirche dem Historiker (der Yorck war) sich als durchwirkt von Erneuerungsbewegungen aller Art.[76] Hinter den Versteinerungen arbeitet das Leben. In einer Notiz vom letzten Tag seines römischen Aufenthaltes hat Yorck versucht, die Spannung zwischen ästhetischer Faszination und historisch-kritischer Analyse, die ihn all die Tage in Atem gehalten hatte,[77] in sein »Rom-Bild« einzubauen, und mit diesem Passus möchte ich schließen:

74 Thoenes, Reiseführer (wie Anm. 12), 34.

75 Yorck, 157–160.

76 Vgl. dazu die Aufzeichnungen aus dem letzten Reiseabschnitt über den »wunderbaren Reformator Franz von Assisi«, 199 und passim, wohl unter dem Eindruck des kurz zuvor erschienenen Buches von H. Thode, Franz von Assisi und die Anfänge der Kunst der Renaissance in Italien, Berlin 1885.

77 Angedeutet schon in dem Brief an Bertha vom 17. Februar: Yorck, 47. Als Gegenbeispiel einer »rein ästhetischen« Betrachtung Roms nennt Yorck Goethes »Italienische Reise«; vgl. aber oben, Anm. 10.

Das ist das Merkwürdige bei Rom, daß trotz allen ästhetischen Genusses es ästhetisch nicht zu begreifen ist sondern nur historisch. Wer bei dem Entzücken über Naturschönheit oder Kunstwerk stehen bleibt, ist in das Innere des Tempels der Erkenntnis nicht eingetreten. Das Charakteristische will ergriffen sein, daß hier von je an das geschichtliche Bewußtsein Natur war: die Kraft ungebrochenen, radikalen natürlichen Willens, ... eine Vermenschlichung gleichsam des Vulkanismus, der die Landschaft gebildet hat, die ihren besonderen Reiz daher entnimmt, daß ihre Formen die Gewalt ihrer Genesis enthüllen. Die Campagna ist nicht allein als Schauplatz größter Geschichte geschichtlicher Boden. Das Verhältnis der Landschaft und der Stadt ist ein innigeres, tieferes. Die Macht, welche in dem Festen lebendig und flüssig, die Wogen des Terrains von den Bergen zum Meere trieb, in dem Janiculus gleichsam als einem Echo der Berge ausklingend, erhebt sich von neuem als Bewußtseinselement, um auf die Welt die Hand zu legen. Diese naturgeschichtliche Einheit wird plastisch in den Baugebirgen, die der Mensch aufführt und die die Macht des natürlichen Zeitverlaufs rückwandelt in die natürliche Erhebung, die wiederum Frucht und Pflanzen trägt. Darin liegt der Zauber, daß die Grenze zwischen Natur und Menschenwerk flüssig und verwischt ist. So ist hier in einzigem Sinne historischer Boden unter jedem Schritte. Und gewaltig und bedeutungsvoll ist nicht die Rom immer fremde Schönheit der hierher verbannten Gräzität – die wundervolle Venus vom Capitol war dort nur immer zu Gaste – sondern alles, was Zeichen und Dokument der Kraft: der felsige Schädel des Scipio Africanus, das Colosseum, die Thermen des Caracalla, die Peterskirche, die weltrichterliche Apostrophe Michelangelos, die Hunderte von einfachen Bekenntniskreuzen der im Carcer Mamertinus gefangenen Christen, diese Sternbilder eines transzendenten Glaubens an einem unterirdischen Himmel. So glaube ich das Antlitz der ewigen Stadt geschaut zu haben.[78]

78 Yorck, 125f.

Kapitolinische Diskussionen um *Mater Ecclesiarum* und protestantischer Kirchenbau

Jürgen Krüger

Wie hat eine protestantische Kirche auszusehen? Dass diese Frage ausgerechnet im Rom des 19. Jahrhunderts diskutiert wurde, erscheint auf den ersten Blick völlig abwegig. Mit diesem Beitrag soll gezeigt werden, dass sich im Rom der 1820er- und 1830er Jahre geradezu ein »Laboratorium« für Kirchenbau befand, genauer innerhalb der preußischen Gesandtschaft, und dass dieses Laboratorium von den Gesandtschaftspredigern und dem Gesandten höchstpersönlich, von Christian Carl Josias von Bunsen betrieben wurde. Auch die römische Gesandtschaftskapelle selbst war Objekt dieser Forschungen und Entwicklungen, wie im Folgenden gezeigt wird: In einem ersten Schritt wird die Gesandtschaftskapelle kurz präsentiert, sodann wird ein Ergebnis der römischen Kirchbaudiskussionen dargestellt, bevor zum Schluss wieder die Kapelle als solche und ihre Wirkung auf die zeitgenössische Baukunst erörtert wird. Eine ausführliche Publikation zur Gesandtschaftskapelle ist für die nächste Zukunft vorgesehen.[1]

1. Die Gesandtschaftskapelle auf dem Kapitol

Nach dem Wiener Kongress hatte das erstarkte Preußen erstmals eine dauerhafte Gesandtschaft beim Heiligen Stuhl eingerichtet. Aufgabe des Gesandten – zunächst der Historiker Niebuhr, dann Bunsen – wurde es unter anderem, für die relativ zahlreichen in Rom anwesenden Protestanten zu sorgen. Zum Reformationsfest des Jahres

1 Vgl. vorläufig die erste moderne Darstellung dieser Kapelle in meiner Habilitationsschrift J. Krüger, Rom und Jerusalem. Kirchenbauvorstellungen der Hohenzollern im 19. Jahrhundert, Berlin 1995, 41–56 (Kapitel Rom, »S. Salvatore sopra Giove«). Wenn nicht anders angegeben, sind dort die entsprechenden Nachweise für das Folgende erbracht worden.

1817, also zur 300-Jahrfeier des Thesenanschlags, wurde der erste evangelische Gottesdienst in der Ewigen Stadt abgehalten, der zwar noch privat organisiert in einem Wohnzimmer stattfand, der aber vor allem das Bedürfnis nach evangelischer Seelsorge offenbarte. Keine zwei Jahre später wurde auf der Basis des Gesandtenrechts (hier speziell des *droit du culte*) die Stelle eines Gesandtschaftspredigers eingerichtet und damit faktisch die römische evangelische Gemeinde begründet.[2] Die Prediger kamen in der Regel vom prestigeträchtigen Predigerseminar in Wittenberg, die Reihe der Prediger bestätigt dies. Darin finden wir für die Anfangsjahre Namen wie Richard Rothe, Friedrich von Tippelskirch, August Tholuck und Heinrich Abeken – Prediger also, die im Lauf des 19. Jahrhunderts zu bekannten Personen wurden.[3]

Anfangs fanden die Gottesdienste in der Wohnung des Gesandten Niebuhr statt, im Palazzo Orsini-Savelli, der in das Marcellus-Theater eingebaut war. Als der preußische König Friedrich Wilhelm III. im Jahr 1822 Rom besuchte, brachte er einige Geschenke mit: zwei Altarleuchter aus heimischer Werkstatt (der Schinkelschule) und vor allem die preußische Hof-Agende vom gleichen Jahr, die fortan dem Gottesdienst zugrunde zu legen war.[4]

Als Bunsen im Jahr drauf Niebuhr als Gesandten ablöste, musste auch die Gottesdienststätte wandern, eben in Bunsens Wohnung, die er inzwischen auf dem Kapitol gesucht und gefunden hatte, im geschichtsträchtigen Palazzo Caffarelli. Hier wurde sogleich eine Kapelle eingerichtet, die im Gegensatz zu sonstigen diplomatischen Gepflogenheiten nicht mehr in der Wohnung selbst, sondern im Erdgeschoss des Palastes eingerichtet wurde, wo sie für die Gottesdienstbesucher auch besser zugänglich war. Die Kapelle wurde 1823 in einem besonderen Stil eingerichtet, nämlich karg, nur mit weiß ge-

2 Zur Geschichte der Gemeinde vgl. E. Schubert, Geschichte der deutschen evangelischen Gemeinde in Rom 1819 bis 1928, Leipzig 1930; für die Frühzeit auch A. u. D. Esch, Anfänge und Frühgeschichte der deutschen evangelischen Gemeinde in Rom 1819–1870, Quellen und Forschungen aus italienischen Archiven und Bibliotheken 75 (1995) 366–426.

3 Vgl. vor allem bislang als Zusammenfassung P. Maser, Eine protestantische Verschwörung in Rom? Die preußischen Gesandtschaftsprediger in Rom zu Beginn des 19. Jahrhunderts, Römische Quartalschrift 83 (1988) 180–194.

4 Kirchenagende für die Hof- und Domkirche in Berlin, Berlin 1822. – Der König selbst war liturgisch hochinteressiert und hatte die Agende nach der Union der lutherischen und der calvinistischen Kirche in Preußen initiiert.

kalkten Wänden, so dass sie von Besuchern als einem Pferdestall ähnlich bezeichnet wurde. Diese Kargheit hatte aber System, denn man wollte, gerade im Schatten der barocken römischen Prachtkirchen, auf die besondere Situation der protestantischen Gemeinde hinweisen, die mit frühchristlichen Zeiten verglichen wurde, als sich Christen verstecken mussten und ihre Religion nur geduldet wurde. Auf die Kapelle wird später zurückzukommen sein.

Prägend für das Aussehen der Kapelle und die Ausgestaltung der Gottesdienste waren aber nicht nur die bereits erwähnten Prediger, sondern in wohl noch größerem Maße der Gesandte Bunsen selbst.[5] Er ist wohl als treibende Kraft hinter allem zu sehen. Wie der König war auch Bunsen theologisch höchst interessiert. Noch mehr verband ihn mit dem Sohn des Königs, Kronprinz Friedrich Wilhelm, dem späteren König Friedrich Wilhelm IV., dessen theologischer Berater und Unterhändler er war.

Bunsen schwebte eine im Geist erneuerte, in apostolische Zeiten zurückversetzte Kapelle, Liturgie und Gemeinde vor. Alles diente diesem Ziel. Für die Künstler, die er im Palazzo Caffarelli unterbrachte, ließ er ein Chorbuch anfertigen, damit sie sonntags den Gottesdienst mit Gesang gestalteten, mit Richard Rothe arbeitete er an einer Reform der königlichen Agende, mit der er höchst unzufrieden war (was er dem König auch keineswegs verschwieg!). Im Jahr 1828 wurde eine erneuerte Agende genehmigt und in Berlin gedruckt, die als *Kapitolinische Agende* in die Geschichte einging.[6] Am kompliziertesten war die Aufgabe, ausgerechnet in Rom ein evangelisches Gesangbuch herzustellen, wo doch der Import jeglicher nicht-katholischer theologischer Literatur im Kirchenstaat verboten war. Mit Diplomatenpost wurden Gesangbücher aus deutschen Ländern »eingeschmuggelt«,

5 Die Literatur über Bunsen ist in den letzten Jahren stark angewachsen. Vgl. vor allem H.-R. Ruppel (Hg.), Universeller Geist und guter Europäer. Christian Carl Josias von Bunsen 1791–1860, Korbach 1991 sowie besonders die gründliche Monographie von F. Foerster, Christian Carl Josias Bunsen. Diplomat, Mäzen und Vordenker in Wissenschaft, Kirche und Politik, Bad Arolsen 2001; speziell zu seiner Romidee auch den Beitrag von Martin Wallraff im vorliegenden Band.

6 Liturgie wie sie als Nachtrag zur Kirchen-Agende des Jahres 1822 zum Gebrauch für die Königlich Preußische evangelische Gesandtschafts-Kapelle zu Rom bewilligt worden ist, Berlin 1828.

so dass Bunsen 1833 ein eigenständiges Gesangbuch drucken lassen konnte, das im 19. Jahrhundert immerhin drei Auflagen erlebte.[7]

Den gleichen Geist einer Rückbesinnung auf urtümliche Zustände zeigt das einzige Kunstwerk von Rang, das Bunsen für »seine« Kapelle stiftete, nämlich der Taufstein. Der Unterbau war von Bertel Thorvaldsen im Jahr 1828 modelliert und anschließend drei Mal in Marmor ausgeführt worden. Für die römische Kapelle erhielt er das tönerne Original – nicht wertvoll im Material, aber einzigartig, weil vom Künstler selbst gestaltet! Darauf ruht die bronzene Schale von Wilhelm Hopfgarten, in deren Grund die berühmte Inschrift vom Lateranbaptisterium, die aus dem 5. Jahrhundert stammt, wiedergegeben wird. Einen vornehmeren Rückbezug auf frühchristliche Kunstwerke konnte man kaum finden, zumal in der Inschrift klar die einheitsstiftende Wirkung der Taufe genannt wird.[8]

2. *Kirchbautheorien*

Am 15. Juli 1823, also gerade zu dem Zeitpunkt, als Bunsen seine bescheidene Kapelle einrichtete, geschah ein Unglück, das die ganze christliche Welt erschütterte. Bei Reparaturarbeiten hatte der Dachstuhl von St. Paul vor den Mauern Feuer gefangen und anschließend war die ganze Kirche abgebrannt. Kein anderer Kirchenbrand hat solche Publizität erfahren. Immerhin handelte es sich bei dieser Kirche um eine der großen frühchristlichen Basiliken der Stadt Rom, um die einzige, die ihre ursprüngliche Form noch ganz anschaulich zeigte, während alle anderen verändert, an- und umgebaut, oder sogar, wie St. Peter, völlig neu errichtet worden waren. Was für ein an-

7 Anonym herausgegeben als: Versuch eines allgemeinen evangelischen Gesang- und Gebetbuchs zum Kirchen- und Hausgebrauche, Hamburg 1833 (spätere Auflagen 1846 und 1871). – In der historischen Bibliothek der Gemeinde sind etliche dieser Gesangbücher noch erhalten (s. auch den Beitrag von Gunnar Wiegand im vorliegenden Band).

8 Dem besonderen Rang des Taufsteins als Kunstwerk entspricht es, dass Bunsen für die Taufen in der Kapelle auch ein besonderes Taufformular mit altkirchlichen Rückbezügen schuf; vgl. hierzu M. Wallraff, Liturgie in der Anfangszeit der evangelischen Gemeinde zu Rom. Ein unbekanntes Taufformular von C.C.J. von Bunsen, in: D. Esch u.a. (Hg.), 175 Jahre Gemeindeleben Christuskirche Rom. Festschrift zum Jubiläum der evangelisch-lutherischen Gemeinde in Rom 1819–1994, Rom 1994, 51–57.

tiker Schatz ging da in Flammen auf, zugleich Urbild einer christlichen Kirche, nämlich einer *Basilika*![9]

In jenen Jahren des Klassizismus waren in der Architekturtheorie heftige Diskussionen über das Aussehen antiker und frühchristlicher Bauten im Gange. Die Antike galt als Maßstab, der auch an Neubauten anzulegen war, und unter den Bautypen, die als besonders wichtig galten, stach die Basilika hervor. So bot der Brand von St. Paul vor den Mauern neben dem immensen Verlust auch eine Chance, nämlich den alten Bau zu untersuchen. Die Basilika-Diskussion wurde damit aktueller denn je. Ziel war bei diesen Diskussionen, aus den alten Formen etwas für die neuen Bauten zu lernen, was letztendlich auch für den Kirchenbau galt. Der basilikale Typus – überhöhtes Langhaus mit niedrigen Seitenschiffen, eventuell Querhaus, Chor – war die Jahrhunderte lang den Kirchenbau beherrschende Bauform, die auch für protestantische Kirchen verwendet wurde. Im 19. Jahrhundert, als die Stilfrage völlig neu gestellt wurde – »In welchem Style sollen wir bauen?«, fragte der Karlsruher Architekt Heinrich Hübsch –, wurden Bautyp und Baustil wieder neu diskutiert, und zwar von allen Architekten. In Berlin stand beispielsweise die Neugestaltung des Doms zur Debatte, also eine Frage allerhöchster Priorität.

Unter den vielen Architekten und Baumeistern, die traditionell eine Reise nach Rom unternahmen, um sich in klassischer Architektur zu bilden, waren auch preußische Baumeister, also zumeist Protestanten. Unter den frühen sind Karl Friedrich Schinkel und Wilhelm Stier zu nennen. Als Protestanten fanden sie auch den Weg aufs Kapitol – sei es zum Gottesdienst, sei es, um beim Gesandten einen besonderen Permiss zum Besichtigen der Vatikanischen Museen einzuholen. Wir wissen aus Aufzeichnungen nur, dass sie sich auf dem Kapitol einfanden und mit Bunsen und dem Gesandtschaftsprediger in lebhafte Diskussionen gerieten – über das Thema, wie eine protestantische Kirche auszusehen habe. Bunsen fertigte aus diesen Gesprächen 1827 ein eigenes Thesenpapier.[10]

Die bei diesem Anlass diskutierten Theorien haben viel Kopfzerbrechen bereitet und tun es zum Teil auch heute noch. Wie sahen Kirchenräume aus, die nach protestantischen Prinzipien gestaltet

9 Vgl. zur Bedeutung der Bauform Krüger (wie Anm. 1), 23–40.
10 Vgl. Foerster (wie Anm. 5), 93–104 (Kapitel »Zum Kirchbau«).

werden sollten? Ein sehr bemerkenswerter Entwurf von Wilhelm Stier, der erst viel später publiziert wurde, geht offenbar auf diese Gespräche zurück:[11] Ein weiter, zentrierter Bau, der offenbar für eine große Menschenmenge konzipiert ist, bietet an einer Seite eine Art Bühne für die Sakramente: in der Mitte der normale Feieraltar, zur einen Seite ein Raum für Taufen, zur anderen für Beerdigungen. Das ganze Leben eines jeden, einer Gemeinde wird hier der Gemeinde selbst präsentiert, steht im Mittelpunkt des Geschehens. Dass solche Kirchbaugedanken gerade in jenen Jahren um 1825/1835 ihren Weg in die Praxis gefunden haben, lässt sich selten, aber doch klar zeigen. In Freiburg/Breisgau zum Beispiel plante der badische Hofbaumeister Christoph Arnold (mit klassischer Bildung wie sein Lehrer Weinbrenner) eine Kirche für den Großherzog mit ebendiesem Grundriss. Es war die erste evangelische Kirche im katholischen Freiburg, ihr kam deswegen besondere Bedeutung zu. Aus Kostengründen wurde der Plan trotzdem nicht ausgeführt und stattdessen die leerstehende mittelalterliche Klosterkirche aus Tennenbach auf Abbruch gekauft und in Freiburg wiederaufgebaut (Abb. 24, 25).[12]

Zurück zu Wilhelm Stiers Entwurf: Wenn eine solche Idee einer Rundkirche im frühen 19. Jahrhundert, in der Epoche der romantischen Rückbesinnung, präsentiert wird, dann kann man dafür Vorbilder erwarten, und zwar in der antiken bzw. frühchristlichen Baukunst. Dafür schien zuerst die Grabeskirche Christi in Frage zu kommen, ein hochkomplexes Baugebilde, das auf Wunsch Kaiser Konstantins in den Jahren 325/335 in Jerusalem errichtet wurde. Vor dem Memorialbau über dem Grab und vor dem Atrium mit dem Golgathafelsen befand sich eine Basilika, die an Stelle der Hochaltarapsis einen Rundbau zeigte, so wie es aus der schriftlichen Überlieferung bekannt ist. Dies wäre immerhin ein monumentales Vorbild, allerdings rein von der Form her gesehen, wenn auch wesentlich kleiner.

Freilich liegt das eigentliche Vorbild näher. Ganz offensichtlich ist der ideal gestaltete Kirchbau einem Theater nachempfunden. Denn

11 C. Steckner, Friedrich Wilhelm IV., Karl Friedrich Schinkel, Wilhelm Stier und das Problem einer protestantischen Mater Ecclesiarum, Jahrbuch für die Geschichte Mittel- und Ostdeutschlands 36 (1987) 232–255. – Der Plan wurde erst bei K. E. O. Fritsch, Der Kirchenbau des Protestantismus von der Reformation bis zur Gegenwart, Berlin 1893, 193, publiziert.

12 R. Humbach, Von Tennenbach nach Freiburg – der erste Bau der Ludwigskirche, Freiburger Diözesan-Archiv 115 (1995) 279–314.

im Theater sind Zuschauer und Akteure gegenübergestellt, die Bühne ist der Aktionsraum, der in der Kirche die Bühne des kirchlichen Lebens wird, von der Wiege bis zur Bahre. Der Theaterbau war in der griechisch-römischen Antike entwickelt worden. Die griechischen Theater scheiden bei unserer Vorbildsuche jedoch aus, weil bei ihnen der Zuschauerraum an einen Berghang angelegt wurde. Erst in der römischen Baukunst wurden beide Bauteile in gleicher Weise monumental aufgeführt, ergab sich die bauliche Geschlossenheit einer solchen Anlage. Genau das bietet das Marcellus-Theater in Rom, zu Füßen des Kapitols, das erste großartige und dazu noch relativ gut erhaltene Beispiel dieser Art.[13] Obwohl im Mittelalter mit Privathäusern überbaut, war dieses Theater in seiner antiken Struktur bekannt, zumal für Bunsen, hatte doch sein Vorgänger Niebuhr hier residiert.

Spuren dieser akademischen Diskussionen um den Kirchenbau lassen sich also sehr wohl verfolgen, wenn auch gerade der Zentralbau oder »Theaterbau« aus verschiedenen Gründen nicht den durchschlagenden Erfolg gehabt hat.[14] Das lässt zumindest auch nach anderen Spuren Ausschau halten.

3. Die Gesandtschaftskapelle

Die Gesandtschaftskapelle in ihrer einfachen Form ist bereits erwähnt worden. Doch selbst diese Form war etwas Besonderes. Dies macht ein Blick auf Gesandtschaftskapellen im Allgemeinen klar.[15] Gesandtschaftskapellen sind nicht im eigentlichen Sinn eine Bauaufgabe, weil

13 Vgl. F. Coarelli, Roma. Guide archeologiche Laterza, Bari 2008, 352–354.

14 Beherrschend wurde im 19. Jahrhundert der Langhaus-Gedanke, vor allem in der Ausprägung der Basilika. Erst am Ende des 19. Jahrhunderts kamen neue Diskussionen auf. Jetzt wurden neue Formen des Kirchbaus für die mittlerweile typischen, riesigen Großstadtgemeinden gewünscht. Der erste evangelische Kichbaukongress wurde 1893 zur Diskussion neuer Theorien einberufen, in seinem Vorfeld entstand die monumentale, oben genannte Publikation von Fritsch (wie Anm. 11). In dieser Zeit, als das »Wiesbadener Programm« runde Kirchen (oder zumindest Zentralbauten) als ideal für große Gemeinden empfahl, wurde auch der Stiersche Entwurf wieder stärker gewürdigt, weswegen dessen Publikation in diesem Umfeld programmatisch und logisch erscheint.

15 Vgl. J. Krüger, Deutsche evangelische Kirchen im Ausland – vom einfachen Kapellenbau zur nationalen Selbstdarstellung, in: K. Raschzok/R. Sörries (Hg.), Geschichte des protestantischen Kirchenbaues, FS P. Poscharsky, Erlangen 1994, 93–100.

sie nie systematisch entwickelt oder geplant worden sind. Eine Gesandtschaftskapelle entsteht aus dem Bedürfnis eines Gesandten, in der fremden Stadt, am Hof des Gastgebers, seinen eigenen religiösen Kult feiern zu können. Dieses Recht, das *droit du culte*, war Gesandten ausdrücklich zugestanden worden und lässt sich in Vorstufen bis ins Mittelalter zurückverfolgen.

Eigentliche Blütezeit dieses Gesandtenrechts war das 16. bis 18. Jahrhundert, einer Epoche der Globalisierung und der Konfessionalisierung. In dieser Zeit entstanden in wichtigen Handels- und in Hauptstädten – wie Rom, Konstantinopel, Paris, London, Petersburg oder Wien – erstmals »stehende«, d.h. dauerhafte Gesandtschaften. Gebäude wurden angemietet, einzelne auch erworben. Innerhalb des Gebäudes waren aber noch keine großen Räumlichkeiten für eine Kapelle vorgesehen. Weil der Gottesdienst als Privatkult ausgeführt wurde, waren keine großen Räumlichkeiten notwendig, es reichte im wörtlichen Sinne meist das Wohnzimmer als festlicher Raum aus. Für die Gottesdienste wurde aber bereits ein Prediger oder Priester in den Dienst der Gesandtschaft gestellt.

In besonderen Situationen konnte die feiernde Gemeinde allerdings größer werden, etwa wenn in Konstantinopel ein Schiff mit protestantischen Seeleuten vor Anker ging. Die Stadt am Bosporus ist überhaupt als islamische Residenzstadt für die Entwicklung des Gesandtschaftsrechts von überdurchschnittlicher Bedeutung. Hier etablierten sich zuerst dauerhafte Gesandtschaften, und im Fremdenviertel Pera sind zahlreiche Gesandtschaftsgebäude erhalten geblieben bzw. relativ gut dokumentiert.

Schweden war lange Zeit die protestantische Vormacht in Europa, und so sorgten schwedische Gesandte in Konstantinopel für protestantischen, d.h. lutherischen Gottesdienst, nicht nur für den Gesandten selbst, sondern oft auch für die Seeleute. Eine Zeichnung illustriert die Situation im 18. Jahrhundert: Im Obergeschoss wurden Altar und Predigtstuhl in einem relativ kleinen Raum installiert, der für Gottesdienste mit wenigen Teilnehmern ausreichte. Waren viele Menschen gekommen, wurden die Türen zum großen zentralen Saal geöffnet (Abb. 26).[16]

16 B.O.H. Johansson, Svenska Palatstet i Konstantinopel, Stockholm 1968. – Ähnlich war übrigens die venezianische Kapelle im Gesandtschaftsgebäude in Konstantinopel situiert.

Im 19. Jahrhundert hatte sich die Situation geändert. Die Menschenrechte mit ihrer Forderung nach freier Religionsausübung waren weithin durchgesetzt worden, so dass Gesandtschaftskapellen vielerorts überflüssig wurden. In Rom freilich blieb der Staat des Papstes ein Gebilde alten vorrevolutionären Rechts, hier blieben Gesandtschaftskapellen bis zum Ende des Kirchenstaates 1870 notwendig. Die Situation im Palazzo Caffarelli ist gleichwohl alles andere als die aus anderen Kontexten bekannte. Hier hat die Kapelle bereits eine feste, unveränderliche Form gefunden. Und der Raum hat trotz seiner Einfachheit eine doch überzeugende Gestalt, er besitzt nämlich bereits eine kleine Nische, die für den Altar genutzt wurde. Zwar geht die Nische auf Altbausubstanz zurück, wurde also nicht für die Kapelle hergestellt, doch ist es bezeichnend, dass genau dieser Raum als Kapelle ausgewählt und der Altar vor die Nische gerückt wurde.[17] Damit erhielt der Raum eine Symmetrieachse und Ausrichtung. In späteren Ansichten der Kapelle, als diese bereits mit Malereien der 1840er-Jahre dekoriert war, ist dies noch deutlich spürbar, wie etwa in der Lithographie von Arthur Blaschnik aus dem Jahr 1854 (Abb. 27).

In der Geschichte der preußischen Gesandtschaft in Rom spielt die Gesandtschaftskapelle eine entscheidende Rolle, wie aus einer Episode des Jahres 1829 hervorgeht.[18] Im Herbst des Jahres 1828 besuchte der Kronprinz Rom, den seit kurzem eine enge und fast schicksalhafte Freundschaft mit Bunsen verband. Bunsen zeigte Friedrich Wilhelm die Stadt mit ihren Wundern, und der Kronprinz genoss es offenbar, im Palazzo Caffarelli zu wohnen und die Ewige Stadt zu Füßen zu haben. Kaum zurück im heimatlichen Berlin, bat der Kronprinz seinen königlichen Vater, dass der Palast doch als Gesandtschaftsgebäude gekauft werden möge, was dieser gestattete. Allein, der Erwerb war aufgrund der familiären Verhältnisse der Besitzer zu diesem Zeitpunkt nicht möglich, ja sogar die Möglichkeit, darin zur Miete zu wohnen, war gefährdet.

17 Bauuntersuchungen fehlen bislang. Das Erdgeschoss des Palazzo Caffarelli ist seit langem Baustelle, möglicherweise wird es noch Bauuntersuchungen geben.

18 Zur Geschichte der preußischen Gesandtschaft auf dem Kapitol vgl. G. Maurer, Preußen am Tarpejischen Felsen. Chronik eines absehbaren Absturzes. Die Geschichte des Deutschen Kapitols in Rom 1817–1918, Regensburg 2005. Die hier interessierende Episode auf S. 39.

Am 27. Februar 1829 berichtete Bunsen ausführlich nach Berlin über weitere Umstände, und warum die Gesandtschaft im Palazzo Caffarelli so wichtig sei. Es gehe nicht nur um die königlichen Künstler-Ateliers und um eine vortreffliche Wohnung. Viel wichtiger sei die Erhaltung der Kapelle. Das Völkerrecht (scil. für Gesandtschaften) erlaube nämlich nur stillen Hausgottesdienst. Mit einem Gottesdienst ohne Gesang würde man aber nie eine deutsche (scil. evangelische) Gemeinde in Rom bilden und halten können. Es gebe auch nur ganz wenige Wohnungen, in denen man ein genügend großes Gesellschaftszimmer habe, das sonntags in eine Kapelle umgebildet werden könne. Das Bestehen eines evangelischen Gottesdienstes sei als Faktum für sich von größter Wichtigkeit für die Würde der evangelischen Kirche. Außerdem gehe es um Einfluss auf Künstler und Gelehrte, von denen notwendigerweise immer eine gewisse Anzahl in der bildungsfähigen Zeit ihres Lebens in Rom sein müsse, ein Umstand, der auf das künftige geistige Leben Deutschlands den größten Einfluss habe. Und unausgesprochen ist zu ergänzen: Nur weil der Palazzo Caffarelli so abseitig auf einem sonst unbewohnten Hügel liegt, ist die Einrichtung der Kapelle möglich gewesen.[19]

Wenn nun aber der Palazzo Caffarelli derart unsicher für Preußen blieb, so wollte Bunsen doch für eine andere Lösung sorgen, die Bestand haben könnte. Auf diese Weise kam es im Frühjahr 1829 zum Erwerb des Palazzo Cambiaso, ein Palast, der rudimentär heute noch in der Nähe der Kirche S. Silvestro in Quirinale existiert, also in unmittelbarer Nachbarschaft zum damaligen Sommersitz des Papstes.[20] Die Träume, die sich damit verbanden, platzten jedoch wieder schnell. Letztendlich musste sogar der ganze Palast wieder aufgegeben werden. Leider stellte sich nämlich heraus, dass die Räume des Palastes nicht geeignet waren, um in ihnen eine geräumige Palastkapelle einzurichten. Bunsen beauftragte deswegen den Württemberger Baumeister Johann Michael Knapp, mit dem er etliche Projekte in Rom durchführte, mit dem Entwurf einer Kapelle, die im Hof des Palastes

19 Zitiert nach dem Brief im Geheimen Staatsarchiv PK, I. HA, Rep. 89, Nr. 12973.

20 Zum Palast gibt es kaum Literatur, vgl. lediglich C. Faccioli, Il Cardinale Cristoforo Widmann e l'ospizio dei vescovi veneti in Roma (1660–1777), Bollettino della Unione Storia ed Arte N. S. 10 (1967) 4–10.

zu bauen wäre, dann allerdings nie ausgeführt wurde.[21] Knapp schaffte es, trotz der räumlichen Enge zwischen Küchentrakt und Pferdestall, einen einfachen Kapellenbau zu entwerfen. Das Bodenniveau des Hofs wurde eigens angehoben, um mit nur wenigen Treppenstufen einen relativ ebenerdigen Zugang zu dem Kapellensaal mit offenem Dachstuhl zu schaffen (Abb. 28–33).

Besonders ausgeklügelt erscheint der Altarbereich. Ein hoher Bogen, aus der Wand des Pferdestalls herausgeschnitten, teilt den Altarbereich ab, bildet zugleich einen Triumphbogen. Die Wände hinter dem Altar laufen konisch zu, bilden also eine Art Apsis. Die Prinzipalstücke des protestantischen Gottesdienstes ordnete Knapp in der Mittelachse zum Altar ansteigend an: Der Taufstein von Thorvaldsen steht genau unter dem Triumphbogen, es folgt leicht erhöht der Predigtstuhl und das Arrangement schließt mit dem Altar ab. Mit einfachsten Mitteln wurde der Raum geordnet und symmetrisch ausgerichtet. Die Anordnung der Prinzipalstücke entspricht den Forderungen, wie sie hundert Jahre später vor allem von Otto Bartning bei seinen modernen Bauten nach dem Ersten Weltkrieg realisiert wurden! Damit wird mit diesem Kapellenentwurf, neben der »Theaterkirche« von Wilhelm Stier, ein zweiter Prototyp für ein evangelisches Kirchengebäude geliefert, das durch seine bescheidenen Dimensionen größere Realisierungschancen haben sollte.

4. *Wirkungen*

Wäre die Kapelle im Hof des Palazzo Cambiaso realisiert worden, hätte sie zu den Inkunabeln des modernen Kirchenbaus gehört, insofern in der Anlage jener Kapelle programmatische Absichten steckten. Ein Stück davon hatte bereits die Kapelle im Palazzo Caffarelli. Um so interessanter wäre es, die Gesandtschaftskapelle zur Zeit Bunsens zu Gesicht zu bekommen. Doch das älteste bisher bekannte Blatt mit Ansicht der Kapelle stammt aus dem Jahr 1854, als die Kapelle schon stark verändert worden war. Nun kann dem eine Ansicht zur Seite gestellt werden, die gut 20 Jahre älter ist und aus der Zeit Bunsens stammt (Abb. 34).

21 Die Pläne liegen im Geheimen Staatsarchiv PK, III. HA, Ministerium des Äußeren, Rep. 11576.

Die Zeichnung mit dünnem Bleistift, ungefähr im Format A4, ist nicht sehr deutlich, doch lässt sie die wichtigsten Einzelheiten erkennen: Der einfache, nur schwach gegliederte gewölbte Raum, ist mit dünnen Ornamentstäben in den Gewölbefalzen und Wandecken verziert. Zur rechten Seite sind die tiefen Fensternischen zu erkennen, die mit schweren Vorhängen gut zu schließen sind. Vor der Nische steht der Altar mit dem schon vorhandenen Altarkreuz und den beiden Leuchtern, davor ein Ambo. Zur Seite steht der Stuhl des Predigers, der Taufstein ist noch nicht vorhanden, er wurde erst 1832 gestiftet. Im Vordergrund links steht die kleine Orgel, die bereits 1823 angeschafft werden konnte.

Die Zeichnung, die um 1830 anzusetzen ist, ist in einem Konvolut von Briefen der preußischen Gesandtschaft in Turin bzw. Florenz erhalten geblieben.[22] Auch hier hatte Preußen nach dem Wiener Kongress Gesandtschaften eingerichtet. Friedrich Ludwig III. Graf Truchsess zu Waldburg (1776–1844) hatte den Posten als erster inne, von 1816 blieb er mit Unterbrechungen in Turin bis 1844.[23] Bereits im ersten Jahr seiner Amtszeit wandte sich Graf Friedrich Ludwig an die Waldenser im nahen Torre Pellice, deren große Armut tiefen Eindruck auf ihn machte und für die er beim preußischen König um Unterstützung warb. Zu Savoyen gehörte zu jener Zeit ferner noch Nizza, das erst in den italienischen Unabhängigkeitskriegen an Frankreich fiel. Im besagten Konvolut der Gesandtschaft Turin befinden sich weitere Zeichnungen, so von der geplanten Einrichtung einer Kapelle in Nizza.

Zur Zeichnung der römischen Kapelle ließ sich kein zugehöriger Brief ermitteln. Aus dem Zusammenhang der Überlieferung erscheint es wahrscheinlich, dass der Turiner Gesandte sich wegen eigener Projekte an Bunsen gewandt hatte, dessen Kapelle schon seit einigen Jahren bestand. Bunsen sollte Graf Friedrich Ludwig offenbar in Sachen Kapellenbau beraten, weswegen eine Zeichnung nach Turin gesandt wurde. Die Zeichnung bestätigt die uns überlieferten Beschreibungen jener Zeit auf das Beste.

22 Politisches Archiv des Auswärtigen Amtes, Bestand Gesandtschaft Rom-Quirinal, 88 B, Korrespondenz der Gesandtschaften Mailand, Turin, Florenz, Nizza.

23 Hans Graf zu Dohna, Waldburg-Capustigall. Ein ostpreußisches Schloss im Schnittpunkt von Gutsherrschaft und europäischer Geschichte, Limburg 1988, 71–77.

Die einfache aber klare Grundform, wie sie die Kapellen im Palazzo Caffarelli, aber auch im Palazzo Cambiaso aufweisen, stellt auch wieder die Zeichnung für Nizza dar. Der rechteckige Bau, nach außen kaum als Kirche zu erkennen, wurde im Innern als Kirche geplant. Dieses Projekt ist bislang völlig unbekannt. Aus dem Überlieferungszusammenhang ist es in der Zeit kurz nach 1830 anzusetzen. Offenbar bestand schon zu diesem Zeitpunkt ein Bedürfnis, für Protestanten in dieser Gegend zu sorgen. Tatsächlich wurde eine Gemeinde aber erst Jahrzehnte später eingerichtet.[24] Bislang wurde angenommen, dass sich zumeist die englische Mission als erste um Seelsorge in Gebieten des noch jungen Tourismus kümmerte. An der Riviera begann bekanntermaßen die europäische Tourismusgeschichte. In den 1860er-Jahren entstanden die anglikanischen Kirchen in Genua und anderen Orten, die ganz wesentlich zur Geschichte der historistischen Kirchenbaugeschichte gehören. Das waren aber nicht mehr bescheidene Gesandtschaftskirchen, sondern selbstbewusste eigenständige Kirchenbauten (Abb. 35).

Aber auch die Verbindungen zu den Waldensern gilt es zu überdenken. Waldenser hatten Jahrhunderte lang einfache Säle als Gebetsräume. Erst im 19. Jahrhundert änderte sich dies, wie bislang allgemein dargestellt wird, durch den Einfluss der ins Land kommenden Engländer, wie General Beckwith.[25] Jetzt wurden die Gebetsräume »verkirchlicht«. Ein Zeichen dafür wurde die Apsis, die dem Bau angefügt wurde, ohne dass sie in der waldensischen Liturgie eigentlich benötigt wurde, und zwar typischerweise oft in den rechteckigen Außenkörper eingefügt. So geschah es noch bei der Waldenserkirche in Rom aus den 1880er Jahren. Solche neuen Bauformen wurden bislang ebenfalls nur mit englischem Einfluss erklärt. Nach dem hier Dargelegten sollte jedoch auch die preußische Spur verfolgt werden (Abb. 36).

Die Gesandtschaftskapelle auf dem Kapitol erweist sich somit mehr denn je als ein programmatischer Bau, der für die Kulturgeschichte

24 Die Geschichte der deutschsprachigen evangelischen Gemeinde in Nizza ist noch nicht geschrieben. Manches wertvolle ist aufgezeichnet bei H. Binder, Philipp Friedrich Mader (1832–1917). Prediger und Seelsorger für Dienstboten und Majestäten in Nizza an der französischen Riviera, Vergessene Theologen 5, Berlin 2006.

25 Vgl. den Überblick von R. Bounus/M. Lecchi, I Templi delle valli valdesi, Torino 1988.

des 19. Jahrhunderts eine bedeutende Rolle einzunehmen verspricht. Es sind weniger die klassischen Künste wie die Malerei, die hier prägend auftreten, mehr die Architektur im Verein mit liturgischen Formen und Kirchenmusik. Dass Rom ein klassischer Sitz für protestantische Studien würde, war damals sicher nicht absehbar, oder war es eine Vision von Christian Carl Josias Bunsen? Diese Vision (und vielleicht auch ein wenig der Ärger über seinen Hinauswurf aus Rom als Diplomat) führte ihn über London bekanntlich nach Jerusalem, wo 1841 das englisch-preußische Bistum gegründet wurde.[26] Im Herzen aber blieb er *Carolus Capitolinus*, wie er manche seiner Briefe unterschrieb.

26 Vgl. M. Lückhoff, Anglikaner und Protestanten im Heiligen Land. Das gemeinsame Bistum Jerusalem (1841–1886), Abhandlungen des deutschen Palästina-Vereins 24, Wiesbaden 1998.

Die »Kapitolinische Liturgie«

Entstehung, Entwicklung und kirchenmusikalische Implikationen

Gunnar Wiegand

1. Einleitung

Der kontinuierliche politische Bedeutungszuwachs Preußens im 18. und 19. Jahrhundert hatte zur Folge, dass auch die diplomatischen Beziehungen zu anderen europäischen Machtzentren einen stetig höheren Stellenwert in der Politik des Königtums einnahmen. Eines dieser Zentren war der Heilige Stuhl zu Rom, zu dem Preußen seit 1747 durch einen eigenen Gesandten diplomatische Beziehungen unterhielt. Unter dem diplomatischen Schutz konnten schließlich ab 1819 in den Gesandtschaftsräumen evangelische Gottesdienste gefeiert werden. Trotz der weiten Entfernung vom Berliner Machtzentrum und trotz der relativ geringen Anzahl an Mitgliedern etablierte sich die Gemeinde bald zu einer nicht unbedeutenden Stimme im Gefüge der Kirchen der Altpreußischen Union: Als eine von wenigen Ausnahmen unterstand die Gemeinde dem unmittelbaren Einfluss des preußischen Königs. Die Bedeutung der Gemeinde wurde durch die Installation wichtiger Theologen als Pfarrer und der Schaffung einer eigenen Organistenstelle unterstrichen. Die hierdurch beförderte Stärkung des Selbstbewusstseins der Gemeinde hatte ihrerseits zur Folge, dass sich diese bald von den Vorgaben der königlichen Reform löste und eine eigene römisch-preußische Agende entwarf. Mit eigenen Liedern und einer eigenen Liturgie wurde sie später als »Kapitolinische Liturgie« bezeichnet. Unter Einbeziehung neuer Quellen soll am Beispiel der Durchsetzung der »Preußischen Agende« von 1822 gezeigt werden, wie sich zunächst der unmittelbare politische Einfluss des preußischen Königs auf die Gemeinde bemerkbar machte und welche Signale von der Gemeinde auf die gesamtpreußische Situation ausgingen (2.–3.). Da bereits in einigen Studien Aspekte der theologischen Akzentverschiebungen durch die Entwicklung der römischen Gemeindeliturgie untersucht wurden,[1] wird schließlich (4.–7.) die Entwicklung der Liturgie unter besonderer Berücksichtigung ihrer musikalischen Implikationen bis zur endgültigen Etablierung der »Kapitolinischen Liturgie« im Jahr 1828 nachgezeichnet.

2. *Die frühste Liturgie und das Wittenberger Gesangbuch*

Die früheste gottesdienstliche Liturgie können wir dem seit der offiziellen Gemeindegründung 1819 erhaltenen *Kirchenbuch*[2] entnehmen. Diese Chronik, die jeweils vom Johannestag[3] ab einen Jahresrückblick liefert, beschreibt folgende, wahrscheinlich vom ersten Gemeindepfarrer entworfene Kurzliturgie:

Wortgottesdienst
Lied
Salutation: Der Herr sei mit euch
Glaubensbekenntnis (gesungen) oder Loblied an den dreieinigen Gott
Predigt
Allgemeines Kirchengebet (Litanei)
Vaterunser

Beim Wortgottesdienst:
Christe du Lamm Gottes oder ähnliches
Lied
Segen

Beim Sakramentsgottesdienst (meistens erster Sonntag im Monat, drei Hochfeste, Reformationstag und Johannestag)
Lied: Herr du wollst sie voll bereiten

1 Vgl. M. Wallraff, Liturgie in der Anfangszeit der evangelischen Gemeinde zu Rom. Ein unbekanntes Taufformular von C. C. J. von Bunsen, in: 175 Jahre Gemeindeleben. Christuskirche Rom. Festschrift zum Jubiläum der evangelisch-lutherischen Gemeinde in Rom 1819–1994, hg. vom Vorstand der evangelisch-lutherischen Gemeinde Rom, Rom 1995, 51–57; ders., The Influence of the Book of Common Prayer on the Liturgical Work of C. C. J. von Bunsen, Journal of Theological Studies 48 (1997) 90–107; F. Foerster, Christian Carl Josias Bunsen. Diplomat, Mäzen und Vordenker in Wissenschaft, Kirche und Politik, Waldeckische Forschungen 10, Bad Arolsen 2001.

2 Kirchenbuch der Evangelischen Gemeine zu Rom 1819–1861, Gemeindearchiv der ev.-luth. Christus-Kirche Rom, Signatur: GR 310–1,1 (B 44).

3 Der Gründungsgottesdienst fand jedoch erst am Sonntag nach Johannes, dem 27. Juni (3. Sonntag nach Trinitatis) 1819 statt. Dennoch blieb in den folgenden Jahren das Johannesfest als das »Stiftungsfest« der Gemeinde in Erinnerung (vgl. z. B. ebd., 11).

Präfation
Consekration
Austeilung
Kollektengebet
Lied
Dankpsalm
Segen

Im Wortgottesdienst wurden zwei Lieder – am Anfang und am Schluss – und das Glaubensbekenntnis gesungen, wenn man Abendmahl feierte, die Präfation mit dem Choral *Herr du wollst sie voll bereiten* eingeleitet. Zugleich beinhaltet die Beschreibung der Liturgie die früheste Erwähnung des in Rom verwendeten Gesangbuchs: Das Abendmahlslied wird mit einem Verweis auf die Nr. 403 des *Wittenberger Gesangbuchs* von 1797 angegeben, hier auf die Melodie von *Wachet, auf, ruft uns die Stimme* zu singen. Ernst Schubert zufolge soll das *Wittenberger Gesangbuch* auf Betreiben des ersten deutschen evangelischen Pfarrers, Heinrich Schmieder, hin angeschafft worden sein.[4] Durch die abfälligen Beurteilungen des Gesangbuchs durch den späteren preußischen Gesandten Christian Carl Josias Bunsen[5] und Schmieders Nachfolger Richard Rothe erscheint diese Angabe als wahrscheinlich, zumal Schmieder durch seine Herkunft aus der Kirchenprovinz Sachsen mit dem Gesangbuch vertraut gewesen sein dürfte.

Diese früheste Gottesdienstliturgie wurde noch im alten Gesandtschaftspalast, dem Palazzo Savelli-Orsini gefeiert; sie wurde nach Schubert »in einem Durchgangszimmer« der Wohnung Niebuhrs zelebriert. In den Monaten Juli bis September begann der Gottesdienst um 7 Uhr, in den restlichen kühleren Monaten um 10 Uhr. Zur Begleitung der Gemeindelieder diente zunächst offenbar Niebuhrs privater Flügel. Danach wurde eine Orgel angemietet, deren Mietzins in Höhe von 6 Scudi monatlich auf Kosten der Armenkasse getragen

4 Vgl. E. Schubert, Geschichte der deutschen evangelischen Gemeinde in Rom 1819 bis 1928, Leipzig 1930, 50.

5 Zu Bunsen (1791–1860) vgl. E. Geldbach (Hg.), Der gelehrte Diplomat. Zum Wirken Christian Carl Josias von Bunsens, Leiden 1980; H.-R. Ruppel (Hg.), Universeller Geist und guter Europäer – Christian Karl Josias von Bunsen 1791–1860, Korbach 1991; Foerster (wie Anm. 1). Er war seit 1818 als Preußischer Legationssekretär und ab 1823 als Preußischer Gesandter in Rom tätig.

wurde.[6] Im Laufe des Gemeindejahres 1820–1821 wurde schließlich auf Initiative eines aus Kaufbeuren stammenden Herrn Steudlin,[7] der zu jener Zeit auch die Gottesdienstlieder begleitete, ein erstes Positiv angeschafft. Die Orgel wurde durch die Beziehungen zu Steudlins Vater in Augsburg erworben und konnte durch einen Subskriptionsaufruf von Karl Freiherr vom Stein bezahlt werden.[8] Das neue Instrument erklang zum ersten Mal am Sonntag Jubilate, den 13. Mai 1821.

Da die drei im Gemeindearchiv erhaltenen Exemplare des *Wittenberger Gesangbuchs*[9] ausschließlich Liedtexte und schriftliche Melodieverweise enthalten, lässt sich heute nicht mehr rekonstruieren, auf welchem musikalischen Material die frühesten Liedbegleitungen beruhten. Es ist sowohl denkbar, dass Steudlin Liedsätze aus einem eigenen Gesangbuch verwendete, als auch, dass er die Melodien aus dem Gedächtnis spielte.[10] Bei den weit über 100 Melodievorgaben des *Wittenberger Gesangbuchs* würde dies jedoch bedeuten, dass im gege-

6 Vgl. den Ankauf der Orgel betreffend, fol. 6 [Die Teutsche Evangelische Gemeinde zu Rom…], Gemeindearchiv der ev.-luth. Christus-Kirche Rom, Signatur: GR 513–1 (50a).

7 Nach Auskunft von Schubert vertrat der Künstler Julius Schnorr von Carolsfeld gelegentlich Steudlin als Organist, vgl. Schubert, Geschichte (wie Anm. 4), 41.

8 Karl Freiherr vom Stein (1757–1831) hielt sich in den Jahren 1820/21 zu einer diplomatischen Mission in Rom auf (die Gemeindechronik nennt ihn mit dem Titel »Baron«). Die Schreiben dieses Aufrufs haben sich im Gemeindearchiv erhalten. Gemeindearchiv der ev.-luth. Christus-Kirche Rom, Signatur: GR 513–1 (50a).

9 Wittenbergisches Gesangbuch nebst Gebeten und Andachtsübungen herausgegeben von D. Carl Christian Tittmann. Dritte Auflage. Mit gnädigstem Privilegio, Wittenberg 1797.
1.: Exemplarnummer 12. Signatur: [Zettel 1] Cb – 1797; [Zettel 2] 15.
2.: Exemplarnummer 14. Signatur: [Zettel 1] Cb – 1797; [Zettel 2] 15/bis.
3.: Exemplarnummer 21. Signatur: [Zettel 1] Cb – 1797; [Zettel 2] 15/bis2.

10 Im Gemeindearchiv befinden sich drei Gesangbücher mit Melodien, die vor 1819 entstanden sind.
1.: Harmonischer Lieder-Schatz, oder Allgemeines Evangelisches Choral-Buch, Welches die Melodien derer sowohl alten als neuen biß hierher eingeführten Gesänge unsers Teutschlandes in sich hält …, hg. von Johann Balthasar König, Frankfurt/M. 1738. Signatur: [Zettel 1]: Cb – 1738; [Zettel 2] 569. In diesem Choralbuch sind sämtliche Melodien auch mit einer eigenen Generalbassstimme versehen.
2.: Neu-verbessertes Kirchen-Gesang-Buch In sich haltend Die Psalmen Davids, Nach D. Ambros Lobwassers Übersetzung … Wie auch 400. Auserlesene Lieder …, Franckfurt am Mayn 1753. Signatur: [Zettel 1] Cb – 1753;

benen Fall wahrscheinlich nur ein kleiner Teil der Lieder tatsächlich von der Gemeinde hätte gesungen werden können.

3. Die Preußische Agende von 1822 als Chorbuch

Vom 20. Oktober bis zum 14. Dezember 1822 fand unter Mitwirkung des österreichischen Kaisers Franz I., des russischen Zaren Alexander I., des preußischen Königs Friedrich Wilhelm III., des neapolitanischen Königs Ferdinand I., des englischen Gesandten Außenminister George Canning und des französischen Gesandten Mathieu de Montmorency-Lava in Verona der letzte Kongress der sogenannten »Heiligen Allianz« statt. König Friedrich Wilhelm III. von Preußen nutzte die Gelegenheit, um am 11. November 1822 seine Italienreise nach Rom fortzusetzen. Diese Reise sollte sich als grundlegender Einschnitt in die liturgische und kirchenmusikalische Praxis der Gemeinde erweisen. Der König wünschte, dass der Gottesdienst bei seinem Besuch in der Gesandtschaftskapelle nach der Ordnung seiner kurz zuvor in Preußen eingeführten Agende zelebriert würde. Hierfür hatte er extra ein neues Exemplar aus Berlin mitgebracht. Und so erfolgte der erste Einsatz der neuen Liturgie in Rom zum Gottesdienst am 17. November (24. Sonntag nach Trinitatis) 1822. Doch bevor die Agende in der römischen Kirche endgültig eingeführt werden konnte, musste der Pfarrer zunächst noch um die Unterstützung bei der Gemeinde werben. Mit einer Predigt über 2. Könige 23,21[11] wurde die neue Agende eine Woche später, am 1. Adventssonntag, der Gemeinde präsentiert und schließlich – nach der positiven Aufnahme bei den Gottesdienstbesuchern[12] – offiziell am 2. Adventssonntag

[Zettel 2] 24. In dieser Ausgabe sind lediglich die Psalmen mit Melodien versehen.

3.: Psalmen, Gesänge und Gebete, für die Deutsch-Reformirte Kirche in Genf. [ohne Herausgeber und Ort] 1793. Signatur: [Zettel 1] Cb – 1793; [Zettel 2] 477.

11 »Und der König gebot dem Volk: Haltet dem HERRN, eurem Gott, Passa, wie es geschrieben steht in diesem Buch des Bundes« (Lutherübersetzung 1984).

12 Schubert ist zu entnehmen, dass die neue Agende anfangs v.a. aufgrund des vielen Stehens der Gemeinde zu Beginn des Gottesdienstes auf Kritik stieß: »Da die meisten Deutschen auf dem Pincio wohnten, so hatten sie einen weiten Weg zur Kirche. Von der Hitze ermüdet, kamen sie dort an, das Stehen wurde ihnen doppelt schwer, Leidenden und Schwachen war dadurch der Gottesdienst verleidet.« Schubert, Geschichte (wie Anm. 4), 32.

1822 eingeführt.[13] Schubert berichtet, dass der König der Gemeinde 100 Exemplare schenkte. Wie ein Brief des *Königlich-Preußischen Ministeriums der Geistlichen-Unterrichts- und Medicinal-Angelegenheiten* an Richard Rothe vom 8. April 1824 zeigt, folgte das Geschenk eines vom König eigenhändig unterzeichneten Prachtexemplars[14] der Agende jedoch offenbar erst zwei Jahre später, 1824.[15] Die neue Liturgie stellte gerade in kirchenmusikalischer Hinsicht eine neue Herausforderung dar. Dabei war es nicht der Einsatz zusätzlicher Lieder für die Gemeinde, der einen Mehraufwand bedeutete – es wurde lediglich ein zusätzliches Lied vor der Predigt gefordert –, sondern insbesondere die Integration durch einen Chor zu singender liturgischer Passagen, die in der bisherigen Liturgie fehlten.

Gem.: Eingangslied
Lit.: Im Namen des Vaters
Lit.: Unsere Hülfe sey im Namen des Herrn
Lit.: Sündenbekenntnis
Chor: Amen
Lit.: Spruch
Chor: Kyrie
Lit.: Ehre sey Gott in der Höhe
Lit.: Dich loben wir (an Festtagen)
Chor: Amen
Lit.: Salutatio
Chor: Und mit deinem Geiste
Lit.: Kollektengebet
Chor: Amen
Lit.: Epistel
Lit.: Spruch
Chor: Halleluja
Lit.: Evangelium
Lit.: Versikel
Chor: Amen
Lit.: Apostolicum
Chor: Versikel
Lit.: Präfation
Chor: Sanctus

Beim Wortgottesdienst:

Kirchengebet
Lit.: Aaronitischer Segen
Chor: Amen, Amen, Amen.
Gem.: Lied

Beim Sakramentgottesdienst:

Lit.: Ermahnung
Lit.: Kollektengebet
Chor: Amen
Lit.: Einsetzungsworte
Lit.: Friedensgruß
Chor: Amen
Chor: Agnus Dei
Austeilung
Lit.: Dankgebet
Lit.: Aaronitischer Segen
Chor: Amen, Amen, Amen.
Gem.: Schlussvers

13 Vgl. Kirchenbuch (wie Anm. 2), 9.

14 Dieses Agendenexemplar befindet sich offensichtlich nicht mehr im Besitz der Gemeinde und ist wahrscheinlich als verschollen anzusehen.

15 Brief von Nicolovius an Richard Rothe vom 8. April 1824, in: Hohe Ministerial-Rescripte an die Königliche Gesandtschafts-Kapelle zu Rom, Gemeindearchiv der ev.-luth. Christus-Kirche Rom, Signatur: GR 301–1,1 (1) (b).

Chor: Benedictus
Lit.: Allgemeines Kirchengebet (Litanei)
Chor: Amen
Lit.: Vaterunser
Chor: Amen, Amen, Amen.
Gem.: Predigtlied
Lit.: Predigt

Für die Einstudierung der neuen Liturgie verblieb der Gemeinde nur ca. eine halbe Woche, was angesichts der doch recht umfangreichen chorischen Abschnitte eine erhebliche Herausforderung bedeutete. Es ist nicht anzunehmen, dass die Chöre durch eine von der Orgel begleitete, einstimmige Schola ersetzt wurden, da die Agende einerseits strikte Vorgaben zur musikalischen Praxis gab[16] und andererseits der König ausdrücklich die Zelebrierung des Gottesdienstes nach der neuen Liturgie wünschte. Die Berliner Hof- und Domkirchen-Ausgabe hatte den praktischen Nachteil, dass sich die Gesänge der Messliturgie in einem Anhangsteil befanden und die Choristen daher im Gottesdienstverlauf jedesmal umblättern mussten. Vermutlich war dies der Grund für die Anfertigung eines handschriftlichen Gemeinde-Chorbuchs in den Jahren 1823 und 1824. Dieses Prachtexemplar – nicht zu verwechseln mit der vom König unterzeichneten Agende – hat die Maße Breite 35,5 cm x Höhe 57 cm und ist von seiner Gestaltung her an die liturgischen Chorbücher der katholischen Kirche angelehnt. Es ist in einen mit einem Weinrebenrand verzierten Ledereinband eingebunden und trägt den Titel »Chor-Buch für die Evangelische Kirche zu Rom. Geschrieben daselbst in den Jahren 1823 u. 1824.«[17] Ein erster Abschnitt mit dem Titel »Kirchen-Ordnung zum Hauptgottesdienste an Sonn und Festtagen und zur Abendmahlsfei-

16 In der Agende heißt es: »Die Chöre werden von den Kirchensängern in der Regel ohne Orgelbegleitung gesungen; sie sind vierstimmig und müssen aus wenigstens acht Personen bestehen. Die Gesänge der Gemeine [!] geschehen unter der Begleitung der Orgel und werden von den Sängern ebenfalls mitgesungen. Für solche Sängerchöre, denen die Musik der Chöre, wie sie in der Liturgie angegeben ist, zu schwer fallen dürfte, befinden sich im Anhange einige leichtere Gesänge, die auch, ihrer Kürze wegen, an solchen Tagen gewählt werden können, wo die Episteln und Evangelien lang sind, oder wo durch besonders eingeschaltete Gebete die Liturgie eine größere Ausdehnung erhält, als am Charfreitage, am Bußtage und am Tage der Todtenfeier ec.« Kirchen-Agende für die Hof- und Domkirche in Berlin, Zweite Aufl. Berlin 1822, 26.

17 Gemeindearchiv der ev.-luth. Christus-Kirche Rom, ohne Signatur.

er« gibt die Liturgie der preußischen Agende von 1822 wieder, wobei die insgesamt 13 chorischen Einwürfe beim Wortgottesdienst, bzw. die 17 chorischen Einwürfe im Abendmahlsgottesdienst die vierstimmigen Sätze für Männerchor aus dem Agendenanhang wiedergeben[18] und in den liturgischen Ablauf integriert werden. Unterhalb der Chorsysteme finden sich eigens für die Orgel angefertigte, mit den Chorsätzen identische Begleitsätze. Angesichts der ausdrücklichen Anweisungen der Agende, ausschließlich A-cappella-Gesang ohne Orgelbegleitung für die liturgischen Einwürfe zu verwenden, wird deutlich, dass man in Rom recht pragmatisch mit den königlichen Anweisungen umging.

Zwei Beispiele seien hier angeführt:[19]

Beispiel 1: Kyrie. Komponiert vom Berliner Gardekapellmeister G. A. Schneider (1770–1839).

18 Wolfgang Herbst gibt zu den liturgischen Begleitsätzen der Agende von 1822 die folgenden Hinweise: »Der preußische König Friedrich Wilhelm III. war an der Entwicklung der Agende persönlich beteiligt. Zum Vorbild diente ihm die russische Kirchenmusik, die er bei Zar Alexander I. kennengelernt hatte. Deswegen waren in dieser Agende nur Männerchöre vorgesehen. Sie wurden ursprünglich durch Soldaten ausgeführt.« W. Herbst (Hg.), Evangelischer Gottesdienst. Quellen zu seiner Geschichte, 2. Aufl. Göttingen 1992, 186. Zur musikalischen Ausführung und Herkunft der einzelnen Sätze vgl. ebd., 192.

19 Beim Vergleich der handschriftlichen Chorbuchsätze und der Sätze im Anhang der gedruckten Agende wird deutlich, dass es sich im weitesten Sinn um identische Übernahmen handelt. In den handschriftlichen Sätzen treten lediglich kleinere rhythmische oder notationsbedingte Abweichungen auf: Z. B. wird das kurze Melisma der beiden Bass-Stimmen im Takt zwei des »O Lamm Gottes« in der Agende als punktierte Achtel + Sechzehntel »♪.♬« wiedergegeben, im Chorbuch als zwei gleichwertige Achtelnoten »♪♪«. Im Takt vier wird das g in der Agende als Halbenote geschrieben, im Chorbuch als übergebundene Viertelnote. Abgesehen von diesen kleinen Änderungen ist bemerkenswert, dass sich die römische Fassung in zwei Systeme einteilt – das erste System mit Wiederholungszeichen. Diese Schreibweise wurde gewählt, um das – in der Agende fehlende – Achtelmelisma auf dem Wort »Segen« zu ergänzen. – Derartige kleinere Abweichungen findet man auch in anderen liturgischen Abschnitten, sollen aber hier nicht weiter berücksichtigt werden.

Beispiel 2: O Lamm Gottes. Komponist war nicht zu ermitteln.

Im Anschluss an die Liturgie finden sich in einem zweiten Teil mit dem Titel »Auswahl von Chorälen« 75 »klassische« Choralsätze – in den meisten Fällen mit Generalbassbezifferung versehen. Aufgrund eines stichprobenartigen Vergleichs der Melodien und der Harmonisierungen der Chorbuchsätze mit dem bereits erwähnten Generalbass-Liederbuch (s. Anm. 10) ist nicht anzunehmen, dass der Komponist auf diese Vorlage zurückgegriffen hat. Die schlichten Generalbasssätze lassen auf keinen bestimmten Komponisten rückschließen. Es ist sowohl denkbar, dass die Sätze aus einer oder mehreren traditionellen Vorlagen entnommen wurden und in Rom dann zu vierstimmigen Chorsätzen ausgearbeitet wurden, als auch, dass sie von einem aus dem römischen Gemeindeumfeld stammenden Komponisten neu angefertigt wurden. Jedenfalls scheint es bemerkenswert, dass die Choralsätze – im Gegensatz zu den liturgischen Einwürfen – nicht für vierstimmigen Männerchor komponiert sind, sondern jeweils für Sopran (im Violinschlüssel notiert), Alt (Violinschlüssel), Tenor (Bassschlüssel) und Bass (Bassschlüssel); bemerkenswert deshalb, weil der erste Gemeindechor lediglich aus Männern bestand: »Den Chor bildeten vor allem Künstler, Schnorr, Rehbenitz, Olivier, Dietrich,

Passavant.«[20] Zudem war es in jener Zeit üblich, die Chorstimmen in ihren jeweiligen C-Schlüsseln, als Sopran-, Alt- und Tenor-Schlüssel zu notieren. Es scheint daher, dass die Sätze für Musiker angefertigt wurden, die nicht aus der Chor-Tradition, sondern vom Klavierspiel her kamen.

4. Richard Rothes Lied-Ergänzungen im Wittenberger Gesangbuch

Nachdem der Gottesdienstraum in Folge eines Umzugs der Gesandtschaft im Jahr 1823 vom ehemaligen Marcellus-Theater wenige hundert Meter weiter auf die Höhe des Kapitols in den Palazzo Cafarelli verlegt worden war, versagte die Augsburger Orgel langsam ihren Dienst, »weil sie Alters halber die Stimmung gänzlich nicht mehr hielt.«[21] Da gerade das Angebot zum Kauf einer römischen Orgel bestand, ergriff man die Gelegenheit und versuchte über die Gesandtschaft den König für den Kauf des neuen Instruments zu gewinnen. Dieser sicherte nicht nur die Finanzierung der Orgel zu, sondern bewilligte sogar die zusätzliche Bezahlung einer eigenen Organistenstelle. Es ist anzunehmen, dass Freudenberg seinen Dienst zusammen mit der Einweihung der neuen Orgel am 19. September (14. Sonntag nach Trinitatis) 1824 angetreten hat.

Richard Rothe, der seit 1824 als Amtsnachfolger Schmieders fungierte, übte heftige Kritik am bisher benutzen *Wittenberger Gesangbuch*. In der Passionszeit 1825 schließlich bewegte der Pfarrer einige Mitglieder der Gemeinde dazu, die seiner Überzeugung nach »matten [textlichen] Modernisierungen« wieder in der alten Form in das Gesangbuch handschriftlich einzutragen, bzw. gänzlich fehlende Choräle zu ergänzen:[22]

Es floß aus der Beschaffenheit des in der Gemeinde eingeführten Wittenberger Gesangbuchs, welches eine große Anzahl der guten alten evangelischen Kernlieder entweder gar nicht, oder nur in sehr matten Modernisierungen enthält. Um nun nicht länger diesen recht eigenthümlichen Schatz unsrer deutsch-evangelischen Kirche für den kirchlichen Gottesdienst völlig unbenutzt lassen zu müssen, fing man gegen die Passionszeit 1825 hin an, wenigs-

20 Schubert, Geschichte (wie Anm. 4), 31.

21 Kirchenbuch (wie Anm. 2), 11.

22 Diese umfangreichen Ergänzungen konnten deshalb gemacht werden, weil das bedruckte Textcorpus des Gesangbuchs zu Beginn und am Ende von zahlreichen leeren Seiten eingefasst war.

tens die schönsten jener alten Lieder handschriftlich in die Gesangbücher niederzutragen, zunächst mit den Liedern für die Fastenzeiten beginnend.[23]

Das Ergebnis dieser ambitionierten Aktion lässt sich noch heute in den drei im Gemeindearchiv erhaltenen Gesangbuchexemplaren einsehen. Folgende Lieder ließ Rothe ergänzen:

Passions-Lieder

I.	Hab Lob und Dank Herr Jesu Christ
II.	Herr Jesu Christ dein theures Blut
III.	Die Seele Christi heil'ge mich
IV.	Wer dort mit Christo hofft zu erben
V.	Gegrüßet seyst du Gott mein Heil
VI.	O Haupt voll Blut und Wunden
VII.	Sey mir tausendmal gegrüßet
VIII.	Der du, Herr Jesu, Ruh und Rast
IX.	Lasset uns mit Jesu ziehen
X.	Wehrtester Jesu lass mir gehen zu Herzen
XI.	Du großer Schmerzensmann

Osterlieder

XII.	Also heilig ist der Tag
XIII.	Christus ist erstanden
XIV.	Der Heilgen Leben
XV.	Christ lag in Todesbanden
XVI.	Erschienen ist der hohe Tag
XVII.	Früh morgens da die Sonn aufgeht
XVIII.	Wir danken dir, Herr Jesu Christ
XIX.	Gott sey gedankt zu jeder Zeit
XX.	O heiliger Gott, allmächtiger Held
XXI.	O Tod wo ist dein Stachel nun?
XXII.	Auf, auf mein Geist danksage
XXIII.	Auf ihr Christen lasst uns singen
XXIV.	Jesus meine Zuversicht

Himmelfahrtslieder

XXV.	Gen Himmel aufgefahren ist
XXVI.	Preist Gott der uns den Weg gemacht

Sonntagslieder

Fünf Gebetslieder für die fünf Sonntage des Monats

I. Sonntag		
		Chorvers: Herr, deine Hand schütze das Volk deiner Rechten und die Leute, die du festiglich erwählet hast:
	XXXIX.	Erhalt uns Herr bei deinem Wort
II. Sonntag		
		Chorvers: Herr, gedenke an deine Gemeinde, die du von Alters her erworben: Und dir zum Erbtheil erwählet hast:
	XL.	Christe, du Beistand deiner KreuzGemeine [!]
III. Sonntag		
		Chorvers: Erhebe dich, Herr Gott, du Richter der Welt. Und erlöse Israel aus aller seiner Not
	XLI.	[XXXX.] Erhalt uns deine Lehre
IV. Sonntag		
		Chorvers: Herr, sende dein Licht und Wahrheit, daß sie mich leiten und bringen zu deinem heiligen Berge, und zu deiner Wohnung.
	XLII.	Nun bitten wir den heilgen Geist

23 Kirchenbuch (wie Anm. 2), 11.

XXVII. Nun freut euch Gottes Kinder all
XXVIII. Wir danken dir Herr Jesu Christ

Pfingstlieder
XXIX. Komm Gott Schöpfer, heiliger Geist
XXX. Komm heiliger Geist
XXXI. Heiliger Geist du Tröster mein
XXXII. Der heilge Geist hernieder kam
XXXIII. O heiliger Geist, o heiliger Gott
XXXIV. O heilger Geist kehr bey uns ein
XXXV. Freuet euch ihr Gotteskinder
XXXVI. Zeuch ein zu deinen Thoren
XXXVII. Geist aller Geister, unerschaffener Wesen
XXXVIII. [--]

V. Sonntag
Chorvers:
XLIII. Gott der Vater wohn uns bei

Adventslieder
XLIV. Mit Ernst o Menschenkinder

Betrachtet man die Ergänzungen, so erscheint es aus heutiger Sicht tatsächlich erstaunlich, welche Lieder in dem immerhin 916 Texte umfassenden *Wittenberger Gesangbuch* fehlen: darunter *Komm Gott Schöpfer Heil'ger Geist*, *Wachet auf ruft uns die Stimme*, *Wie schön leuchtet der Morgenstern* oder *O Haupt voll Blut und Wunden*.[24] Hinsichtlich des ein Jahr zuvor aufwendig erstellten Chorbuchs scheint diese »Choral-Reform« eher abwegig, da sich nur fünf der ergänzten Choräle[25] in der Prachthandschrift befanden und somit die übrigen Lieder durch den Chor gar nicht gesungen werden konnten.

5. *Die Reduzierung der Kirchenmusik durch die kapitolinische Liturgie*

Bunsen hatte schon zur Amtszeit Schmieders die Gedanken zur Ausführung einer neuen »evangelischen Liturgie für den öffentlichen Gottesdienst«[26] entwickelt. Die praktische Umsetzung für den Ge-

24 An diesem Beispiel kann man deutlich den großen Einfluss der Bachschen Matthäus-Passion – von Felix Mendelssohn Bartholdy 1829 erstmals nach Bach wieder aufgeführt – ermessen.

25 Es handelt sich um *Christ lag in Todesbanden*, *Erschienen ist der hohe Tag*, *Jesus meine Zuversicht*, *Komm heiliger Geist*, *Nun bitten wir den heilgen Geist*.

26 Vgl. Foerster, Bunsen (wie Anm. 1), 60.

meindealltag erfolgte jedoch erst mit Unterstützung durch Rothe und Friedrich von Tippelskirch.[27] Der erste Schritt war die Ausbildung der Karfreitagsliturgie 1824.[28] Im weiteren Lauf des Jahrs wurde der Gottesdienst zu einem unmerklichen Experimentierfeld für den Bunsen-Rothe-Kreis: So veränderte man geringfügig von Sonntag zu Sonntag die Liturgie, indem man verschiedene liturgische Teile austauschte. Offenbar war es anfangs nicht das unbedingte Ziel, eine gänzlich neue Liturgie einzuführen, sondern – wie eine Anmerkung im Vorwort der 1828er-Agende zeigt[29] – zunächst eine Verbesserung der Agende von 1822 zu erzielen. Es scheint, als ob sich der Plan einer überarbeiteten Preußischen Agende für die römischen Verhältnisse als nicht angemessen erwies, weshalb man sich zuletzt zu einer grundlegenden Erneuerung entschied. Entsprechend beschreibt auch die Gemeindechronik die Einführung dieser dritten Liturgie nicht als eine von einem kleinen Kreis von Intellektuellen initiierte Aktion, sondern als eine aus der Notwendigkeit der kirchenmusikalischen Umstände geborene Schöpfung: Demnach war es in erster Linie der Weggang der meisten Künstler, die den Gemeindechor gebildet hatten, der diesen Schritt erforderlich machte. Durch die fehlenden Sänger konnte die königliche Liturgie nicht mehr ordnungsgemäß zelebriert werden. Diese Lücke sollte nun die neu entworfene Liturgie schließen:

> [Die Entstehung der neuen Liturgie erfolgte] [w]iederum größtentheils ohne bestimmte Absicht blos in Folge des Drangs der äußeren Umstände. Im Anfange des Sommers 1825 hatten die meisten der bisherigen Mitglieder des kirchlichen Sängerchors Rom verlassen. Dieser mußte sich also auflösen, und somit war der fernere Gebrauch der Königl. Liturgie, die durch und durch auf die Mitwirkung eines Chors berechnet ist, sogut als unmöglich gemacht. Die Nothwendigkeit einer veränderten Ordnung für den sonn- und festtäg-

27 Vgl. ebd.

28 Auf diese Liturgie soll hier nicht weiter eingegangen werden. Sie findet sich im handschriftlichen Anfangsteil des Wittenberger Gesangbuches der römischen Gemeinde-Exemplare (s. Anm. 9).

29 Hier heißt es: »Es bleibt übrigens dem Ermessen des Königlichen Gesandtschafts-Geistlichen überlassen, die einfachere Liturgie der erneuerten alten Kirche-Agende vom Jahre 1822 oder die hier folgende, in ihrer ganzen oder geringeren Ausdehnung zu gebrauchen.« Liturgie wie sie als Nachtrag zur Kirchen-Agende des Jahres 1822 zum Gebrauch für die Königlich Preußische evangelische Gesandtschafts-Kapelle zu Rom bewilligt worden ist, [ohne Ort] 1828. Verwendet ist das Exemplar der UB Heidelberg, Signatur: Q 7247–20.

lichen Gottesdienst trat daher ein, und mit ihr eine nicht zu versäumende Gelegenheit, den Versuch einer streng nach den Prinzipien der evangelischen, und insonderheit der deutsch-evangelischen Kirche angelegten und durchgeführten Gottesdienstordnung zu machen.[30]

Im Zuge der jüngsten liturgischen Versuche und nach der Auflösung des Gemeindechors ging man im Frühjahr 1825 zügig dazu über, den Bunsenschen Liturgie-Entwurf – wie schon ein Jahr zuvor bei den Liedern – handschriftlich in das *Wittenberger Gesangbuch* einzutragen. Hierfür nutzte man die noch übrigen leeren Seiten zwischen dem gedruckten Textende und den Liednachträgen auf den hinteren Seiten. Diese Liturgie enthielt neue Elemente wie bisher bei der Gemeinde nicht praktizierte Antiphonen oder Psalmodien. Die nach dem damaligen Geschmack modernen und virtuoseren musikalischen Einwürfe des Chorbuchs nach der Preußischen Agende fehlten hier gänzlich.

Als Bunsen 1828 vorübergehend in Berlin weilte, legte er die seit drei Jahren in der Gemeinde praktizierte Liturgie – die bisher ja nur handschriftlich existierte – dem König mit der Bitte um offizielle Approbation vor. Der König zeigte sich derart gewogen, dass er die Liturgie gleich als Anhang zur 1822er-Agende drucken ließ und der Gemeinde in Rom als Gottesdienstordnung empfahl.[31] So plausibel die theologische bzw. liturgische Reform der Bunsenschen Agende gewesen sein mag, so einschneidend war sie für die Musik im Gottesdienst, da sie deutlich weniger musikalische Elemente enthielt. Diese Tendenz der Reduzierung der Musik setzte sich über die Zeit hin fort. Bei einem Vergleich der beiden Agenden-Fassungen von 1825 und 1828 zeigt sich, dass sich die Verringerung der musikalischen Anteile im Gottesdienst – zum Leidwesen der mit der Gemeinde verbunde-

30 Kirchenbuch (wie Anm. 2), Siebtes Jahr, 1.

31 Der Respekt des Königs vor den jeweiligen regionalen Traditionen auf preußischem Territorium zeigt sich an der Existenz verschiedenster Sonderfassungen der Preußischen Agende, die Ende der 1820er und Anfang der 1830er Jahre entstanden sind, z. B.:
– Agende | für | die evangelische Kirche | in den | königlich preußischen Landen. | Mit besonderen Bestimmungen und Zusätzen für die Provinz Brandenburg, Berlin 1829.
– Agende | für | die evangelische Kirche | in den | königlich preußischen Landen. | Mit besonderen Bestimmungen und Zusätzen für die Provinz Sachsen, Berlin 1829.
– Agende | für | die evangelische Kirche | in den | königlich preußischen Landen. | Mit besonderen Bestimmungen und Zusätzen für die Provinz Westphalen und die Rhein-Provinz, Berlin 1834.

nen Musiker[32] – weiter fortsetzte. Diese nicht ganz unerheblichen Verschiebungen, die sich durch die Entwicklung der Agende von 1825 bis 1828 für die Kirchenmusik ergaben, sollen in den beiden folgenden Abschnitten dargestellt werden.

a. Die Reduktion der liturgischen Chor-Einwürfe

Die neue Liturgie unterschied die drei Hauptteile des I. Beichtamts, II. Evangelienamts und III. Altaramts, das im gegebenen Fall auf das Abendmahl ausgedehnt werden konnte. Im reinen Wortgottesdienst sah die Version von 1825 für den Chor lediglich zwei Einsätze vor – in der Agende von 1822 waren es immerhin 14 Chor-Einsätze gewesen. Das eine Lied erklang im Altaramt während des »stillen Gebets«,[33] zwischen dem »allgemeinen Kirchengebet«[34] und dem »Dankgebet«. In der Version von 1828 wird das »allgemeine Kirchengebet« zum »allgemeinen Bittgebet.«[35] Während des »stillen Gebets« ist kein Chorgesang mehr vorgesehen. Allerdings zeigt ein handschriftlicher Vermerk im gedruckten Privatexemplar von Otto Nicolai,[36] dass die

32 Ernst Schubert dokumentiert die abfälligen Stellungnahmen zur Liturgie durch Nicolai und Mendelssohn: »Auch der Organist Nicolai fühlte sich aus künstlerischen Gründen von den Formen des Gottesdienstes abgestoßen. ›Bunsen hatte‹, wie Nicolai in seinen Tagebüchern erzählt, ›die Wiedereinführung des Psalmodierens der Antiphone und seiner sonstigen Greuel verlangt, das Mitsprechen der Gemeinde, das Knien, das rhythmische Singen; es ist etwas Geistloses und Mechanisches, und menschliche Kräfte können etwas Besseres zum Lobe Gottes zustandebringen, als Verse abschnattern.‹ Nicht nur die Liturgie, auch die Art des Predigers wirkten auch auf religiös interessierte und mit Bunsen befreundete Menschen nicht immer anziehend. Sehr scharf urteilt z.B. eine sonst so liebenswürdige Natur wie Felix Mendelssohn, der berühmte Komponist, für den doch Bunsen ›andauernd begeistert‹ war. ›Hier in Rom haben wir am 4. November (1830) so gefeiert, daß sich der Himmel blau und festtäglich geputzt hatte und schon warme Luft heruntersendete. Da ging man denn sehr behaglich nach dem Kapitol in die Kirche und hörte eine allzu elende Predigt des Herrn, der ein recht guter Mann sein mag, der mich aber immer grimmig predigt, und wenn mich einer an dem Tage auf dem Kapitol in der Kirche verärgern kann, so muß er es sonderlich anfangen.‹« Schubert, Geschichte (wie Anm. 4), 86.

33 Vgl. handschriftliche Agende (s. unten im Anhang).

34 Das »allgemeine Kirchengebet« war als Litanei handschriftlich in den vorderen Teil des *Wittenberger Gesangbuchs* eingetragen.

35 Vgl. Liturgie 1828 (wie Anm. 29), 10.

36 Heute in der Heidelberger Universitätsbibliothek befindlich, s. oben Anm. 29. Das Exemplar enthält eine Widmung Bunsens an Nicolai: »Herrn Nicolai zum [unleserlich] v. der Capitolinischen Capelle. Rom 31. Jan. 1834. Bunsen«

römische Gemeinde ihre alte, handschriftliche Tradition beibehalten hatte und das »Kyrie eleison« dennoch singen ließ.[37] Das andere Lied war der »Engelische Lobgesang«, das »Ehre sei Gott in der Höhe«. Hierzu ist zu bemerken, dass in der Version von 1825 noch die Reihenfolge Dankgebet – Ehre sei Gott (Lobgesang) – Altargebet – Vaterunser – Segen vorgesehen war;[38] in der späteren gedruckten Fassung wurden das Dankgebet und Altargebet alternativ angeboten und als Lobgesang das Sanctus angeschlossen. Somit ergibt sich für die gedruckte Version die Reihenfolge: Dank-/Altargebet – Heilig (Lobgesang) – Stille Andacht – Vaterunser – Segen.[39] In der Abendmahlsliturgie von 1828 schließt sich an das Vaterunser ein »stilles Gebet« an, das mit den Worten des Geistlichen »Gelobt sei Gott« beendet wird.[40] Während des stillen Gebets lässt die Version von 1825 dem Chor offen, das Sanctus zu singen. Auch der anschließende Ruf »Gelobt sei, der da kommt im Namen des Herrn« kann nach der Liturgie von 1825 vom Chor gesungen werden.[41] Da entsprechende Vermerke in Nicolais Agendenexemplar fehlen, scheint sich die Gemeinde jedoch in diesem Fall im Lauf der Jahre auf die Vorgaben der Druckfassung gestützt zu haben.

b. Die Choräle

Die Choräle wurden von der Gemeinde mit Orgelbegleitung gesungen. Dass Bunsen an einer stärkeren Einbindung der Gemeinde am liturgischen Geschehen interessiert war, deutete sich schon an der starken Reduzierung der chorischen Anteile und der Ergänzung der gemeinschaftlich gesprochenen Antiphonen und Psalmen an. Die Verringerung der Chor-Einwürfe erfolgte zudem zugunsten der Ein-

und auf der Titelseite den Besitzvermerk Nicolais. Nach einem Exlibris-Vermerk ging Nicolais Exemplar irgendwann in den Besitz des Berliner Generalsuperintendenten Wilhelm Baur über, der es am 1. Oktober 1938 seinem Enkel Oberst W. Baur de Betaz vermachte. Nicolai fügte an den Stellen, an denen er als Kirchenmusiker in Aktion trat, eine große handschriftliche römische Ziffer bei. An den Stellen – wie z. B. beim Kyrie-Einwurf während des Stillen Gebets –, an denen aus der gedruckten Agende keine genaue kirchenmusikalische Anweisung hervorgeht, hat er dies ebenfalls handschriftlich ergänzt.

37 Liturgie 1828 (wie Anm. 29), 11.

38 Vgl. handschriftliche Agende (s. unten im Anhang).

39 Liturgie 1828 (wie Anm. 29), 11 ff.

40 Ebd., 18.

41 Vgl. handschriftliche Agende (s. unten im Anhang).

führung weiterer Gemeindelieder. Zur 1822er-Choral-Trias von Eingangslied – Predigtlied – Schlusslied gesellten sich als Ausklang des Beichtamtes zudem ein Danklied im Anschluss an die Rezitation des Dankpsalms, sowie ein Altarlied als Einleitung des Altaramtes. Nach der gedruckten Agenden-Fassung konnte zum Abendmahl das Agnus Dei als Choral gesungen werden:

1. Eingangslied
2. Danklied
3. Predigtlied
4. Altarlied
(5. Agnus-Dei-Lied beim Abendmahl)
6. Schlusslied

Sowohl die handschriftliche als auch die gedruckte Fassung der Agende lassen die Wahl des Eingangs- und Schlussliedes offen. Allerdings scheint es, als hätte sich bis zu Nicolais Amtszeit die erste Strophe des Chorals *Komm heiliger Geist erfüll* als festes Eingangslied etabliert, da es in seiner handschriftlichen Zusammenfassung auf der ersten Seite seines Agenden-Buchs heißt: »*Ordnung zum Nachschlagen* | Der Gottesdienst beginnt nach dem einleitenden Choralvers ›Komm heiliger Geist erfüll‹ u. s. w.«.[42]

Hinsichtlich der Vorgaben der Dank- und Altarlieder ergeben sich erhebliche Differenzen aus den beiden Agenden-Versionen. Deutlich erkennt man, dass die handschriftliche Fassung gänzlich an den Gebrauch des *Wittenberger Gesangbuchs* gebunden war, während die gedruckte Fassung wesentlich »universeller«, für die vom Gesangbuch unabhängige Benutzung konzipiert war. In der gedruckten Fassung wird als Danklied zunächst das Gloria-Lied *Allein Gott in der Höh' sei Ehr* empfohlen.[43] Alternativ dazu wird auf die Gesänge im Anhang III. verwiesen. Dieser 1828er-Anhang teilt sich in zwei Teile A) und B). Im Teil A)[44] – wo auch die fünf Psalm-Texte der fünf möglichen Sonntage des Monats in der Zeit von Advent bis Trinitatis abgedruckt sind – findet sich für jeden Psalm ergänzend ein eigenes Lied. Diese Psalm- und Liedtexte waren in der handschriftlichen Fassung von 1825 noch in das Gesamtcorpus der Liturgie eingebunden.[45] Die Psal-

42 Liturgie 1828 (Exemplar Nicolai, wie Anm. 29), fol. 1v.
43 Ebd., 8.
44 Ebd., S. 24ff.
45 Vgl. handschriftliche Ordnung des Sonn- und Festtäglichen Gottesdienstes in den *Wittenberger Gesangbüchern* (s. unten im Anhang).

men – in der Ordnung der Sonntage des Monats Ps 23, Ps 32, Ps 34, Ps 103 und Ps 145 – hat Bunsen eins zu eins 1828 übernommen. Die zugehörigen Lieder werden wie folgt ausgetauscht:

1. Sonntag des Monats: 1825 *In dir ist Freude*, zwei Strophen; 1828 *Nun lob mein Seele den Herren*, vier Strophen.
2. Sonntag des Monats: 1825 *Nun danket alle Gott*, drei Strophen; 1828 *Allein Gott in der Höh' sei Ehr*, vier Strophen, oder *All Ehr' und Lob soll Gottes sein* auf der Melodie von *Vater unser im Himmelreich*.
3. Sonntag des Monats: 1825 *Sei Lob und Ehr dem höchsten Gut*, vier Strophen; 1828 *Sei Lob und Ehr dem höchsten Gut*, fünf Strophen.
4. Sonntag des Monats: 1825 *Ich will dich lieben meine Stärke*, vier Strophen; 1828 *Lobe den Herren, den mächtigen König*, fünf Strophen.
5. Sonntag des Monats: 1825 *Ich singe dir mit Herz und Mund*, sechs Strophen; 1828 *Man lobt dich in der Stille*.

Es wird deutlich, dass Bunsen durch die Abänderung bemüht war, die Lieder an die jeweiligen Psalmen textlich anzunähern. Als Beispiel soll uns der vierte Sonntag des Monats genügen: Der textliche Mittelteil (Verse 3 bis 19) des Psalms 103 wird von Versen eingerahmt, die jeweils mit dem Refrain »Lobe den Herrn« anheben. Die Ersetzung des Psalm-Anschluss-Liedes *Ich will dich lieben meine Stärke* durch *Lobe den Herren* offenbart sich tatsächlich als textlicher Gewinn.

Zu diesem Zyklus der Psalmen und Danklieder für Advent bis Trinitatis wird 1828 ein weiterer Zyklus B) für die Zeit von Trinitatis bis ans Ende des Kirchenjahres angehängt.[46] Dieser Teil enthält die drei »Lobgesänge des neuen Bundes« aus dem Lukas-Evangelium (Cantica Mariae, Zachariae, Simeonis) sowie zwei wichtige kirchliche Lobgesänge, die Bunsen als »Lobgesang der Kirche des Morgenlandes« und »Lobgesang der Kirche des Abendlandes« bezeichnet. Hinter diesen Überschriften verbirgt sich im ersten Fall die deutsche Übersetzung des Glorias aus der Messe, im zweiten Fall die Übersetzung des Hymnus *Te Deum laudamus*. Somit ergibt sich für die Trinitatiszeit folgende Ordnung:

1. Sonntag des Monats: *Deutsches Magnificat* gefolgt von *Ich singe dir mit Herz und Mund*, sechs Strophen.
2. Sonntag des Monats: *Deutsches Benedictus* gefolgt von *Wir singen dir Immanuel*, sechs Strophen.
3. Sonntag des Monats: *Deutsches Nunc dimittis* gefolgt von *Ich will dich lieben meine Stärke*, fünf Strophen.

46 Liturgie 1828 (wie Anm. 29), 34ff.

4. Sonntag des Monats: *Gloria* der *Deutschen Messe* gefolgt von *In dir ist Freude*, zwei Strophen.
5. Sonntag des Monats: *Deutsches Te Deum* gefolgt von *Nun danket alle Gott*, drei Strophen.

Bei der Wahl des Altarliedes lässt die gedruckte Agende dem Geistlichen freie Hand, verweist aber auf die im Anhang IV. befindliche Liedauswahl. Hier ist einerseits auffällig, dass bis auf den 3. Sonntag des Monats keine Veränderung in der Choralauswahl erfolgt, andererseits dass sich der sonntägliche Monatszyklus mit einem »kirchenjährlichen« Zyklus überschneidet.[47]

1. Das 1825 für den 1. Sonntag des Monats oder die Sonntage im Advent bestimmte Altarlied *Wachet auf! ruft uns die Stimme* (drei Strophen) bleibt für 1828 unverändert erhalten.
2. Das 1825 für den 2. Sonntag des Monats oder die Weihnachtszeit bestimmte Altarlied *Lobet den Herren alle die ihn ehren* (drei Strophen) bleibt für 1828 unverändert erhalten.
3. Das 1825 für den 3. Sonntag des Monats oder die Passionszeit bestimmte Altarlied *Herr Gott dich loben wir*, *Vater dich rühmen wir* (vier Strophen) wird 1828 wahlweise durch die Lieder *O Lamm Gottes unschuldig* (drei Strophen) oder *Herr Gott, dich loben wir* (fünf Strophen) ersetzt.
4. Das 1825 für den 4. Sonntag des Monats oder die Osterzeit bestimmte Altarlied *Wie schön leuchtet der Morgenstern* (drei Strophen) bleibt für 1828 unverändert erhalten.
5. Das 1825 für den 5. Sonntag des Monats oder die Zeit ab Himmelfahrt (Pfingstzeit) bestimmte Altarlied *Komm, heiliger Geist, Herre Gott* (drei Strophen) bleibt für 1828 unverändert erhalten.

Es wird deutlich, dass Bunsen einerseits bemüht war, möglichst viele Texte – die ursprünglich ihre Verwendung im Offizium hatten – in die Mess-Liturgie zu integrieren. Hieran wurden Choräle angefügt, die auf theologisch sinnvolle Weise das Gesprochene musikalisch kommentieren und somit Raum zur Reflexion boten. Freilich ist nicht von der Hand zu weisen, dass das breitmaschige Netz liturgischer Verknüpfungen zu einer gewissen inhaltlichen, und insbesondere auch kirchenmusikalischen Verkrustung zu führen drohte. Die Inhalte der »kapitolinischen« Liturgie wurden bis 1915 immer wieder hinterfragt und von den Besuchern der römischen Gottesdienste kontrovers kommentiert.

47 Handschriftliche Agende und Liturgie 1828 (wie Anm. 29), 41 ff.

6. Die kapitolinische Kirchenmusik bis zum Ausklang in der Republik Italien

Mit der offiziellen Empfehlung der »kapitolinischen« Liturgie durch den preußischen König im Jahr 1828 wurde auch die Organistenstelle in Rom neu besetzt. Der neue Musiker der Gemeinde war nach Schubert der Berliner Hoforganist Georg,[48] der die Stelle bis zu seiner Erkrankung und Abreise aus Rom im Jahr 1832 besetzte. Nach Schubert soll Georg wieder einen Chor gegründet haben, der den Eingangsvers »Komm, heiliger Geist, Herre Gott« sowie eigens von ihm komponierte Psalmen gesungen hat.[49] Georgs Nachfolger wurde ein Jahr später 1833 der Opernkomponist Otto Nicolai, in dessen Amtszeit v.a. zwei für die Kirchenmusik erwähnenswerte Ereignisse fielen. Zum einen erfahren wir, dass die Orgel im Jahr 1835 so umgestellt wurde, dass der Saal nun mehr Gottesdienstbesucher – bei Schubert heißt es bis zu 80 Personen[50] – fassen konnte. Zum anderen erschien 1833 ein von Bunsen erstelltes Gesangbuch, von dem die Gemeinde 100 Exemplare vom Herausgeber als Geschenk erhielt. Dieses neue Gesangbuch mit dem Titel *Versuch eines allgemeinen evangelischen Gesang- und Gebetbuchs zum Kirchen- und Hausgebrauche. Hamburg im Verlage von Friedrich Perthes 1833* ersetzte nun nach über zehn Jahren das durch Schmieder eingeführte *Wittenberger Gesangbuch*. Bunsen hatte offenbar darauf geachtet, dass die von Rothe und ihm handschriftlich notierten Ergänzungen auch alle im neuen Gesangbuch auftauchten. Im Jahr 1871 – weit nach Bunsens Tod – wurde das neue Gesangbuch abermals, nun unter dem »definitiven« Titel *Allgemeines evangelisches Gesang- und Gebetbuch zum Kirchen- und Hausgebrauch. Zweite Auflage. Hamburg: Agentur des Rauhen Hauses 1871*[51] in leicht veränderter Form veröffentlicht. Durch einen Vergleich des Liederheftes von 1882 im Gemeinde-Archiv können wir schließen, dass die Gemeinde das alte Bunsen-Gesangbuch durch die veränderte Neu-

48 Trotz intensiver Recherchen war bisher die genaue Identität Georgs nicht weiter zu bestimmen. Kompositionen – wie die bei Schubert erwähnten Psalmen – konnten bisher in keiner der einschlägigen musikwissenschaftlichen Quellendatenbanken nachgewiesen werden.

49 Vgl. Schubert, Geschichte (wie Anm. 4), 68.

50 Ebd., 117.

51 Dass die römische Gemeinde dieses Nachfolge-Gesangbuch wählte und nicht das 1883 herausgegebene *Deutsche Evangelische Gesangbuch*, zeigt deutlich die nachhaltige Prägung durch den preußischen Diplomaten.

auflage ersetzte und wahrscheinlich bis ins Jahr 1915 in Gebrauch hatte. Die Ablösung des Hamburger Gesangbuchs erfolgte erst mit der Einweihung des neuen Kirchbaus im Jahr 1922, zu der das vom *Deutschen Evangelischen Kirchenausschuss* für die deutschen Auslandsgemeinden herausgegebene *Deutsche Evangelische Gesangbuch*, verwendet wurde. Das Gesangbuch enthält die noch aus der Kaiserzeit stammende erneuerte Preußische Agende von 1895.[52] Diese Liturgie entspricht in den meisten liturgischen Abschnitten der alten Agende von 1822 – insbesondere auch die liturgischen Melodien. Der wichtigste Unterschied zur alten Fassung liegt jedoch in genau dem Punkt, den Bunsen und Rothe durch die Gestaltung der römischen Liturgie kritisiert hatten: Die mangelnde Integration der Gottesdienstbesucher in den liturgischen Ablauf wurde durch die Ersetzung der Chor-Abschnitte durch Gemeinde-Abschnitte behoben.

Otto Nicolai verließ die Gemeinde im Jahr 1836. Ihm folgte Eduard Schulz, der die Organistenstelle offiziell bis zu seinem Tode im Jahr 1899 inne hatte – also 63 Jahre! Schulz wurde in späteren Jahren zusätzlich zu den musikalischen Aufgaben auch noch zu Verwaltungsdiensten im neuen Gemeindekrankenhaus verpflichtet. Außerdem musste er den Pfarrer bei Abwesenheit aus Rom als Hilfsprediger im Gottesdienst vertreten. Dass nach einer derart langen Dienstzeit an ein- und derselben Stelle eine gewisse musikalische und inhaltliche Stagnation eintreten musste, dürfte klar sein. Das Alter tat ab einer gewissen Zeit sein Übriges, so dass der musikalisch gebildete Pfarrer Karl Roenneke aus Halle,[53] der von 1878 bis 1891 die römische Pfarrstelle besetzte, nach langen Jahren wieder einen Chor ins Leben rief. Nach dem Tode Schulzes 1899 übernahm der seit 1891 in Rom lebende deutsche Musikwissenschaftler Friedrich Spiro bis zur kriegsbedingten Gemeindeauflösung im Jahr 1915 die Stelle des Organisten.

52 Ein Vergleich der Agenden von 1822, 1828 (Bunsen) und 1895 findet sich bei Foerster, Bunsen (wie Anm. 1), 309.

53 Bei Schubert erfahren wir, dass Roenneke neben dem Theologiestudium bei dem Hallenser Robert Franz eine Musikausbildung genossen hat. Schubert, Geschichte (wie Anm. 4), 213.

7. *Die Entwicklung der »römisch-evangelischen« Choralmelodie zu Wir singen Dir Immanuel – eine unbekannte Komposition von Giuseppe Baini*

Kehren wir jetzt noch einmal zu Bunsens gedruckter Agende von 1828 zurück. Am Ende des Buchs befindet sich ein kleiner Liedanhang, der die folgenden sieben Choräle enthält:

1. *Ich singe Dir mit Herz und Mund*
2. *Wir singen Dir Immanuel*
3. *Ich will Dich lieben meine Stärke*
4. *In Dir ist Freude*
5. *Herr Gott Dich loben wir*
6. *Lobet den Herren, alle die ihn ehren*
7. *Der Du Herr Jesu Ruh und Rast*

Alle diese Lieder sind traditionelle Texte deutscher Liederdichter des 16. und 17. Jahrhunderts. Allerdings: Die Melodien und musikalischen Sätze weichen von den bekannten und in den deutschen Gesangbüchern üblichen Vorgaben ab. Bis auf Giovanni Gastoldis Weise *In Dir ist Freude* werden alle Melodien als »Alte lateinische Melodien« ausgewiesen. Durch die Unterlegung der deutschen Texte – die Bunsen in den meisten Fällen (1. bis 6.) als Liedvorgaben für die »altkirchlichen« Lobgesänge bzw. Altarlieder wählte – sollte vermutlich der traditionell-«altkirchliche« Charakter der jeweiligen liturgischen Abschnitte unterstrichen werden.

Nehmen wir das Lied-Beispiel *Wir singen Dir Immanuel.* Wer die erste Strophe nicht kennt, ist vermutlich mit dem Choralvers der zweiten Strophe vertraut: Sie findet sich als Schlusschoral der zweiten Kantate in Bachs *Weihnachtsoratorium* BWV 248 mit dem Text:

Wir singen Dir in deinem Heer, aus aller Kraft Lob, Preis und Ehr, dass Du, o lang gewünschter Gast, dich nunmehr eingestellet hast.

Bach hat diesen Choral auf der Melodieversion von *Vom Himmel hoch, da komm ich her* vertont, Bunsen hingegen setzt den Text unter die folgende Melodie:

Wir singen dir Immanuel: Version der Agende von 1828

Wir sin - gen dir Im - ma - nu - el, du Le - bens Fürst und Gna - den - quell!

Du Him - mels - blum und Mor - gen - stern, du Jung - frau - sohn, Herr al - ler Herrn.

Beispiel 3: Wir singen Dir Immanuel (Bunsen)

Der Satz ist im Vierviertelakt notiert und teilt sich durch die ganzen Noten mit Fermate in vier dreitaktige Einheiten. Jeweils die ersten beiden und die letzten beiden Taktgruppen bilden eine in sich geschlossene Einheit. Von Takt 1 bis 3 steigt die feierliche Melodie von g' (von der Tonika) zum Hochton e'' (als Terz der Subdominante) und fällt in den Takten 4 bis 6 wieder ab in die Tonika. In den Takten 7 bis 9 steigert sich die Linie abermals, diesmal jedoch nach d'' (in die Dominante), um schließlich in den Takten 10 bis 12 wieder nach g' zurückzukehren.

Interessanterweise findet sich diese Melodie auch schon im Chorbuch von 1824.[54] Hierin fällt sie auf, weil sie die einzige Melodie ist, die nicht den »klassischen« Melodieversionen der Gesangbücher des 18. Jahrhunderts entspricht – immerhin findet sich im Register der Hinweis, dass das Lied offenbar selten in der Gemeinde gesungen wurde.[55] Viel erstaunlicher ist jedoch die Tatsache, dass wir hiermit die einzige nicht-traditionelle Melodie vorliegen haben, von der wir mit Gewissheit sagen können, dass sie schon vor der Agendenreform von 1825 ihren Eingang in die musikalische Praxis der Gemeinde gefunden hat. Im Gegensatz zur Agende wird ihr Entstehungsursprung jedoch nicht in die lateinische Antike oder das Mittelalter verschoben, sondern dem bekannten Palestrina-Biographen Giuseppe Baini zuge-

54 Chorbuch (wie Anm. 17), 178 f.
55 Ebd., 182.

sprochen: »Baini Kapellmeister zu Rom 1822.«[56] Während die Melodieführung des Chorbuchs derjenigen der Agende von 1828 entspricht, ergeben sich einige signifikante Abänderungen v.a. in der Rhythmusstruktur:

Beispiel 4: Wir singen dir Immanuel (Baini)

Zwar bleibt das Metrum als Viervierteltakt erhalten, jedoch sind die Werte nahezu aller Viertelnoten der Bunsen-Version bei Baini verdoppelt. Außerdem ist der Takt- bzw. Mensurwechsel vom imperfekten Zweiermetrum in das perfekte Dreiermetrum in der ersten abfallenden Melodiebewegung ab Takt 5 auffällig. Zudem erhält der Choral durch die auftaktige 1824er-Version einen feierlicheren Ausgangspunkt. Die harmonische Einrichtung des Satzes ist – abgesehen von einigen kleineren Verbesserungen – von Bunsen gänzlich übernommen worden. Beim Vergleich der beiden Sätze zeigt sich, dass die ältere Version aus dem Chorbuch noch mehr für den Chorgesang ausgelegt war. Die rhythmische Vereinfachung der jüngeren Version der Agende zielt auf die Singbarkeit durch die Gemeinde ab. Dass Bunsen

56 Chorbuch (wie Anm. 17), 179f. Es ist natürlich denkbar, dass Baini die Melodie lediglich bearbeitet oder der Gemeinde für das Chorbuch geliefert hat.

zudem auch an einer Verbreitung der Melodie in Deutschland interessiert war, zeigt die Aufnahme in den Anhang des Gesangbuchs von 1833 als Nr. 9 – auch hier unter der Angabe einer »alten lateinischen Melodie«.[57] Interessant ist die Entwicklung nach Bunsens Tod. In der neuen Auflage des Hamburger Gesangbuchs von 1871 – in der kein Liedanhang mehr angefügt ist – findet sich nur noch der Text mit dem Melodie-Verweis »Eigene Weise«.[58] Zwar wird von den Herausgebern des Gesangbuchs noch auf die Bunsensche Melodieversion hingewiesen, ohne den musikalischen Anhang war es aber vorgezeichnet, dass die ohnehin kaum bekannte Weise dem Untergang geweiht war. Im *Deutschen Evangelischen Gesangbuch*[59] von 1922 schließlich trifft man unter der Liednummer 17 den Choraltext wieder auf den »klassischen« Luther-Choral *Vom Himmel hoch, da komm ich her*, wie er sich in einigen Anhängen des *Evangelischen Gesangbuchs*[60] der 1990er Jahre noch heute befindet und auf diese Weise der römischen Gemeinde zum Gebrauch dient.

8. Quellen-Anhang[61]

Kirchenbuch der Evangelischen Gemeine zu Rom 1819–1861[62]
[S. 5] [...]

Geschichte der Gemeine:
Erstes Jahr.
Vom Johannis-Feste 1819 bis zum Johannis-Feste 1820

[S. 7]
Ordnung des Gottesdienstes an Sonn- und Festtagen.

57 Versuch eines allgemeinen evangelischen Gesang- und Gebetbuchs zum Kirchen- und Hausgebrauche, Hamburg 1833, Liedanhang Nr. 9 (S. 8).
58 Allgemeines evangelisches Gesang- und Gebetbuch zum Kirchen- und Hausgebrauch, Zweite Aufl. Hamburg 1871, Nr. 39 (S. 108).
59 Deutsches Evangelisches Gesangbuch, Nr. 17 (ohne Seitenangabe). Dass man hier die römische Eigenheit nicht weiter berücksichtigen konnte, erklärt sich aus der Tatsache, dass das Gesangbuch allen deutschen Auslandsgemeinden als Gesangbuch dienen sollte.
60 Evangelisches Gesangbuch. Ausgabe für die Evangelisch-Lutherischen Kirchen in Bayern und Thüringen, 955, Nr. 543.
61 Die kursiven Textpassagen kennzeichnen die deutsche Schrift in der Quelle, die nicht-kursiven Textpassagen hingegen die lateinische.
62 Gemeindearchiv der ev.-luth. Christus-Kirche Rom, Signatur: GR 310–1,1 (B 44).

Der sonn- und festtägliche Gottesdienst beginnt regelmäßig um 10 Uhr Vormittags, außer in den drey heißesten | Monaten July, August und September, wo derselbe schon früh um 7 Uhr seinen Anfang nimmt. Auch hat man an dem | ersten Oster-feiertage eine Ausnahme machen zu müssen geglaubt, ebenso am Gründonnerstag und Carfreitag: an diesen | 3 Tagen hat der Gottesdienst früh um 8 Uhr seinen Anfang genommen.

Die gewöhnliche Ordnung des Gottesdienstes ist diese: Erstlich singt die Gemeine ein Lied: dann tritt der Prediger an den Altar | und verlieset, nachdem er die Gemeine mit den Worten: Der Herr sey mit Euch! *begrüßt hat, die Epistel. Die Gemeine hebt dann | gleich den Gesang des Glaubensbekenntnisses oder eines Lobgesangs an den dreyeinigen Gott an. Hierauf folgt die Predigt, die | in Ermangelung einer Canzel ebenfalls am Altar gehalten wird und der das allgemeine Kirchengebet sich anschließt. Nach diesem kniet | der Prediger an der Stufe des Altars nieder und mit ihm die ganze Versammlung, in deren Namen er laut ein Vater- Unser und Christe | du Lamm Gottes pp. oder etwas ähnliches spricht. Dann singt die Gemeine noch einige Verse und empfängt vom Prediger den Kirchensegen. | Hierauf geht man auseinander, außer an den Sonntagen, wo die monatlichen Rechnungen vorgelegt werden. Dieß geschieht vom | Prediger am Altar, ohne daß er die Namen derer nannte, welche Wohlthaten erhielten. Zum Schlusse pflegt er noch einige Worte aus der | heiligen Schrift vorzulesen, die meistentheils Ermahnungen zur Wohlthätigkeit, Menschenfreundlichkeit pp. enthalten. |*

Das heilige Abendmahl wird alle 4 bis 6 Wochen einmahl gefeiert: im Allgemeinen ist der erste Sonntag eines jeden | Monats dazu bestimmt: doch ist hierin Freyheit und vorzüglich verlangen die drey hohen Feste, das Reformationsfest, | und das Fest St. Johannis, an welchem die Stiftung der Gemeine gefeiert wird, daß das heilige Abendmahl auf sie | verleget wurde. An den Tagen des heiligen Abendmahls werden die heiligen Gefäße gleich beym Anfang des Gottesdienstes | auf den Altar gestellt, welches nothwendig ist, da dem Prediger kein Kirchendiener zur Hand geht. Nach der Predigt pflegt immer | das Lied: Herr, du wollst sie voll bereiten pp. (N. 403. im Wittenbergischen Gesangbuch) gesungen zu werden. Unter dem 2:ten Vers | tritt der Prediger auf den Altar, gießt den Wein in den Kelch und schüttet die Hostien auf den Teller: unterdessen versammeln sich | die Communikanten in einen Halbkreis um den Altar, wenn nicht ihrer zu viele sind. Nach Beendigung des Gesangs, ruft der | Prediger: Erhebet eure Herzen zu Gott! und spricht dann laut und langsam die Einsetzungsworte zur Consecration. Nachdem dieß | geschehen genießt er selbst stillschweigend das Sacrament und betet darauf einige Augenblicke. Dann wendet er sich um mit dem | Teller in der Hand: vier Communikanten nahen sich zusammen, knien auf der Stufe des Altars nieder und empfangen das ge- | weihte Brod, wozu einmal für alle laut, daß die ganze Gemeine es hört, die Worte gesprochen werden, welche in der lutherischen Kirche herkömmlich sind. Sogleich darauf nimmt der Prediger den Kelch und reicht ihn den Knienden und spricht dazu, wie vorher, die hergebrachten | Worte. Jetzt stehen die Vier, die das Abendmahl empfangen haben, auf und treten in den Halbkreis zurück, um für die Anderen Platz zu machen, | und so wiederhohlt sich die Handlung, bis alle am Tisch des Herrn gewesen sind. Dann spricht der Prediger zum Altar gewandt in Aller | Namen eine Collecte, nach welcher die Gemeine noch einen Vers oder zwei singet. Nach dem Gesang liest der Prediger, gegen den | Altar gekehrt, noch einen Dankpsalmen [!]: dann wendet er sich um, spricht den Kirchensegen und entläßt die Gemeine.

[S. 8]

Zweites Jahr: Vom Johannis-Feste 1820 bis zum Johannis-Feste 1821.

[...]

<u>*Ankauf einer Orgel.*</u>

Die Gemeine hatte sich von Anfang an einer gemietheten Orgel bedienet, für welche monatlich aus der Armencasse 6 Scudi | Zins gegeben werden mußten. In Rom zeigte sich keine Gelegenheit eine Orgel anzuschaffen. Aber ein Herr Steudlin aus | Kaufbeuern, der bey der Gemeine die Stelle eine Organisten vertrat, erbot sich durch seinen Vater in Augsburg ein Instrument | ankaufen zu lassen. Dieses geschah und zu Dom. Jubilate *den 13:ten* Mai 1821 *wurde zum ersten Mahle die neue Orgel | im Gottesdienste gebraucht. Das Geld zu dem Ankauf war durch milde Beyträge zusammengebracht worden, welche der Herr | Baron von Stein Epc. veranlaßt hatte, dem Gott es lohne.*

[S. 9]

Viertes Jahr. Vom Johannis-Feste 1822 bis zum Johannis-Feste 1823.

Der Gottesdienst begann dieß Jahr in den heißen Monaten nicht, wie andere Jahre, um 7 sondern um 8 Uhr, und dieses | wurde zweckmäßiger befunden, so daß es billig ist solches beyzubehalten. [...]

Der König kam den 11:ten November 1822 von Verona aus, wo er beym Congreß gewesen, nach Rom und ließ durch seinen | General-Adjutanten dem Herrn Gesandten wissen, daß er ein Exemplar von der kürzlich unter seiner Autorität erschienenen | neuen Liturgie für die Gesandtschafts-Kapelle mitgebracht habe, und daß sein Wille sey, solche sogleich auch nächsten Sonntag, | wo er den Gottesdienst besuchen wolle, in Gebrauch zu sehen. Der Gesandtschafts-Prediger übernahm es, in so fern er sich als Vicarius | des königlichen Hofpredigers in Anwesenheit des Königs ansehen dürfte, für den Sonntag, wo der König zugegen war, die Liturgie, | die er in seiner Hofkirche gewohnt ist, anzuwenden, bat aber die völlige Einführung derselben aufzuschieben, bis die Gemeine | damit bekannt wäre und sich dazu geneigt äußerte. So war dann der Gottesdienst nach der neuen liturgischen Form am XXIV | *Sonntag p.* Trin. *den 17:[ten] November 1822. An dem nächsten Sonntag darauf wurde die gewöhnliche Ordnung des Gottesdienstes | gebraucht und über den Willen des Königs die neue Liturgie einzuführen gepredigt. Der Text war II Buch der Könige XXIII.21. Die | Gemeine war der großen Mehrzahl nach mit dieser Neuordnung zufrieden, niemand äußerte sich dagegen. So wurde dann mit dem | nächsten Sonntag als dem II:[ten] Advent (den 11:[ten] Dezember 1822) die neue Ordnung völlig eingeführt und ist seitdem beibehalten | worden. Auch hat sie Gott gesegnet und die gemeinschaftliche Erbauung sichtbarlich dadurch vermehret.*

[…]

Bey den heiligen Handlungen, die nicht in dem öffentlichen Gottesdienst begriffen sind, als bey Trauungen, Taufen und Begräbnissen | sind aber bisher die früher üblichen Ordnungen beybehalten worden.

[S. 11]

Sechstes Jahr. Vom Johannisfeste 1824 bis zum Johannisfeste 1825.

2. Gleich thätig erwies sich indemselben Sommer die Gnade S:r Majestät des Königs bei einer anderen Veran- | lassung. Die vor einigen Jahren von der Gemeinde angekaufte Orgel wurde allmälig, weil sie Al- | tershalber die Stimmung gänzlich nicht mehr hielt, immer unbrauchbarer. Da sich nun eine Gelegenheit dar- | bot, in hiesiger Stadt selbst zu einem billigen Preise eine sehr brauchbare Orgel anzukaufen: so | sprach die königl. Gesandtschaft in dieser Hinsicht die Gnade des Königs an, welcher nicht nur den | Ankauf einer neuen Orgel für die Kapelle auf Allerhöchste Rechnung bewilligte, sondern noch über- | dieß eine jährliche Besoldung für den Orgelzieher (zugleich Kirchendiener) aussetzte, dessen Remunera- | tion bisher der Gemeindecasse zur Last gefallen war. Am 14. Sonntag nach Trinit. (19 September) | 1824 wurde die neue Orgel zum ersten Male beim Gottesdienste gebraucht.

[…]

4. Auch an die Befriedigung eines schon lange gefühlten Bedürfnisses begann man in diesem Jahre die Hand | anzulegen. Es floß aus der Beschaffenheit des in der Gemeinde eingeführten Wittenberger Ge-|sangbuchs, welches eine große Anzahl der guten alten evangelischen Kernlieder entweder gar | nicht, oder nur in sehr matten Modernisierungen enthält. Um nun nicht länger diesen recht eigenthüm-|lichen Schatz unsrer deutsch-evangelischen Kirche für den kirchlichen Gottesdienst völlig unbenutzt lassen | zu müssen, fing man gegen die Passionszeit 1825 hin an, wenigstens die schönsten jener alten Lieder | handschriftlich in die Gesangbücher einzutragen, zunächst mit den Liedern für die Festzeiten beginnend; bei welchem mühsamen Geschäft viele Glieder der Gemeine mit Freuden ihre hilfreiche Hand boten. | Sie haben sich hierdurch ein bleibendes Gedächtniß unter dem Häuflein der Römischen evangelischen Chri-|sten gestiftet. Gleicherweise wurden um die nämliche Zeit auch einzelne beim Gottesdienst erfor-|derliche liturgische Stücke schriftlich in die Gesangbücher eingetragen, namentlich die Ordnung des | Gottesdiensts am Charfreitage, deren wir uns, dem Wesentlichen nach, schon einige Jahre bedient | hatten, die aber erst 1825 zu derjenigen Gestalt hindurchgebildet wurde, in welcher sie bei uns in den | constanten Gebrauch übergegangen ist.

Siebentes Jahr. Vom Johannisfeste 1825 bis zum Johannisfeste 1826.

i. Die liturgischen Versuche und Anordnungen, welche im vorigen Jahre allmählig und ungesucht in der Ge-|meinde in Gang gekommen waren, gewannen in dem gegenwärtigen einen Jahr lebendigen Fortgang. | Wiederum größtentheils ohne bestimmte Absicht blos in Folge des Drangs der äußeren Umstände. | Im Anfange des Sommers 1825 hatten die meisten der bisherigen Mitglieder des kirchlichen Sän-|gerchors Rom verlassen. Dieser mußte sich also auflösen, und somit war der fernere Gebrauch der | Königl. Liturgie, die durch und durch auf die Mitwirkung eines Chors berechnet ist, sogut als unmöglich | gemacht. Die Nothwendigkeit einer veränderten Ordnung für den sonn- und festtäglichen Gottesdienst | trat also ein, und mit ihr eine nicht zu versäumende Gelegenheit, den Versuch einer streng nach den | Prinzipien der evangelischen, und insonderheit der deutsch-evangelischen Kirche angelegten und durchge-|führten Gottesdienstordnung zu machen. Der Gedanke eines solchen Versuchs lag um so näher, da in vielfacher | Hinsicht nicht leicht eine Gemeinde so geeignet zu demselben erscheinen konnte, als die, aus so mannigfal-|tigen Elementen zusammengesetzte, so viele Glieder von gebildetem Verstande und äußerlichem Sinn in sich |

schließende, und doch so wechselnde Römische. So wurde dem wirklich an ihrem letzten Stiftungsfeste, zu Johannis | 1825 zum ersten Male eine neue, von dem eben angedeuteten Gesichtspunct aus entworfene Ordnung des Gottes-|diensts angewendet, – welche, wiewohl im Einzelnen nach und nach vielfach modifiziert, im Wesentlichen sich durch | mehrjährigen Gebrauch als der Idee des evangelischen Gottesdiensts und den localen Bedürfnissen der Römi-|schen Gesandtschaftskapelle entsprechend bewährt hat. Sie hat auch bald die Liebe der Gemeinde für sich gewon-|nen, wenigstens aller derer aus ihr, die sich aufrichtig für den Gottesdienst interessieren. Einzelne Mißver-|ständnisse, die bei einer solchen Neuerung nicht ausbleiben können, ergaben sich freilich auch dieß Mal, | und das um so natürlicher bei dem Nachdruck, mit welchem die neue Liturgie den ganzen Ernst des christl. | Gottesdiensts fühlbar zu machen bedacht war. Allein sie wurde bald, theils durch die Gemeinde überhaupt, | theils durch mündliche Besprechung der Sache mit den Einzelnen, völlig gehoben, und führten zu der beruhi-|[S. 12] *genden und wichtigen Überzeugung, daß allen, die sich ihr Christenthum und Kirchengehen ein ernstliches Herzens-|anliegen sein ließen, mit der neuen Ordnung in der that gedient war, das Mißvergnügen über dieselbe | aber nur von solchen ausging, die auch vorher den Gottesdienst entweder gar nicht, oder jährlich nie bis | zwei Mal besucht hatten, und nun sehr zufrieden waren, an der veränderten Liturgie einen scheinbaren Vor-|wand zur Beschönigung ihrer Lauheit zu finden. Doch ist auch von diesen letzteren späterhin (dank sei es | der Gnade Gottes!) gar mancher – und oft wohl grade durch dasjenige, was ihn anfangs ein Stein des | Anstoßes dünkte, – für das lebendige Christenthum und zugleich für unsern Gottesdienst gewonnen wor-|den.*

Achtes Jahr. Vom Johannisfeste 1826 bis zum Johannisfeste 1827.

i. Die Fortbildung und Modifizirung [!] *der Liturgie im Einzelnen ging in diesem Jahre rüstig ihren Gang fort, | bis zum Herbst 1826, wo sie, einige wenige Kleinigkeiten ausgenommen, die Gestalt gewann, in | der sie nachher S:r Majestät dem Könige vorgelegt wurde. Nur auf dem Wege solcher practischen | Versuche ist es überhaupt möglich, einer Arbeit dieser Art allmälig diejenige Objectivität und Gedrun-|genheit zu geben, welche ihr einen bleibenden Bestand sichern.*

[…]

Neuntes Jahr. Vom Johannisfeste 1827 bis zum Johannisfeste 1828.

i. Die Anwesenheit des Königlichen Minister-Residenten Herrn Geheimen Legationsrath Bunsen *zu* Berlin | *während des Winters 1827* auf

28 war für den liturgischen Zustand der Gemeinde von wichtigen Folgen. | Bei dieser Gelegenheit legte derselbe S:r Majestät dem Könige unsere Gottesdienstordnung vor, und dieser | erkannte darin mit Wohlgefallen eine weitere, unseren localen Bedürfnissen angemessene Ausführung | der Entwicklung der seiner eigenen liturgischen Anordnungen zum Grunde liegenden Ansichten und Wünsche. | S:r Majestät genehmigten sonach ausdrücklichst den fortdauernden Gebrauch der neuen Liturgie in der hiesigen | Gesandtschaftskapelle, und befahl über dieß, damit derselbe desto ungestörter Statt haben mächte, ihren | Druck unter dem Titel: ›Liturgie, wie sie als Nachtrag der Kirchenagende des Jahrs 1822 zum Gebrauch für | die königl. Preuß. evangelische Gesandtschaftskapelle zu Rom bewilligt worden ist.‹ So erhielt die Gemeinde | unerwarteterweise aus der Hand S:r Majestät 150 Exemplare ihrer gedruckten Liturgie zum Geschenk, | und darunter im eigenhändige Inschrift Allerhöchstderselben für den Gebrauch des Geistlichen beim Gottesdienste | bestimmtes Prachtexemplar. Am 2:ten Pfingsttage 1828 wurde dieselbe von diesem erfreulichen Ereigniß in | Kenntniß gesetzt, und am folgenden Sonntage (Trinitatis) *bediente sie sich zum ersten Male statt der | bisherigen handschriftlichen und nur kurz angedeuteten, der gedruckten und vollständigen Gottesdienstordnung.*

Wittenbergisches Gesangbuch nebst Gebeten und Andachtsübungen herausgegeben von D. Carl Christian Tittmann. Dritte Auflage. Mit gnädigstem Privilegio. Wittenberg, bey Samuel Gottfried Zimmermann. 1797.
Exemplarnummer 12. Gemeindearchiv der ev.-luth. Christus-Kirche Rom, Signatur: [Zettel 1] Cb – 1797; [Zettel 2] 15.

[Nach den gedruckten Liedtexten folgt die handschriftliche Eintragung:]
Ordnung des Sonn- und Festtäglichen
Gottesdienstes

Allgemeine Anmerkungen.

1.) Alle mit deutschen Buchstaben geschriebenen Antipho- | nen und d. gl. spricht der Prediger; alle mit lateinischen | Buchstaben geschriebenen die Gemeinde. – bey denjenigen | Stücken, welche, falls ein Chor vorhanden ist, von diesem ge- | sungen werden können, ist dieser besonders bemerkt.

2.) *Das Amen im Schlusse der Collecten und Gebete wieder- | hohlt die Gemeinde jedesmahl, ohne daß dieses in | dieser Ordnung erst ausdrücklich im Einzelnen bemerkt ist.*
F [=Einfügung] Anbetungssprüche, *an deren Schluß [die]* Antiph[on]:
Dieß ist der Tag, den der H[err] macht; laßt uns freuen u. fröhlich darinnen | sein:
O Herr, hilf! O Herr, laß wohl gelingen!

I. Beichtamt.
Anrede des Geistlichen, */ an deren Schluß erhebt sich die Gemeinde und | bleibt stehen. /*
Allgemeins Sündenbekenntnis */ vom Geistlichen und der Gemeinde | gemeinschaftlich gesprochen. /*
Stilles Gebet.
Absolution.
Gebet des Herrn, */ an dessen Schluß erhebt sich die Gemeinde und | bleibt stehen. |*
Herr thue unser Lippen auf:
Daß unser Mund dein Lob verkündige!
Kommt herzu und laßt uns frohlocken:
Und jauchzen dem Hort unsers Heils!
Lasst uns mit Danken vor sein Angesicht kommen:
Und mit Psalmen ihm jauchzen!
Dankpsalm */ wechselweis [!] gesprochen. /*
Lobgesang. */ beyde nach der Ordnung des Kirchenjahrs und der | Sonntage des Monats abwechselnd. /*

Dankpsalmen und Lobgesänge.

Erster Sonntag des Monaths.
[Psalm 23.; Lied: In dir ist Freude; zwei Strophen]

Zweyter Sonntag.
[Psalm 32; Lied: Nun danket alle Gott; Verweis auf Gesangbuchnr. 53 Wittenberger Gesangbuch]

Dritter Sonntag
[Psalm 34; Lied: Sey Lob und Ehr dem höchsten Gut; vier Strophen]

Vierter Sonntag
[Psalm 103; Lied: Ich will dich lieben meine Stärke; vier Strophen]

Fünfter Sonntag
[Psalm 145; Lied: Ich singe dir mit Herz und Mund; sechs Strophen]

II. Evangelien-Amt
Der Herr sey mit euch!
Und mit deinem Geist!
Evangelienspruch. / die Gemeinde erhebt sich. /
Collecte des Tages.
Heute so ihr die Stimme des Herrn hört, so verstocket euer | Herzen nicht:
Herr, thue ab die Decke von unsern Herzen!
/ die Gemeinde setzt sich nieder. /
Verlesung der Epistel. an deren Schluß:
Herr, laß unser Seele in deinem Worte leben, daß sie sich | lobe immer und ewiglich:
Halleluja!
/ die Gemeinde erhebt sich. /
Verlesung des Evangeliums. An deren Schluß:
Gelobt seyst du o Christus!
Amen.
Glaubensbekenntniß.
/ vom Geistlichen und der Gemeinde gemeinschaftlich gesprochen. /
Ehr sey dem Vater und dem Sohne und dem heiligen Geiste:
Wie es war von Anbeginn so nun und immerdar!
Amen.
/ Die Gemeinde setzt sich nieder. /
Predigtlied.
Predigt. an deren Schluß ein
Stilles Gebet.
[Antiphon. Kommt, laßt uns Dank opfern im Hause des Herrn:
Und unsre Gelübde bezahlen vor allem seinem Volk.]
Altarlied. / nach Ordnung des Kirchenjahres und der Sonntage | des Monaths abwechselnd. /

I. Altarlied am ersten Sonntag des Monaths | und in der Adventszeit.
[Wachet auf ruft uns die Stimme; drei Stophen]

II. Altarlied am zweiten Sonntag des Monaths | und in der Weihnachts und Epiphania Zeit.
[Lobet den Herren alle die ihn ehren; drei Strophen]

III. Altarlied am dritten Sonntag des Monaths | und in der Fastenzeit.
[Herr Gott dich loben wir, Vater dich rühmen wir; fünf Strophen]

IV. Altarlied am vierten Sonntag des Monaths | und in der Osterzeit
[Wie schön leuchtet der Morgenstern; drei Strophen]

V. Altarlied am fünften Sonntag des Monaths | und von Himmelfahrt bis Trinitatis.
[Komm heiliger Geist, Herre Gott; Verweis auf Gesangbuchnr. 284 → Alle anderen Lieder finden sich nicht im Wittenberger Gesangbuch]

III. Altaramt.
Die Gnade unsers Herrn Jesu Christi, und die Liebe Gottes und | die Gemeinschaft des heiligen Geistes, sey mit euch allen!
Amen.
/ Die Gemeinde erhebt sich. /
Freies Gebet.
Allgemeines Kirchengebet. An dessen Schluß:
Herr erbarme dich über uns!
Und erhöre uns gnädiglich!
Amen!
Stilles Gebet. / Während dessen der Chor das Kyrie eleison *singen kann. /*
Richtet auf euer Herzen!
Wir haben sie zum Herrn!
Und lasset uns danken dem Herrn, unserm Gotte:
Das ist recht und würdig.
Danksagungsgebet, [in 3 Collecten.
1= Collecte / Dank für die göttlichen Wohlthaten der | Schöpfung und Erhaltung / an deren Schluß:
Herr du bist würdig zu nehmen Preis und Ehre und Kraft:

Denn du hast alle Dinge geschaffen und durch deinen | Willen haben sie das Wesen.
2= Collecte / Dank für die Göttliche Wohlthat der Erlösung / | an deren Schluß:
Groß und wundersam sind deine Werke allmächtiger Gott:
Gerecht und wahrhaftig sind deine Wege, du König | der Heiligen.
3= Collecte. / Dank für die göttliche Wohlfahrt der Kirche. / | an deren Schluß:]
Ehr sey Gott in der Höhe:
Und Friede auf Erden und den Menschen ein | Wohlgefallen!
/ Wenn ein Chor vorhanden ist, so kann er diesen | Engelischen Lobgesang mit der Ge-|meinde singen. /
Kommt laßt uns anbeten und knien:
Und niederfallen vor dem Herrn der uns gemacht hat.
Altargebet. *In zwey Collecten.*
/ die Gemeinde kniet nieder. /
1.= Collecte. an deren Schluß ein Stilles Gebet. darauf
Herr vor dir ist alle unsere Begierde:
Und unser Seufzen ist dir nicht verborgen.
2.te Collecte, an deren Schluß ein Stilles Gebet. Darauf
Gebet des Herrn.
/ Die Gemeinde erhebt sich und bleibt stehen. /
Der Segen.

Im Fall der Comunionfeyer, bleibt der Gang des Gottesdiensts | bis zum Schluße des Engelischen Lobgesangs / Ehr sey Gott in der | Höhe etc / unverändert. Unmittelbar nach diesem aber naht sich | die Abendmahlsgemeinde dem Altar und stellt sich in einem | Halbkreise um denselben. Darauf folgt:
Die Consacration und zwar:
Die Einsetzungsworte.
3 Collecten.
/ Die Gemeinde kniet nieder. /
Das Gebet des Herrn.
/ Hier kann der Chor singen: Heilig, heilig, heilig | ist der Herr, der Gott Zebaoth. Himmel und Erde | sind seiner Ehr voll! Hosianna in der Höh!
Stilles Gebet.
/Hier kann der Chor wiederum singen: Gelobet | sey, der da kommt im Namen des Herrn! Ho-|sianna in der Höh! In diesem Falle geht dann | dem

Gesange des Chors die Aufforderung des Pre-|digers voran mit den Worten: Gelobt sey Gott. /
Der Friede des Herren sey mit euch allen!
Amen.
/ *Die Gemeinde erhebt sich.* /
Kommt und schmecket wie freundlich der Herr ist.
Die Auspendung des heiligen Sakraments.
Dankcollecte.
Der Segen.

Brief von Nicolovius an Richard Rothe vom 8. *April* 1824, *eingebunden in: Hohe Ministerial-Rescripte an die Königliche Gesandtschafts-Kapelle zu Rom.*[63]
Ew: Hochehrwürden erhalten hiebei einen Abdruck der vervoll-|ständigten und mit einem Anhange versehenen Agende mit | der Anweisung solchen in den Einband des früher erhaltenen | Exemplars einbinden, auf den hiebei gehenden von des Königs | Majestät allerhöchstselbst unterzeichneten Vermerk, der Agende verhaften zu laßen und von dieser künftig bei dem dortigen | evangelischen Gottesdienste Gebrauch zu machen.
Berlin, den 8:ten April *1824*.
Ministerium der Geistlichen-Unterrichts- und Medicinal- Angelegenheiten
Im Auftrage des Herrn Chefs Excellenz:

Nicolovius

An
den Königlichen Gesandschafts
Prediger, Herrn Rothe
Hochehrwürden, in Rom.

6805.

63 Gemeindearchiv der ev.-luth. Christus-Kirche Rom. Signatur: GR 301–1,1 (1) (b).

Pfarrer bis zum Zweiten Weltkrieg

1. Heinrich Schmieder, geboren in Schulpforta, 1819–1823
2. Richard Rothe, geboren 1799 in Posen, 1824–1828
3. August Tholuck, geboren 1799 in Breslau, 1828–1829
4. Friedrich von Tippelskirch, geboren 1802 in Pellen/Ostpreußen, 1829–1834
5. Heinrich Abeken, geboren 1809 in Osnabrück, 1834–1841
6. Heinrich Thiele, geboren 1814 in Königsluther, 1841–1848
7. Karl Pabst, geboren 1816 in Wildemann/Harz 1848–1850
8. Karl Heintz, geboren 1816 in Berlin, 1853–1861
9. Hermann Freiherr von der Goltz, geboren 1835 in Düsseldorf, 1861–1865
10. Wilhelm Leipoldt, geboren 1829 in Unterbarmen, 1865–1869
11. Albert Jeep, geboren 1830 in Holzminden, 1869–1878
12. Karl Roenneke, geboren 1844 in Merseburg, 1878–1891 -> auch als Musiker in der Gemeinde aktiv
13. Otto Frommel, geboren 1862 in Karlsruhe, 1891–1897
14. M. Lang, geboren 1858, 1897–1902; 1900: Bildung einer ›Sezessionsgemeinde‹ mit Pfarrer Brüssau
15. C. Peters, 1902–1905
16. Ernst Schubert, geboren 1875 in Görlitz, 1905–1915, 1921–1928
17. Hermann von Kaltenborn-Stachau 1928–1931
18. Friedrich Walcker, 1931–1939
19. Erich Dahlgrün, geboren 1895 in Salzwedel, 1939–1953

Organisten bis zum Zweiten Weltkrieg

Hauptamtliche Organisten bis 1915 (ab Sommer 1828 bezahlt):

1. Bis 1824 Herr Steudlin, aus Kaufbeuren
2. 1824 Herr Freudenberg
3. 1828 ab Sommer Hoforganist Georg
4. 1831–36/37[64] Jahre Otto Nicolai, geboren 1810 in Königsberg
5. 1836 Eduard Schulz, geboren 1816 in Welsheim
6. 1878 Pfr. Ronneke als Musiker (Chorleiter) aktiv
7. 1899 Musikschriftsteller Friedrich Spiro

64 Die beiden Jahreszahlen nach Schubert, Geschichte (wie Anm. 4), 117 bzw. U. Konrad, Otto Nicolai (1810–1849). Studien zu Leben und Werk, Baden-Baden 1986.

Ehrenamtliche Organisten ab 1922:
8. Musikschriftsteller Walter Dahms
9. Herr Dutt
10. Fräulein Groß
11. Margherete Fürst-Wulle (Schülerin von Organist Hermann Keller)

Instrumente bis zum Zweiten Weltkrieg
1. bis 1819 ein Flügel
2. bis 1821 ein gemietetes Orgel-Positiv
3. ab 1821 ein eigenes Orgel-Positiv aus Augsburg
4. ab 19.9. 1824 »neue« Orgel, Ankauf einer gebrauchten Orgel aus S. Giacomo degli Spagnoli

1835 räumliche Verlegung der Orgel
1846 Geldsammlung zum Ankauf einer neuen Orgel
Ab 1918 Gescheiterte Realisierung eines Orgelneubaus unmittelbar nach dem Krieg wegen Geldentwertung und Materialkonfiszierung; Orgel aus der Botschaftskapelle

5. 1931 neue Steinmeyer-Orgel bis heute (2008)

Abbildungsnachweis

Basel, Universitätsbibliothek: 1, 2
Berlin, Geheimes Staatsarchiv Preußischer Kulturbesitz: 29–33
Berlin, Politisches Archiv des Auswärtigen Amtes: 34, 35
Berlin, Stiftung Preußischer Kulturbesitz, Staatliche Museen, Nationalgalerie: 16, 17
Frankfurt am Main, Städel Museum: 20, 21, 23
Stuttgart, Staatsgalerie: 15
Wien, Graphische Sammlung Albertina: 18
Archiv Michael Thimann, Passau: 19, 22
Archiv Golo Maurer, Heidelberg: 3–14
Foto Jürgen Krüger, Karlsruhe: 27, 28, 34–36
aus: Fritsch, Kirchenbau des Protestantismus: 24
aus: Humbach, Von Tennenbach nach Freiburg: 25
aus: Johnsson, Svenska Palatstet: 26

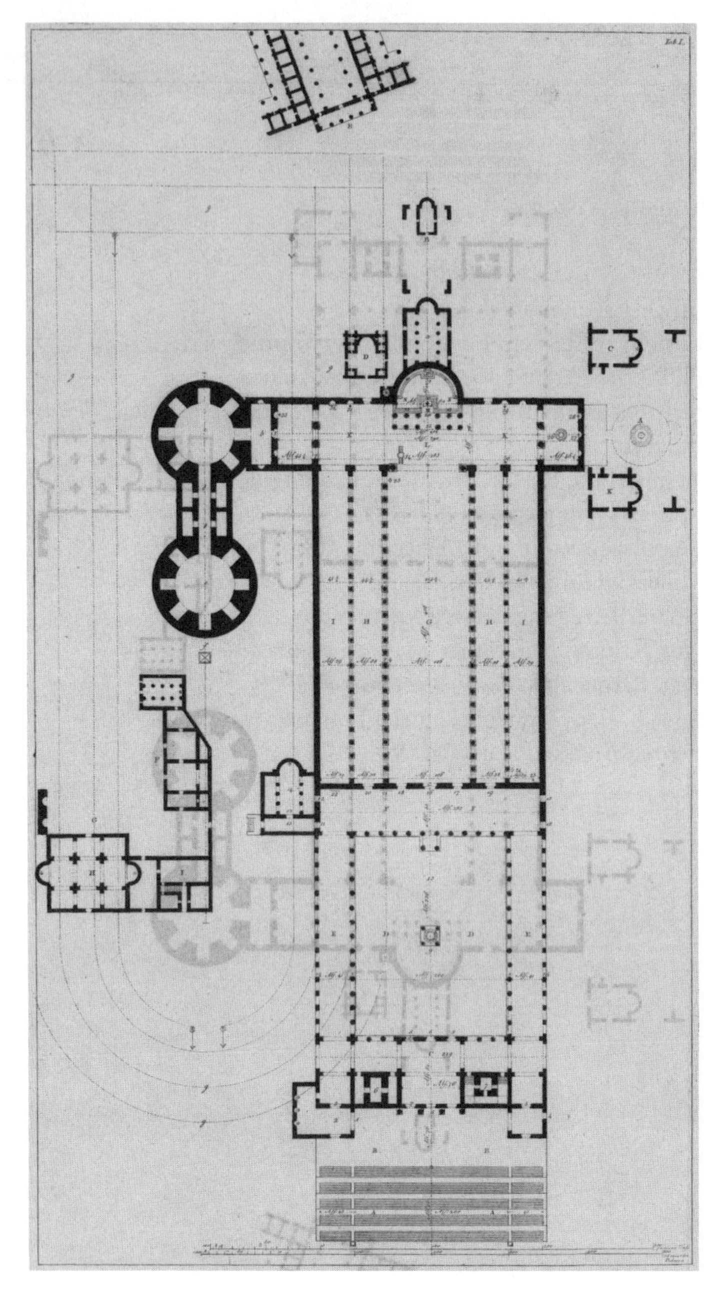

Abb. 1 Grundriss der Basilika von St. Peter im Jahr 800
(aus dem »Bilderheft zur Beschreibung der Stadt Rom«)

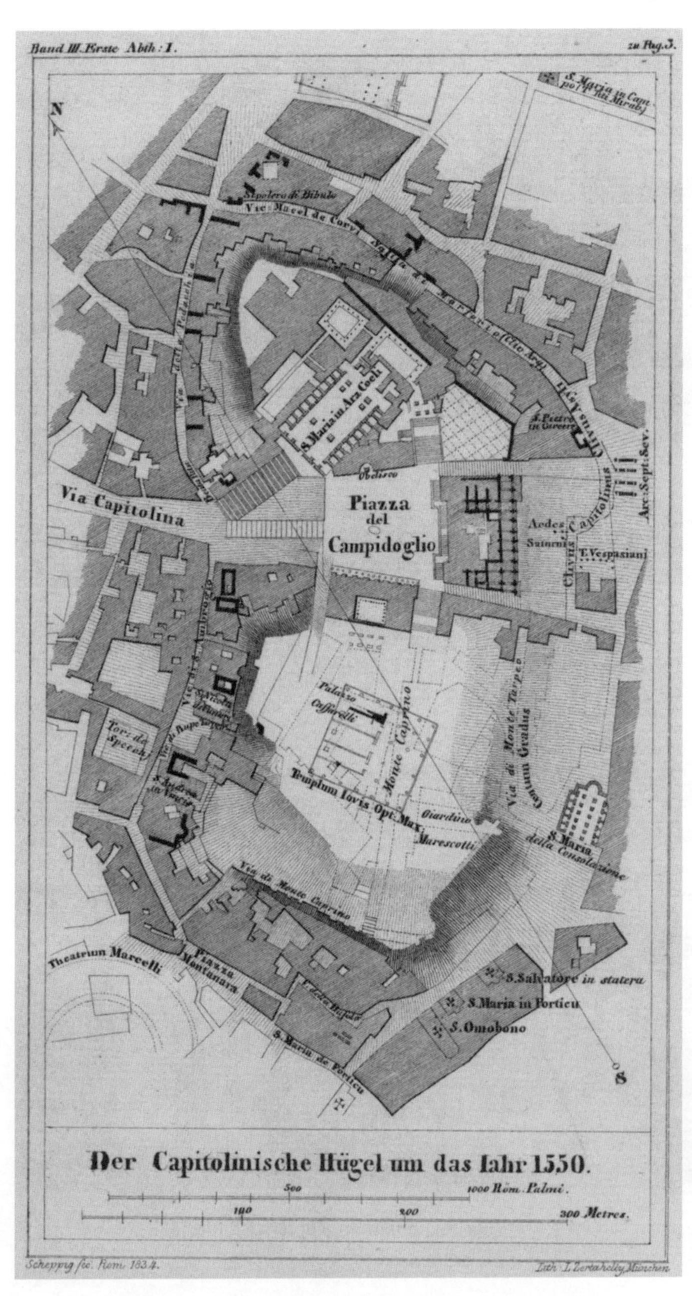

Abb. 2 Das Kapitol mit antiker und mittelalterlicher Bebauung (aus dem »Bilderheft zur Beschreibung der Stadt Rom«)

Abb. 3 Rom, Aqua Mariana und Aqua Claudia, Photographie um 1855

Abb. 4 Joachim Sandrart, Rom, Forum Romanum, Kupferstich um 1680

Abb. 5 Jan Both, Ponte Molle bei Rom, Kupferstich um 1640

Abb. 6 Rom, Ponte Molle, Stahlstich nach 1815

Abb. 7 Rom, Ostersegen 1870, Photographie

Abb. 8 Papst Pius IX., Photographie von 1858

Abb. 9 Rom, Via del Corso, Photographie vor 1900

Abb. 10 Rom, Straßenszene (sog. Casa di S. Paolo), Photographie vor 1900

Abb. 11 Claude Lorrain (Schule), Ideale Landschaft, Öl auf Leinwand, London Dulwich Picture Gallery

Abb. 12 Joseph Anton Koch, Landschaft mit Ruth und Boas, aquarellierte Zeichnung, London, Kunsthandel

Abb. 13 Carl Blechen, Bucht von Rapallo, Öl auf Leinwand, Berlin, Alte Nationalgalerie

Abb. 14 Carl Blechen, Campagna mit der Silhouette von Rom, Ölskizze, Berlin, Alte Nationalgalerie

Abb. 15 rechts oben Christian Gottlieb Schick, Apoll unter den Hirten, 1806–1808, Stuttgart, Staatsgalerie

Abb. 16 rechts unten Peter Cornelius, Joseph gibt sich seinen Brüdern zu erkennen (aus dem Josephszyklus der Casa Bartholdy), 1816/17, Berlin, Alte Nationalgalerie

Abb. 17 Blick in den Cornelius-Saal der Alten Nationalgalerie in Berlin, Photographie von 1919

Abb. 18 Friedrich Overbeck, Dürer und Raffael vor dem Thron der Kirche, 1817, Wien, Graphische Sammlung Albertina

Abb. 19 Franz Pforr, Dürer und Raffael vor dem Thron der Kunst, um 1810, München, Privatbesitz

Abb. 21 Carl Philipp Fohr, Zweiter Entwurf für das Gruppenbildnis im Caffé Greco, 1817, Frankfurt am Main, Städel Museum, Graphische Sammlung

Abb. 20 Franz Pforr, Raffael, Fra Angelico und Michelangelo auf einer Wolke über Rom, um 1810, Frankfurt am Main, Städel Museum, Graphische Sammlung

Abb. 22 Carl Philipp Fohr, Bildnisstudien zu Karl Barth, Johann Buck und Friedrich Rückert für das Gruppenbildnis im Caffé Greco, 1817, Heidelberg, Kurpfälzisches Museum

Abb. 23 Carl Philipp Fohr, Entwurf für das Gruppenbildnis im Caffé Greco, 1817, Frankfurt am Main, Städel Museum, Graphische Sammlung

Abb. 24 rechts
Wilhelm Stier, Entwurf
zu einer evangelischen
Kirche, Rom 1827
(Umzeichnung)

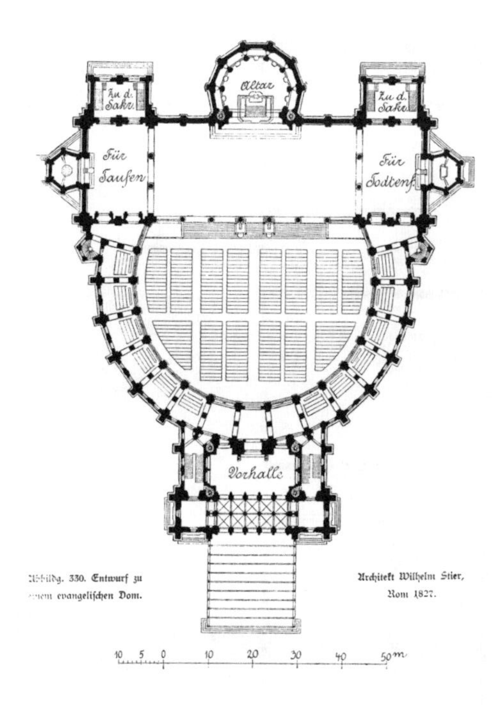

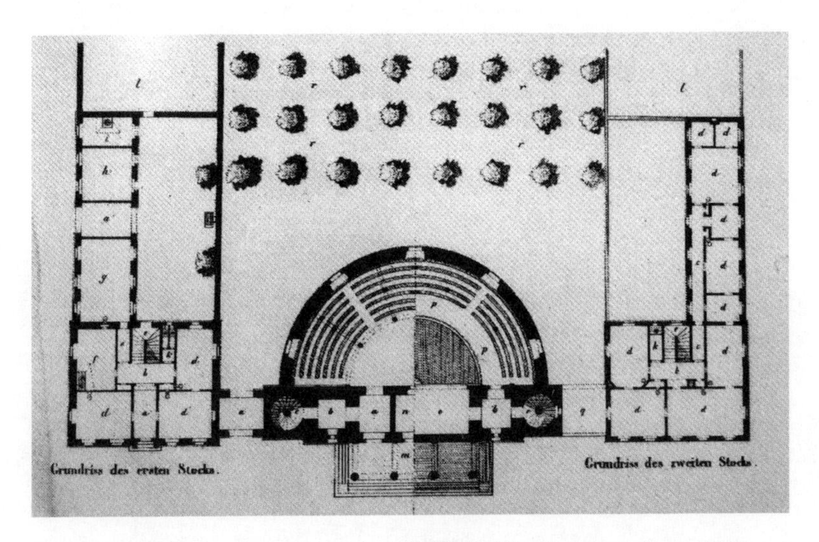

Abb. 25 unten Christoph Arnold, Entwurf für die Ludwigskirche in Freiburg, 1830
(nicht ausgeführt)

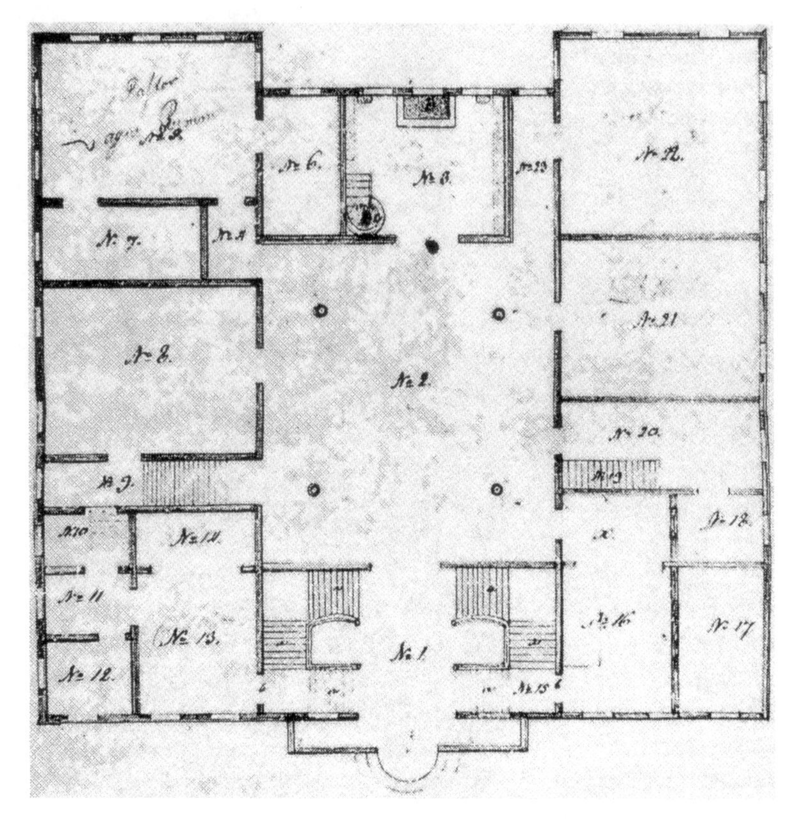

Abb. 26 Konstantinopel, Schwedisches Gesandtschaftsgebäude, 18. Jh. Grundriss des Obergeschosses mit Altar und Kanzel (Nr. 3)

Abb. 27 Arthur Blaschnik, Ansicht der Gesandtschaftskapelle im Pal. Caffarelli, 1854

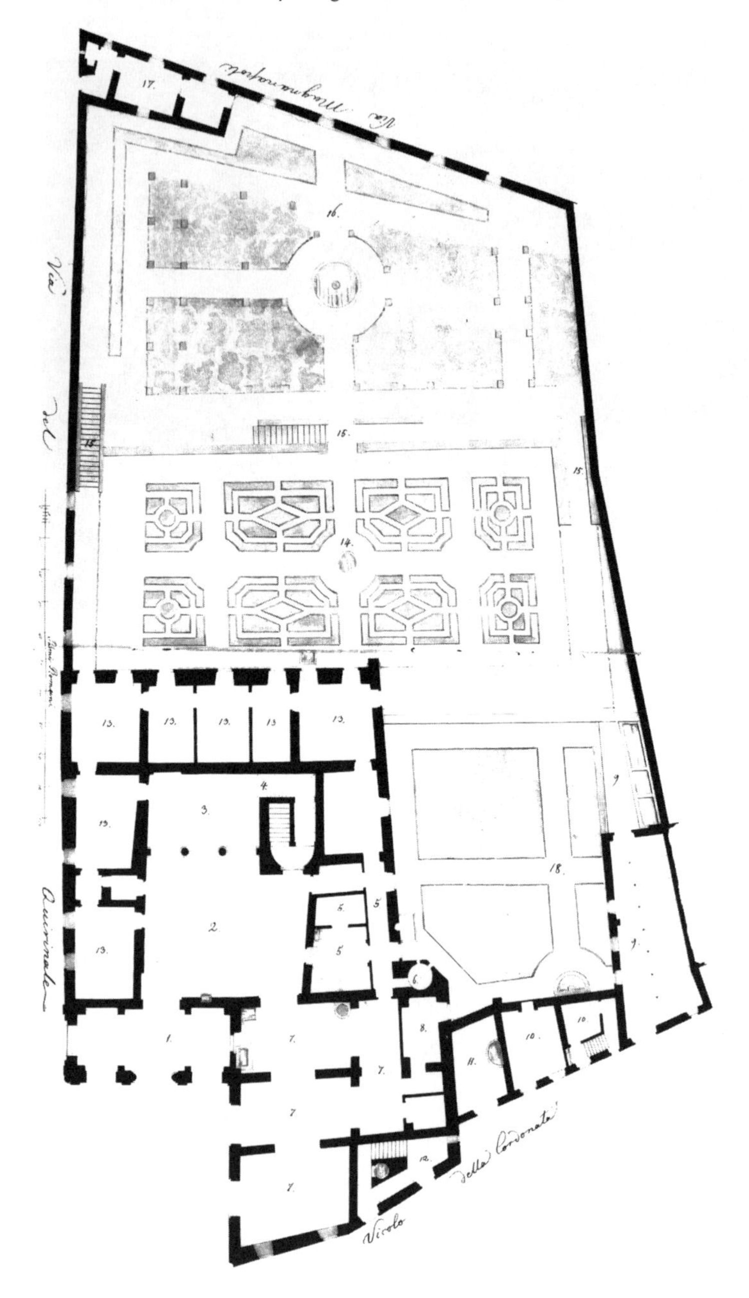
Via del
Quirinale
Vicolo della Cordonata

1. Äußerer Porticus.
2. Hof.
3. Innerer Porticus.
4. Haupttreppe.
5. Küche nebst Zubehör
6. Innere Wendeltreppe zur Verbindung der Zimmer dienend.
7. Wagenremise
8. Raum für die Aufbewahrung des Pferdegeschirrs
9. Pferdestall mit Heuböden kleinem Hofraum und laufenden Brunnen, und Zubehör.
10. Kleines Haus, enthalten die Locale von 9 bis 11. —
11. Kleinerer Pferdestall.
12. Doppeltreppe mit einem Zugang von der Straße
13. Erdgeschoß
14. Oberer Garten von gleicher Höhe mit dem Erdgeschoss, mit einer Fontaine in der Mitte
15. Drei verschiedene Treppen zum untern Garten.
16. Unterer Garten mit einer Fontaine in der Mitte.
17. Zum vorigen Garten gehöriges Kaffeehaus.
18. Garten mit Fontaine.

Abb. 29 links und ganz links
Rom, Pal. Cambiaso, Grundriss des Grundstücks, Zeichnung von Johann Michael Knapp, ca. 1830 (Norden ist unten!)

Abb. 28 unten Stadtplan Roms (Johann Michael Knapp 1830) mit Einzeichnung des Palazzo Cambiaso als »Palazzo di Prussia« an der Via del Quirinale (heute Via XXIV Maggio) (beim M von Monte)

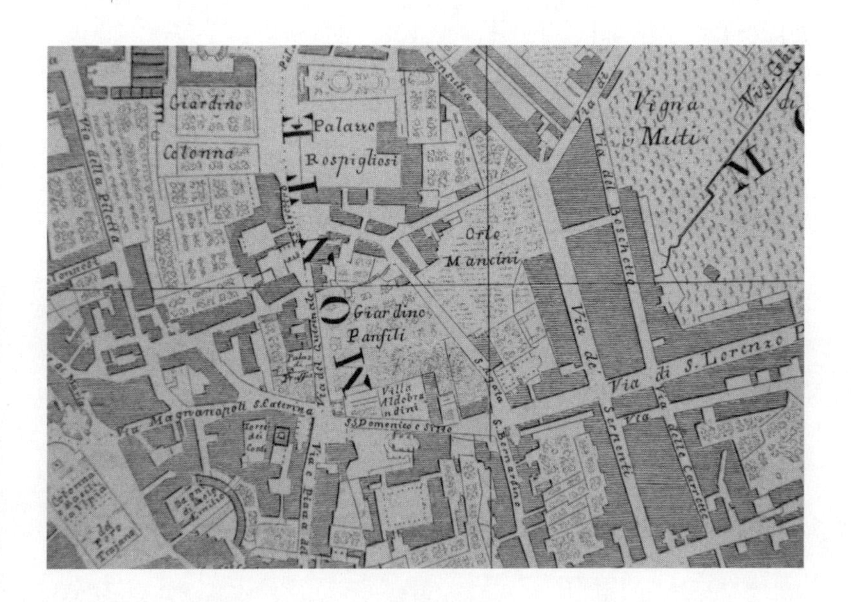

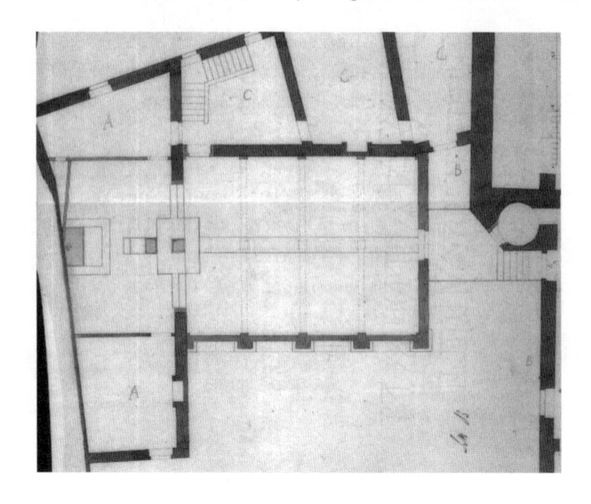

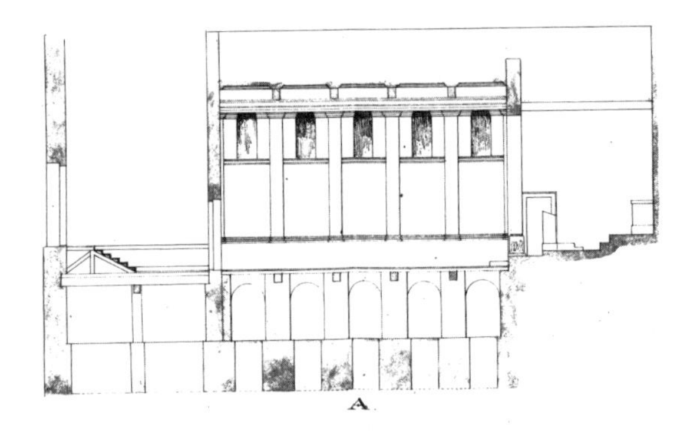
A

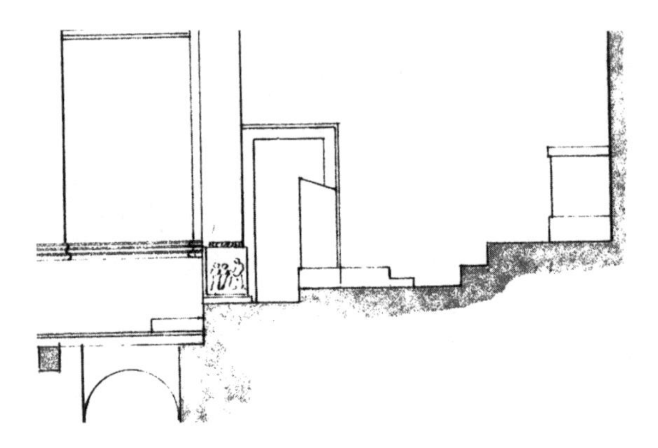

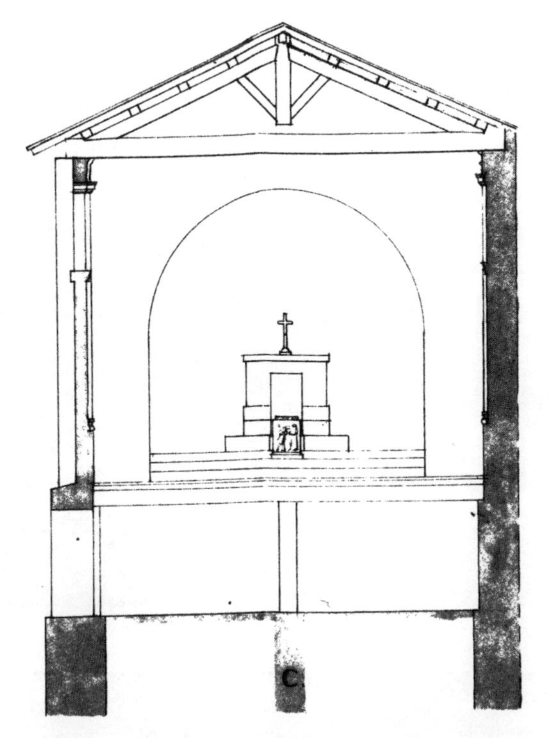

Abb. 31 Pal. Cambiaso, geplante Kapelle, Querschnitt mit Prinzipalstücken

Abb. 30 links oben Johann Michael Knapp, Entwurf einer Kapelle für den oberen Gartenbereich des Pal. Cambiaso

Abb. 32 links Mitte Pal. Cambiaso, geplante Kapelle, Längsschnitt

Abb. 33 links unten Ausschnitt aus Abb. 32: Die bewusste Anordnung der Prinzipalstücke: Taufstein unter Triumphbogen, dahinter Ambo (Predigtstuhl, dahinter Altar)

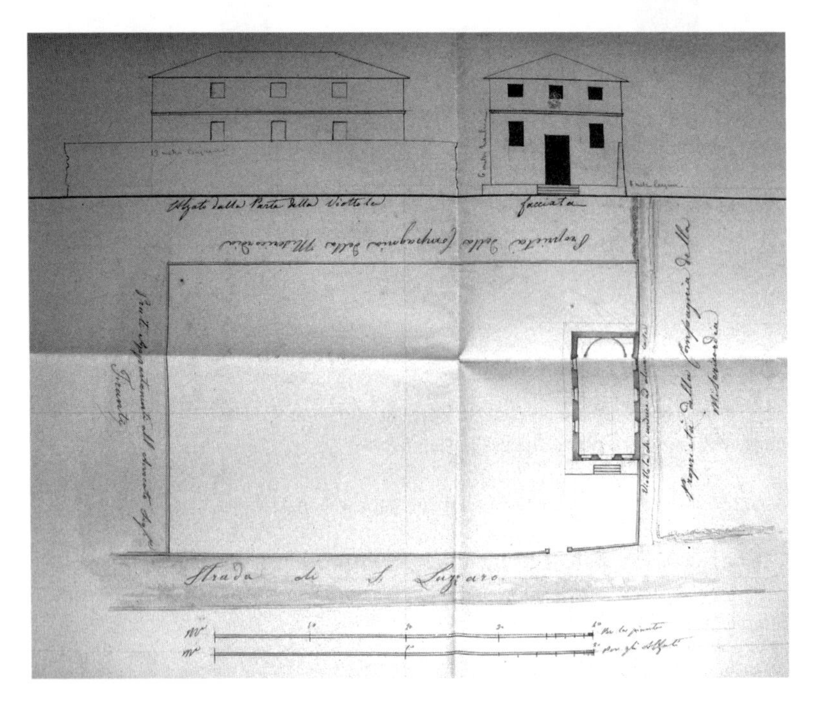
Alzato dalla Parte della Viottola
facciata
Strada di S. Lazzaro

Abb. 36 Rom, Waldenserkirche in der Via IV Novembre

Abb. 34 links oben Pal. Caffarelli, Gesandtschaftskapelle, Skizze des Innenraums, ca. 1830

Abb. 35 links unten Nizza, Grundstück der preußischen Gesandtschaft mit Einzeichnung einer Kapelle im rückwärtigen Teil, um 1830

Autorenverzeichnis

Markus Buntfuß, Dr. theol., ist Professor für Systematische Theologie an der Augustana-Hochschule Neuendettelsau.

Arnold Esch, Dr. phil., Dr. h.c., war Professor für mittelalterliche Geschichte an der Universität Bern und Direktor des Deutschen Historischen Instituts in Rom.

Fulvio Ferrario, Dr. theol., ist Professor für Systematische Theologie an der Waldenserfakultät in Rom.

Jürgen Krüger, Dr. phil., ist Professor für Kunstgeschichte am Karlsruher Institut für Technologie KIT.

Gerhard Lauer, Dr. phil., ist Professor für deutsche Philologie an der Georg-August-Universität Göttingen.

Jörg Lauster, Dr. theol., ist Professor für Systematische Theologie an der Philipps-Universität Marburg.

Christoph Markschies, Dr. theol., Dres. h.c., ist Professor für Ältere Kirchengeschichte/Patristik an der Humboldt-Universität zu Berlin.

Michael Matheus, Dr. phil., ist Professor für Mittlere und Neuere Geschichte und Vergleichende Landesgeschichte an der Johannes Gutenberg-Universität Mainz sowie Direktor des Deutschen Historischen Instituts in Rom.

Golo Maurer, Dr. phil., ist Universitätsassistent am Institut für Kunstgeschichte der Universität Wien.

Ulrich Muhlack, Dr. phil., war Professor für allgemeine Methodenlehre und Geschichte der Geschichtsschreibung an der Goethe-Universität Frankfurt am Main.

Stefan Rebenich, Dr. phil., ist Professor für Alte Geschichte und Rezeptionsgeschichte der Antike an der Universität Bern.

Jan Rohls, Dr. theol., ist Professor für Systematische Theologie an der Ludwig-Maximilians-Universität München.

Gury Schneider-Ludorff, Dr. theol., ist Professorin für Kirchen- und Dogmengeschichte an der Augustana-Hochschule Neuendettelsau.

Michael Thimann, Dr. phil., ist Professor für Kunstgeschichte/Bildwissenschaften an der Universität Passau.

Christof Thoenes, Dr. phil., ist langjähriger wissenschaftlicher Mitarbeiter der Bibliotheca Hertziana in Rom.

Martin Wallraff, Dr. theol., ist Ordinarius für Kirchen- und Theologiegeschichte an der Universität Basel.

Gunnar Wiegand, Dr. phil. des., ist Mitarbeiter am Musikwissenschaftlichen Institut der Universität zu Köln.

Personenregister

Das Register möchte den Zugang zu den besprochenen Personen erleichtern. Daher wurden alle im Text und in den Fußnoten genannten Personen erfasst, die vor oder im »langen 19. Jahrhundert« gelebt haben (wobei die Obergrenze großzügig gesetzt wurde, in der Regel: Todesdatum vor 1945).